中国陶瓷研究

中国陶瓷研究

汪庆正 著

文博大家丛书

上海人民出版社

目　录

■ 清康熙釉里红加彩牡丹纹罐

■ 宋哥窑五足洗

■ 清雍正景德镇窑仿汝釉瓶及底款

■ 元景德镇窑青花缠枝牡丹纹瓶

■ 清康熙景德镇窑五彩花鸟图瓶

■ 清雍正景德镇窑粉彩过枝花卉纹盘

■ 清康熙景德镇窑珐琅彩缠枝月季纹碗

■ 宋汝窑盘及盘底

■ 明洪武景德镇窑釉里红花卉纹菱口盏托

■ 清雍正景德镇窑仿哥釉瓶及底款

■ 清雍正景德镇窑仿哥釉葵瓣洗

■ 五代定窑白釉"易定"款碗

■ 北宋定窑白釉"凤华"款盘

■ 汝窑洗

■ 明时大彬壶及底款

■ 明时大彬款紫砂六方壶

■ 明时大彬款紫砂壶

■ 时大彬紫砂壶款

■ 清陈鸣远制紫砂壶

■ 清陈鸣远制各式紫砂果实

■ 清陈鸣远紫砂壶款识

■ 清陈曼生第四千六百十四壶及底款

■ 清瞿子冶刻竹紫砂壶

■ 清雍正景德镇窑仿官釉桃式洗

■ 老虎洞南宋修内司官窑粉青菱花式盘

■ 清雍正景德镇窑仿钧釉瓶

■ 老虎洞南宋修内司官窑青釉尊

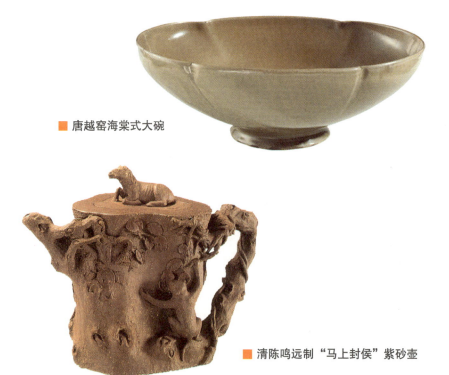

■ 唐越窑海棠式大碗

■ 清陈鸣远制"马上封侯"紫砂壶

■ 清康熙四年张远《刘源像》　　　　■ 清康熙八年刘源《墨竹图》

■ 清康熙景德镇窑青花盘及盘底六字官款

■ 杭州老虎洞出土标本一

■ 杭州老虎洞出土标本二

■ 杭州老虎洞出土标本三

■ 杭州老虎洞出土标本四

■ 杭州老虎洞出土南宋窑具一

■ 杭州老虎洞出土南宋窑具二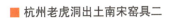

■ 杭州老虎洞出土南宋窑具三

■ 杭州老虎洞出土南宋窑具四

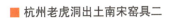

中国陶瓷研究

19

■ 老虎洞南宋官窑瓶

■ 北朝白釉绿彩瓶

■ 元景德镇窑青花缠枝牡丹纹罐

■ 清康熙釉里红加彩牡丹纹罐

"粉
彩"即"洋彩"考

中外文化技术交流，不论是过去、现在和将来，对增进双方的友谊，繁荣文化，都具有重大的意义。

瓷器是中国的伟大发明。但是，即使在制瓷史上也能找到我们的先辈善于吸收外来技术的实例。

"粉彩"是我国彩瓷品种中的一颗明珠，它就是在清代前期吸收了外来的技术而创制成功的。

粉彩始创于清康熙，极盛于雍正时期。初创之时，制作较粗，仅在红花的花朵中运用胭脂红，其他色彩大多仍沿用五彩的制作。如北京故宫博物院所藏，带有"大清康熙年制"六字楷书款的粉彩花蝶盘，花朵用胭脂红色，但渲染笔意不大，相反光泽较足，白花朵和枝干有粉感，但淡绿及翠绿色仍用五彩平涂法。至雍正时，无论在造型、胎釉和彩绘方面，都达到了空前的发展。

粉彩和五彩在制作工艺上的不同，大致有下列几个方面：

一、粉彩制作的特点之一是运用玻璃白打底，而五彩是不用玻璃白打底的。

景德镇的制瓷工人在含铅的玻璃质中，引进砷元素，发明了所谓"玻璃白"，它的成分是PbO（氧化铅）、SiO_2（氧化硅）和As_2O_3（氧化砷）。氧化硅是形成玻璃的主要成分，氧化铅为熔剂，而氧化砷可以起乳浊状的作用。这种玻璃白由于其中砷的乳浊作用，因此有不透明的感觉，一般在粉彩瓷器图案中的花朵和人物的衣服上使用。

二、在彩绘的技法上，五彩用单线平涂法，粉彩则用渲染法。其步骤是，依照原先画成的花朵或衣服的轮廓范围，先填上一层玻璃白，由于它不透明，因此要空出所画的笔痕，等干以后，再以色料进行渲染，效果是使花瓣和人物衣服有浓淡明暗之感。例如，雍正粉彩的花朵一般用胭脂红着色，往往在花蕊部分保留的色料最多最厚，从花蕊到花瓣愈往外，红色洗去得愈多。色料本身就造成不同层次的立体感，这是五彩单线平涂法无法达到的效果。

三、绘彩时，五彩用胶水着色，而粉彩以油料调色。油彩的采用是制瓷史上的一大进步。

四、五彩的红色是以氧化铁作为呈色剂的矾红，而粉彩则广泛应用以黄金作为呈色剂的胭脂红。

五、五彩炉火的温度在800℃左右，粉彩则一般在700℃左右，由于它比五彩的烘烧温度低，瓷器烧成后，其色彩在感觉上也比五彩要柔软，所以又有"软彩"之称。

这些特点中，至少有两点是与外来的影响分不开的，那就是油彩和以黄金为呈色剂的胭脂红。在明代和清初，我国还没有应用过油彩和以黄金为呈色剂的胭脂红。这两种东西是外来的，它们首先应用在康熙的瓷胎画珐琅瓷器上。笔者认为，粉彩瓷器是在康熙五彩的基础上，从珐琅彩瓷器蜕化而来的。由于它们是外来的，因此在清代前期"粉彩"被称为"洋彩"，这在各种文献记载中可以得到证实。

《南窑笔记》、朱琰《陶说》和蓝浦《景德镇陶录》这三本书，是清代有关陶瓷史的最主要的著述，但是都不见粉彩的名称。

《南窑笔记》在叙述清代的制瓷成就时说："迨我朝定鼎之后，即于镇厂仿作，诸窑毕备。更得洋色一种，诚一代巨观，陶制之精，于斯为盛云。""洋色"是清代的一种重要创造，它究竟指什么呢？同书"成、宏窑"条谈到成化斗彩时说："成窑淡描五采，精雅绝伦。有鸡缸杯、高士杯、锦卉堆各种，其内用澹青镶方款，今仿造者，增入洋色，尤为鲜艳。"在"彩色"条又说："今之洋色，则有胭脂红、羌水红，皆用赤金与水晶料配成，价甚贵。其洋绿、洋黄、洋白、翡翠等色，俱人言硝粉、石末、硼砂各项炼就，其鲜明娇艳，迥异常色，使名手仿绘古人，可供洗染点缀之妙。"这里很明确，雍正时期的洋色主要是指胭脂红、羌水红和其他洋绿、洋黄等色。雍正斗彩的最大特点是釉下青花和釉上粉彩相结合，而康熙及明代斗彩是釉下青花和釉上五彩相合，所谓"增入洋色"就是指这个变化而言。

《南窑笔记》所述"洋色"的炼制，应该是从中国自炼珐琅彩料开始的。北京故宫博物院所藏清宫内务府造办处的档案就载有这方面的史实："雍正六年二月廿二日……奉怡亲王谕，着试烧炼珐琅料……七月十二日据圆明园来帖内称，本月初十日怡亲王交西洋珐琅料月白色、白色、黄色、绿色、深亮绿色、浅蓝色、松黄色、浅亮绿色、黑色，以上共九样。旧有西洋珐琅料月白色……以上共九样。新炼珐琅料月白色、白色、黄色、浅绿色、亮青色、蓝色、松绿色、亮绿色、黑色共九样。新增珐琅料软白色、秋香色、淡松黄绿色、藕荷色、浅绿色、酱色、深葡萄色、青铜色、松黄色，以上共九样……闻得西洋人说，烧珐琅调色用多尔门油，尔着人到武英殿露房去查，如有，俟画上用小珐琅片时用此油。造办处收贮的料内，月白色、松花色有多少数目，尔等查明回我知道，给年希尧烧瓷器用。"（造字第3318号）珐琅彩瓷器是在清宫内务府造办处置小炉烧制的，这种工艺技术上的成就，必然影响到景德镇的御厂，粉彩中各种"洋色"的炼制，很可能即从此而来。最近，上海硅酸盐研究所张福康等同志对康熙珐琅彩及雍正粉彩的彩料作了化验，其中的一个差别是："珐琅彩料中含有大量硼，而在中国彩料中，无论五彩或粉彩，都不含硼。"（张福康、张志刚：《中国历代低温釉和釉上彩的研究》）这个科学分析很说明问题。当然，还可进一步化验雍正或乾隆珐琅彩瓷器，化验我国自制的珐琅彩料是否有硼，以进一步把珐琅料和粉彩料区别开来。

唐英是清代比较有作为的督陶官,他于乾隆元年(1736)撰《陶成纪事碑》,总结了景德镇当时的制瓷工艺成就,其中却没有一条提到粉彩,而只谈到:"(仿)洋彩器皿,新仿西洋珐琅画法,山水、人物、花卉、翎毛无不精细入神。"(转引自蓝浦:《景德镇陶录》,卷三)这正是指著名的雍正粉彩而言的。乾隆八年(1743),他更撰成《陶冶图说》,同样不提粉彩,但在第十七条圆琢洋彩则说:"圆琢白器五彩绘画,仿西洋,曰洋彩。选画作高手,调合各种颜色,先画白瓷片烧试,以验色性火候,然后由粗入细,熟中取巧,以眼明心细手准为佳,所用颜色,与佛郎色同。调法有三,一用芸香油,一用胶水,一用清水。油便渲染,胶便拓刷,清水便堆填也……"(转引自朱琰:《陶说》,卷一)过去,习惯上把"洋彩"局限于只指那种仿西洋画画面的所谓仿洋瓷。其实,"洋彩"应指"粉彩"而言。关于这个问题,从清宫内务府造办处档案的记载中,也能得到证实:

乾隆十年十二月初一日"江西唐英烧造得洋彩锦上添花罇、瓶等二千件……"。(造字第3411号)

乾隆十六年六月十六日"奉旨,惠色所进洋彩瓶、壶、盖钟、蜡阡等件,烧的俱各平常"。(造字第3435号)

乾隆二十七年五月十六日"交洋彩磁五供一分(磁苓芝花一对、雕龙蜡阡一对)……洋彩磁八卦瓶二件……传旨俱发往杭州……在上天竺观音大士龛内桌案供……"。(造字第3520号)

档案中同样不见"粉彩"的名词,而关于"洋彩"的记载却很多,本文只举了其中三条,特别是上述"洋彩锦上添花罇、瓶等二千件"一条,完全可以说明,当时所谓的"洋彩"就是我们今天习惯所称的"粉彩",而这种粉彩锦上添花的罇、瓶实物,也正是目前所常见的乾隆粉彩瓷器。

一九七八年除夕
(原载《上海博物馆馆刊》第1期,1981年)

 宋哥窑五足洗

官、

哥两窑若干问题的探索

　　官窑和哥窑都是我国古代的名窑，很多中外学者作过较多的研究，但还存在若干问题。概括起来，官窑的问题有：1. 北宋官窑的窑址未发现；2. 南宋修内司官窑的窑址尚待证实；3. 南宋郊坛下官窑的上限不明。哥窑的问题有：1. 哥窑的产地及其得名的由来；2. 传世品的断代；3. 某些明代文献记载的有龙泉哥窑而引起的混乱；4. 哥窑和官窑的关系。问题的全部解决有待于窑址的发现和发掘，有赖于文献资料的全面收集和科技工作者的进一步配合，本文只是提出几点探索性的看法。

一　官窑的文献记载及其窑址的发现

官窑在广义上说,应该指一切官营的瓷窑,习惯上也把民窑中一部分专供宫廷使用的产品,称为官窑(器)。本文则专指相传宋代五大名窑之一的官窑。

宋官窑最早的文献记载见于宋顾文荐《负暄杂录》或叶寘《坦斋笔衡》,但这两部书都已失佚。元陶宗仪《辍耕录》卷二十九,窑器条引《坦斋笔衡》:"本朝以定州白磁器有芒,不堪用,遂命汝州造青窑器,故河北唐、邓、耀州悉有之,汝窑为魁。江南则处州龙泉窑,窑质颇粗厚。政和间,京师自置窑烧造,名曰官窑。中兴渡江,有邵成章提举后苑,号邵局。袭故京遗制,置窑于修内司,造青器,名内窑。澄泥为范,极其精致,油色莹澈,为世所珍。后郊坛下别立新窑,亦名官窑,比旧窑大不侔矣。余如乌泥窑、余姚窑、续窑,皆非官窑比。若谓旧越窑,不复见矣。"(据影元刻本)商务本《说郛》卷十八收有《负暄杂录》这一条的文字内容和《辍耕录》所引《坦斋笔衡》基本一致。但说北宋官窑设于"宣政间",又说"郊坛下别立新窑亦曰官窑",这是和《辍耕录》所引有出入的。这段文字记载,说明了几个问题。

1. 北宋末,政和年间,汴京(今河南开封)曾设置官窑,烧造青瓷。

2. 南宋初,在临安(今浙江杭州)设修内司官窑,产品极精。

3. 后又设郊坛下窑,但其产品的质量比修内司窑差得多。

4. 龙泉窑当时还只能生产粗厚的产品,而旧越窑已不可见。

5. 另有乌泥窑、余姚窑和续窑,都比官窑产品差。

北宋汴京官窑的窑址,在开封始终没有发现。而且由于黄河的水淹和改道,今后发现的可能性也很少。目前还无法判别在传世品中,究竟哪一类属北宋官窑。关于北宋官窑的宋代文献记载,除了上引这段文字外,其他别无发现。但有两条材料值得思考。一是宋徐兢《宣和奉使高丽图经》一书,在谈到高丽的青瓷时说:"其余则越州古秘色,汝州新窑器,大概相类。"作者记述的是宣和时期的情况,当时,汝窑和官窑应同是宫禁所用,但徐兢只提汝窑,却没有谈到官窑。第二,宋周密《武林旧事》在记载宋高宗临幸清河郡王府时,张俊奉献珍宝的清单中,瓷器部分只有汝窑,也没有北宋官窑器。

南宋修内司官窑,据宋乾道《临安志》的记载"修内司壮役等指挥在万松岭下",应该在凤凰山的万松岭下。明高濂《遵生八笺》也说修内司官窑"在杭之凤凰山下"。但其窑址至今还没有全部证实。1920年代末,任杭州日本总领事的米内山庸夫曾在凤凰山下报国寺、凤凰山下西溪南斜面及凤凰山下西溪北斜面地藏殿等四处采集了大量瓷器标本,发表于1952—1954年的《日本美术工艺》杂志上,但其中除青瓷外还有白瓷、青白瓷和黑瓷,显然不全是修内司官窑的产品。1970年代初,有一个自称长期在凤凰山下找寻修内司官窑的人,带了一批瓷片来上海博物馆,据说全为凤凰山下所采集,其中有灰胎和黑胎、厚釉和薄釉的各色大或细小纹片的官窑碎片,与常见的乌龟山标本相类,但没有窑具。1981年春,笔者在朱伯谦、牟永抗同志带领下至凤凰山,也没有发现窑具,但同一时期,上海硅酸盐研究所陈显求同志却在地藏殿后边发现了一件六个支钉的圆形支垫窑具,值得重视。

南宋郊坛下窑也是《坦斋笔衡》所记载的。宋咸淳《临安志》卷十说:"青瓷窑在雄武营山上圆坛左右。"圆坛似应为当时的郊坛。现已发现的杭州市乌龟山窑址,一般认为即属郊坛下官窑。这个窑址在1913—1914年间已有人发现并采集碎片,1930年以后为国内外各方面的人所注意。朱鸿达曾将其所采集的瓷片和窑具编印成《修内司官窑图解》一书,1937年8月出版,这是关于南宋官窑的第一本资料书。但他把乌龟山官窑误认为修内司官窑。1956年,浙江考古工作者对乌龟山宋代瓷窑进行了发掘,发现其产品有精、粗两类。精的一类"制作工整,胎质细腻,釉层丰厚,乳浊性良好,晶莹类玉,有的坯体厚度在1毫米以下,当为传统所说的官窑器"[1]。粗的一类产品有刻划花装饰。

二　郊坛下官窑和龙泉仿官

关于郊坛下官窑的上、下限及其产品的优劣评价,也还是有疑问

---

[1] 浙江省博物馆:《三十年来浙江文物考古工作》,《文物考古工作三十年》,文物出版社,1979年。

的。上引宋代文献,只说"后郊坛下别立新窑"。究竟在何时设立,并没有讲清楚,因此其上限很难肯定。咸淳《临安志》有"青器窑"的记载,那么郊坛下官窑的下限似可定在南宋末。对其产品,宋人有"比旧窑大不侔矣"的评价,目前虽然对北宋官窑和修内司官窑产品的面貌尚不清楚,但所有传世官窑器比已发现的郊坛下官窑标本均没有很大差别。因此,可以推断,宋人记载所说的郊坛下官窑器,并不是目前常见的那一类精致的品种,而是早期较粗的器物。值得重视的是,1980年,由于位于乌龟山窑址的工厂扩建,发现了一批底足满釉、用支钉支烧的青瓷壶器底,其胎、釉制作都比常见的乌龟山标本粗糙,是否可以看作郊坛下官窑的早期制品? 至于常见的那类精致官窑器,其上限年代,宋赵彦卫《云麓漫钞》提供了一个线索:"青瓷器,皆云出自李王,号秘色。又曰出钱王,今处之龙溪出者,色粉青,越乃艾色……近临安亦自烧之,殊胜二处。"此书成于南宋开禧二年(1206),这时期龙泉已生产"粉青"瓷器,这和最近龙泉发掘所得材料相符,而前引《坦斋笔衡》则说龙泉只能生产粗厚的青瓷,所记应在此之前。《云麓漫钞》说"近临安亦自烧之,殊胜二处"。那么郊坛下官窑的精细品种,似应在开禧前不久开始生产。

从过去得到的标本看,郊坛下官窑器的特点是:胎有灰胎、黑胎和米黄色数种,釉有厚釉薄釉两种。纹片大、小均有,釉色有粉青、米黄、深米黄等。郊坛下官窑的米黄釉,往往是米黄色胎,并不一定全是由氧化气氛烧成的缘故,紫口铁足是郊坛下官窑的特征,但并非全部产品都有这一特征,凡灰胎、米黄色胎和底足包釉器,都不属这一类。

龙泉大窑、溪口等处发现的黑胎器,釉面有开大纹片,也有开小纹片,除了一部分透明度特别亮的瓷片外,其他大部分器物和郊坛下官窑器无法区别,应是仿官窑的制品。龙泉烧制仿官器的原因可能是南宋宫廷对官窑瓷器需求量极大,仅临安所烧,无法满足,因此在龙泉部分地区以相同的原料,用相同的制作方法,烧造同类官窑瓷器。此外,也有可能由于宫廷使用这类瓷器,在士大夫阶层也成为一种时尚,而有较大市场。因此龙泉某些窑场主竞相仿制。这类龙泉仿官器,历来未见文献记载。1939年左右,因江西客商至龙泉才开始在溪口发现,据当地人回忆,1941年秋,曾被挖掘,上层是普通龙泉器,下层是黑色薄胎瓷。

1950年代至1960年代，浙江省考古工作者对龙泉大窑和溪口进行了调查，证实两地都烧制这类仿官窑器。关于它的详细情况有待于进一步发掘研究。

三　哥窑得名的由来及其产地的推测

哥窑是陶瓷史上十分棘手的问题。由于明代中晚期一些文献有龙泉哥窑的记述，因此引起了很大的混乱。其实，龙泉哥窑即龙泉仿官，本文所指的哥窑，是习惯上所称宋代五大名窑中的哥窑。陶瓷界一度曾把龙泉仿官称为龙泉哥窑型，把哥窑称为传世哥窑。

关于哥窑得名的由来，冯先铭同志在1978年撰写《中国陶瓷史》哥窑章节时，首先引用了元孔齐《至正直记》的材料，并认为同哥哥洞窑、哥哥窑和哥窑这三者有关，这个论断很重要。

宋代的文献没有哥窑的记载。《至正直记》是已知的有关哥窑的最早文献记载，但只提哥哥洞窑和哥哥窑，并未直接说哥窑。"乙未冬（元至正十五年，即1355年）在杭州时，市哥哥洞窑者一香鼎。质细虽新，其色莹润如旧造，识者犹疑之。会荆溪王德翁亦云，近日哥哥窑绝类古官窑，不可不细辨也"[1]。这里所说的哥哥洞窑和哥哥窑应该是指同一种瓷器。明初洪武年间成书的曹昭《格古要论》关于哥窑的记载也是提哥哥窑，尚未直接提哥窑："哥哥窑。旧哥哥窑出，（按：下有阙文）色青，浓淡不一。亦有铁足紫口。色好者类董窑，今亦少有。成群队者是元末新烧，土脉粗燥，色亦不好。"[2] "哥窑"一词最早见于明宣德三年（1428）的《宣德鼎彝谱》："……内库所藏柴、汝、官、哥、均、定各窑器皿，款式典雅者，写图进呈……其柴、汝、官、哥、均、定中，亦选得二十有九种。"[3]后人所称的汝、哥、官、均、定五大名窑，即源于此。哥哥窑是哥哥洞窑的简称，而哥窑则又是哥哥窑的简称。

哥窑的窑址迄今尚未发现。明初《格古要论》提到的哥哥窑，并无产

---

① 粤雅堂丛书本，卷四。
② 《新增格古要论》，惜阴轩丛书本，卷七。
③ 见《丛书集成》初编，卷一。

地记载。哥窑究竟产于何处,明代中期的文献记载有二说:

1. 龙泉说 明代中期的文献提到龙泉哥窑的有:刊刻于嘉靖四十年的《浙江通志》卷八:"处州……县南七十里曰琉华山……山下即琉田,居民多以陶为业。相传旧有章生一、生二兄弟,二人未详何时人,至琉田窑造青器,粹美冠绝当世,兄曰哥窑,弟曰生二窑。"刊刻于嘉靖、隆庆间的郎瑛《七修续稿》卷六:"哥窑与龙泉窑,皆出处州龙泉县。南宋时,有章生一、生二弟兄,各主一窑,生一所陶者为哥窑,以兄故也。生二所陶者为龙泉,以地名也。其色皆青,浓淡不一。其足皆铁色,亦浓淡不一。旧闻紫足,今少见焉,惟土脉细薄。油水纯粹者最贵,哥窑则多断文,号曰百圾破。龙泉窑至今温、处人称为章窑。"其实,这里所说的哥窑,《浙江通志》只说是青器,并未讲明是哪一类品种,《七修续稿》讲得较细,其所谓龙泉哥窑的特征是,青色、铁足,有百圾破的开片。因此后人把哥窑定为龙泉所产,而龙泉大窑、溪口等处的产品和传世哥窑器相比,虽有某些特征相似,但并非同一品种。现将上海博物馆收藏的传世哥窑器和我们现有的龙泉仿官、郊坛下官窑标本进行比较,列表如下:

哥 窑	龙泉仿官	郊坛下官窑
1. 胎色黑、深灰、浅灰、土黄。	1. 胎色以黑色为主。	1. 胎色黑、深灰、浅灰、米黄。
2. 失透的薄乳浊釉。	2. 发现少数标本,透明度极强。多数比哥窑透明度稍大,薄胎厚釉。	2. 比哥窑透明度稍大。但未见龙泉仿官中透明度极强的标本。
3. 釉色以灰青为主,也有炒米黄色、浅灰青、浅炒米黄色。但不见龙泉典型粉青色。	3. 釉色有粉青、深粉青、米黄、深月白等。但不见哥窑典型的灰青色。	3. 釉色有粉青、深粉青、月白、米黄、深米黄等,但不见哥窑典型的灰青色。
4. 大小纹片相结合,或一色碎纹片(有的着色,也有不着色)。	4. 大纹片或小纹片,不见大小纹片相结合(不着色)。	4. 大纹片或小纹片,不见大小纹片相结合(不着色)。
5. 以填烧为多,少数支烧(有五个支钉或六个支钉痕)。	5. 已发现标本大多为填烧。	5. 大多填烧。也有少数五个支钉的支烧器。

根据上表,传世哥窑与龙泉大窑、溪口的黑胎青瓷有一定的区别,

因此其产地并不在龙泉。1964年及1980年，周仁、张福康、陈显求、李家治等同志发表的科学报告[1]，也都证实了这一点。因此，可以肯定，《浙江通志》和《七修续稿》所说的龙泉哥窑是指龙泉仿官窑器而言，与相传五大名窑中的哥窑无关。

2. 杭州说　明高濂《遵生八笺》把哥窑的产地定在杭州："……官者，烧于宋修内司中，为官家造也。窑在杭之凤凰山下……哥窑烧于私家，取土俱在此地。"[2]清蓝浦《景德镇陶录》引《唐氏肆考》亦持此说："哥窑……旧呼哥哥窑，亦取土于杭。"[3]但在杭州尚未发现其窑址。

此外，周仁先生等在《关于传世"宋哥窑"烧造地点的初步研究》一文中提出了哥窑的烧造地点在江西景德镇，这个推断还有待于进一步研究。

四　哥窑的年代

由于哥窑窑址尚未发现，宋代文献并无记载，因此对于哥窑的年代，存在着争论。周仁先生等在《关于传世"宋哥窑"烧造地点的初步研究》一文中说："传世'宋哥窑'很可能是宋以后景德镇烧造的。"否定了哥窑有宋代的产品。目前传世哥窑器的主要收藏有北京故宫博物院、台北故宫博物院、上海博物馆和英国大维德基金会的收藏品，几乎都无例外地定为宋代。在传世哥窑器中，渣斗式尊、贯耳瓶、琮式瓶、弦纹长颈瓶、鱼耳炉、乳钉炉、葵口碗和冲耳乳足炉等，在过去看来都是典型的宋代器物；当然，不应排除后期模仿宋代造型的可能性。同时，其中某些器形的其他窑口产品，如双耳炉、弦纹长颈瓶、贯耳瓶等，在韩国新安海底沉船中也已发现，其年代归属还不易判定。因此对宋哥窑是否存在，要作进一步的深入研究。然而，我们过去把传世哥窑都定在宋代，是肯定

① 周仁、张福康：《关于传世"宋哥窑"烧造地点的初步研究》，《文物》，1964年，第6期；陈显求、李家治、黄瑞福：《元大都哥窑和青瓷残片的显微结构》，《硅酸盐学报》，八卷二期。
② 明刻本，卷十四。
③ 蓝浦：《景德镇陶录》，翼经堂本，卷六。

有问题的。前引《至正直记》即说："近日哥哥窑绝类古官窑。"显然,元末烧造哥窑器的事实是存在的。而前引明初《格古要论》的记载,表明哥哥窑器有新旧之分,元末新烧的哥哥窑器质量较差,而当时能见到的成批的哥哥窑器都是元末所烧。把上引二书的记述和传世的哥窑器结合起来分析,有下列几点值得考虑:

1. 哥窑器在元代已有新、旧之分。

2. 旧哥窑器是宋代还是元代前期的制品尚有待研究。

3. 元末的新哥窑器质量较差,但和古官窑器相似。也可认为,元末的新哥窑器反而不一定和旧哥窑器相像。

4. 传世的典型哥窑器,在失透的薄乳浊釉,以灰青、米黄为主的釉色和基本上大小纹片相结合或一色碎纹片这几个特征上,是可以和宋官窑器区别开来的。那么,和官窑器相似的元末新哥窑器指哪一类器物?

5. 在传世品中,确实有一些比上述典型哥窑器的釉透明度稍大,有一色大开片或小开片、与官窑器很难区分的实物。

这里有三批出土文物的资料应该结合起来研究:

1. 北京元大都出土的哥窑碎片,从陈显求等《元大都哥窑和青瓷残片的显微结构》一文所用的标本看,其中三枚都是灰青色、失透薄乳浊釉和开纹片的典型哥窑器。

2. 1953年,上海市青浦县元代任氏墓群,出土了一批文物,其中瓷器除典型的元景德镇枢府器、元龙泉碗和元小圈足撇口碗外,还有半失透、开细纹片的淡青色悬胆瓶及鱼耳炉。同时出土的墓志中,有三块可辨认墓主人的生卒年代,其年代是1281—1338年、1285—1348年、1285—1351年。因此这个墓群基本上是属于元代晚期的。在这批出土的瓷器中,我们过去把一对瓶及一只炉定为宋官窑。在后期墓葬中用前期的器物陪葬是可以的。但笔者最近考虑到,元代任氏墓群出土的这只鱼耳炉,正是传世哥窑中比较多见的器物。其与北京故宫博物院(见《故宫博物院藏瓷选集》图26)、台北故宫博物院(见《参加伦敦中国艺术国际展览会出品图说》第二册,图57)及英国大维德基金会(见英国伦敦版、霍浦孙《大维德所藏中国瓷器图录》图23、24)的收藏品基本相同。这些传世哥窑过去都定为宋代,但这类双耳炉,在元代的龙泉窑中可以见到,韩国新安海底沉船也发现相类似的器物(《新安海底文物》图76)。过去我们把传世文物作为依据来反证出土文物中某些特殊器物的时代,在一定条件下是无可非议的,但是否也可设想,根据元代任氏墓出土的这只鱼耳炉作为重新判断传世哥窑双耳炉时代的依据呢?此外,悬胆式瓶也是元代龙泉窑常见的器物,因此,笔者认为元代任氏墓群中和大批元代瓷器同出的一对悬胆式瓶和一只双耳炉是元代的器物,官窑在元代已不存在。这三件器物都有纹片,但并非如典型哥窑的大小纹片结合,都是乳浊釉,其乳浊程度没有典型哥窑那么浓,都是黑胎和浅青色釉,和宋官窑十分相近,很有可能就是元末的哥哥窑。

3. 1970年,南京市博物馆清理了一座明初洪武四年(1371)汪兴祖墓葬,出土物中有哥窑盘11件,其特征为葵瓣口、青灰色釉和开片[①],但在大小开片相结合和釉色这两点上,和典型传世哥窑器并不一致,因此也有人怀疑,是否属于官窑系,其实这批盘子正是明初《格古要论》所说的"成群队"者的元末新烧哥窑器。

五 哥窑的明代仿制品

哥窑在元代虽已有哥哥洞窑和哥哥窑的记载,但似乎还不是十分珍贵的品种,如《至正直记》卷四"莫置玩器"条只提"尝议旧定器、官器……不足为珍玩……",又"古今无匹"条:"王仲德好蓄古定、官窑。"都未提及哥窑。但到了明代就很受重视了。永乐末年就开始了仿哥窑的活动,明皇甫录《皇明纪略》记载了明仁宗在为太子时爱好哥窑器而仿制成功的事实:"都太仆言,仁宗监国问谕德杨士奇曰,哥窑器可复陶否?士奇恐启玩好心,答云,此窑之变,不可陶。他日以问赞善王汝玉,汝玉曰,殿下陶之则立成,何不可之有。仁宗善,命陶之,果成。"[②]但这种永乐末年的仿哥窑器,现在已经无法找到了。台北故宫博物院有宣德仿哥窑器和成化仿哥窑高足杯,上海博物馆有成化仿哥窑盏,都是景德镇仿制的哥窑器。从上博所藏的两件盏看,明代前期景德镇仿哥窑特点有

① 南京市博物馆:《南京明汪兴祖墓清理简报》,《考古》,1972年,第4期。
② 《历代小史》卷八十五,涵芬楼影明刻本。

二：第一是白胎，这是和传世哥窑的黑胎根本不同的；第二是由于白胎，不可能产生真正的所谓"紫口铁足"，而是在口和足的部位涂上一层酱色，充作紫口铁足。《遵生八笺》亦说："近年诸窑美者亦有可取，惟紫骨与粉青色不相似耳。"因此，周仁等先生把传世哥窑都看作是宋以后景德镇所烧造，显然是不正确的。至于明代后期到清代，仿哥窑器也有黑胎的，那是有意识地配入粗料，清《南窑笔记》说："今之做哥窑者……铁骨则加以粗料，配其黑色。"但从胎、釉、纹片和造型多方面是可以加以识别的。

（原载《中国考古学会第三次年会论文集》，文物出版社，1981年）

 青花佛教故事图笔筒

中

国陶瓷史研究中若干问题的探索

从已发现的北方地区陕西关中华县老官台、陕南汉江上游西乡李家村、河南新郑裴李岗和河北武安磁山以及南方地区江西万年仙人洞下层、浙江桐乡罗家角和余姚河姆渡的早期陶器算起,我国陶瓷制造的历史已长达八千年左右。半个世纪以来,国内外的学者从不同的角度对中国陶瓷史的各个领域做了很多研究工作,本文只是从近年接触到的几个问题,提出某些探索性的看法。

一 陶瓷史研究的对象和手段、方法

一部完整的中国陶瓷史,应该包括陶瓷工艺、陶瓷经济和陶瓷美术

的综合史。

陶瓷工艺的研究，主要是指陶或瓷器的起源及其制造工艺发展的历史。例如，陶土的选择、淘洗和羼和料的应用；陶器成型方法的演变和陶器烧成方法的进步，包括窑的演变和烧成温度、烧成气氛和陶色等等，以及瓷釉的起源和配制方法的改进；低温釉的起源和各种色釉的配制机理。

近年来，中国考古界和科技界相互配合，做了大量工作，取得了一定的研究成果。但有些问题还要作进一步探索，例如中国陶器和瓷器的起源，包括高温釉和低温釉的起源；窑的演变序列；陶器和瓷器在科学定义上的划分以及中国青瓷生产的几次起伏原因（如西汉时期青釉瓷器绝迹、东晋至唐初青瓷生产的低落）和唐宋某些名窑的烧制技术成就等。

陶瓷经济是研究陶瓷生产中，生产资料归谁所有、生产者的地位、产品的分配和流通等。

在原始社会的母系氏族公社时期，制陶是妇女的工作。仰韶文化遗址中发现的陶窑，有的比较集中，说明了陶窑是氏族的公有财产，制陶业是氏族的公有经济。龙山文化时期所发现的陶窑则有比较分散的现象，可能已变成由有制陶经验的家庭来进行。氏族制陶，其产品当为氏族公有，消费之余才作为商品和其他氏族或部落进行交换。但家庭制陶则陶器已开始成为商品而生产了。一般认为陶器的手制法与母系氏族公社相适应，而轮制则由于要拉坯成型，需要较强的体力，是男子的劳动，因此与父系氏族公社时期相适应。但问题是我国甘肃、青海地区的甘肃仰韶文化终未发现轮制的陶器。

我国已有三千多年制瓷的历史，但对于瓷业经济史的研究显得相当贫乏。古代陶瓷经济史是研究中国经济史的一个重要组成部分。宋代以前的瓷业经济，几乎还没有任何有系统的论著。宋代以后，景德窑等重要窑场的瓷业经济情况，如窑场规模、雇佣劳动、分工协作和产品销售等已开始有某些文献记载，它们是研究中国资本主义萌芽的重要素材，都有待于我们重视。

陶瓷美术是研究陶瓷器的造型和装饰。原始社会陶器的装饰，从技法上讲主要有压印、剔刺、堆贴、雕塑、刻划、彩绘和镂孔等多种。其图案纹饰都来源于人们对自然界认识的直接或间接反映，但时代越往后，图案纹饰就必然越离不开社会经济和制度影响。明代景德镇官窑瓷器的图案花纹基本上是当时宫廷宦官选定的,而清代雍正、乾隆时期,则由皇帝亲自发下图样。

陶瓷美术是中国工艺美术史的一个不可分割的组成部分。关于陶瓷美术的研究,比陶瓷经济要强得多,但在广度和深度上也还有待于进一步提高。即如,以原始社会陶器的装饰为例,黄河流域仰韶文化以彩陶见长,而长江流域的罗家角、河姆渡以及稍后的马家浜至良渚文化,都以刻划纹饰为突出。龙山文化的刻划纹饰其渊源是否由于南方的影响,也还值得考虑。如果进一步把原始社会的陶器刻划纹饰加以系统整理,不难发现青铜器的纹饰可能正是由此而发展起来的。

研究中国陶瓷史所运用的手段和方法不外下列数种:

一、文献资料的汇集整理。

二、考古资料和传世实物的排比研究。

三、运用自然科学手段进行定性、定量分析和年代测定。

四、运用民俗学的方法进行采访、调查。

五、进行模拟试验。

古代文献中有关陶瓷史的专门著述极为罕见,《四库全书》中没有一部陶瓷的专著。散见于各种文籍内的一些论述, 也缺少有系统的汇集。目前所见到的较晚期陶瓷专著和专论主要有:

1. 蒋祈《陶记》。主要记述宋代景德镇瓷业的专著。清康熙二十一年及乾隆本《浮梁县志》全文引载,但乾隆本题"元蒋祈《陶记略》"。两种本子的内容稍有出入。

2. 明洪武曹昭《格古要论·古窑器论》。记述明以前的各大名窑。通行本为明天顺三年王佐的新增本,洪武原本久觅未见。

3. 明嘉靖王宗沐《江西大志·陶书》。记录明代嘉靖以前景德镇官窑活动极详。

4. 明崇祯宋应星《天工开物·埏埴》。是有关古代陶瓷制作工艺技术的专门著述。

5. 清佚名《南窑笔记》。以记述清代前期景德镇的制瓷概况为主。从其所涉内容的时代看,大约成书于雍正年间。目前仅有《美术丛书》本行世,原本未见。

6. 清乾隆本《浮梁县志·陶政》。记述乾隆以前景德镇制瓷业的概况,主要转引《江西大志·陶书》的内容,同时增附了万历以后的有关记载。其中所引郭子章《豫章大事记》及闽温处叔《陶纪》,目前已很难找到原书。

7. 清乾隆朱琰《陶说》。此书系采集散见于历代各种著作中有关的论述,以景德镇制瓷业为主,兼及各名窑,并各器物的瓷业专著。所附清唐英乾隆八年编成之《陶冶图说》,是目前所见最好的本子。

8. 清末寂园叟《陶雅》。系从鉴赏角度出发所作的论述。

此外,散见于各种经籍、史书、地方志及历代诗文集和小说、笔记中的有关论述,往往十分重要,朱琰《陶说》所辑录的只是极小的一部分,因此,尚待全面、系统的汇集、整理加以出版。

陶瓷考古工作,三十年来取得了巨大成就,在调查古窑址方面,已故的陈万里先生和故宫博物院冯先铭等同志作出了很大贡献。1950年代以来,各地相继发掘了一些古窑址。由于我国考古发掘工作质量的不断提高,改变了偏重文物而忽视遗迹的现象,在窑址发掘中重视窑基和作坊等遗迹,从而为研究陶瓷工艺和陶瓷经济积累了丰富的素材。

从1950年代开始,由于周仁先生生前的努力,中国科学院上海硅酸盐研究所做了大量科学测定工作,为古代陶瓷工艺史的研究奠定了基础。在运用碳14测定文化年代及热释光测定陶器的年代方面,考古研究所、北京大学和上海博物馆等单位都做了一定的工作。目前存在的问题是,在标本选择的系统性和典型性方面还有待进一步改善,从科研单位来说,收集标本是一件十分困难的事。似乎应该有一个全国性的专门小组来统一研究需要测定的项目并通过各有关单位的协商,统筹标本的提供。

运用民俗学的方法,对某些少数民族地区,或保留着较原始生产方法的窑场进行调查、采访,将有助于古代陶瓷史的研究。

云南西双版纳傣族制陶的生产过程,对于了解古代陶器的制作有十分现实的意义。

浙江江山三井口窑场,目前还保存着一家一户制瓷的遗迹。三井口多数为黄姓,附近有一座小山,瓷土即由此山采取。有一条小溪,沿溪两岸设有各家的水力粉碎机械;各家均有独自的小型淘洗池,有两个池的,也有三个池的;其淘洗过程是将粉碎的瓷土(近似粉状)铲入第一池内淘洗,然后过入第二淘洗池(在两池之间置有吸铁石,以吸取铁石),然后再过入沉淀池;自沉淀池取出泥浆,进行压滤(也有不经压滤,用自然干燥的办法);最后拉坯成型。瓷坯经过晾干、修坯,再施釉。该地烧成的龙窑属共有,集体合烧。烧窑时各户共同提供燃料,开窑后剩余的柴草各自携还。至于窑位优劣的安排,则采用每次轮流的办法,做到机会均等。这种一家一户制瓷,合用龙窑烧成的方法,在我国可能延续了很长的年代。三井口和云南西双版纳傣族烧陶一样,是研究我国古代陶瓷工艺和陶瓷经济的重要标本。问题是,随着该地生产技术的全面改革,这种遗迹即将消失。

二 印纹硬陶和原始瓷器

距今大约四千年,我国已进入阶级社会。商周时期,灿烂的青铜文化蓬勃发展,至于陶器的制作,黑陶逐渐衰退,以灰陶与红陶为多见,尤以灰陶为主。在这一时期的陶瓷发展史上,灰陶并不代表一个特定的发展阶段,殷墟发现的精致的白陶,是极为珍贵的艺术品,但就整个陶瓷工艺史来说,也不占重要地位。能够代表当时陶瓷工艺发展水平的,是长江以南、东南沿海地区的印纹硬陶和原始瓷器。

印纹硬陶所代表的进步性,主要是其选土较一般陶质为致密,烧成温度达1100℃以上,叩之可发出铮铮之声,器物牢固,因此有硬陶之称。过去有"印纹陶"、"几何印纹陶"和"几何印纹硬陶"等各种名称。其实这是几个不同的概念。"印纹陶"是指带有拍印纹饰的陶器,在北方的李家村、老官台和南方万年仙人洞下层、罗家角、河姆渡都已存在。事实上,陶胎经过拍打,以拍结陶土,减少气孔,使其致密。陶拍必须凹凸不平,或扎上绳索才可避免黏住陶土,这样就必然在陶器上留下相应的纹痕。后来变成了一种人们有意识的装饰技法。至于"几何印纹陶"及"几何印纹硬陶"只是指几何纹饰,而"印纹硬陶"并不一定是几何纹的。

印纹硬陶流行的下限,大约在西汉时期。

原始瓷器是一种用含铁量在3%以下的黏土成型,经过人工施釉,用1200℃左右的高温烧成的青釉制品。这类器物在1950年代以前尚未被人们所认识,它为陶瓷界所注意只是近三十年来的事。

原始瓷器大多是尊、罍、簋、壶、匜、盂、豆、罐、鼎、杯等盛器,至春秋、战国时期也有一部分钟、錞于等仿青铜乐器。

原始瓷器流行的时期,大约从商代开始,到战国为止。它的釉是以铁的氧化物作为着色剂的高温釉,由于氧化气氛的影响,因此大多呈青中偏黄或黄褐色。至于殷墟出土的碎片,有个别呈漂亮的水绿色,那是极少数。

对于原始瓷器,也还有几个问题值得研究。

1. 在中国陶瓷史的研究中,关于陶和瓷的关系,即瓷器是否为陶器发展的必然结果;陶和瓷是一条线,还是两条线的问题,目前还没有得出一致的看法。同时,在科学上,对于陶和瓷这两种不同的物质,也还没有一条从化学物理性能上明确划分的标准。

从陶瓷器的烧成温度来看,原始社会的陶器,以南方地区为低,一般为700℃—900℃;黄河流域地区为700℃—1000℃左右;南方地区的印纹硬陶则在1000℃以上;而原始瓷器达1200℃左右。似乎可以把中国陶瓷制作的发展看成:

一般陶器—印纹硬陶—原始瓷器。

但问题并不如此简单。第一,一般陶器是南北各地都有的,印纹硬陶则仅属东南沿海地区所有。第二,印纹硬陶和原始瓷器之间的关系,在时间上很可能是同时期的,因此也不能肯定说原始瓷器是印纹硬陶发展的结果。而且即使在南方地区,印纹硬陶、原始瓷器也是和一般的灰陶、红陶并用的。

也曾有人怀疑过,印纹硬陶施了釉即成为原始瓷器。事实上,这也是不可能的,因为两者的胎质和烧成温度都不一样。虽然浙江绍兴富盛战国窑址发现印纹硬陶和原始瓷器同窑烧成,但由于窑位的不同,烧成温度就不一样,而科学测定数据表明,在胎质上,印纹硬陶的含铁量达7.14%,原始瓷器的含铁量仅为2.34%[①]。

2. 早期原始瓷器的产地还不清楚。商代原始瓷器在南方地区只有江西清江吴城及湖北黄陂盘龙城等少数地点出土,而北方地区则河南

[①] 陈显求、陈士萍:《绍兴富盛窑印纹陶和原始瓷标本的显微结构》,《文物集刊》,第3期。

郑州、辉县琉璃阁、安阳殷墟；河北藁城和山东济南、益都等地都有发现。在江苏、浙江地区，至今未发现商代的原始瓷。西周时期，南北各地发现较多。至东周，特别是战国，江苏、浙江地区大量出现，北方地区发现较少。关于原始瓷器的烧造地点，目前只在浙江绍兴和萧山两地发现战国时期的窑址。因此，从总的来说，早期原始瓷器的产地还不清楚。

3. 高温釉的起源尚有待探索。釉是瓷器必不可少的条件之一。关于高温釉的起源，目前也还不清楚。从已发现的商代原始瓷器看，通体施釉而且有的比较匀称，显然是成熟的人工施釉。陶窑的窑壁上往往由于高温而产生一种玻璃体，俗称"窑汗"，它可能是釉的原始状态，而有些硬陶上也能发现黏附着块状的玻璃体。至于在硬陶上出现零星的玻璃体，则是比较普遍的现象。但这些显然都不是有意识的人工施釉。人们怎样发现和利用这样的现象来完善瓷器的制造，目前还无法判断。

陕西姜寨仰韶文化的红陶中，有个别器物表面有一层带有光泽而极平滑的物质，基本上不吸水，和一般的陶衣不一样；浙江桐乡罗家角有的陶衣也有一层物质成透明状。这些现象和釉的发生是否有关，都是值得注意的。

在我国古代文籍中，《礼记·檀弓》的记载可能与釉有关："竹不成用，瓦不成味，木不成斫……其曰明器，神明之也。"这是说，作为陪葬用的明器，应该是没有完成的，不可使用的器物。其中"瓦不成味"的"味"字，注作"沫"，可作"光泽"解。瓦器而有光泽，很可能是指原始瓷器的釉。

三　关于"瓷"字的文献记载

陶器和瓷器都是黏土制品。从商代的原始瓷器算起，我国已经有三千多年制造瓷器的历史，但在文献记载中，"瓷"字的出现则较晚。

汉许慎《说文解字》不收"瓷"字。

《西京杂记》所载汉邹阳《酒赋》："醪酿既成，绿瓷既启。"有"瓷"字，但《西京杂记》旧传系晋葛洪采汉刘歆所著成书，因此其时代不尽可信。

潘岳《笙赋》有："倾缥瓷以酌醽。"那么"瓷"字至迟在晋代已经出现。

在隋代以前的文献中，"瓷"字虽已出现，但并不多见。至唐代的文籍中，"瓷"字才普遍使用。

在中国的早期文献中，有否用其他字来代表"瓷"的可能性呢？很多人有过这样的设想。

长沙马王堆西汉墓出土的竹简上的"资"字，曾有人怀疑即为"瓷"字。但"资"古文作"赍"，可作资送、殉葬之物解。《庄子·列御寇》："庄子将死，弟子欲厚葬之，庄子曰，'吾以天地为棺椁，以日月为连璧，星辰为珠玑，万物为赍送'。"马王堆西汉墓竹简中的"瓦资"、"盐资"等正是这个意思。"资"又可作"剂"解释，是器物的计量单位。"资"作为"瓷"解，尚无确证。

从商代的原始瓷器出现以后，黏土制品应该有两大类：一类是以陶土为原料，用较低温度烧成的无釉制品——陶器；另一类是以瓷石为原料，用较高温度烧成的有釉制品——瓷器。这两类制品在中国古代文献中统称为"瓦器"。《说文》："瓦，土器已烧之总名。"这种黏土制作的工艺在《周礼·考工记》中称为"抟埴之工"。"抟"或作"搏"。

"抟"音团。《管子·内业篇》："抟气如神，万物备存。""抟"作结聚解。唐《一切经音义》卷九引《通俗文》解为"手团曰抟"。"埴"是黏土。"抟埴"即把黏土捏制成器的意思。

"搏"音博，是"拍"的意思。"搏埴"是指制作陶器时为使陶土致密坚实，须要拍打。历来解《考工记》的学者，多数主张"搏"字说。但也不能否定"抟"字的可能性。

《周礼·考工记》关于"搏埴之工"的原文是："搏埴之工二……搏埴之工陶、瓬……陶人为甗……盆……甑……鬲……庾……；瓬人为簋……豆……凡陶、瓬之事，髺垦薜暴不入市。"

这里明确地把制作黏土制品的工种分为二。一种是陶人，另一种是瓬人。"瓬"字，唐石经本和通行本作"旊"，关于它的解释，历来的解经者都没有说清楚。《说文》："瓬，周家搏埴之工也。从瓦，方声。读若抚破之抚。"

有几点值得考虑：

1.《周礼·考工记》明确地把黏土制作工艺分成"陶"和"瓬"两个工种。

2.《周礼·考工记》指出陶人制作的是甒、盆、甑、鬲、庾这一类器物，而瓬人制作的是簋和豆那一类品种。

3. 从商代考古资料来看，河南郑州铭功路的早商制陶作坊遗址，出土的残陶器都是盆、甑、簋、瓮之类的泥质陶[①]，而缺少鬲、甗之类炊器的夹砂陶。但在河北邢台地区的商代遗址中，却发现一个窑专门烧造鬲这类夹砂陶制品[②]。这说明，在制陶业中泥质陶和夹砂陶是两个不同的工种。陶人和瓬人是否即指这种分工呢？答案是否定的，因为第一，泥质陶和夹砂陶只是制陶业之中的分工，《考工记》所指的是"陶"和"瓬"的区别。第二，《考工记》所列陶人的产品中，既有泥质陶，又有夹砂陶。

4.《周礼·考工记》一书属春秋、战国之际的作品，这时期原始瓷器已经比较普遍，而且仿青铜礼器的品种也逐渐增多，因此把黏土制品分为一般的陶器，主要指盆、甑、鬲、甗、庾之类的粗器，和另一类较精致的品种，即以簋、豆等为代表的原始瓷器是完全可能的。

四　新安海底沉船发现后涉及的一些问题

韩国新安海底沉船的打捞工作，是1976年开始的。1976年、1977年两年发现的中国瓷器达六千余件[③]，轰动了国际学术界，为中国对外贸易史和中国陶瓷史的研究提出了若干新的课题。笔者就接触到的一些资料提出初步的看法。

1. 沉船年代、开出地点和船主

在沉船已发现的器物中，年代可考的实物有两件，一是"至大通宝"铜钱；二是有"辛未"年号的漆碗。

元代的通用货币主要是纸钞，但亦发行过铜币。据《元史·食货志》记载："武宗至大三年，初行钱法，立资国院、泉货监以领之。其钱曰至大通宝者，一文准至大银钞一厘；……历代铜钱，悉依古例，与至大钱通用。其当五、当三、折二，并以旧数用之。明年，仁宗复下诏，以鼓铸弗给，

① 安金槐：《郑州地区的古代遗存介绍》，《文物参考资料》，1957年，第8期。
② 云明等：《邢台商代遗址中的陶窑》，《文物参考资料》，1956年，第12期。
③《新安海底文物》，韩国，1977年。

新旧资用,其弊滋甚,与银钞皆废不行,所立院、监亦皆罢革,而专用至元、中统钞云。"由此可知,至大通宝钱铸于1310年,1311年即"废不行"。所谓"废不行"是指停止铸造发行,作为具有金属实体的铜币,在流通中是仍可行用的。沉船既有至大通宝钱,那么它的年代最早不能超过1310年。

1977年《新安海底文物》一书出版以后,又发现了带有"辛未"年号的漆碗。与1310年相邻的辛未年有两个,一是南宋咸淳七年,亦即元前至元八年(1271),另一则为元文宗至顺二年(1331)。从大量出土器物看,属至顺二年辛未的可能性更大,那么此船的沉没年代可进而推定在1331年以后。至于沉船的下限年份,则很难判断,船中所出瓷器没有一件是明代的,因此船沉于元代是可以肯定的,但1331年到1368年元亡,尚有三十八年。从目前来说,沉船未出元青花瓷器这一事实,似可作为一个重要的线索。

青花瓷器是以钴的金属氧化物为着色剂的釉下彩瓷器。我国唐宋时期已开始出现了这类釉下钴蓝的器物。元代前期的青花瓷器,已知的有浙江杭州1978年发现的前至元(丙子)十三年(1276)墓出土的三件观音像[1];江西九江1975年发现的延祐(己未)六年(1319)墓出土的青花牡丹塔式瓶[2];江西景德镇1979年发现的后至元(戊寅)四年(1338)铭青花釉里红器[3]。但这些器物的青花色泽都并不鲜艳,而且全是青白釉,和英国达维特基金会所藏至正十一年(1351)铭的青花瓶相比,这三件都不属于成熟的、典型的元青花。这些原始的、粗糙的釉下彩瓷器,当然不可能作为外销的商品输出海外,在沉船中没有发现这类早期的青花瓷器是正常的。但从至正十一年铭青花瓶看,至少在1351年,典型的元青花已经成熟,目前国内、外发现的元青花主要是这一类。沉船有大量元代景德镇的青白釉、枢府釉瓷器,却不见一件元青花,说明此船的下沉年代当不会晚于1351年。

沉船开出的地点,估计是今浙江宁波,元代属庆元路。

---

① 杭州市文管会:《本市发现元初瓷观音塑像》,《杭州日报》,1979年7月25日。
② 九江市博物馆:《元代青花牡丹塔盖瓷瓶》,《文物》,1981年,第1期。
③ 杨厚礼、万良田:《江西丰城县发现元代纪年青花釉里红瓷器》,《文物》,1981年,第11期。

元代海外贸易的管理，基本上沿用宋代的方法，《元史·食货志》："元自世祖定江南，凡邻海诸郡与蕃国往还互易舶货者，其货以十分取一，粗者十五分取一，以市舶官主之。其发舶回帆，必著其所至之地，验其所易之物，给以公文，为之期日，大抵皆因宋旧制而为之法焉。"元置市舶司凡七所，计泉州、上海、澉浦、温州、广东、杭州、庆元。庆元即今浙江宁波，系至元十四年所立，至元三十年后又将温州市舶司并入庆元，至大德二年（1298）澉浦、上海亦并入庆元市舶司，直属中书省。延祐元年（1314）又复立市舶提举司。

宋、元两代，浙江宁波是中国和高丽、日本通航的主要港口。北宋徐兢奉使高丽，就是由明州（即宁波）出发的。元前至元二十九年，日本和中国互市的船只，也是抵达庆元（即宁波）的："至元二十九年六月，日本来互市，风坏三舟，惟一舟达庆元路，十月至四明，求互市。"[1]

近年来，在宁波发现的宋、元码头遗址，说明了正是在这里出口着大宗瓷器。1980年9月笔者承林士民同志介绍，在宁波市文物保管委员会看到了一些码头出土物，其中部分龙泉青瓷、景德镇青白釉瓷和新安海底沉船发现的完全一样，特别值得注意的是一个青白釉卧女枕（残件）与《新安海底文物》一书第148图完全相同，这种现象说明新安海底沉船的开出地点十分可能就是现在的浙江宁波市。

关于船主的推断，沉船发现数百公斤铜钱是一个重要的线索。

13至14世纪，中国铜钱有一定数量外流，特别是日本对于中国铜钱的需求量极大。

至元十四年（1277）："日本遣商人持金来易铜钱，许之。"[2]

日本春屋妙葩《天龙寺造营记录》记载，泰定二年（1325）日本为建寺庙就曾派商船来中国换取铜钱，至正元年（1341）日本的将军足利直义又派两条船来中国贸易，规定回程一定要缴五千贯铜钱以建天龙寺。据说以后又年年进行，称为天龙寺船。

元政府总的政策是禁止民间用铜钱进行海外贸易的，《元史·刑法志》即有明确的规定："诸市舶金银铜钱铁货、男女人口、丝绵段匹、销金

---

[1]《续文献通考·市籴二》。
[2]《元史·外夷传一》。

绫罗、米粮军器等,不得私贩下海,违者舶商、船主、纲首、事头、火长各杖一百七,船物没官……"但有时经过特殊批准和官府直接经营则还是有大量铜钱输出的,这种情况,除上引至元十四年的例子外,至元十九年(1282)"又用耿左丞言,以钞易铜钱,令市舶司以钱易海外金珠货物……"。(《元史·食货二》)

整个元代,在海外贸易问题上,时禁时弛,也有完全禁止民间进行,而由官府直接经营的规定,如:"延祐元年,复立市舶提举司,仍禁人下蕃,官自发船贸易……"(《元史·食货二》)

沉船发现那么多铜钱,就必然要考虑到很可能是官府直接经营的船舶,而沉船中有带"使司帅府公用"铭龙泉青瓷盘,更为我们提供了有力的佐证。

"使司帅府"是"宣慰司使元帅府"或"宣慰司使都元帅府"的简称。元制,设宣慰司:"掌军民之务,分道以总郡县,行省有政令则布于下,郡县有请则为达于省。有边陲军旅之事,则兼都元帅府,其次则止为元帅府……凡六道……浙东道,庆元路置。"(《元史·百官七》)

宣慰司和都元帅府或元帅府本来是分开的,大约在元世祖至元二十九年开始合并:"中书省臣言:亦奚不薛及八番、罗甸既各设宣慰司,又复立都元帅府,其地甚狭而官府多,宜合二司帅府为一。诏从之……"(《元史·世祖纪》)

《元史·地理志五》载有"浙东道宣慰使司都元帅府",并注明其治所在庆元。

沉船发现的"使司帅府公用"龙泉青瓷盘,应该就是浙东道宣慰使司都元帅府的公用器皿,由此,可以进而推断,这艘沉船很可能就是当时官府经营的海外贸易船。

2. 沉船所出某些瓷器的时代和产地

沉船所出大量瓷器,其中大部分器物属元代,是很明确的。但也有一部分瓷器从习惯上看似为宋代的产品。这里有一个总的前提应该解决,即沉船的货物系当时生产的商品,还是属于前一时代遗留下来的"古董"。据发现的"至大通宝"钱推断,沉船的年代最早不能超过1310年,距离宋亡已经三十多年,如以至顺二年(辛未),即1331年计算,那将为五十多年。用五十多年以前的存货来进行外销,那是不可想象的。结合目前发现的宁波码头遗址出土物中大批和沉船所出完全相同的龙泉鱼耳瓶、贯耳瓶、鬲式炉、贴花双鱼洗、高足碗、奁式炉和景德镇青白釉折腰碗、盘等来看，这些品种显然是当时生产的大宗商品。当然，宋代已有的某些品种和器物，元代可以继续生产。但这里同样有一些值得思考的问题。

第一，沉船发现的建窑兔毫盏和吉州窑白地黑花瓶，说明了这两个宋代名窑元代仍继续烧造，而且其产品仍作为外销瓷而输出国外。同时也证明兔毫盏这种宋代风行一时的器物至元代仍在继续沿用。

第二，沉船有很多龙泉青瓷，其中如荷叶式盖壶、刻花三足炉、刻牡丹纹花瓶、贴花大盘、乳钉三足洗、加彩壶、匜等都为典型的元代器物。但另一些如双耳瓶、长颈瓶、贯耳壶、鬲式炉等，在过去传世品的鉴定中，一般均视为典型的南宋器物。沉船的发现，促使我们改变过去的习惯看法。当然，关于龙泉青瓷总的时代性，以及其中粉青，特别是薄胎厚釉的梅子青那类品种的时代性，都有一个再认识的问题。

第三，《新安海底文物》一书中有一些定名为"南宋—元官窑系"的青瓷香炉。从该书第21图彩色版看，似属黑胎、乳浊釉的纹片瓷。南宋官窑主要是指南宋修内司和郊坛下官窑。龙泉大窑、溪口等处也曾烧制过仿官器，但这些都属于南宋时期。到了元代，官窑已不再存在，因此沉船所出的这类器物不应属于官窑产品。元孔齐《至正直记》："乙未冬（按即至正十五年，1355）在杭州时，市哥哥洞窑者一香鼎，质细虽新，其色莹润如旧造，识者犹疑之。会荆溪王德翁亦云，近日哥哥窑绝类古官窑，不可不细辨也。"这里所说的哥哥洞窑和哥哥窑都应该是今人所说的哥窑。孔齐所买到的哥窑香鼎，很像古官窑。在时间上，1355年上距新安海底沉船的最早沉没年代1331年仅二十余年，而孔齐买到的这类哥窑器并非古董，显然是供应市场的商品。明洪武曹昭《格古要论》也有关于哥哥窑的记载："哥哥窑。旧哥哥窑出，色青，浓淡不一。亦有铁足紫口，色好者类董窑，今亦少有。成群队者是元末新烧，土脉粗燥，色亦不好。"结合上引文献，笔者认为新安海底沉船所出的这种类似官窑的器物，很可能就是元代的哥哥窑。

第四，沉船发现的瓷器中，有一部分尚不能判明其产地。其中有一批类似钧釉的白浊釉花盆、乳钉洗和注子等的元代乳浊釉品种，尚属初见。

　　最近在浙江江山大坝边、陈家庵和江山化肥厂宋（元）窑址中都有少量灰蓝乳浊釉瓷片发现，而何家山明墓中也有乳浊釉烛台、香炉。这种乳浊釉品种在龙泉宋代窑址中也偶有发现。这说明浙江地区不应排除生产这类乳浊釉制品的可能性。

（原载《上海博物馆集刊》，第2期［1982年］）

■ 清雍正景德镇窑仿汝釉瓶及底款

唐

英和清雍正时期的制瓷成就

　　清代康熙(1662—1722)、雍正(1723—1735)、乾隆(1736—1795)三朝,景德镇制瓷业达到了我国制瓷工艺的历史高峰,而雍正一朝虽仅13年,却又是这130年间最兴盛的时期。康熙年间有著名的"臧窑",是指康熙十九年至二十七年,工部虞衡司郎中臧应选负责督造的景德镇官窑。雍正年间有所谓的"年窑",则指自雍正四年起,年希尧以管理淮安关税之职,兼管景德镇御厂的窑务。《景德镇陶录》说:"年窑,厂器也。督理淮安板闸关年希尧管镇厂窑务选料奉造,极其精雅。驻厂协理官每于月初二、十六两期,解送色样至关呈请岁领关帑。琢器多卵色,圆类莹素如银,皆兼青彩,或描锥暗花,玲珑诸巧样,仿古创新,实基于此。"雍正年间,瓷器制作的仿古创新,成就非常大,但都把它归功于年希尧是不符合事实的。这些成就的取得,除了景德镇的广大制瓷工匠外,唐英的功绩是不可抹煞的。

陶瓷史上所谓的"唐窑",是指唐英于乾隆二年督理景德镇御厂窑务以后,至乾隆二十一年(其间乾隆十六年曾一度中断)这段时间景德镇御厂所造瓷器而言。事实上,他对于中国制瓷工艺的重大贡献,却主要在雍正年间。

唐英于雍正六年至景德镇,名义上是协理窑务,但由于年希尧并不驻在景德镇,只是每年春秋两次巡视窑厂,景德镇御厂的一切工作都由唐英主持。唐英在其自著《陶人心语》中说,当他于雍正六年初到景德镇时,对于制瓷知识一无所知,通过刻苦钻研,由外行变成了内行:"予于雍正六年奉差督陶江右,陶固细事,但为有生所未见,而物料、火候与五行丹汞同其功,兼之摹古酌今,侈弇崇庳之式,茫然不晓……用杜门、谢交游,聚精会神,苦心竭力,与工匠同其食息者三年,抵九年辛亥,于物料、火候、生克变化之理,虽不敢谓全知,颇有得于抽添变通之道。"年希尧在《风火神庙碑记》中也肯定了唐英的作用说:"予自雍正丁未之岁,曾按行至镇,越明年而员外郎唐侯来,偕董其事,工益举而制日精。"

唐英于乾隆元年所作的《陶成纪事碑》总结了当时景德镇御厂的主要工艺,列出57条,其中除了仿制古代名窑的工艺外,在雍正时期新创制的品种有:

法青釉(系新试配之釉,较霁青浓红深翠,无橘皮棕眼)。

西洋紫色器皿。

抹银器皿。

彩水墨器皿。

山水、人物、花卉、翎毛仿笔墨浓淡之意。

浇黄五彩器皿(此种系新试所得)。

洋彩器皿(新仿西洋珐琅画法,人物、山水、花卉、翎毛无不精细入神)。

新制仿乌金釉,黑地白花、黑地描金两种。

新制西洋乌金器皿。

新制抹金器皿。

从传世实物看,雍正时期在釉上彩、釉下彩和颜色釉各方面都有值得重视的新成就。

　　釉上彩瓷器方面最主要的成就是粉彩的制作成熟和广泛流行。粉彩是在康熙五彩的基础上，受珐琅彩制作工艺的影响而创制的一种釉上彩新品种，虽在康熙末年已经出现，但它的成熟并大量流行是在雍正年间，上引《陶成纪事碑》所提"洋彩器皿"正是指的粉彩瓷器。和康熙五彩相比，粉彩所用的色彩较多，其烧成温度则较低，因此比五彩更为娇艳，而以淡雅柔丽名重一时。粉彩流行以后，取代了康熙五彩的地位而成为景德镇釉上彩瓷器的主流。

　　粉彩的盛行，使斗彩的制作也向前迈进了一步。雍正以前的斗彩都是釉下青花和釉上五彩相结合，只有到了雍正时期才出现了釉下青花和釉上粉彩相结合的工艺，使彩色显得更鲜丽清逸，《南窑笔记》在叙述雍正仿成化斗彩时说："今仿造者，增入洋色，尤为鲜艳。"正是指此而言。

　　在釉下彩的制作方面，特别值得提到的是青花釉里红的制作达到了空前绝后的地步。青花釉里红是元代景德镇创制的新品种，青花和釉里红在同一器上应用，由于青花钴料和铜红料要求的烧成气氛并不一样，青花釉里红在同一气氛中烧成，就很难使青花和釉里红两种色泽都烧好。正由于此，明代宣德以后往往用釉下青花和釉上矾红来代替这个品种。北京故宫博物院和上海博物馆都收藏有康熙十、十一、十二年中和堂款的青花釉里红器，但色泽并不鲜艳，只有雍正时期才有青花和釉里红两种色泽在同一器上都能十分鲜艳的成功之作。北京故宫博物院和上海博物馆所藏的雍正桃果高足碗即是代表作品。《陶成纪事碑》所说的："釉里红器皿有通用红釉绘画者，有青叶红花者。"即指此而言。

　　雍正时期各种单色釉都有很大成就，其中尤以青釉为突出。青釉是我国历史最悠久的色釉，宋元之际的龙泉梅子青和粉青，代表了我国古代青釉制作的最高水平，但在同类制品中色泽参差而不够稳定，而且废品率较大，只有到了雍正时期，同类青釉制品的色泽能基本一致，说明雍正是青釉烧制技术最成熟的时期。

　　雍正时期仿官、哥、汝、钧的制作也十分成功。哥窑器在明代永乐末已有仿制，但成化以后，仿制精品就不多见，清雍正年间的仿哥窑则十分精致。仿官和仿汝在雍正时期成就极大。从传世品看，宋汝窑器的特点是香灰色胎，卵青色釉，鱼子纹开片和包釉支烧。但据唐英《陶成纪事碑》"仿铜骨无纹汝釉,仿宋器猫食盘、人面洗色泽"的记载,则当时还仿无纹片的汝釉器。至于仿钧釉的成功,更是雍正年间的显著成就。《陶成纪事碑》载:"均釉,仿内发旧器,玫瑰紫、海棠红、茄花紫、梅子青、骡肝马肺五种,外新得新紫、米色、天蓝、窑变四种。"唐英于雍正六年到景德镇,于七年就派"厂署幕友"吴尧圃调查钧窑器釉料的配制方法。雍正七年以后,清宫内务府档案中就屡见景德镇仿钧釉的记载,如:"雍正七年……闰七年十×日,郎中海望持出钧窑双管瓜楞瓶一对,奉旨……交年希尧照此瓶上釉水烧造些来。"(造字第3326号)"雍正八年十月二十六日……将年希尧烧造来的仿钧窑磁炉大小十二件呈览,奉旨,此炉烧造的甚好,传与年希尧照此样再多烧几件。"(造字第3332号)

雍正时期,景德镇御厂也兼仿"宜钧"器,称"炉钧"。

至于茶叶末、铁锈花等含铁结晶釉,据传在康熙时期的臧窑已有:"蛇皮绿、鳝鱼黄、吉翠、黄斑点"四种,但从传世品看,主要也是在雍正时期盛行的。

唐英对于景德镇制瓷业作出的重大贡献,不仅由于他认真工作,悉心钻研,而且也和他本人的文学、艺术修养有很大的关系。他善于书画,上海博物馆藏有其所书隶书轴,可以看到他的书法造诣极深。上海博物馆所藏有唐英亲笔题诗,以宋代著名书画家米芾为故事题材的雍正粉彩笔筒,是极为罕见的珍品。上海博物馆所藏唐英乾隆五年款青花觚,制作规整,有长篇跋文:"养心殿总监造,钦命督理江西陶政,兼管江南淮、宿、海三关,暨江西九江湖口大孤塘关税课,内务府庆丰司员外郎兼佐领加五级,沈阳唐英敬制五供全分,虔献东直门外坝北长店村四道街东口天仙圣母殿前永远供奉。大清乾隆五年十月朔日。"这篇跋文对于了解唐英当时的具体官职,也有重要的参考价值。

(原载《景德镇陶瓷》,1982年,第2期)

 青花唐人诗意图圈足长颈瓶

青
花料考

　　元、明青花瓷器所用青花料，涉及复杂的问题。古代青花用钴土矿着色。青花色泽是浓翠鲜艳，还是灰黑暗淡，往往受三方面条件的影响：

　　1. 青料内钴、铁、锰含量的多寡，必然影响青花色泽。凡锰含量较高的钴土矿，烧成后青花往往呈灰黑色。

　　2. 烧成温度对青花色泽有一定影响。同一种青料，过烧后往往呈现蓝中带黑或带微红的现象。（参见表一）

　　3. 同一种青料，由于拣选方法，即去舍杂石的方法不同，也能产生不同的效果。

　　近年来，上海硅酸盐研究所陈尧成、张志刚、郭演仪诸同志做了大量工

表　一

编　号	青花色料在不同温度下烧成所显出的颜色	
	1280℃	1350℃
213	深蓝	蓝带黑
214	深蓝	蓝带微红黑
215	深蓝微紫	蓝带微红黑
216	深蓝	蓝带黑
217	深蓝微紫	黑蓝
I	深蓝	蓝微黑
II	深蓝	蓝微黑泛紫

（摘自周仁等著：《景德镇瓷器的研究》，科学出版社，1958年）

作，测定了若干国产钴土矿的标本，说明在这些国产青料中铁和钴的比值（Fe_2O_3 / CoO）都比较低，锰和钴的比值（MnO / CoO）都比较高。（参见表二）

表　二

编　号	产　地	MnO / CoO	Fe_2O_3 / CoO
Ch-1	云南珠明料（原矿）	7.35	1.15
Ch-2	云南珠明料（经拣炼）	3.74	0.47
Ch-3	云南钴土矿（经拣炼）	4.34	1.48
Ch-4	浙江钴土矿（原矿）	16.19	3.74
Ch-5	江西赣州钴土矿（原矿）	15.90	3.69
Ch-6	江西上高钴土矿（原矿）	7.20	1.30
Ch-7	云南宣威钴土矿（原矿）	4.92	1.33
Ch-8	浙江江山钴土矿（原矿）	11.03	2.43
Ch-9	浙江江山钴土矿（经拣炼）	7.06	0.22
Ch-10	云南嵩明钴土矿（经拣炼）	4.42	0.11

（摘自《中国陶瓷》，1981年，第2期）

他们同时还测定了元、明两代的若干青花瓷片标本,发现元及明宣德青花的MnO／CoO低,Fe₂O₃／CoO高;正德及清代青花则MnO／CoO高,Fe₂O₃／CoO低。至于嘉靖及万历间标本,有其特殊性,当在下文叙述。(参见表三)

表 三

编 号	时 代 和 品 名	青花的 MnO／CoO	青花的 Fe₂O₃／CoO
Y–1	元青花大盘碎片	0.01	2.45
Y–2	元青花碎片	0.05	2.70
Y–5	元大都青花碎片	0.02	2.21
M–6	明宣德青花碎片	0.68	2.50
M–2	明正德青花碎片	6.08	0.41
M–4	明嘉靖青花碎片	2.91	0.17
M–7	明嘉靖青花碎片	1.09	0.82
M–8	明万历青花碎片	7.93	1.31
M–9	明万历青花碎片	1.75	1.42
C–1	清康熙青花碎片	6.83	0.88
C–4	清雍正青花碎片	6.50	0.66
C–5	清乾隆青花碎片	5.07	0.40

(摘自《中国陶瓷》1981年,第2期)

既然在国产钴土矿中没有发现含锰量低的品种,而元及明宣德青花标本中的含锰量极低,说明其青花料并非国产料。

目前,国内外学术界对于我国元、明青花瓷器是否使用过进口青料,还存在争论。本文着重把已收集到的文献资料作一排比,供进一步探讨。

关于青花料的最早文献记载

钴的氧化物烧成后呈现的钴蓝色,在我国战国以前流行的陶胎琉璃珠上已经出现。唐三彩陶器中的蓝彩,也是钴的呈色。唐青花和宋青花的发现,更证实釉下用钴蓝的历史也较悠久。但关于这种青料的文献记载却很难发现。

现在已知我国最早明确提到瓷器所用青料的文献,是成书于明宣德三年(1428)的《宣德鼎彝谱》。这是一份有关宣德初年宫廷仿制古代青铜器的档案,记录了铸作这批青铜器的各种材料,详细说明了所耗用的各项数量。其中提到"无名异……作鼎彝青瓷色用"(据《丛书集成》本)。关于"无名异"这种物品的记载,更早得多的文献里已经出现。据《重修政和证类本草》所引《开宝本草》:"无名异味甘平。主金疮折伤内损,止痛,生肌肉。出大食国,生于石上,状如黑石炭,蕃人以油炼,如黳石。嚼之如锡。"《图经本草》:"无名异,出大食国,生于石上。今广州山石中及宜州南八里龙济山中亦有之。黑褐色。大者如弹丸,小者如墨石子,采无时。……又岭南人云,有石无名异,绝难得;有草无名异,彼人不甚贵重。"《宋史》卷四百九十《大食传》记载北宋淳化四年(993)大食国贡品中有"无名异"一块,大中祥符四年(1011)贡品也有"无名异",说明当时此物确属西亚阿拉伯国家进口。宋沈括《梦溪笔谈》:"熙宁中阇婆国使人入贡方物,中有……无名异一块,如莲荫,皆以金函贮之。问其人真伪,何以为验。使人云……无名异色黑如漆,水磨之,色如乳者为真。……世人蓄……无名异颇多,常患不能辨真伪。"可见北宋后期进口的无名异属珍贵之物,且有伪品。但上述记载都没有提到无名异用作瓷器的色料。

《宣德鼎彝谱》卷二述及无名异是一种烧制青瓷用的色料,和上引宋代文献中那类药材是否属同一种实物呢?同书卷三明确指出,这批无名异是从太医院中领取的。显然,作为瓷器青色色料的无名异,正是作为药材的无名异。

关于使用国产青料的文献记载

1. 如上所述,无名异有进口和国产之分。《宣德鼎彝谱》记录铸造所用的各种物料,凡属进口料都注明所产国别,如"暹罗国风磨铜"、"日本国生红铜"、"贺兰国花洋斗锡"、"天方国番硇砂"、"三佛齐国紫绯石"、

"渤泥国紫矿石"、"琉球国安澜砂"等,而"无名异"、"石绿"、"白蜡"等一些物料并未注明进口的国别,那么显然是国产的。由此得知明代宫廷的太医院中备有这种国产的无名异青料。

2. 明正德十年(1515)本江西《瑞州府志》:"上高县天则岗有无名子,景德镇用以绘画瓷器。"这是景德镇在正德时期用国产青料瑞州无名子的明确记载。明嘉靖《江西大志·陶书》说:"石子青产于瑞州。"那么,"无名子"很可能就是"石子青"。《正字通》也提到"无名子":"庐陵新建产黑赭石。磨水画瓷坯,初无色,烧之成天蓝。景德镇取诸婺源,名画烧青,一曰无名子。"

"无名异"、"无名子"、"画烧青"、"石子青"和"黑赭石"似乎是同一种物质的不同名称。至于其间是否有某些品位上的不同,当可进一步研究。

3.《江西大志·陶书》有关于嘉靖及其以前时期景德镇所用国产青花料的记载:"旧陂塘青产于本府乐平一方,嘉靖中,乐平格杀,遂塞。石子青产于瑞州诸处。回青行,石子遂废。"据此可以推断,嘉靖及其以前时期,景德镇所用青料有江西乐平的陂塘青和瑞州诸处的石子青。所谓"回青行",是指阿拉伯青料风行而占主流地位;但"石子遂废"一说是不准确的,事实上同书就有关于进口回青料和国产石子青配合使用的记载,下文将要述及。

4. 万历时期,景德镇所用的青料以国产为主,而且改变了过去用江西料的习惯,使用质量较高的浙江料。这在《明实录》中有具体的记载:"万历三十四年三月乙亥,江西矿税太监潘相……上疏请专理窑务。又言,描画瓷器须用土青,惟浙青为上,其余庐陵、永丰、玉山县所出土青颜色淡浅,请变价以进,从之。"这个潘相在万历三十年二月于景德镇督陶,激起民变,仅以只身逃走。他所说描画瓷器用浙青,当然是指万历官窑瓷器所用的青料为浙江所产。这与正德《瑞州府志》所说的江西瑞州无名子,以及《江西大志·陶书》所载用江西乐平的陂塘青(即平等青)和瑞州石子青不一样。正由于改用浙料,因此典型的万历青花虽用国产料,却不像正德时期用江西料那样带灰黑的色调。万历年间浙江地区的青花料有新昌、东阳、永康、江山等地所产,这在《明实录》中也有记载:万历三十五年六月乙卯,"工部右侍郎刘元震请罢新昌等县土青,不报。言浙江土青随矿暂采,无补于实用。在新昌本邑,则青竭而粗恶不堪。在东阳、永康、江山解折色,又力疲而输,将难继。加之赋役烦重,灾祲频仍……"。

5. 万历以后,官窑青花器的精品大多用浙江所产的青料,从明末宋应星的《天工开物》也可得到证实:"凡画碗青料,总一味无名异。……此物不生深土,浮生地面,深者掘下三尺即止,各省直皆有之。亦辨认上料、中料、下料。用时先将炭火丛红煅过。上者出火成翠毛色,中者微青,下者近土褐。……如上品细器及御器龙凤等,皆以上料画成。……凡饶镇所用,以衢、信两郡山中者为上料,名曰浙料;上高诸邑者为中,丰城诸处者为下也。"

6. 这种以浙料为贵的情况一直延续到清乾隆时期。例如清《南窑笔记》比较详细地记载了清前期青花料的产地和品种优劣:"料有数种,产于浙江、江西、两广。以出于白土者为上品,红土次之,沙土最下。……其浙料有元子、紫料、天青各种。而江西有筠州、丰城。至本朝则广东、广西俱出料,亦属可用,但不耐火,绘彩入炉则黑矣。故总以浙料为上。……若江西料差次于浙料,而广料又次于江西矣。配料之法,浙料为主,佐以紫料,然不若元子独用为全耳。嘉窑有回青料,石胭脂胎、铁胎二种,俱出西洋,今不能得。"

7. 清唐英于乾隆八年成《陶冶图说》,对于青料的产地及拣选也有详述:"瓷器青花,霁青大釉,悉借青料。出浙江绍兴、金华二府所属诸山。采者入山得料,于溪流漂去浮土。其色黑黄,大而圆者为上青,名顶圆子。携至镇,埋窑地三日。取出重淘洗之,始出售。其江西、广东诸山产者,色薄不耐火,止可画粗器。""青料拣选,有料户专司其事。黑绿润泽、光色全者为上选。仿古霁青、青花细器用之。虽黑绿,而欠润泽,只供粗瓷。至光色全无者,一切选弃。"

至于重用云南的珠明料,那是晚近的事了。

上述文献资料可以证实,明清两代景德镇的青花瓷器使用国产青料的历史没有间断过,但也不能由此得出我国没有使用过进口青料的结论。

关于使用进口青料的文献记载

1. 关于明宣德官窑青花瓷器使用进口青料的记载,首先见于万历十七年（1589）以前成书的王世懋《窥天外乘》："宋时窑器，以汝州为第一，而京师自置官窑次之。我朝则专设于浮梁县之景德镇。永乐、宣德间内府烧造，迄今为贵。其时以鬃眼、甜白为常，以苏麻离青为饰，以鲜红为宝。"成书于万历十九年（1591）的黄一正《事物绀珠》也有相同的记述。同年，高濂《遵生八笺》亦述及此事，但"苏麻离青"作"苏渤泥青"，显然是音译的不同。清代的一些文献，如唐衡铨《文房肆考》、朱琰《陶说》和蓝浦《景德镇陶录》则又都误为"苏泥渤青"。至于苏麻离青的进口情况，它和无名异是否同一物品，或属无名异中的一个品种，还有待进一步探索。值得注意的是，元陶宗仪《辍耕录》记载元代进口的回回石头中有一种"撒卜泥"，当是波斯语Sabuni的译音，属一种劣等的淡绿色宝石。清唐英《陶冶图说》"拣选青料"条中说：青料以黑绿而润泽有光色者为上品。"苏渤泥"和"撒卜泥"很可能是指同一种物品。这种"撒卜泥"石在《明史·食货志》中也有记载。

2. 明嘉靖时期，官窑青花瓷器使用进口青料，王宗沐在《江西大志·陶书》中有明确的记述："陶用回青，本外国贡也。嘉靖中遇烧御器，奏发工部，行江西布政司贮库时给之，每扛重百斤。"王宗沐嘉靖时官江西布政使，当时人记当时事，该是比较可靠的。应该肯定，嘉靖官窑青花器，用的是进口的陶用回青料。万历时人王世懋《窥天外乘》也有记载："回青者，出外国。正德间，大珰镇云南，得之，以炼石为伪宝，其价初倍黄金。已知其可烧窑器，用之果佳。"据此，则进口的陶用回青料在正德时已经开始使用，只是到嘉靖朝大为流行。但即使在嘉靖时期，官窑青花瓷也并不单独使用进口回青料，而是和国产青料配合使用的，这同样见于《江西大志·陶书》："回青纯则色散而不收；石青加多则色沉而不亮。每两加石青一钱，谓之上青。四六分加，谓之中青。……中青用以设色，则笔路分明。上青用以混水，则颜色青亮。真青混在坯上，如灰色然。石青多则黑。"这种进口料和国产料配合使用的做法，应该说是一种工艺技术上的发明。

3. 万历时有关进口青料很难得到的记载，也见于《明实录》："万历二十四年闰八月……癸未……先是奏，回青出吐鲁番异域，去京师万余里，去嘉峪关数千里，而御用回青系西域四夷大小进贡，置之甚难。因命甘肃巡抚田乐设法召买解进，以应烧造急用，不许迟误。"这段文字说明,万历二十四年以前,官窑青花瓷器也还使用进口青料,但库存已将用完,才有催逼田乐"召买解进,以应烧造急用"的上谕。

综合上引文献资料,并结合科学测定的数据和对传世品的观察,可归纳几点:

1. 景德镇元代青花的典型品种,据科学测定,所用为进口青料,但尚无文献证实。

2. 明初洪武时期似用国产料,但标本未经科学测定,亦无文献佐证。

3. 明永乐、宣德的官窑青花瓷器,主要用进口青料,但据《宣德鼎彝谱》可知,也曾用国产料,可惜尚未选择宣德官窑中比较淡而无黑疵的标本进行测定。

4. 正统、景泰、天顺三朝的制瓷情况还不太清楚。

5. 成化朝的早期产品,虽未经测定,但对某些传世品的观察可知,似亦曾使用过进口青料。成化的典型青花用的是国产料,很可能是江西乐平的陂塘青。

6. 弘治朝基本上和成化典型青花风格一致,因此肯定用国产江西青料。

7. 正德朝前期基本上用江西瑞州的石子青,后期已开始用进口回青料。

8. 嘉靖一朝的官窑器主要用进口回青料,但据文献记载可知,回青料都和国产江西瑞州石子青配合使用。上引表三中M-4的铁钴比0.17是所有测定标本中最低的,而M-7的锰钴比1.09是进口料中最高、国产料中最低的一种。这两个标本取样的青花图案,是属于"上青"还是"中青"的部位,并不明确,但估计与此有密切的关系。

9. 万历前期有沿用进口青料的制品,表三中M-9的锰钴比较低,很可能也是回青与石子青配合使用的反映。大约在万历二十四年以后,官窑器以用国产浙江青料为主。M-8的锰钴比达7.93,说明应属用国产料的青花瓷。

10. 万历以后到清代康熙、雍正、乾隆时期,官窑青花瓷器以国产浙江青料为主。

11. 尽管明代确实使用过进口青料,但国产青料在民窑中始终使用着。各朝民窑青花瓷器的标本有待系统的测定。

此外,估计在明代后期的万历至崇祯之间,青花料的拣选处理工艺有过一次变革,出现了从淘洗到煅烧的进步①。

关于陶用回青和非陶用回青

如上文所引,青花料在明、清两代文献中有各种不同的名称,其中有的可能品位有所不同,但更多的则是同物异名。现排列如下:

无名异　　　　《宣德鼎彝谱》《天工开物》

无名子　　　　正德十年本《瑞州府志》《正字通》

苏麻离青　　　《窥天外乘》《事物绀珠》

苏渤泥青　　　《遵生八笺》

苏泥渤青　　　《文房肆考》《陶说》《景德镇陶录》

陶用回青　　　《江西大志·陶书》

回青　　　　　《江西大志·陶书》《明神宗实录》《南窑笔记》

陂塘青　　　　《江西大志·陶书》

石子青　　　　《江西大志·陶书》

石子　　　　　《江西大志·陶书》

土青　　　　　《明神宗实录》

石青　　　　　《江西大志·陶书》《留青日札》

黑赭石　　　　《正字通》

画烧青　　　　《正字通》

顶圆子　　　　《陶冶图说》

老圆子　　　　《景德镇陶录》

韭菜边　　　　《景德镇陶录》

---

① 据《江西大志·陶书》记载,嘉靖时期对进口回青料的处理分"敲青"和"淘青"两个工序。敲青:"首用锤碎,内朱砂斑者为上青,有银星者为中青,每斤可得青三两。"淘青:"敲青后,取其青零锁碎碾碎,入注水中,用磁石引杂石,真青澄化,每斤得五六钱。"这是用水进行淘洗,并以磁石吸去杂石的办法。但到了明末崇祯年间,宋应星的《天工开物》一书中,则出现了采用煅烧方法来处理青花料的记载:"凡画碗青料,总一味无名异。……用时先将炭火丛红煅过,上者出火成翠毛色,中者微青,下者近土褐。上者每斤煅出只得七两,中下者以次缩减。"

元子	《南窑笔记》
紫料	《南窑笔记》
天青	《南窑笔记》

在上列名称中,回青和石青都是指青花料而言。但一般所说的回青和石青则并非青花料,这是很容易引起混乱的。

"石青"一词与"无名异"同见于《宣德鼎彝谱》。在该书领用铸造宣德炉的物料清册中有:"梅花片石青……此石青作鼎彝点染石青斑色用。"(卷二)而这批石青是从颜料库中领出的(卷三),显然是一种颜料。又《本草纲目》卷十金石部:"石青……绘画家用之。其色青翠不渝,俗呼为大青。楚、蜀诸处亦有之。而今货石青者,有天青、大青、西夷回回青、佛头青种种不同,而回青尤贵。本草所载扁青、层青、碧青、白青皆其类耳。"据李时珍的记载,回青也应该是指作为颜料的石青中进口的一种。

至于"大青",宋代李诫《营造法式》已有记述:"取石色之法,生青(层青同)……各先捣令略细(若浮淘青,但研令细),用汤淘出。……色淡者谓之青华;次色稍深者谓之三青;……又色渐深者谓之二青;其下,色最重者谓之大青。"(卷十四)

"大青"作为建筑用的颜料,在明初需求量十分大。《明史·邹缉传》载,永乐十九年(1421)三殿灾,诏求直言,缉上疏言:"……如前岁买办颜料,本非土产,动科千百。民相率敛钞,购之他所。大青一斤,价至万六千贯。及进纳,又多留难,往复展转,当须二万贯钞,而不足供一柱之用。"

凡属于颜料的石青类,都产于铜矿附近,是含有铜的金属氧化物。而作为青花料用的陶用回青和石青,则是一种含有钴的金属氧化物。可能是由于进口的青花料烧成后的色泽和进口的回青颜料一样,因此,某些明代的文献把这种进口的青花料称为"陶用回青",进而又简称为"回青",由此产生了混淆。至于《江西大志·陶书》所提到的"石青",则显然是瑞州产青花料"石子青"的简称。

把进口青花料称为"回青",把国产青花料称为"石青",从而和作为颜料用的回青和石青相混淆的情况,估计在明代后期已相当普遍。因此《天工开物》中有"回青"并非青花料的申述:"又回青乃西域大青,美者亦名佛头青,上料无名异出火似之。非大青能入洪炉,存本色也。"宋应星在这里明白地指出，大青是不能经受高温煅烧的。当然，他认为作为青花料的无名异不该称为回青，他没有注意到所谓"陶用回青"只是陶瓷业中通行的一种称呼。

有的同志从宋应星的这段论述，引出了中国陶瓷史上没有引进过青花料的论断，这显然是不符合历史事实的。但另外有一些著述把《天工开物》这段文字断句为："……上料无名异出火似之非，大青能入洪炉，存本色也。"这并不正确，因为大青不能高温煅烧是事实，何况这样断句难于通读。《本草纲目》明确指出，大青、西域大青和佛头青都是属颜料的石青类。

当然，元、明某些文献所载进口"回回青"、"石青"、"回回石青"是否都属于颜料的石青类，还有待于进一步证实。

（原载《文物》，1982年，第8期）

■ 元景德镇窑青花缠枝牡丹纹瓶

元
青花和明洪武瓷议

　　景德镇元青花的出现和明初洪武瓷的存在，是国际陶瓷界十分注目的问题，有待于考古、科技和美术界的深入研究，本文只就接触到的几点提一些看法。

　　青花是指一种白地蓝花的瓷器，其制作方法是在成型的瓷坯上用青花料描绘各种图案花纹，然后施透明釉，再以1300℃左右高温一次烧成的釉下彩。由于它具有蓝白对比，色彩鲜明而典雅大方的特点，因此从元代晚期迄今的六百多年中，一直是中国瓷器生产的主流。

　　关于青花瓷器的起源，从其釉下彩绘的工艺和所用青花钴料来看，已有悠久的历史。上海博物馆藏有唐釉下蓝彩陶三足炉[1]；江苏省扬州

①《上海博物馆藏瓷选集》插图10，文物出版社，1979年。

市唐城遗址出土青花瓷片[1]；香港冯平山博物馆藏有唐青花瓷罐[2]。浙江省龙泉县北宋太平兴国二年(977)金沙塔塔基[3]和绍兴县南宋咸淳元年(1265)环翠塔塔基[4]都出土宋代青花瓷片。这些实物对于研究青花瓷器的起源和发展来说，是十分重要的，但和风靡世界的景德镇典型青花瓷器相比，它们都属于粗糙的原始阶段。如果没有唐、宋原始青花的阶段，不可能有元明时期的景德镇典型青花的出现。但相反，假使没有元明时期的景德镇典型青花，唐宋的青花制作在中国制瓷史上就不会引起人们的注意。

元代景德镇典型青花的出现，究竟在何时？目前还没有肯定的结论。

已发现的具有纪年资料的元代青花瓷器有下述几例：

1. 1978年浙江省杭州市发现的前至元(丙子)十三年(1276)墓有观音三件[5]，胎质粗糙，青白釉，釉下褐彩与青花间用，青花色泽灰黑。

2. 1975年江西省九江市延祐(己未)六年(1319)墓出土青花牡丹塔式瓶[6]，胎质不太细洁，青白釉，青花色泽并不鲜艳。

3. 1979年江西省南昌市发现出土于景德镇市的后至元四年(1338)青花釉里红器[7]，青白釉，青花色泽并不鲜艳。

4. 英国达维特基金会所藏至正十一年(1351)铭青花瓶[8]。

至于江苏省金坛县窖藏出土元青花罐与有延祐元年(1314)阿拉伯文刻铭银盘同出[9]，但由于是窖藏，1314年只能表明它的上限时代，不能确定其下限年份。

此外，如北京元大都遗址，河北省保定市和江西省高安县等地出土以及北京故宫博物院，上海博物馆和国内、外其他单位也有不少元青花

---

① 《文物》，1979年，第9期，图版贰。

② 《中国青花瓷器》，1978年新加坡版，第25页。

③④ 《文物》，1980年，第4期，第1页。

⑤ 《文物》，1980年，第4期，第5页。

⑥ 《文物》，1981年，第1期，第83页。

⑦ 《文物》，1981年，第11期，第72页。

⑧ 《中国陶瓷展》，1980年日本版。

⑨ 《文物》，1980年，第1期，第59页。

瓷器,但都没有确切的断代资料。

值得注意的是,风靡世界的青花瓷器,应该是指胎质细洁、透明釉、彩色鲜艳的典型青花瓷器,至正十一年铭的青花瓶即属于此,而国内外大量无法断代的元青花也都属于这一类。关于这些典型元青花的制作年代,笔者估计大多属于公元1338年以后的产品。理由如下:

第一,上引1、2、3三例有纪年资料的元青花均为青白釉,胎质较粗糙,青花发色并不鲜艳,显然都尚未达到成熟阶段,因此可以肯定于公元1338年以前尚无典型元青花。这类比较原始的、未成熟的青花瓷器当然不可能作为外销瓷在国外发现。

第二,韩国新安海底沉船发现了"至大通宝"铜钱,此钱铸于元武宗至大三年(1310),另有"辛未"年号铭的漆碗,若以与公元1310年相邻的"辛未"看,当为元文宗至顺二年(1331)。由此,可以推断,该船当在公元1331年以后沉没。船上有景德镇青白釉、枢府卵白釉及其他窑口的瓷器,但不见元青花,可以佐证典型元青花至少在公元1331年尚未出现。

第三,《岛夷志略》成书于元至正十年(1350),书中并无元青花瓷器的记载,其叙述的事实内容应早于1349年,但可以断定,在14世纪40年代早期,元青花瓷器在海外尚未流行。

从历史事实考察,江西饶州地区在至正十二年(1352)以前为元朝政府所控制。至正十二年三月为起义军徐寿辉部占领,此后一直处于元政府与起义军之间的拉锯地区,战火频繁,至正二十一年(1361)以后完全为朱元璋起义军所占有。从推理来说,北京元大都和河北省保定市出土的那些元青花瓷器,应该都是至正十二年(1352)以前的产品,其中也可能有少部分至迟是1361年以前运到北方的。

这里的问题是从1338年以后到1361年,只有二十多年的时间,却生产了一定数量的如此精美的元青花瓷器,如何解释这种现象,正是大家在认真考虑的。

从历史上看,唐代长沙窑,宋代磁州窑、吉州窑的釉下彩绘工艺都已相当发展。钴蓝的运用在东周时期的陶胎琉璃珠上已经比较普遍,成熟的景德镇元青花应该是长时期历史发展的结果。但自1338年以后突然有如此巨大成就,其中应该还有一些社会原因,例如元代宫廷的需要、社会开始新兴的风尚和外销的刺激。此外,值得研究的是蓝白色彩和伊斯兰文化是否有关,而且进口青花料的运用可能也有一定的关系。

关于明初洪武瓷的问题,目前也还没有一致的看法。洪武(1368—1398)一朝达31年。清蓝浦《景德镇陶录》记载,洪武二年已在景德镇的珠山设立御窑厂,是否属实,尚有待证实。但洪武二年已规定"祭器皆用瓷"①。明朝政府用大量瓷器答赐当时的"入贡国",如洪武七年(1374)一次就赠琉球瓷器七万件;十六年赠占城和真腊一万九千件;十九年又遣使真腊赠瓷器(见《明史·列传》"占城"、"琉球"、"真腊"),其中肯定有相当一部分是景德镇所生产的。洪武二十六年明政府又规定,凡六品至九品的官吏和一般百姓,除酒壶和酒盏可用银、锡金属外,其他日用器皿只能用瓷、漆、木器②,说明民窑的产瓷量必然更大。但在传世的瓷器中,哪一些属于洪武瓷却很难判定。

公元1361年朱元璋部得饶州路,元青花的时代似乎应该告终。但从工艺上说,朝代的更迭、执政者的变换并不一定会马上改变瓷器的制作风格,因此传世的一部分元青花瓷器中必然有公元1361年以后的制品,我们不必强求按政治朝代来区分它。但是,在现存的一部分元末明初的青花(包括釉里红)瓷器中,确实有一些与典型元青花在青花色泽、图案风格和制作方法上有某些出入的实物,可以看作明初洪武瓷,其特征大致有三方面。

1. 一般的青花色泽偏于暗、灰,可能是由于当时战乱频繁,暂时中断了进口青料,而使用国产青料的缘故。

2. 盘类器物的底部,往往抹有一层高岭土,由于高温氧化而呈现红色,可算是洪武瓷的一种显著特点。

3. 在图案方面,既有别于典型的元青花,也不同于永乐、宣德时期的器物,其一般的特征是开始改变了元代层次多、花纹满的风格,而趋向于多留空白地;扁菊花纹使用多,葫芦叶的画法则不如元代那样规矩。

遗憾的是,从1338年以后至洪武末(1398)的六十年间,景德镇青花

---

① 《大明会典》卷二〇一。
② 《大明会典》卷六十二。

瓷器的制作方兴未艾,但却不见于文献记载,元末提到有关瓷器的陶宗仪《辍耕录》和孔齐《至正直记》都没有记述景德镇的青花瓷器。目前能见到的天顺本《新增格古要论》虽记述浮梁县瓷器"有青色及五色花者且俗甚",但这是"后增"部分的文字,成书于洪武二十一年(1388)的曹昭《格古要论》原书并没有这段记载。可以想见,迟至明代洪武时期,青花瓷器还未受到文人、士大夫的青睐,至于釉里红器势必也不会被重视。在没有文献记载而又缺少纪年墓葬资料的情况下,1964年南京明故宫遗址出土的一部分洪武瓷就显得特别重要了。当然,对于洪武瓷的进一步研究,还有待于景德镇窑址的科学发掘。

(原载《景德镇陶瓷》,1983年,第1期)

■ 清雍正珐琅彩墨竹图碗

景
德镇彩绘瓷器

　　景德镇在宋代已是中国南方的一个重要产瓷基地。经过元代的发展,到明代已成为全国瓷业的中心。明宋应星在《天工开物》中,总结了南、北各地的制瓷业后说:"合并数郡,不敌江西饶郡产……若夫中华四裔,驰名猎取者,皆饶郡浮梁景德镇之产也。"瓷都景德镇的地位,在明代已经确立。

　　明、清两代景德镇的瓷器,主要是彩绘瓷和各种颜色釉瓷。

　　彩绘瓷,从其制作工艺上分,有"釉下彩"、"釉上彩"和"斗彩"。

　　釉下彩是在成型的瓷坯上,用色料彩绘,然后施透明釉(彩在釉下),再以1300℃左右的高温一次烧成。唐代的长沙窑最先创制了釉下彩绘工艺,元、明、清时期景德镇的青花和釉里红,是釉下彩的高度发展。

　　釉上彩是在高温烧成的瓷器上,用不同的色料(在釉面上)彩绘,然后再以700℃—800℃左右的低温烘烧,使其彩色固着釉面。釉上彩是两次烧成的。宋代北方的定窑、磁州窑系的釉上红彩和红绿彩,是我国早期的釉上彩。明、清时期,景德镇的釉上彩以清代的康熙五彩和雍正粉彩为最著名。

　　斗彩在广义上说,是指釉下彩和釉上彩相结合的彩瓷。明、清景德镇的斗彩,则是指釉下青花和釉上多种彩相结合的品种,成化斗彩代表了明朝彩瓷的时代水平。

　　习惯上所谓的"彩瓷",是指除青花和釉里红以外的釉上彩和斗彩而言的。本文所收的图版,以明、清以来景德镇的釉上彩和斗彩瓷器的部分珍品为限,并附清代康熙、雍正、乾隆三朝清宫御制的珐琅彩瓷器。

明代前期的彩瓷

　　明代前期的彩瓷从传世的实物看,主要有釉上红彩和釉下、釉上彩相结合的青花红彩,青花黄彩和青花金、银彩等。

　　明人谷应泰《博物要览》说:"宣窑五彩,深厚堆垛。"但是宣德时期的五彩器物,还没有发现过。

　　1964年,南京明故宫出土的洪武红彩龙纹盘残片(图一),是目前仅见的明初釉上红彩器。这种红彩的着色剂是氧化铁,因此又称"铁红",它是用青矾($FeSO_4 \cdot 7H_2O$)为原料,经煅烧,漂洗制成,配入适量的铅粉和胶就用以彩绘,因此又称矾红。这种矾红的釉上彩,在宋代的定窑瓷器上就已开始应用,磁州、扒村和山西的瓷窑使用也较普遍,但是,胎釉相配和彩色鲜艳的程度,只有到明代才臻于完善。这种单纯的釉上红彩制作,在整个明代几乎没有间断过。

　　以釉上红彩和釉下青花相结合的青花红彩器,是宣德时期彩瓷的重要成就。釉下青花和釉上红彩相结合,在广义上可称为斗

■ 图一　红彩龙纹盘残片

彩,它是成化斗彩的准备阶段,在某种程度上说,是划时代的。因为,在明宣德以前,釉下青花和釉上彩的工艺虽都早已成熟,但它们都是单独存在的,宣德时期才把这两种工艺结合起来,出现了釉下青花和釉上彩相结合的品种。这种新工艺的产生,很可能是受了元代青花釉里红制作的影响,或许,也可说是用以代替青花釉里红的新品种。青花釉里红是用青花钴料和铜红料在釉下配合着色,以高温一次烧成。但青花钴料和铜红料对烧成气氛的要求不一样,釉里红的烧成难度较大,因此青花釉里红器很不容易烧好,相反,釉上铁红的烧成比较容易。尽管青花红彩器要两次烧成,但可能比起一次烧成的青花釉里红来,在工艺上易于成功,在经济上更为合算。从传世的实物看,明代前期和中期的近二百年中,很少有成功的青花釉里红瓷器,也可能就是这个道理。

这种宣德青花红彩瓷器,虽然在北京故宫博物院、上海博物馆、台北故宫博物院和国外的某些收藏单位中都有收藏,但为数极少,说明当时的产量是并不多的。

明代前期除了青花红彩外,还有青花黄彩和青花金、银彩的制作。它们并不像红彩那样在青花地纹间绘画图案,而是用黄、金、银彩色在青花瓷器上填满留白的部位,因此过去也有人称为黄地青花等。成化、弘治、正德的青花黄彩器,也都比较名贵。

绮丽的成化斗彩瓷器

成化斗彩以其纹饰幽雅、色彩艳丽而闻名于世,它代表了景德镇明代彩瓷的时代水平。

成化朝御器厂的烧造量是十分巨大的。《明史·食货志》说:"成化间,遣中官之浮梁景德镇,烧造御用瓷器,最多且久,费不赀。"在成化十八年,武臣后卫仓副使应时用,为了建议撤销派太监去景德镇督陶,还进了监狱。成化瓷器最主要的成就,是斗彩的烧制成功。它开创了釉下青花和釉上多种彩色相结合的新工艺。宋元时期的单纯釉上彩,主要是红绿彩,宣德时期的釉下青花和釉上彩相结合的工艺,釉上主要是单一的红彩。成化斗彩瓷器的釉上彩,一般都有三四色,明、清人特别欣赏的鸡缸杯、高士杯和九秋印盒等,有的釉上彩色达六种以上,而所施色彩的特征又极鲜明。如鲜红,色艳如血,厚薄不匀;油红,色重艳而有光;鹅黄,色娇嫩透明而闪微绿;杏黄,色闪微红;蜜蜡黄,色稍透明;姜黄,色浓光弱;水绿、叶子绿、山子绿等,色皆透明而闪微黄;松绿,色深浓而闪青;孔雀绿,浅翠透明;孔雀蓝,色沉;葡萄紫,色如熟葡萄而透明;赭紫,色暗;姹紫,色浓而无光。成化时期景德镇的制瓷匠师,运用不同的选料和配比,做出这么多的不同彩色,成绩是显著的,他们为嘉靖、万历时期的青花五彩和清康熙五彩、雍正粉彩的发展奠定了基础。

成化斗彩纹饰的绘画和施彩方法,有其鲜明的时代特点。当时主要应用釉下青花勾轮廓线;在花朵及人物衣服上,以平涂的方法施彩,树叶只有阳面,无阴阳向背之分,花朵只绘正面,也无反侧之别;人物衣着都是有表无里的一色单衣;山石也无凹凸之感,干枝不皴皮,花朵单一色。为了改变这种单调的色彩,当时出现了在花朵上用其他彩色填心的手法,如红花绿心、黄花红心、紫花黄心和红花青花心、青花红心等等,相互配合,妙趣横生。

娇艳的成化斗彩制作,和当时白瓷的成就是分不开的。为了要充分衬托各种彩色的艳丽程度,成化白瓷的釉色也和以前各时期不一样,它往往在白中微微闪牙黄,釉层较厚,给人以一种沉静的感觉,更能显出各种彩色的效果。

成化斗彩,除了个别的大件和少数大碗、印盒外,多数是小型的酒杯和高足杯,一般的口径都在七至八厘米左右。其图案,有名的鸡缸杯,多数画公鸡一,母鸡一,小鸡三,并有牡丹湖石和兰草湖石,湖石以青花表现,其他则以各种釉上彩色组成鲜丽的画面。除鸡缸杯外,人物、婴戏、花鸟和葡萄杯,也都十分精致。此外,还有团花盖罐、龙纹盖罐和天马盖罐,底有"天"字的俗称"天字罐",也是十分名贵之作。

成化斗彩瓷器在明代就已获得了极高的评价,万历《野获编》说:"成窑酒杯,每对至博银百金。"《博物要览》比较详细地记述了明末所见到的主要成化斗彩瓷器:"成窑上品,无过五彩葡萄撇口扁肚靶杯,式较宣杯妙甚,次若草虫可口子母鸡劝杯。人物莲子酒盏……五彩齐箸小碟、香合、各制小罐,皆精妙可人。"

据《唐氏四考》的记载,明万历帝所用的一对成化酒杯要值钱十万。

成化斗彩瓷器，在明及清初的文献中仍被称作"五彩"。《博物要览》、《敝帚轩剩语》、《清秘藏》、《长物志》等都只有成化五彩或"青花间装五彩"之称，而无"斗彩"之名，成化斗彩都是官窑器，清代基本上都藏于宫廷中，但雍正年间的内务府档案内，也不见成化斗彩之名。现藏北京故宫博物院的几件成化斗彩团莲纹罐，盖是雍正年间后配的，当时雍正皇帝交办配盖的原档案亦仍用"成窑五彩"的名称：雍正七年四月十三日"圆明园来帖，太监刘希文交来成窑五彩磁罐一件(无盖)，传旨，着做木样呈览……将此罐交年希尧添一盖，照此样烧造几件……"。①

首先应用"斗彩"这个名称的，是成书于清雍正年间的《南窑笔记》："成、正、嘉、万俱有斗彩、五彩、填彩三种，先于坯上用青料画花鸟半体，复入彩料，凑其全体，名曰斗彩。填(彩)者，青料双钩花鸟、人物之类于坯胎，成后，复入彩炉，填入五色，名曰填彩。其五彩，则素瓷纯用彩料画填出者是也。"《南窑笔记》的作者认为，凡是釉下青花和釉上彩色拼逗成完整图案的，称为斗彩；凡是用釉下青花双钩各种图案的轮廓线，而以釉上彩色填入的，叫做填彩；单纯的釉上彩，则称为五彩。近人更有细分为②：

点彩——全器图案主要是釉下青花画成，只以釉上彩色稍加点缀。

覆彩——在釉下青花料已画成的图案上，覆盖釉上彩色。

染彩——在青花图案的轮廓边缘，用釉上彩色烘托相衬。

填彩——青料双钩轮廓线，釉上填入彩色。

青花加彩——全部图案主要以青花构成，只是部分使用釉上填彩。

成化斗彩瓷器在当时的生产量，估计不会很大，近年来在景德镇御厂旧址发现的成化斗彩碎片也比较少。传世的完整器主要收藏在北京故宫博物院和台北故宫博物院，至于国内、外其他方面的收藏则都极为有限。

明、清以来有很多成化斗彩的仿制品，但根据其胎、釉和彩色还是能分辨真伪的，特别是成化斗彩瓷器的款式，除高足杯为六字横款外，一般都是"大明成化年制"六字二行，外加双方框的印章式

---

① 雍正七年内务府档案，造字第3323号。

② 陈万里：《谈谈成化窑的彩》，《文物》，1959年，第6期。

款,字体拙朴,基本上有一定的规律,近人将它编为六句歌诀:"大字尖圆头非高,成字撇硬直倒腰,化字人匕平微头,製字衣横少越刀,明日窄平年应悟,成字三点头肩腰。"[1]基本上概括了成化六字款的特征。

成化、弘治的刻填绿彩和正德素三彩

弘治朝的整个制瓷风格,是成化的继续,刻填绿彩制作也不例外,弘治刻填绿龙碗(图二)特别值得重视。

■ 图二　刻填绿龙碗

它的制作方法是先在瓷胎上刻出图案花纹,然后施透明釉(但将已刻花纹的部位留出),高温烧成后,再在刻纹部位施绿彩,以低温第二次烧成。它和釉上彩的不同之点,是绿彩并不施在釉上,而是施在已烧成瓷器的露胎花纹部位。这种在素瓷胎上直接施彩的方法,开创了正德素三彩的制作工艺。

正德的彩瓷,除常见的白地刻填绿彩、青花红、绿和釉上五彩外,以素三彩的成就更为突出。

所谓素三彩,是色彩中不用红色,这和明代纯粹釉上五彩以红为主色的情况截然相反。中国古代,结婚、祝寿的喜庆,称荤事,用红色。凡办丧事,称素事,一般用白、蓝、绿、黄等色。这些非红色的色彩,也叫素色,这是"素三彩"得名的由来。但它和五彩不一定是五种颜色一样,素三彩以黄、绿、紫为主,但也不一定仅限于这三种颜色。

正德素三彩的制作工艺,并不同于一般的釉上彩,它是先在瓷坯上按预定的图案进行刻绘,待坯体干燥后,以高温烧成没有釉的素瓷,然后施彩,再以低温第二次烧成。其施彩的方法有二,一种是将黄、绿、紫

① 孙瀛洲:《成化官窑彩瓷的鉴别》,《文物》,1959年,第6期。

几种色彩中的一种，作为主要地色浇在素瓷胎上，待其干燥后，刮下纹饰部位应施其他色彩的地色部分，然后施上某种彩色；另一种方法是直接将各种彩色分别涂布于器物纹饰图案的相应部位。

正德的素三彩海蟾纹洗（图三），外壁刻划海蟾，以黄

■ 图三　素三彩海蟾纹洗

彩为蟾，绿彩为水，白彩为浪花，紫彩为足，是传世正德素三彩的典型器。嘉靖、万历时期，素三彩的制作也有一定的成就。

浓艳的嘉靖、万历青花五彩瓷器

嘉靖至万历时期，是明代彩瓷生产的高峰，这一时期，不仅御厂官窑生产的彩瓷十分精致，而且民窑也大量制作各种彩瓷。

嘉靖、万历时期彩瓷的最主要品种是青花五彩器。青花五彩器的工艺，也是釉下青花和釉上五彩相结合，严格说，也应属于斗彩，而且基本上也是成化彩瓷发展的产物。但是，嘉、万时期的青花五彩器和成化斗彩有明显的不同。

在斗彩中，青花是构成瓷器图案的主色，由它在釉下勾好图案的轮廓线，釉上色彩按青花规定的范围填入；或者图案的一半，先用青花画好，釉上再拼凑成形；更有的图案，基本上都由青花表达。釉上只是略加点缀，甚至这种点缀是可有可无的，而青花五彩则在整个图案中，并不以青花作为决定一切的色彩，只是把青花用作构成整个画面中的一种彩色。在清代康熙时期的釉上蓝彩发明以前，瓷器上的蓝色，只能由釉下青花来表现，五彩图案中，有了这种蓝色，就能增加色泽的对比感。在这里，青花和红、黄、绿等色处于一样地位，该用蓝色的地方，就用釉下青花来表现。在成化彩瓷中，就有这种表现手法，这一类成化彩瓷是否仍称斗彩，还是应该称为青花五彩，或直接称为五彩，都是可以考虑的。

嘉、万青花五彩和成化彩瓷的不同,还在于图案画面有着明显的差别。成化彩瓷的色彩鲜艳,但整个风格是以疏雅取胜,而嘉、万的彩瓷则以图案花纹满密、色彩浓艳而得名,它以红、淡绿、深绿、黄、褐、紫及釉下蓝色为主,彩色浓重,尤其突出红色,由于图案花纹几乎布满全器,因而就有浓翠红艳的感觉,特别在万历时期,这种风格发展得更为典型。

万历十年,宫廷迫令景德镇烧造瓷器九万六千余件。万历十二年工科都给事中王敬民等要求减缓的奏折中,提到这批瓷器上的"龙凤花草各肖形容,五彩玲珑务极华丽"[①]。在传世的嘉、万官窑五彩瓷器中,很多以莲池鸳鸯、鱼藻、人物、婴戏和云龙、云鹤、团鹤纹为主,配以山石、花果、荷叶及缠枝莲、璎珞、回文等辅助纹饰,浓厚鲜艳的色彩对比,确实达到了极为华丽的程度。

当时的五彩大型器比青花大型器更难烧造,隆庆五年都御史徐栻在奏折中提到:"五彩缸样重,过火色多系惊碎。"[②]在瓶、盘、罐外,嘉靖时期的方鼎、葫芦瓶,隆庆的多角棱形罐以及万历时的镂空瓶、人物及团龙方盒、云龙笔架、笔管等,都是比较典型而又难制的五彩器。

除了青花五彩瓷器外,嘉靖、万历时期的御厂,还大量烧制各种色地的彩瓷和金彩器。特别在嘉靖时期,各种杂色彩瓷比青花五彩更为突出。

在嘉靖三十八年景德镇御器厂的制瓷档案中,就有各种色地彩瓷的记载:"青地闪黄鸾凤穿宝相花等碗共五千八百……紫金地闪黄双云龙花盘碟六千,黄地闪青云龙花瓶一千四百六十件,青地黄鸾凤穿宝相花盏,爵一万三千五百二十。"北京市定陵出土的黄釉紫彩双耳三兽足炉(图四)和黄釉紫彩人物花卉纹觚(图五)就是属于这一类。从传世实物和景德镇御厂旧址出土的碎片看,以黄地红彩、红地绿彩、黄地紫

■ 图四　黄釉紫彩双耳三兽足炉

①《明神宗实录》十二年三月己亥。
② 乾隆本《浮梁县志·陶政》。

■ 图五　黄釉紫彩人物花卉纹觚　　　　■ 图六　黄釉红彩缠枝莲纹葫芦瓶

彩、黄地蓝彩、柿地绿彩、黄地绿彩为多见。其中，有的品种要三次烧成，例如：黄釉红彩缠枝莲纹葫芦瓶(图六)过去有人称为红地黄彩，它的制作过程是先以高温烧成瓷胎，然后浇上黄釉，第二次以900℃左右的火度烧成黄釉器，再用铁红料按需要填出图案花纹，第三次以低火度烘烧而成，由于将红色罩去黄地，因此表面上好像是红地黄彩了。

　　嘉靖时期，金彩的制作特别盛行。明代金彩的运用，在永乐、宣德时期就有青花金、银彩器，北京故宫博物院收藏有永乐青花金彩碗和弘治黄釉金彩兽耳罐，台北故宫博物院亦有宣德青花莲花描金碗。景德镇御器厂嘉靖三十一年制瓷档案中有"纯青里海水龙、外拥祥云地贴金三狮龙等花盘一百、爵一百八十"的记载。由于金彩容易剥落，因此传世完整的金彩器比较名贵。关于金彩的制作工艺，嘉靖时所著的《江西大志》已有叙述："描金，用烧成白胎，上全黄，过色窑。如矾红过炉火，贴金二道，过炉火二次，余色不上全黄。"

　　嘉靖、万历时期的民窑彩瓷，有很大的发展。明代早期，官府对于景德镇民窑制瓷业的限制十分严厉，如正统三年"命都察院出榜，禁江西瓷器窑场烧造官样青花白地瓷器于各处货卖，及馈送官员之家，违者正犯处死，全家谪戍口外"[1]。正统十二年又"禁江西饶州府私造黄、紫、红、

①《明英宗实录》三年十二月丙寅。

绿、青、蓝、白地青花等瓷器。命都察院榜谕其处,有敢仍冒前禁者,首犯凌迟处死,籍其家资,丁男充军边卫,知而不以告者,连坐"①。在这样一再严禁的情况下,民窑彩瓷的生产必然困难,从传世的实物看,正德以前的民窑彩瓷几乎很难发现,但这种局面,到嘉靖时期有了很大的变化,当时《江西大志》的作者王宗沐说:"今器贡自京师者,岁从部解式造,特以龙凤为辨,然青色狼藉,有司不能察,流于民间,其制无复分。"很明显,有一些落后的、专制的封建性束缚,随着资本主义因素的发展,被时代的潮流所冲破。民窑彩瓷正是从这个时期开始有了很大的发展。《景德镇陶录》卷五记载嘉靖、隆庆间的崔公窑,仿宣德、成化瓷,为"民窑之冠"。从传世实物看,当时的民窑器,除少数接近同时期官窑的青花五彩品种外,主要以红色为主的釉上彩和鲜艳的红绿彩制作为多,其特征是:胎质稍厚、制作较粗,有的釉层较厚且有乳浊失透现象;在色彩上很少用青花和紫色,多用红、绿、黄色,更以红色为主。器形以盘、碗、瓶、罐为多。图案装饰,除花、草、莲池鱼藻、人物山水、云间楼阁外,也有反映戏曲小说故事画的。底款有的书写宣德、成化的仿款,也有制作者的私家款。

法华器是嘉靖前后景德镇民窑彩瓷中的一种特殊品种。明代山西地区盛行法华器,景德镇法华是仿山西法华而作,但由于山西法华是陶胎,而景德镇的则是瓷胎,因此,烧成温度就不一样。这种法华器以紫或孔雀绿为地色,缀以黄、白、孔雀蓝的花纹,应该说,和正德素三彩的制作工艺有关。但法华器施彩方法比较特殊,现代景德镇的工艺过程是先在修好的泥胎上,雕刻出花纹图案的轮廓线条,然后以毛笔沾瓷浆在纹样轮廓线中堆成一定高度的泥坝,入窑高温烧成素胎,再在轮廓内填入各种彩料,以千度左右的温度烧成。它的施彩方法几乎与掐丝景泰蓝有相似之处。景德镇的法华器,以花鸟、人物的瓶、罐、钵为多见,很可能是专供丧葬、祭祀之用的器物。

明末天启、崇祯时期的彩瓷,以比较粗的民窑器为多,很少能发现那类浓艳的青花五彩瓷。但这一时期,瓷器的图案题材,极为丰富多彩,除了大量的花果图案外,草草几笔的山水画,体现了明代文人画对瓷器装饰艺术的最后影响。

①《明英宗实录》十二年十二月甲戌。

鲜艳夺目的清康熙五彩

清康熙五彩是在明代嘉靖、万历的官窑青花五彩和民窑单纯釉上五彩、金彩的基础上发展起来的。康熙五彩在工艺上的重大突破是发明了釉上蓝彩和黑彩。蓝彩的浓艳程度能够超过青花，而康熙时期的黑彩有黑漆的光泽，衬托在五彩的画面中，更增加了色彩对比的效果，因此康熙五彩就显得比明代的单纯釉上五彩更娇艳动人了。从清康熙开始，基本上改变了明代釉下、釉上彩相结合的青花五彩在彩瓷生产中占的主流地位，而是以纯粹的釉上五彩为主体。康熙五彩所用的色彩比明代增多，特别是金彩的运用突破了明嘉靖时期在矾红、霁蓝等色地上描金的单一手法，而在五光十色的画面中更显得富丽娇艳。

康熙五彩是纯粹的釉上彩，是先以高温烧成白瓷，然后绘彩，再在彩炉中低温烧成。康熙五彩器的白釉特别白，而且有一种失透、乳浊状的感觉，这特别在民窑五彩器上更为明显，它可以使五彩的色价最高度地发挥出来。在彩烧过程中，炉温一定要掌握恰当，若彩炉的温度过高，将出现颜色流动的现象，炉火过低则彩的光泽不足。明代嘉靖五彩中有一部分光泽不足的彩瓷，就是由于彩烧温度过低所引起的。康熙五彩一般都用黑或红色勾线，以平涂法填彩，彩色鲜艳，光泽透彻明亮，这是由于烧成气氛掌握比较恰当的结果。

由于康熙五彩比雍正粉彩的烧成温度略高，没有雍正粉彩那种柔软的感觉，因此后人又称它为"硬彩"；也由于雍正粉彩盛行以后，五彩逐渐已被粉彩所代替，因此今人又有"古彩"之称。

许之衡《饮流斋说瓷》说：清代的"硬彩、青花均以康熙为极轨"。康熙的五彩和青花，历来评价是极高的。康熙时期的五彩瓷器和青花瓷器一样，都是以民窑器的成就更为突出。康熙官窑五彩器，虽然制作工细，但是，其造型大多是一般的盘、碗、瓶、罐等小件器，而其图案纹饰也只是常见的龙、凤、花、果、鱼、鸟等。民窑器的造型则比较多样，像颈细而短、瓶身直如截筒，形如棒槌，俗称"棒槌瓶"；口颈细长、瓶腹鼓圆如油锤形的俗称"油锤瓶"；口多颈短、肩宽，自肩以下逐渐下敛至底外撇的俗称"观音尊"；以及"凤尾尊"、"象腿尊"等等，都是当时的典型器，而

■ 图七　清康熙景德镇窑五彩花鸟图瓶

■ 图八　斗彩鱼藻纹盖罐

■ 图九　釉里红加彩牡丹纹罐

且器物较大。康熙民窑五彩瓷器的图案装饰，也打破了官窑器所受的束缚，题材十分丰富，除了花卉、梅鹊、古装仕女以及常见的纹样外，大量采用以戏曲、小说为题材的人物故事画为主题。在人物、故事画中，除了习见的婴戏图、八仙祝寿、四妃十六子等外，戏曲故事画特别盛行。例如，《西厢记》《水浒》《三国演义》《岳传》中的各种题材以及萧何月下追韩信、钱塘梦等等。这和明代以来带有版画的戏曲剧本的大量流行是有一定关系的。在画风上，山石的画法仍以南宋画院的斧劈皴为主，而人物因受明末陈洪绶的影响，线条老辣，面部都有不端正的感觉。清《陶雅》说："康熙彩，画手精妙，官窑人物以耕织图为最佳，其余龙凤番莲之属，规矩准绳，必恭敬止，或反不如客货之奇诡者。盖客货所画多系怪兽老树，用笔敢于恣肆。"对于康熙民窑五彩瓷器这样的品评，是比较恰当的。

康熙五彩中，还有各种色地的五彩器，都是比较名贵的官窑制品。洒蓝描金开光五彩花鸟图瓶（图七），是集多种工艺于一器的康熙民窑五彩珍品。

康熙彩瓷中，除了五彩外，斗彩的制作也有一定成就，斗彩鱼藻纹盖罐（图八），色彩鲜明，图案幽雅，是当时比较精细的官窑器。釉里红加彩牡丹纹罐（图九），以釉下红彩和釉上绿彩相结合，红花绿叶，分外娇艳，这是康熙时期特有的另一种釉下、釉上彩相结合的品种。

此外，康熙期间的素三彩，也是十分成功之作。它比明代的素三彩又有了更进一步的发展,在彩色方面,除了原有的黄、绿、紫外,又增加了康熙时期特有的蓝彩,加彩方法也更多样,有的在瓷坯上先刻划纹饰,进行素烧,而后在素烧过的白瓷胎上直接加彩,再罩上一层雪白,低温烧成素三彩果子图盘就属这类制作方法(图十),底有"大清康熙年制"六字楷书款,应该是官窑产品。常见的品种是在白釉瓷器上涂以色地,再绘素彩,低温烧成,如黄地加绿、紫彩;绿地加黄、紫彩等等。素三彩中,还有一种俗称"虎皮斑"的品种,那是以黄、绿、紫釉晕成杂斑,取其自然融溶的色调美。

至于像黑地三彩狮耳炉(图十一),是较为珍稀的品种。国内、外传世的一些黑地三彩凤尾尊、大方瓶等大件器,几乎多数是后世的仿制品。

■ 图十　素三彩果子图盘

■ 图十一　黑地三彩狮耳炉

淡雅、柔丽的粉彩瓷器

粉彩是清代创制的一种釉上彩新品种,粉彩是在五彩的基础上,受了珐琅彩直接影响而发展起来的, 但是, 它出现以后就逐渐取代了五彩,成为釉上彩的主要产品。从清雍正以后,一直到今日的景德镇,粉彩始终盛行不衰,盛极一时的康熙五彩,只是在作为仿古瓷的情况下,继续少量生产,因此被称为"古彩"。

粉彩和五彩相比,前者有一种淡雅柔丽的感觉。这是由于粉彩采用了一些新工艺的结果。

粉彩的特点是,在彩绘画面中的人物衣服或花朵等某些部位时,运用一种含有"砷"元素的"玻璃白",以求达到有不透明的感觉。其彩绘的步骤是,在图案画面的某些特定部位上,先以玻璃白打底,由于它不透明,因此要空出所画的笔痕,等干以后再将所需的色料用乳香油或清水调匀,在画上渲染,其方法是,以色料先涂于花朵或人物衣服上,在不碍动色底玻璃白的情况下,用笔将颜色根据深浅、浓淡的不同需要洗开,以达到突出色调浓淡、明暗的立体感,这是康熙五彩用平涂法施彩所不能出现的效果。

粉彩的颜色由于掺入更多粉质,烧成后有柔和感,同时,粉彩的彩烧温度在700℃左右,略低于五彩,瓷器烧成后,其色彩比五彩要柔软,所以粉彩又有"软彩"之称。

粉彩所用的色彩远较五彩为多,最重要的一点是,粉彩中大量使用以黄金为着色剂的"胭脂红",又称"金红",而在五彩中,则用以铁为着色剂的"矾红"。这种"胭脂红"的色调也有多种,淡的如蔷薇,深的如胭脂。五彩所用各种深浅不同的绿色有五六种,而粉彩则多达十多种。粉彩中的黄色,也改变了五彩中所用的铁黄,而改用锑黄,因此在感觉上也不一样。由于使用色料品种的改变,粉彩的画面色彩就比五彩更为丰富。但是,应该指出,粉彩瓷器的彩绘工艺,并不是纯粹的。在绝大多数的粉彩瓷器中,总是五彩的单线平涂法和粉彩的施彩法配合使用的,一般在树枝的绿叶部分,并不用玻璃白打底,仍保留着五彩的平涂法,而矾红彩的处理,也和五彩一样。

■ 图十二　清雍正景德镇窑粉彩过枝花卉纹盘

清代雍正朝的粉彩瓷器,以其淡雅柔丽而名重一时。其图案画面有花鸟、人物故事和山水等,但由于要充分运用胭脂红和黄色、白色渲染的有利条件,因此以花卉画为多,特别是官窑器,如雍正官窑粉彩过枝花卉纹盘(图十二),枝头绮丽彩花,婀娜多姿,配以胭脂红的花蕊,堪称绝艳。这时期的过枝装饰手法(即树干、花、叶一部分在器外壁,一部分在器内壁)运用得得心应手,不仅在碗、盘的外壁和内墙之间过枝,有的还在器身和器盖之间过枝。

从乾隆朝开始,粉彩在彩瓷领域中,几乎完全取代了五彩的地位。从总的说来,乾隆粉彩已不如雍正时期那样秀丽淡雅,但是,在装饰技法上更趋精细。例如,对于人物面部的处理,康熙五彩是不加修饰的,雍正粉彩开始用淡赭色晕染,到乾隆则更为讲究。至于人物服装的处理,只有到乾隆时期,才彩绘纹饰。

雍正、乾隆的五彩瓷器,不仅白地彩绘,而且也有各种色地彩绘的。如珊瑚红地、绿地、酱色地、墨地和粉彩描金等。由于粉彩的盛行,从雍正开始,还出现了粉彩和釉下青花相结合的工艺。使原来釉下青花和釉上五彩相结合的斗彩器,变得更为娇艳。如雍正斗彩花卉纹双耳扁瓶就是典型的作品(图十三)。在乾隆时期,锦地、蓝地、黄地开光粉彩的制作更为增多,但是,其图案纹饰也渐趋繁缛,特别以乾隆末至嘉庆初盛行的红地、绿地凤尾纹的粉彩瓷器为甚。此时多有在中央绘牡丹,周围绘菊花、喇叭花、牵牛花等各种花朵的万花图,寓百花呈瑞的意思,这类称为"万花堆"和"锦上添花"的图案,是当时歌舞升平的流行纹饰。

■ 图十三　斗彩花卉纹双耳扁瓶

■ 图十四　粉彩百鹿图尊

清代彩瓷和青花一样,不论官窑和民窑器,以寓意和谐音来象征吉祥的图案,使用得比明代更普遍。例如:

羊——吉祥。桃子——寿。松鹤——长寿。牡丹——富贵。

石榴——多子。蝙蝠——福。红彩蝙蝠——洪福。

鸳鸯——成双。鹊——喜庆。鹌鹑——平安。

游鱼——富足有余。鹿——禄位。等等。

如乾隆粉彩百鹿图尊就是取"百禄"的意思(图十四)。

粉彩的起源及其命名

粉彩是清代康熙以后创制的一种新兴彩瓷,长期来,误认粉彩创制于清雍正时期,但根据康熙粉彩花卉盘(图十五),可以肯定,粉彩创始于康熙。只是康熙粉彩的实物极为罕见,它的盛行当在雍正和乾隆时期。

■ 图十五　粉彩花卉盘

粉彩是清雍正以后,釉上彩瓷器的主流,但是在清代前期的有关文献记载中,却并无粉彩之名。

大约成书于清雍正年间的《南窑笔记》,谈到清代的彩瓷之处,有下述数处:

"迨我朝定鼎之后,即于镇厂仿作,诸窑毕备,更得洋色一种,诚一代巨观,陶制之精,于斯为盛云。"

"成(化)窑淡描、五彩精雅绝伦……今仿造者,增入洋色,尤为鲜艳。"

"今之洋色,则有胭脂红、羌水红,皆用赤金与水晶料配成,价甚贵。其洋绿、洋黄、洋白、翡翠等色,俱人言硝粉、石末、硼砂各项炼就,其鲜明、娇艳,迥异常色,使名手仿绘古人,可供洗染、点缀之妙。"

《景德镇陶录》引载唐英于雍正六年至十三年期间,在景德镇办理窑务时的制瓷成就,关于彩瓷部分的记载:

"仿万、正窑五彩器皿。"

"仿成窑五彩器皿。"

"仿宣花黄地器皿。"

"仿抹红、彩红等器皿。"

"彩水墨器——系新制。"

"浇黄五彩器皿——系新试得。"

"洋彩器皿——新仿画洋珐琅画法,山水、人物、花卉、翎毛,无不精细入神。"

成书于清乾隆年间的朱琰《陶说》,关于彩瓷的叙述,有下述各条:

"古瓷五彩,成窑为最。其点染生动,有出于丹青家之上者。画手固高,画料亦精,今增洋彩一种,绚艳夺目。"

"陶器彩画,盛于明。其大半取样于锦缎,写生、仿古,十之三四。今瓷画样十分之,则洋彩得四、写生得三、仿古二、锦缎一也。"

《陶说》摘录乾隆八年唐英《陶冶图说》之第十七:"圆琢、洋彩——圆、琢、白器、五彩,绘画仿西洋,曰洋彩。选画作高手,调合各种颜色……所用颜色,与佛郎色同。调法有三:一用芸香油;一用胶水;一用清水,油便渲染;胶便拓刷;清水便堆填也。"

上述这些著作的成书年代,正是粉彩最盛行的时期,《南窑笔记》把"更得洋色一种"看得那么重要;而《陶说》在叙述了成化五彩后,接着就讲:"今增洋彩一种,绚艳夺目。"显然,把"洋彩"在彩瓷中的地位,看作与成化斗彩同样的重要。

《陶说》摘引的唐英《陶冶图说》,罗列了当时景德镇制瓷的全部工序:一、采石制泥。二、陶炼泥土。三、炼灰、配釉。四、制造匣钵。五、圆器修模。六、圆器拉坯。七、琢器做坯。八、采取青料。九、拣选青料。十、印坯、乳料。十一、圆器青花。十二、制画琢器。十三、蘸釉、吹釉。十四、旋坯、挖足。十五、成坯、入窑。十六、烧坯、开窑。十七、圆琢洋彩。十八、明炉、暗炉。十九、束草、装桶。二十、祀神、酬愿。

在这个工序表中,第十六项以前,都是高温瓷的制作过程,第十七项是指彩瓷的彩绘,第十八项是指彩瓷的彩烧。唐英自雍正六年至景德镇,《陶冶图说》成于乾隆八年,这期间,景德镇彩瓷的成就,主要是粉彩的盛行。但在《陶冶图说》中,所提的彩瓷,只有"洋彩"一种,从推理上说,唐英所说的洋彩,很可能就是我们今天所说的粉彩。

粉彩瓷器中,至少有几方面是和接受外来影响分不开的,也就是"洋"的成分:

1. 粉彩中所用的玻璃白,是景德镇制瓷工人在含铅的玻璃质中,引进"砷"元素所制成的。砷元素的应用,只是在珐琅彩中才开始,它在中国的传统彩瓷中并不使用。

2. 粉彩中大量使用的,以黄金为着色剂的胭脂红,在明代的彩瓷和康熙五彩中都未见使用。它只是在康熙珐琅彩中才开始出现。粉彩中有的黄彩,也不是传统的铁黄,而是锑黄,锑黄也开始于珐琅彩,它们都不是中国的传统彩料,而是所谓的"洋色"。此外,还有洋绿、洋白等。

3. 上述这些"洋色"的施彩方法,和中国的传统也不一样。明代彩瓷和清康熙五彩,都只用胶水和清水上彩,但粉彩中的这些洋色,却用芸香油施彩,油彩在瓷器上的出现,也是从珐琅彩才开始的。正像油画不是中国的传统一样,这种瓷器上的油彩,也是"洋彩"。

因此,笔者认为,我们今天所讲的"粉彩",就是清雍正、乾隆时人所说的"洋彩"。

这个论点,在清宫内务府造办处的档案中,也可得到证实。在造办处的雍正、乾隆时期的档案内,同样没有粉彩的记载,而只有关于洋彩的记述。例如,记事录三四一一号:"(乾隆)十年十二月初一日……江西唐英烧造得洋彩锦上添花罇、瓶等二千件……"又如:"乾隆十一年十一月二十六日江西烧造上色呈样罇、瓶、罐、盘、碗、钟、碟等三百三十六件,上色装桶罇、瓶、罐、盘、碗、钟、碟等四千九百五件,外随进洋彩红锦地洋花山水诗意楞花罇等七对;洋彩绘描金芭蕉绦环宝莲洋花雾青大天球罇等……奉旨,将洋彩东青双耳观音瓶一对,洋彩锦上添花双喜耳汉罇一双;洋翠地锦上添洋花玲珑夹宣花胆瓶一对;洋彩金碟花雾红观音瓶三件留下……"又:"乾隆十六年六月十六日奉旨,惠色所进洋彩瓶、壶、盖钟、蜡阡等件,烧的俱各平常……"等等。这些档案中所提到的洋彩品种,实际上就是我们今天常见的粉彩瓷器。

清代宫廷御制的珐琅彩瓷器(附)

清代康熙、雍正、乾隆三朝宫廷御制的珐琅彩瓷器,是釉上彩瓷器的一颗明珠。它虽然不是景德镇御厂的产品,但和景德镇的关系十分密切,对于粉彩瓷器的发展,具有直接的影响。因此,本书作为附录,辑入画册。

珐琅彩瓷器,在清宫旧藏的档案内和器物的原标签上都称为"瓷胎画珐琅",它是从铜珐琅器演变而来的。这种铜珐琅器,以明代景泰年间的作品为最著名,而且由于这类铜珐琅器往往以蓝为地色的缘故,因此有"景泰蓝"之称。

珐琅彩瓷器创制于清康熙年间,一般是在外壁无釉的瓷器上,以黄、蓝、红、豆绿、绛紫等彩色作地,彩绘缠枝牡丹、月季、莲菊等花卉图

案,如康熙珐琅彩缠枝月季纹碗
(图十六)还有四个花朵中心,分
别填写"万"、"寿"、"长"、"春"字
样。由于彩料较厚,有堆料凸起
的感觉,这就增加了色彩纹样的
立体感,在烧成上,也因彩料过
厚,往往有极细小的冰裂纹。器
底款字一般为红色和蓝色的"康
熙御制"堆料款,个别亦有刻字

■ 图十六　清康熙景德镇窑珐琅彩缠枝月季纹碗

阴文款。康熙时期,也还有用宜兴紫砂胎的珐琅彩器。

　　康熙珐琅彩器所用的彩料,都是进口料,其中出现的胭脂红色(见图十六珐琅彩缠枝月季纹碗的花朵部分),是我国最早使用的金子红。如上文所述,这种胭脂红在康熙五彩上还没有使用,它是区别景德镇五彩瓷器和粉彩瓷器的重要标志之一。

　　雍正时期,珐琅彩瓷器的制作更趋精进,除了像康熙时的色地珐琅彩外,更多的是在洁白的白瓷器上精工彩绘。所用的白瓷器有直接利用宫中旧藏的,也有从景德镇烧好后送到北京的,彩绘及彩烧的工序,都在清宫内务府的造办处珐琅作内进行。清宫内务府造办处的档案,有很多这方面的记载。例如:"雍正二年二月初四日,怡亲王交填白托胎磁酒杯五件,内二件有暗龙。奉旨,此杯烧珐琅,钦此。于二月二十三日烧破二件……于五月十八日做得白磁画珐琅酒杯三件,怡亲王进呈。"(造字第3290号)又如:"雍正七年二月十九日,怡亲王交有釉水磁器四百六十件,系年希尧烧造……于本日……交柏唐阿、宋七格讫,于七年八月十四日烧得画珐琅磁碗三对……"(造字第3323号)"雍正十年十月二十八日……奉旨……有一面画花卉,一面写字磁壶,款式甚好……着准时交年希尧照样将填白釉磁壶烧造些送来,以备烧珐琅用。"(造字第3349号)

　　雍正年间,所用的珐琅彩料,在雍正四年尚有进口的记载,如:"西洋国……雍正四年五月复遣使进贡……各色珐琅彩料十四块……"但从清宫内务府造办处档案看,至少在雍正六年,造办处已自炼珐琅彩料,并且比原有进口料增加很多色彩品种:"雍正六年二月廿二日……奉怡亲王谕,着试烧炼珐琅料……七月十二日,据圆明园来帖,内称,本月初十日怡亲王交西洋珐琅料月白色、白色、黄色、绿色、深亮绿色、浅蓝色、松黄色、浅亮绿色、黑色，以上共九样。旧有西洋珐琅料月白色……以上共九样。新炼珐琅料月白色、白色、黄色、浅绿色、亮青色、蓝色、松绿色、亮绿色、黑色共九样。新增珐琅料软白色、秋香色、淡松黄绿色、藕荷色、浅绿色、酱色、深葡萄色、青铜色、松黄色，以上共九样。"（造字第3318号）雍正六年以后的珐琅彩已开始用中国自制的彩料，但也并不能由此肯定，从此以后全都用国产料了。

雍正珐琅彩瓷器已经改变了康熙时期只绘花枝，有花无鸟的单调图案，而在洁白如雪的瓷器上，用珐琅彩料描绘花鸟、竹石、山水等各种不同的画面，并配以书法极精的相应题诗，成为书、诗、画相结合的瓷器艺术珍品。图案内容和色彩的选择，有些都是雍正帝亲自决定的。这方面，造办处的档案为我们提供了很重要的资料，而且由此也可判定若干传世珍品的确切制作日期："雍正九年四月十七日，内务府总管海望持出白磁碗一对，奉旨，着将此碗上多半面画绿竹；少半面着戴临撰字言·诗诵题写，地章，或本色，或配绿竹、淡红色，或何色，酌量配合，烧珐琅……十九日，内务府总管海望奉上谕，着有釉、无釉白磁器上画久安长治、芦雁等花样，烧珐琅……于五月初三日，画得久安长治碗一件、飞鸣宿食芦雁碗一件……奉旨，准照样烧珐琅……"

"于十二年十二月二十八日，做得牡丹花大碗一对、九莲献瑞大碗一对、天竹蜡梅大碗一对、红地白梅花大碗一对、绿竹长春大碗一对、杏林春燕大碗一对、节节双喜大碗孔雀纹碗一对、水墨竹子茶碗一对、玉兰花茶碗一对、黄地菊花茶碗一对、长春花茶圆一对、浅黄蟠桃九熟茶圆一对、深黄六寸盘一对、水墨梅花六寸盘一对、萱花五寸碟一对、寿竹长春四寸碟一对、玉兰花四寸碟一对、绿竹大酒圆一对、梅花喜鹊酒圆一对、芦雁酒圆一对、墨竹酒圆一对、八哥酒圆一对、墨地番花大酒圆一对、红龙玉壶春二件，司库常保首领太监萨木哈里呈进讫。"（造字第3340号）雍正帝特别偏爱水墨画和青色山水画，因此，雍正珐琅彩瓷器中这类品种也就特别讲究，雍正珐琅彩墨竹图碗正是这一时期的产品。此碗还题行书"色连鸡树近，影落凤池深"诗句。引首朱文"凤彩"，句后"彬然"、"君子"篆文印，它和现存台北故宫博物院的"竹石碗"几乎完全一样。雍正和乾隆时期的珐琅彩瓷器，往往有配合图案画面的题诗，而且每题诗的引首、句后有朱文和白文的胭脂水或抹红印章,它们之间都是相互配合的,例如,画梅花的常题:"淡妆疏影两依依";画兰花则多题:"香传少女风";画山水比较多题:"树接南山近,烟含北渚遥"等等。其印章,则画黄、红色秋花的多用"金成"、"旭映"等章;画山水的用"山高"、"水长"、"志远"等章;画花鸟的用"凤采"、"淡然"、"香清"等章等等。器底款字较多的是"雍正年制"蓝料款,也有"大清雍正年制"青花款;乾隆时期则都为"乾隆年制"四字篆书或楷书蓝料款。

乾隆时期珐琅彩瓷器的画面,除了山水、花鸟、竹石外,更增添了人物故事的内容,特别是西洋人物画的图案。

珐琅彩瓷器,过去曾被一部分人称为"古月轩",这开始于近人许之衡的《饮流斋说瓷》,但清宫并无"古月轩"之名,它显然是一种误传。

乾隆以后的景德镇彩瓷

康熙、雍正、乾隆三朝,是中国彩瓷生产的黄金时代。乾隆以后,由于种种历史原因,彩瓷生产的水平逐渐低落。嘉庆初年,乾隆帝退居太上皇,彩瓷的风格仍然是乾隆年代的继续,传世较多的粉彩器物往往有绿底红书"大清乾隆年制"的款式,大多是嘉庆初年,乾隆太上皇尚未死亡时的制品。嘉庆凤尾纹地粉彩器及粉彩描金器,虽然图案繁缛,但却是一些精细之作。道光朝有一部分花果图案的粉彩器,也还有脱俗之感。那时"慎德堂"款的瓷器,一般都是比较上乘的物品。咸丰、同治和光绪三朝,社会经济每况愈下,景德镇彩瓷的产量虽然很大,但大多是平庸之作。传世的这时期带有官款的精细彩瓷,应属十分名贵的珍品了。19世纪末至1930年代,景德镇仿古之风极盛,特别是仿康熙五彩和雍正、乾隆粉彩更为突出。1950年代以来,景德镇除了继续生产仿制康熙五彩的"古彩"和大量的粉彩、墨彩外,还盛行"新彩"、"贴花"、"刷花"等等彩瓷品种,有些薄胎瓷器,胎薄釉柔、光照见影,更能衬托出彩色的鲜艳效果。

(原载《中国陶瓷》编辑委员会编:《中国陶瓷·景德镇彩绘瓷器》,
上海人民美术出版社,1983年)

■ 宋汝窑盘及盘底

汝

窑析议

宋五大名窑中,以汝窑为最名贵,但这是指"汝官窑",并不包括目前陶瓷界已注目的临汝窑(或称汝州窑)。

对于中国宋代的青瓷(包括北宋和金、南宋),在1950年代以前,国内外多数人只对龙泉窑有所认识,而关于北方的青瓷,几乎一无所知,因此有"南龙泉"和"北龙泉"之称。所谓"北龙泉"是对北方地区青瓷的统称,是由于无法识别而泛指耀州窑、临汝窑和河南地区其他各窑的青瓷。

把耀州窑从"北龙泉"中完全识别出来,是我国陶瓷界在1950年代的重大突破。目前,国外陶瓷学界亦已有所认识。然而,对于临汝窑的面貌,尽管北京故宫博物院的学者和河南省的古陶瓷专家们已做了很多工作,但国外的学术界,几乎仍是所知甚少。

河南临汝地区的古窑址林立，从已发现的标本看，北宋、金、元时代，临汝地区主要生产三个品种的瓷器：一是豆青和天蓝釉素面瓷，其中有的釉呈玻璃光，有的釉色青中偏黄，并发现有满釉支烧的标本；二是耀州窑系的刻花、印花青瓷；三是钧窑系的钧釉瓷，其中元代部分，也有红斑的标本。过去人们所说的"汝钧不分"，应是指临汝生产的钧釉瓷而言。尽管在临汝地区已发现的标本中，以耀州窑系及钧窑系的品种为多，但更值得重视的是临汝地区满釉支烧的天蓝釉制品，因为它很可能是"汝官窑"的前身。

宋五大名窑中，以汝窑的传世品为最少见。目前所知，收藏汝瓷较集中的单位是我国的北京故宫博物院、台北故宫博物院、上海博物馆和英国达维特基金会（David Foundation）四处。其中，以台北故宫博物院收藏最富，精品有"奉华"粉青出戟尊、"奉华"粉青纸槌瓶等22件。北京故宫博物院的淡天青奁、天青三足洗、天青碗及粉青盘等都是十分精致的汝窑器。英国达维特基金会的葵瓣盏托、粉青奁十分突出。上海博物馆藏汝瓷8件，其中4件为清吴大澂旧藏的天青盘，4只盘的规格基本相近，说明当时制作之精。另有小洗两件及敛口盘1件，均极精细。日本是收藏中国古代陶瓷器极富的国家，但在各博物馆及私人藏品中，汝窑器也极少，所见仅3件。大阪市立东洋陶瓷美术馆亦只收藏腰圆洗1件。美国各大博物馆中，克利夫兰博物馆及圣路易博物馆等少数单位有一两件外，也少有收藏。可见汝窑传世之罕。其原因主要是当时烧造时期极短，原有产品就很少。

关于汝窑的烧造年代，也是一个需要探讨的问题。所见最早的文字记载，应是南宋前期（孝宗以后人）九华人叶寘的《坦斋笔衡》："本朝以定州白磁器有芒，不堪用，遂命汝州造青瓷器，故河北唐、邓、耀州悉有之，汝窑为魁。江南则处州龙泉窑，窑质颇粗厚。政和间，京师自置窑烧造，名曰官窑。"（陶宗仪《辍耕录》引）相同内容的文字，又见于宋顾文荐（字伯举，号兰谷、倦翁，昆山人）的《负暄杂录》。但关于京师自置官窑的烧造时间，顾文荐说在"宣（和）、政（和）间"。上述二书的文字可能理解为，在设置北宋官窑前，御用青瓷器是汝窑器，而在京师汴梁设立官窑后，宫廷改用官窑器，由此推断，汝窑生产的下限应在宣和或政和年间。问题是，上述记载未能提示汝窑始烧年代的任何资料。宋徐兢《宣和奉使高丽图经》卷三十二，在谈到当时高丽所用瓷器时说："陶尊……皆窃仿定器制度……陶炉……此物最精绝，其余则越州古秘色，汝州新窑器，大概相类。"（《知不足斋丛书》本）徐兢在宣和六年写成此书，称"汝州新窑器"。可以肯定汝窑的始烧年代距宣和年绝不可能太远。南宋初，高宗临幸清河郡王张俊的府第，张俊进奉了青铜器、书画、玉器等各类文物古玩，而贡奉的瓷器，只有汝窑一种，计：酒瓶一对、洗一、香炉一、香合一、香球一、盏四只、盂子二、出香一对、大奁一、小奁一（宋周密《武林旧事》卷九），可见南宋初已对汝窑如此珍视。在南宋绍熙年间成书的周辉《清波杂志》明确提出汝窑在当时已十分稀见，称"近尤难得"。

汝窑器应是北宋末徽宗指定烧造的御用器，因此其制作十分讲究。汝窑器的胎质细腻，色如香灰（灰而偏白），俗称"香灰胎"。由于胎土中含有微量铜，因此，汝窑的特点之一，是迎光照看，微见红色，这是近代仿制品所忽略的现象。

汝窑主要采用满釉支烧，盘、碗底部仅见细如芝麻的小支钉痕3—5枚，支痕断裂处，可见香灰胎色。一般器物，口径在14厘米以下的为3个支钉；14厘米以上的为5个支钉。但也有例外，如上海博物馆藏敞口盘，口径达17厘米，亦为三支钉。尊瓶之类的器物，当然不能支钉支烧，也有用圈垫垫烧的。

汝窑多见鱼子纹开片，但也有无开片的器物，明初曹昭《格古要论》说："汝窑器，出汝州，宋时烧者淡青色，有蟹爪纹者真，无纹者尤好。"清《南窑笔记》亦说："有有纹片者，有无纹片者。"清唐英《陶成纪事碑》记载，清代仿烧汝窑器时，所用的标本，有"仿铜骨无纹汝釉。仿宋器：猫食盘，人面洗色泽"。说明清雍正时期，清宫内尚藏有宋汝窑猫食盘及人面洗。目前所知，传世的无纹汝窑器，仅为台北故宫博物院的"天青无纹椭圆水仙盆"一件，该器很可能就是唐英所说的"猫食盘"。除此之外，都是有纹片的。

汝窑的釉色，有天青、粉青、卵青等各种名称，其实可用深天青和淡天青两种来概括，这两种色泽只是烧成过程中气氛不同而产生的结果，很难说是当时有意区分的。至于个别有几件不同色泽的汝瓷，除了烧成中的偶然因素外，也有可能是土蚀的作用。

汝窑器在南宋初已属珍品，成书于明宣德三年的《宣德鼎彝谱》以之列入六大名窑："内库所藏：柴、汝、官、哥、钧、定"，其中，柴窑旧传为后周柴世宗所制之器。因此,明人视宋代瓷器,则将汝窑列于首位。由于汝窑器制作考究,不易仿制,因此传世的仿品很少有乱真之作。清雍正前后的仿汝器,据《南窑笔记》载:"今景德仿做,用里乐釉,入青料少许,以不泥为骨,多鱼子纹者,略得遗意矣。不泥者,不子素泥也。"但仿汝器在"香灰胎"这一点上往往不能想像,而且由于景德镇仿品的胎土中,不含微量铜元素,因此迎光照看,不见红色。这两点在仿品上是最大的破绽。

汝窑以纹片为装饰,一般不见印花和刻花,但英国达维特基金会有一件暗花双鱼盘,釉带玻璃光,与常见汝釉很不一样,但确为满釉支烧,是一个很特殊的例子。河南省临汝县目前已发现的标本中,有满釉支烧,釉呈玻璃光而色泽偏黄的器物,值得注意。

从传世的汝窑器看,其器物除少数属仿古陈设用瓷,如尊、瓶等外,主要是日常用具,如盆、碗、盘、碟、盏托、洗、奁等器物,并无官窑系统多见的笔筒、水注、臂搁、砚等文房用具。

为便于大家作进一步探讨,兹将上述4个单位收藏的汝窑典型器列表于下:

收藏单位	品 名	口径（厘米）	高（厘米）	备 注
北京故宫博物院	淡天青奁	17.9	13.1	故宫收藏不止此数,以已发表为限
北京故宫博物院	天青三足洗	18.5		
北京故宫博物院	天青碗	17.1		
北京故宫博物院	粉青盘	19.6		
上海博物馆	天青盘	17	2.9	三钉痕
上海博物馆	天青盘	17	2.9	三钉痕
上海博物馆	天青盘	17	2.8	三钉痕
上海博物馆	天青盘	17.1	2.9	五钉痕
上海博物馆	淡天青敛口盘	12.3	2.7	三钉痕
上海博物馆	天青洗	12.6	3.2	三钉痕
上海博物馆	天青洗	12.6	3.2	三钉痕
上海博物馆	天青盘	13.5	3.4	三钉痕
台北故宫博物院	"奉华"粉青出戟尊		16.5	五钉痕

收藏单位	品　名	口径（厘米）	高（厘米）	备　注
台北故宫博物院	粉青纸槌"奉华"瓶		22.6	五钉痕
台北故宫博物院	粉青纸槌瓶		20.4	五钉痕
台北故宫博物院	粉青胆瓶		17.8	圆足
台北故宫博物院	天青无纹椭圆水仙盆	口纵 16.4		六钉痕
台北故宫博物院	粉青椭圆水仙盆	口纵 15.8		六钉痕
台北故宫博物院	粉青椭圆水仙盆	口纵 15.1		六钉痕
台北故宫博物院	粉青椭圆水仙盆	口纵 18.5		六钉痕
台北故宫博物院	粉青莲花式碗	16.2		五钉痕
台北故宫博物院	卵青椭圆洗	9.7		内底三钉痕
台北故宫博物院	卵青圆洗	15.9		五钉痕
台北故宫博物院	卵青圆洗	13		三钉痕
台北故宫博物院	粉青圆洗	13.1		三钉痕
台北故宫博物院	粉青圆洗	12.8		三钉痕
台北故宫博物院	粉青圆洗	14.8		五钉痕底刻甲（甲）
台北故宫博物院	粉青圆洗	14.8		五钉痕
台北故宫博物院	粉青圆洗	13.4		三钉痕
台北故宫博物院	粉青"奉华"碟	12.7		三钉痕
台北故宫博物院	粉青小碟	10.9		三钉痕底刻"蔡丙"
台北故宫博物院	粉青盘	21.4		五钉痕
台北故宫博物院	粉青盘	18.6		五钉痕
台北故宫博物院	粉青盘	15.7		五钉痕底刻甲（甲）
英国达维特基金会	天青碗	16.7		
英国达维特基金会	粉青奁	23.3		
英国达维特基金会	葵瓣盏托	16.8		
英国达维特基金会	双鱼盘	14.3		
英国达维特基金会	瓶		25	

（原载《河南钧瓷、汝瓷与三彩：中国古陶瓷研究会，中国古外销陶瓷研究会
一九八五年郑州年会论文集》，紫禁城出版社，1987年）

明

景德镇洪武瓷述略

一 概　　说

　　从中国陶瓷史的角度看，两宋是陶瓷发展史上百花争艳的时期，但通过元代的过渡，到明代变成了近乎由景德镇一花独放的局面。两宋时期(包括辽、金)名窑遍布全国各地，很多不同品种，都有各自的市场。很难说哪个窑场的某一品种是最主要的。但到了明代，南北各地很多古老名窑已经停烧，至于龙泉、磁州等瓷窑在明代前期仍有一定规模，而到中期以后都已成了强弩之末，其产品只能供中、下层居民使用。连当时比较著名的福建德化的白瓷、宜兴的紫砂、山西的琉璃和法华器以及广东、福建等地沿海的出口瓷等产品，不论从质量还是数量上也都无法和景德镇相匹敌。到明代中期以后,景德镇的瓷器几乎占据了全国的主要市场,明朝宫廷的用瓷也绝大多数由景德镇供应,真正代表时代特征的是景德镇的瓷器。

景德镇在明代成为中国的瓷都,除了有其特殊的历史条件和有利的地理环境外,明朝宫廷在当地设立御器厂,具有十分重要的作用。当然,正由于景德镇已有了雄厚的物质基础和进步的技术条件,才使明廷选择了该地,但御器厂设置以后,为供应宫廷需要,不惜代价,向高、精度发展,使景德镇的制瓷业不断扩大新品种,提高产品质量,从而也带动了民窑的进一步发展,而民窑在扩大市场的基础上也精益求精。到嘉靖以后,宫廷所需的钦限瓷器,实际上是由民窑中的"官古器"户烧造的。

明代御器厂究竟于何时开始设置,历史文献有不同的记载,人们有各异的理解。

清乾隆四十八年版《浮梁县志》和清蓝浦《景德镇陶录》都把明御器厂的设置定在洪武二年。

明万历年间陆万垓续补的《江西大志》中的《陶书》则将御器厂的始设年代置于洪武三十五年(即建文四年)。

明御器厂的确切始设年代应该进一步探讨,但洪武官窑瓷器的存在是肯定的。

当然,人们开始认识洪武瓷的存在,只是近年的事。在1930年代,多数人对元代景德镇青花瓷的识别还是很模糊的,更无论洪武瓷了。明洪武曹昭的《格古要论》一书,虽有"古饶器"条的记载,亦只提到新烧枢府瓷"欠润"和"青花及五色花者,且俗甚矣"的文字。清雍正、乾隆年间的《南窑笔记》论述明代瓷器,以"永乐窑"为首,亦未提及洪武瓷。清乾隆朱琰《陶说》卷三"说明"中引《格古要论》古饶器条:"新烧大足素者,欠润。有青色及五色花者,且俗。又有青黑色戗金者,多是酒壶、酒盏,甚可爱。"后说:"此言明初窑也。"记述了"洪武窑":"明洪武三十五年,始开窑烧造,解京供用,有御器厂,厂东为九江道,有官窑。窑之名六,曰:风火窑、色窑、大小爁熿窑、大龙缸窑、匣窑、青窑。"并谓"官窑重器一色"。

《格古要论》一书的版本十分复杂,一般认为,常见的《夷门广牍》三卷本是洪武原著,《惜阴轩》十三卷本是王佐所增补,其确切的情况,还有待深入研究。"青黑色戗金者"这段文字,是王佐本所后增的,但从河北保定出土的蓝釉金彩器看,洪武朝亦应有此类品种。朱琰并谓"官窑重器一色",这是说洪武官窑以单色釉为重点。

蓝浦《景德镇陶录》其主要内容成书于乾隆,卷五"洪窑"条载:"洪武二年设厂于镇之珠山麓。制陶供上方,称官窑,以别民窑。除大龙䃼窑外,有青窑、色窑、风火窑、匣窑、爁熿窑共二十座,至宣德中,将龙䃼窑之半改作青窑,厂官窑遂增至五十八座,多散建厂外民间,迨正德始称御器厂。"这段文字主要从志书录述,但蓝浦比较明确地记述了洪武器的本身:"洪器土骨细腻体薄,有青、黑二色,以纯素为佳。其制器,必坯干经年,重用车碾薄,上釉候干入火。釉漏者,碾去,再上釉,更烧之。故汁水莹如堆脂,不易茅篾,此民窑所不得同者。若颜色器中,惟青黑戗金壶琖甚好。"除此之外,前人对于洪武瓷的认识是非常有限的。近年来,国内外的陶瓷学界已开始试图将洪武瓷从元瓷和永乐、宣德瓷中分辨出来,其主要依据有:一是经过排比,可知目前国内外传世的一部分瓷器,其制作、造型和图案花纹等各方面都和典型的元瓷有区别,而又不同于习惯上已判定为永乐、宣德的瓷器。二是1964年,南京明故宫出土了一批瓷器(包括碎片),其中有一部分显然早于永乐、宣德而又和典型元瓷不一样的标本。此外,在明初墓葬中偶然亦有少数瓷器出土,亦增添了据以判断的例证。

二 从南京明故宫出土的器物看洪武颜色釉瓷

对于洪武颜色釉瓷的识别,要归功于南京明故宫的发现。明故宫出土了酱色釉碗和外酱色釉、里霁青釉印花碗的碎片①。这种里、外两种釉色碗标本的发现,为识别洪武颜色釉瓷提供了重要的依据。这块碎片尚可看到此碗内壁有印花云龙纹,碗心为浅刻"风带如意云"纹。这类装饰图案的颜色釉瓷器,在过去都列入元瓷范畴内。目前,可据此辨别日本大和文华馆所藏里黑外白印花云龙纹碗②、日本出光美术馆所藏里红外

---

① 南京博物院:《南京明故宫出土洪武时期瓷器》,《文物》,1976年,第8期。
② 大阪市立东洋陶瓷美术馆:《元の染付展》,日本,大阪,1985年。

蓝印花云龙纹碗[1]、美国纳尔逊博物馆所藏里蓝外褐印花云龙纹高足杯[2]等都应属于洪武瓷。它们的共同特点是在器物内壁印云龙纹,特别值得重视的是,龙纹均为五爪。器物内底心都浅刻云纹,云纹有两种,一种也是"风带如意云"纹,另一种为三朵云纹,后者又和明故宫出土青花云龙纹盘盘心的三朵云纹完全相同。根据这种器物内壁印五爪龙纹,器内底心浅刻云纹的特征,又能进而辨识现藏北京故宫博物院的红釉印花云龙纹高足杯、红釉印花云龙纹盘[3]及日本大阪市立东洋陶瓷美术馆的红釉印花云龙纹碗[4]、日本出光美术馆的红釉印花云龙纹盘和英国大英博物馆的蓝釉印花云龙纹盘[5],以及美国克利夫兰博物馆的红釉印花云龙纹碗[6],都是典型的洪武颜色釉瓷。仅就上述器物可知洪武朝的颜色釉有红釉、蓝釉、酱色(柿色或褐色)釉和黑釉多种。这些器物虽有盘、碗、高足杯之别,但其共同特点是制作规整,特别是五爪龙纹如此相似,说明是同一时期内的官窑制品。洪武官窑的设置从这些实物看应是完全肯定的。所谓"官窑重器一色",也由此得到了证实。

三　洪武釉里红瓷

釉里红瓷是在瓷胎上用铜红料绘彩,然后施透明釉,用高温一次烧成的釉下彩瓷器,它的工艺过程和青花瓷相同,不一致的是青花用钴料着彩,而釉里红则用铜红料(图一,又见本书第75页)。

■ 图一　明洪武景德镇窑釉里红花卉纹菱口盏托

铜作为陶瓷器上釉料所用的呈色剂,早在汉代已应用于铅釉陶,但那是铜在低温氧化气氛中产生的绿

① 大阪市立东洋陶瓷美术馆:《元の染付展》,日本,大阪,1985年。
② 香港东方陶瓷学会与冯平山博物馆:《景德镇元瓷的演变》,1984年。
③ 现陈列于北京故宫博物院陈列室。
④ 大阪市立东洋陶瓷美术馆:《元の染付展》,日本,大阪,1985年。
⑤ 矢部良明:《元の染付》,日本平凡社,1974年。
⑥ Jenifer Neils: *The World of Ceramics*, The Cleverland Museum of Art, 1982.

色。铜在高温还原气氛中能呈现红色。唐代长沙窑最早烧制高温铜红，并已经有釉里红的制作，但由于当时的胎、釉都无法和元代景德镇的制品相比，因此唐代长沙窑的釉里红瓷器只是处于原始阶段。

随着长沙窑的衰落，目前还未发现宋代有任何窑场曾烧制过釉里红瓷器。

从出土和传世的元或明初的釉里红瓷器看，有三种不同的装饰方法：一是釉里红线绘。即在瓷胎上用线条描绘各种不同的图案花纹，这是釉里红瓷器最主要的装饰方法，但由于高温铜红烧成条件比较严格，在早期，过细的线条更不容易烧好。二是釉里红拔白。其法有二，即在坯上刻划细线图案，在一定部位涂上红彩料，剔去图案部分的红料，再通体施透明釉。或在图案部分先贴以图案剪纸，施红彩后揭去纸样再施透明釉。三是釉里红涂绘。这是以铜红料成片或成块地涂成一定的图案花纹。釉里红拔白和釉里红涂绘在工艺技术上都比釉里红线绘要简单，因此它们可能早于线绘法的普遍使用。

1979年江西丰城发现4件青花釉里红器，其中两件有"大元至元戊寅"的纪年[1]，其釉里红都属涂绘方法，而且其红料都在塑成的立体器形上着色，这种方法当属更为原始，河北保定出土的青花釉里红大罐亦属此类。比较进步的涂绘釉里红，则是用红料绘出一定的图案花纹，例如香港长青馆收藏的斑块纹玉壶春瓶和云鹤纹匜[2]。高安窖藏也发现有斑块的高足转杯[3]。至于釉里红拔白装饰方法的典型器，国内有江苏省吴县出土的釉里红白龙纹盖罐[4]；北京故宫博物院所藏釉里红拔白划花兔纹玉壶春瓶；日本有大和文华馆[5]及松冈美术馆藏[6]的釉里红白云凤纹玉壶春瓶及盖罐；英国达维特基金会有釉里红拔白草花纹玉壶春瓶[7]。这类玉壶春瓶的特点是口沿内壁往往也有釉里红色，肩部及底腹

① 杨后礼、万良田：《江西丰城县发现元代纪年青花釉里红器》，《文物》，1981年，第11期。

② 香港东方陶瓷学会与冯平山博物馆：《景德镇元瓷的演变》，1984年。

③ 刘裕黑、熊琳：《江西高安县发现元青花、釉里红等器物窖藏》，《文物》，1982年，第4期。

④ 中国硅酸盐学会：《中国陶瓷史》彩版第23，文物出版社，1982年。

⑤ 矢部良明：《元の染付》，日本平凡社，1974年。

⑥ 大阪市立东洋陶瓷美术馆：《元の染付展》，日本，大阪，1985年。

⑦ 日本东京国立博物馆等：《中国陶瓷展》，1980年。

部上下各有二至三道弦纹,釉里红及划花装饰即在此范围。

关于早期的线绘釉里红器,从国内外出土及传世的数量计,要比上述涂绘及拔白两种器物略多,但也只是有数的几十件。其中比较多的是口径在20厘米左右的花卉纹大碗、口径在20厘米左右的花卉纹盘和盏托、口径在40—55厘米的菱口花卉纹大盘。此外,还有高达50厘米以上的花卉纹大罐、口径达40厘米以上的特大碗以及梅瓶、玉壶春瓶、玉壶春执壶、双耳瓶、三足炉、匜等。

在上述三种不同装饰方法的釉里红器中,列举的涂绘和拔白釉里红器,很大部分属于元代的制作,但从现有的资料看,还没有一件线绘釉里红器可以十分确切地认定其属于元代的典型器。

判断大部分线绘釉里红器不属元代的典型器而属洪武或元末明初过渡时期的依据,主要是从排比典型元代器物及典型永乐、宣德器物后,找出晚于元而早于永乐的那部分器物的造型、制作方法及图案花纹,排比依靠的元代器物是青花瓷,但这同样适用于釉里红器。

鉴别典型元代瓷或洪武瓷的要点大致有以下几个方面:

(一)从制作方面看,元瓷除少数玉壶春瓶为釉底外,其他景德镇瓷器,底部均不施釉,但洪武朝除玉壶春瓶、玉壶春执壶外,口径在20厘米左右的大碗也出现了釉底。

(二)元代器物的底足斜削,是其普遍特征。洪武的大碗及颜色釉印花云龙纹碗的底足都已是极整齐的平削了。

(三)洪武颜色釉印花云龙纹碗其器形仿自元枢府瓷碗,但底足已较枢府器为大。

(四)元代梅瓶的口部呈上窄下宽的梯形。洪武梅瓶的口部绝无梯形感而口颈较直、口唇外侈。

(五)从图案花纹方面看:

1. 元代扁菊只是花卉纹中的一种,并不普遍使用。洪武器普遍使用扁菊纹,且多见以此为主题纹饰。

2. 元代仰、覆莲瓣纹,每瓣都分开绘画,瓣与瓣之间并不借用边线。洪武仰、覆莲瓣纹有的并不分开而借用边线。

3. 元代仰、覆莲瓣边框勾线后必填色,洪武有的已只勾线而不再填色。永乐、宣德时期则边框勾线不填色,但整个莲瓣满身着色。

4. 元代蕉叶纹的中茎满色。洪武蕉叶纹的中茎分开而留有空白地。

5. 元代莲花叶成极规矩的葫芦形。洪武莲叶已变形,不见规矩葫芦形。

6. 元代牡丹花的叶肥大而规整。洪武则变形为较瘦长而不规整。

7. 元代云纹多见蝌蚪形。洪武云纹多风带如意形,有的呈礼花形,已改变了元代蝌蚪形。

(六)洪武盘、碟、碗之类器物的底部有一种红色釉浆,有的呈明显刷痕,这是不见于元代及永乐、宣德器的特有现象。这种现象主要出现在釉里红器,其形成原因是,洪武朝在制作釉里红器时,采用了一种特殊的方法,即在釉里红器的瓷坯做好后,先通体施一层含铁量较高的釉浆,然后再施透明釉,由于透明釉是用浸釉法施釉,所以器物底、足部也全部满釉,为避免烧黏,因此必须刮去底部及圈足的透明釉,并加以刷修。烧成后,釉浆即呈现出特定的红色。这种方法,不见于元代的瓷器,亦不再使用于永乐、宣德的瓷器上,而是洪武朝所特有的。

上述这些方面并不是同时存在于一器之上的,有的洪武器蕉叶纹中茎已分开,但仰莲瓣纹也仍元代之旧并不借用边框线,很可能属于洪武前期正在转变过程中的现象。

根据这些鉴定要点,可以判断国内外现存的一批釉里红花卉大盘、大罐、碗、碟、盏托以及松竹梅图、芭蕉图等梅瓶、玉壶春瓶都属于洪武朝的制品,其中包括江苏江宁县出土的松竹梅带盖梅瓶[1]及现藏北京故宫博物院的松竹梅玉壶春瓶等在内。

在研究洪武釉里红瓷器时,有以下几点值得进一步探讨:第一,综上所述,目前在国内外传世的线绘釉里红瓷中,还无法认定属于元代典型器的实物,而可判断这些线绘釉里红器大部分属洪武瓷。但由此能否下结论说元代还没有,或很少有线绘釉里红瓷器?江西高安窖藏出土的开光花鸟纹罐及菊花纹高足转杯的时代究属元代否?这将涉及该窖藏的下限年代。第二,菲律宾和印度尼西亚等东南亚地区出土了一批高6厘米左右的方形水滴、高5.5厘米左右的双耳圆形小罐、高6厘米左右的圆形小罐、直径在8厘米左右的侈口小碗、高11.5厘米的扁形执壶等小件

① 印度尼西亚:《江苏省出土文物选集》。

器,其中有青花,亦有釉里红[1]。其釉里红器都属线绘,并且出现了双勾不填色的技法,其纹饰多数为草叶纹、扁菊纹和变形的牡丹、莲花纹。在美国纽约大都会博物馆[2]、在1981年11月6日美国纽约苏富比拍卖行的拍卖品中[3],以及日本[4]某藏家均有这种釉里红双勾变形花卉的玉壶春瓶,其牡丹及莲花的叶瓣已经改变了元代肥厚规整和刻板的葫芦形,而基本上和其他洪武朝青花、釉里红瓷叶瓣的风格相近,甚至变形得更厉害。当然,对于东南亚地区出土的这批小件外销瓷的时代,还需作进一步认真的研究。第三,无论上述东南亚地区出土的小件釉里红器是否属明洪武朝,仅就其他实物看,洪武釉里红的制作肯定比元代有更大的发展。宣德朝虽也有精致的釉里红器,但除了少量釉里红拔白制品外,主要是以成片涂抹方法制作的龙纹盘和碗,以及三鱼、三果高足杯等。宣德朝的釉里红无论从品种或质量、数量上看,都远不如洪武时期。宣德以后,整个明代的釉里红制作已渐趋衰落。景德镇御厂旧址虽有极精致的永乐釉里红及青花釉里红器出土,但传世品中绝不见此类器物,说明当时产量极少。由此,可以断言,洪武是明代釉里红的极盛时期。

当然,在传世品中或许有少量永乐朝的釉里红器,目前还不易从元代或洪武瓷中分辨出来,这是有待于学术界进一步研究的课题。例如,现藏英国(VICTORIA AND ALB ERT MUSEUM)的釉里红莲池图军持,国外有些出版物仍定为元代,但其覆莲瓣心填色,非元代风格,其时代很可能为明永乐。

四 洪武青花瓷

在原有传世品中可确认的洪武瓷,青花器少于釉里红器。其器形有口径在45厘米以上的花卉大盘;口径在20厘米左右的花卉盘、碗和菱口

[1] 见Adrian M. Joseph: *Chinese and Annamese Ceramics-found in Philippines and Indonesia*, London, 1973.
   Antique Ceramics found in Jndonesia, The Ceramic Society of Jndonesia, 1981。
   大阪市立东洋陶瓷美术馆:《元の染付展》,日本,大阪,1985年。
[2] Suzanne G. Valeustein: *A Handbook of Chinese Ceramics*, New York, 1975.
[3] Sotheby's: *Fine Chinese Ceramics, Works of Art and Painting's*, 1981.
[4] 矢部良明:《元の染付》,日本平凡社,1974年。

盏托;高32厘米左右的玉壶春瓶、玉壶春执壶;高36厘米左右的"春寿"云龙纹束腰瓶以及高足杯、小碗等。北京德胜门外出土的高达66厘米的带盖大罐,则是少见的洪武青花大件器。

传世品中的洪武青花瓷有以下几个特征:

(一)青花色泽不如典型元青花那样浓翠,多数青中偏淡。估计这时期曾一度中断自中东伊斯兰地区进口钴料,采用国产含铁量较低、含锰量较高的钴土矿。当然,并不能说整个洪武朝都不进口钴料。

(二)洪武青花器的制作特点,如削足处理、梅瓶口部不呈梯形、20厘米左右大碗器底部施釉等等,都和上述洪武釉里红器的特征相同。

(三)传世品中洪武青花瓷的图案花纹比元青花简单得多,甚至比洪武釉里红器也更单调,基本上以花卉纹为主,特别多见扁菊纹,有的器物以缠枝扁菊为主题纹饰,这在元青花中是很少见的。除花卉纹外,以云龙纹为稍多,在元代,五爪龙纹只见于枢府瓷。但入洪武后,各种颜色釉器的龙纹都为五爪,在青花瓷上也出现了五爪龙,例如上海博物馆所藏青花云龙纹"春寿"铭束腰梅瓶。相同器物在日本及英国各有一件,其口部已摈弃了元代梯形口的制作,云纹也非典型元代式样,龙为五爪,而且五个爪尖连成一个圆形线圈,这是明代青花器中爪纹所特有的现象。但五爪龙只是极个别的,洪武时期的青花龙纹仍以三爪和四爪为多见。

迄今为止,还不见洪武青花瓷中有釉里红器上的松竹梅、庭院芭蕉及飞凤图等图案。

上面是就认识比较一致的传世洪武青花瓷而言。事实上,有关洪武青花的问题是很复杂的,目前已发现的有下列三方面:

1970年南京市博物馆清理洪武四年(1371)汪兴祖墓,出土青花高足杯一件。足成竹节形,杯外壁为青花云龙纹,杯内壁为印花龙纹,杯心简笔菊花,通高11.1厘米、口径12.9厘米、足径4厘米[①]。这件高足杯可能制于洪武一至四年,也可能是洪武以前的制品,但似乎要迟于一般所见典型元青花。这里有几点情况值得考虑:1. 典型元青花器中很少见简笔菊花纹,典型元青花的图案花纹都比较规矩。2. 此杯的装

---

① 南京市博物馆:《南京明汪兴祖墓清理简报》,《考古》,1972年,第4期。

饰方法是一种特殊的例子，即置印花与青花彩绘两种独立的装饰方法于一件器物之上。典型元青花有以印花和青花配合使用的方法，特别在中东发现的一些盘类器较多。上海博物馆所藏青花瓜果葡萄菱口盘[①]，其牡丹花卉纹为印花，瓜果葡萄为青花描绘，二者配合使用。但汪兴祖墓出土的高足杯，则其杯内壁为印花龙云，外壁及杯心为青花彩绘。这种以印花和青花彩绘两种不同而各自独立的装饰同置于一器的例子并不多见，国外虽有相同的高足杯及印花并青花彩绘花卉碗[②]，也只是有数的几件。问题是在典型的元青花中不见这种情况。这是否也说明这是晚于典型元青花，而是洪武初年或略早年代所流行的装饰技法。3. 这种既用印花又用其他装饰的方法和洪武官窑颜色釉瓷有相同的特点。

这里的问题是，汪兴祖墓出土的印花、青花高足杯，其简笔花卉纹，似乎应迟于典型元青花，但在洪武四年后可能沿用了一段时期，关于这类简笔花卉的流行下限年代，关系到一大批青花瓷的断代，因此今后有必要作进一步的深入研究。

菲律宾及印度尼西亚等东南亚地区出土的一批青花（也有釉里红器）小件器[③]，其确切年代问题，一直受到国内外陶瓷学界的重视。从国外已发表的材料看，这些青花或釉里红的小件器主要有5厘米左右高的圆形双系小罐、6厘米左右高的多棱小罐、6—7厘米左右高的双系罐、5.5—6厘米左右高的方形水滴、5.5—7.5厘米左右高的洋桃形小罐，以及小形盖罐和高在13厘米左右的小型瓢形执壶等等。这批小形器不仅有青花或釉里红的装饰，也有完全相同器形的青白釉加褐彩的制作，其图案花纹都是简笔花草，尤以简笔菊花为主。这里有几点情况值得注意：其一，东南亚地区出土的早期青花，不仅有简笔花草小罐、水滴等，也有口径在18.3厘米左右的碗及高12厘米的军持，高10.4厘米的罐等。说明这种简笔花草纹并非只适用于一批特定用途的小件器

---

① 上海博物馆：《上海博物馆藏瓷选集》，文物出版社，1979年。
②③ 香港东方陶瓷学会与冯平山博物馆：《景德镇元瓷的演变》，1984年，第140—142页。

    Adrian M. Joseph: *Chinese and Annamese Ceramics-found in Philippines and Indonesia*, London, 1973.

    Antique Ceramics found in Jndonesia, The Ceramic Society of Jndonesia, 1981。

    大阪市立东洋陶瓷美术馆：《元の染付展》，日本，大阪，1985年。

上,而是在一个时期内,使用于一般日用器上。汪兴祖墓出土的高足杯也更证实了这一点。其二,在东南亚地区不仅出土上述这些简笔花草纹的青花器,也同样出土图案繁密、纹饰规整的典型元青花瓷,例如现藏日本东京出光美术馆的双龙纹扁壶即自印度尼西亚出土,而现存仅见的孔雀绿釉釉下青花莲池水禽图玉壶春瓶,也是印度尼西亚出土的[①]。菲律宾出土的莲池水禽图扁形执壶及高足豆等图案也是和中东地区出土的元青花属同一类型。因此,可以否定元代销往中东地区和销给东南亚地区是两种不同类型的青花瓷的看法。其三,凡简笔花草纹的青花器,其青花色泽大多不如典型元青花那样浓艳,这似乎也说明,简笔花草纹青花器可能要迟于典型元青花。其四,由于汪兴祖墓高足杯的出土,应该断定这类简笔花卉纹青花器,至少在洪武四年前已经出现,它很可能是在朱元璋基本上占有江西各地后(1361)至洪武四年(1371)间的产物。当然,在洪武四年后,这种简笔花卉纹肯定沿用了一个长时期,因此东南亚地区那批简笔花草纹青花和釉里红器,应属元末或洪武时期的瓷器。

江西青花窖藏的时代问题。1980年,江西高安发现的青花和釉里红等瓷器窖藏[②],是研究元末青花及其他瓷器的重大收获。对于此窖藏中釉里红开光大罐的年代问题,上面已经作了提示。这个窖藏所有的出土物是否全部属于同一时代,还待作进一步的研究。至少有一点情况值得注意,窖藏出土的青花器有云龙纹兽耳盖罐1件、云龙纹荷叶盖罐两件、带盖梅瓶6件、蕉叶纹觚1件、高足杯9件。这些器物中,除9件高足杯外,其他器物都是青料发色青翠,其图案花纹又为典型元青花所常见者。但9件高足杯从其器物形状和图案花纹看,都不能完全断定其是否和上述各器属同一时代,而正好这9件高足杯青花色呈灰黑,似乎已经不是用中东进口钴料所烧造,因此其时代有可能要晚到元末或洪武时期。

(四)关于洪武民窑日用粗瓷的识别。上述洪武青花瓷中,有的指

---

① 见Adrian M. Joseph: *Chinese and Annamese Ceramics-found in Philippines and Indonesia*, London, 1973。
Antique Ceramics found in Jndonesia, The Ceramic Society of Jndonesia, 1981。
大阪市立东洋陶瓷美术馆:《元的染付展》,日本,大阪,1985年。
② 香港东方陶瓷学会与冯平山博物馆:《景德镇元瓷的演变》,1984年。

官窑而言,有的当属民窑的细瓷,在此之外,尚有大量民窑日用粗瓷,主要是碗、盘、碟之类的民间日用器皿,由于这类日用粗瓷在制作风格、图案花纹等方面的延续性比较长,因此其确切断代也有一定难度。一般说,洪武日用粗瓷有以下几个特征:

1. 粗瓷碗、盘之类有的尚采用填圈叠烧法,因此器物底心有露胎砂圈痕。

2. 碗类挖足浅,底足处理粗,外底心往往有乳丁状突起。

3. 削足极不规整,自外向里的倾斜度明显。

4. 釉色偏灰。

5. 仍有沿用元代青白瓷的酱色假芒口。

6. 青花色泽带黑,有的虽深而无青翠感。

7. 青花的图案花纹以简笔花草为主。

8. 碗心亦有用草书"福"字代替花纹的。

至于明故宫出土的青花碗,是否全部属于洪武朝,是可以商榷的。

五 洪武釉上彩瓷

洪武釉上彩瓷过去是毫无所知的。南京明故宫出土白地红龙盘残器后[1],才知道洪武已经有白地红彩的釉上彩瓷了。这是在已由高温烧成的白瓷盘上,以铁红绘画云龙纹饰,然后再以低温焙烧而成的。从这件残器可使我们联想下列几点:

(一)和颜色釉瓷一样,洪武官窑龙纹均为五爪龙。

(二)洪武五爪龙,有的五爪以其爪尖联成带状圆圈形。

(三)洪武时期的朵云,有的已是只勾线而不填色了。

(四)洪武时期的云纹已改变了元代的蝌蚪形态。

(五)这件残盘底部呈火红色,从断面可以证实,这种火石红是由胎中含有氧化铁的成分,在氧化气氛下产生的色泽。它和洪武釉里红盘、碗由于通体涂有含铁分的釉浆而产生的效果不一样。

---

[1] 南京博物院:《南京明故宫出土洪武时期瓷器》,《文物》,1976年,第8期。

（六）这是一件极为成熟的釉上红彩器，在此之前，或在元代已经应该有这类釉上红彩的制品，这将有待于今后的发现。

六　关于枢府瓷和青白釉瓷

过去往往把所有枢府瓷都判断为元代，这是由于把枢府瓷生产的下限定在元末的缘故。事实上，这种卵白釉制品，入明后仍在继续烧造。明洪武曹昭《格古要论》"古饶器"条说："元朝烧小足印花者，内有枢府字者高。新烧大足素者欠润。"这段文字说明在明初洪武年间，枢府瓷仍继续烧造，但所制器物已不是小底足，而是大底足了。当然，在洪武初年也可能仍有小底足的制作。《格古要论》所谓元代小底足器主要指折腰碗而言的，北京故宫博物院所藏有"太禧"字样的枢府盘，就是大底足。但应肯定洪武二十年（1387）时的枢府器已非小底足。上海博物馆藏有一件枢府釉青花盘，从其造型和青花图案看，应是明永乐、宣德以后的风格；美国波士顿博物馆印有"昌江"字样的枢府卵白釉瓷亦属明代风格，这说明了明前期枢府瓷的生产并未间断过。如何把洪武卵白釉瓷从元枢府瓷中分离出来，是陶瓷学界今后需要进一步解决的课题。包括东南亚出土的小底足折腰青花简笔纹碗这一类器物，有否可能属洪武朝，也是可以议论的。

至于青白釉的生产，明初肯定仍在继续。南京中华门外永乐年间宋晟墓即出土青白瓷八十饰件。据《南京明故宫出土洪武时期瓷器》一文的报道，明故宫出土的明初青白瓷有："模印凸花和素面两种。敞口、撇沿、矮圈足、砂底的瓷盘最多。圈足内壁镟削面向外倾斜，如同明初一般青花、甜白大盘底足形象。"青白釉瓷在永乐开始已经有官窑特殊的仿制品了。

七　存在的问题

（一）关于洪武瓷的断代

我们说洪武瓷，是指已具备洪武典型风格的瓷器。工艺上制造技术的改进，器形装饰的变化都不可能随着王朝的更替而马上改变的。一个时代风格的形成,都有一段过程。正如永乐晚期与宣德初,嘉靖晚期与万历初,康熙晚期与雍正初,雍正与乾隆初,乾隆晚期与嘉庆初期之间瓷器的无法分辨一样,元末和明初的瓷器是无法硬性区分的。正由于这个原因,目前国内外陶瓷学界把不属于典型元代风格,而又早于明永乐、宣德的那部分瓷器,定为元末明初。问题是"元末"和"明初"的时间界限有待于进一步研究。由于把"明初"的时限拉得太宽,因此很多地方把可以确定为洪武瓷的部分器物,也划入了"明初"的范畴内。

我们的研究工作应该区分:典型元代风格—从元代风格到典型明洪武风格的过渡—典型洪武风格。也就是:元代—元末明初—洪武。定为元末明初的应只指不能确定为元代或洪武的典型器,而可能是元末或洪武前期的器物。凡已经可以确认为洪武瓷的,就不应该再归入元末明初瓷之列。

从器形看,扁壶、多棱瓢形瓶、多棱梅瓶、多棱玉壶春瓶、折腰碗、折腰盘、梯形口梅瓶和敛口大钵、匜都是典型的元代风格,在典型的洪武瓷中不应该有这些器形,但其中的折腰碗、折腰盘、梯形口梅瓶和匜这些器物,并不可能随着元代的结束而马上消失,从洪武朝到永乐朝可能继续存在过一段时期。因此不能把这些器形的瓷器全部定为元代,而应视各种条件而定,例如东南亚地区出土的简笔草花折腰碗、线绘釉里红飞凤及花卉纹匜等等,就很可能是元末明初过渡期的制器。至于可确认的典型洪武器形,有高50厘米以上的广腹高颈青花或釉里红大罐、口径20厘米左右深腹直口或侈口釉底青花或釉里红碗、通体施红色釉浆的釉里红器等。其余的很多器形,如口径在45厘米以上的大盘、高在20厘米以上的大罐和玉壶春瓶、执壶、高足杯、大碗、双耳瓶等等,元代和洪武都有制作,这就要根据图案花纹的风格来判断了。

从装饰技法和图案花纹看,以青花和印花相结合是元代青花中的特有技法。洪武则以青花和印花或颜色釉和印花同置于一体的方法为典型,但这种装饰方法很可能开始于元末明初的过渡期。至于在具体纹饰上的区别,叙述釉里红一节时已经作了典型元代和典型洪武的比较,问题是,从典型元代的风格到典型洪武风格之间的过渡期,究竟有多长?例如莲叶的葫芦形画法在洪武早期还是中期,或晚到洪武末期才变成毫无葫芦形的变形图案？也就是说，目前大家比较公认的釉里红或青花花卉纹口径在20厘米左右的釉底碗和盘、盏托以及北京德胜门外出土的青花花卉大罐和与其相类的釉里红大罐并一批大盘，这些应该都是典型的洪武瓷，但究竟是洪武早、中、晚期，尚无统一的看法。假使从器物底部施釉的工艺看，这是接近永乐的一种征象，因此可以考虑这批典型的洪武瓷有的可能属洪武晚期。

（二）五爪龙纹的问题

元代景德镇瓷器上以龙纹作为装饰，见于枢府瓷的印花龙纹、青花瓷的刻花龙纹和青花瓷的青花龙纹。对于元代龙纹的爪数，经常为人们所关心。据《元史·舆服志》记载，元政府在延祐元年（1314）十二月就有不准服饰逾制的禁令。《元史·顺帝纪》至元二年（1336）又有"禁服麒麟、鸾凤、白兔、灵芝、双角五爪龙、万寿、福寿字、赭黄等"的禁令。我们能看到的元代瓷器上的五爪龙，只有枢府瓷的印花五爪龙，在元代典型器的青花瓷中，只有三爪和四爪，还不见五爪龙。过去由于把上海博物馆所藏及其他单位所藏同类的束腰梅瓶以及可能是洪武早期的青花云龙纹小盘当作典型的元瓷，以致一度曾造成元青花也有五爪龙纹的错觉。事实上，枢府瓷的五爪龙纹应是枢府官器，可能当时控制不那么过分严密，所以也流入民间上层人士使用。如上海青浦元任仁发宗族墓群出土，现藏上海博物馆的枢府瓷高足杯就是五爪龙纹[1]。元代景德镇青花瓷，主要为中东及东南亚以及日本等地区外销而生产的。因此不见五爪龙纹。洪武时期五爪龙纹的出现就多了，除了颜色釉印花五爪龙纹的盘、碗外，也有青花五爪龙纹器物。这些都应该是宫廷用器。

（三）关于"御器厂"和"陶厂"

在本文"概说"中曾提及关于洪武御器厂的设置年代，文献记载就有洪武二年（1369）及洪武三十五年（建文四年，1402）两说。笔者在《中

---

① 上海博物馆：《上海博物馆藏瓷选集》，文物出版社，1979年。

国陶瓷史》第九章,依据《大明会典》卷一百九十四:"洪武二十六年定,凡烧造供用器皿等物,须要定夺样制,计算人工物料。如果数多,起取人匠赴京,置窑兴工。或数少,行移饶、处等府烧造。"否定了洪武二年建立御器厂的可能性:"如果洪武二年已经建立御器厂,似乎就不大可能用'行移饶、处等府烧造'的方式了"①。但是,否定洪武二年设置大规模生产官用瓷器的御器厂,应该不等于否定洪武朝有官窑御用器。现藏景德镇陶瓷馆,刻于明崇祯十年(1637)的《关中王老公祖鼎建贻休堂记》碑"我太祖高皇帝三十五年,改陶厂为御器厂,钦命中官一员,特董烧造"的记载,可知大规模烧造供瓷的御器厂,是由规模较小的陶厂改建而来的②。这和目前发现的,有洪武官窑瓷器,但数量不多的实际情况是相符合的。

(四)关于《格古要论》所谈到的洪武瓷

本文概论中已提及《格古要论》一书版本十分复杂。此书为洪武二十年(1387)曹昭所著,但曹昭原刻本,历来未能得见,人们常见的是刻入元明善本丛书的《夷门广牍》本,分上、中、下三卷,卷首有洪武二十年曹昭的序文。最近美国友人王梅生先生自华盛顿寄来达维特原藏、独山莫氏原藏《格古要论》三卷本的复印件,每页十行,行二十字。学术界颇有认其为洪武原本的看法。此书并无曹昭序文。其"古饶器"条的内容与《夷门广牍》本基本一致:"御土(按:《夷门广牍》本误为'上')窑者,体薄而润最好,有素折腰样,毛口者体虽厚、色白且润尤佳,其价低于定。元朝烧小足印花者,内有枢府字者高。新烧者足大素者欠润。有青花及五色花者,且俗甚矣。"

此处所谓的"新烧",当然是指明洪武时所烧。这里的问题是:

1. 据莫氏《邵亭知见传本书目》卷九载《格古要论》为二卷本。邵懿辰撰、邵章续录:《增订四库简明目录标注》亦作二卷,但注明总目作三卷。二卷本至今未见。

---

① 《中国陶瓷史》,文物出版社,1982年,第361页。
② 参见刘新园:《明代洪武朝用瓷和景德镇御器厂设置年代考》,日本《三上次男博士喜寿记念论文集》陶瓷编。

2. 明天顺年间王佐在洪武本的基础上作了增补，成《新增格古要论》十三卷。目前常见的是《惜阴轩丛书》本。《丛书集成》即据《惜阴轩丛书》本刻入。其卷七"古饶器"条（后增）："古饶器出今江西饶州府浮梁县（按：此为王本后增）。御土窑者体薄而润最好，有素折腰样，毛口者体虽薄（一作厚），色白且润尤佳，其价低于定器（按：王本增一"器"字）。元朝烧小足印花者，内有枢府字者高。新烧（按：三卷本有"者"字）大足（按：三卷本作"足大"）素者欠润。有青色（按：三卷本作"青花"）及五色花者，且俗甚（按：三卷本有"矣"字）。今烧此器，好者色白而莹最高。又有青黑色戗金者，多是酒壶、酒盏，甚可爱。"（按："今烧此器"以下均属王佐所增补）

三卷本作"青花"，而王佐增补本作"青色"，这是值得注意的。但所谓"青色"很可能是"青花"之误，或王佐以"青色花"与"五色花"相对。

这里最主要的是，如何理解"有青花及五色花者，且俗甚矣"之句。由于东南亚地区出土了一批枢府瓷青花器及少数枢府瓷五彩器以后，使人们认为曹昭所指应是枢府瓷青花和枢府瓷五彩，并不包括一般青花瓷。

其实，《格古要论》所提到的"青花"并非专指枢府青花而言，而是泛指一般青花。其理由有三：

1. 洪武朝有一般青花瓷，曹昭必然在其所著《格古要论》中有所论述。

2. 洪武朝的青花瓷，处于衰退期，特别是一批民窑青花瓷，确实有"俗甚"的感觉。至于民窑五彩瓷，除可能属洪武的菲律宾出土物外，很少得见。

3. 王佐增补《格古要论》，已在经过青花黄金时代的永乐、宣德朝之后，必然要提到青花瓷，因此增补了"今烧此器好者色白而莹最高"。显然是指青花瓷而言，从实际情况看，也绝非指枢府瓷。

明万历年间，胡文焕又根据王佐《新增格古要论》改编为五卷本的《新刻格古要论》，刻入《格致丛书》，其卷四"古饶器"条的内容与王佐本一致。

（原载《上海博物馆集刊》，第4期［1987年］）

高16.2厘米　　　　　口径40.4厘米　底径23厘米

■ 图二　明洪武景德镇窑釉里红缠枝菊纹大碗（上海博物馆藏）

高10厘米　口径22厘米　　　　底径8.9厘米　底施釉　有开片

■ 图三　明洪武景德镇窑釉里红缠枝牡丹纹碗（上海博物馆藏）

高10.8厘米　口径20.3厘米　　　　　　　底径10.7厘米　底施釉

■ 图四　明洪武景德镇窑青花缠枝菊纹碗（上海博物馆藏）

高37厘米　口径6.2厘米　　　　　　圈足内无釉，略呈赭红色　底径16.1厘米

■ 图五　明洪武景德镇窑青花云龙纹"春寿"瓶（上海博物馆藏）

 宋哥窑五足洗

哥

窑若干问题的讨论

汝、官、哥、定、钧是宋代五大名窑。目前我们对于其中的汝窑、定窑、钧窑多少都已经有了一定的了解。杭州乌龟山郊坛下官窑已进行过两次发掘。而北宋官窑和南宋修内司官窑虽然见于文献记载，但其窑址却一直未能发现。有学者对此二窑提出了质疑，但是我认为它们是确实存在的。

五大名窑之中，最不为人所知的是哥窑。到目前为止，南宋墓葬中并未发现过哥窑瓷器，其窑址也无法确定。

哥窑之名及其窑址

宋代文献中未见有"哥窑"之名。中国最早提到哥窑的文献是14世纪元代孔齐的《至正直记》，不过有一点需要注意，该书所记为"哥哥洞窑"和"哥哥窑"，而非"哥窑"。时代接近的明洪武曹昭《格古要论》，也只是提到"哥哥窑"。最早明确记载"哥窑"的是明宣德三年(1428)的《宣德鼎彝谱》。

关于哥窑的产地，明代就有两种不同观点，一说为龙泉，一说为杭州。刊行于1561年的《浙江通志》记载处州(即龙泉)相传有章生一、章生二两兄弟，造青器，兄所造即为"哥窑"。略晚一些的郎瑛《七修续稿》说得更清楚，言章生一所烧哥窑器的特点是青釉，铁足，带"百圾破"开片。正因如此，有人认为龙泉即是哥窑的产地。实际上，龙泉大窑、金村所产黑胎开片青瓷与杭州郊坛下官窑器并无区别，应该说，大窑是杭州官窑的一个分支，而并非今日所见传世哥窑的产地。

刊刻于1591年的高濂《遵生八笺》认为哥窑的产地在杭州凤凰山下，只是目前没有证据能确认这一点。

存世两种类型的哥窑器

尽管人们已普遍认为传世哥窑器为宋代产品，实际上我们通常所见到的哥窑瓷器绝大多数属于元代。

元代哥窑器有两种不同类型。第一种，大小纹片相结合，大者色黑，小者色黄，具有"金丝铁线"的特征。胎体多为土黄色，少数为灰黑。釉色个别为灰青，多数为米黄。少数为支烧，多数为垫烧。极少数具有紫口铁足特征，大多在圈足处可见胎体的黄褐色。这种类型属于典型的哥窑器。明清时期曾有大量仿品。

第二个类型只有一种纹片，且多为黑胎，紫口铁足。釉色一般为深浅不同的灰青色。盘、碗、炉主要是支烧。这类器物与宋代官窑十分接近。过去人们说"官哥不分"，指的就是这种类型的器物。有人认为是哥窑器，有人则认为是官窑。明清时期亦有大量仿品。

那么，如何解决这一矛盾呢？14世纪中期孔齐的《至正直记》中记载："乙未冬(元至正十五年，即1355年)，在杭州时，市哥哥洞窑器一香鼎。质细虽新，其色莹润如旧造，识者犹疑之。会荆溪王德翁亦云，近日哥哥窑绝类古官窑，不可不细辨也。"

其后不久，曹昭《格古要论》在谈到哥哥窑时，说哥哥窑"成群队者"为"元末新烧"，质量不如古官窑好。

上述两书的记载告诉我们如下事实：一、元代已有新、旧哥窑之分；二、元末新烧的哥窑有两个特征：与宋官窑相似，同一器型有成群队烧造。

1970年，江苏南京市博物馆发掘了明初汪兴祖墓(纪年为1371年)，出土有11件造型相同的盘，均为葵瓣口、灰青釉、一色纹片、支钉烧。鉴于它们没有"金丝铁线"的特征，可以确定不是标准的哥窑器；同时又由于这些器物与宋官窑完全相像，有人即认为它们应当属于官窑系。其实，这11件盘造型单一，正是元末新烧哥窑器，我们在一些博物馆和私人收藏所看到的大量同类器物亦是如此。

这类具有一色纹片，一般施灰青釉，绝大多数为支钉烧的哥窑器是元末仿官窑制品，而具有"金丝铁线"特征、施米黄釉、多为垫烧的哥窑器则是元代的旧哥窑。

与郊坛下官窑相比，元末仿官的新哥窑器具有以下明显特点：

1. 胎体较官窑厚重；

2. 釉色失透，与官窑相比更显乳浊；

3. 多数器形不见于宋代官窑器；

4. 新哥窑基本为支钉烧，而郊坛下官窑器除少量为支烧外，多为底足垫烧。

从绝大多数元末新烧的哥窑器均为支钉烧这一点看，似乎这是仿官窑瓷器一个非常重要的特征。宋代官窑瓷器的烧造方法则不同，从南宋郊坛下官窑遗址出土物看，多数器物都是垫烧，只有极少数为支烧。龙泉金村所反映出的垫烧和支烧工艺时间先后关系的问题仍然是研究官窑的一个重要方面。我个人认为南宋前期的官窑器延续了北宋官窑的传统，因此主要为支烧。而南宋后期，垫烧成为基本的烧造方法。我认为这也正是元末仿官的新哥窑所反映的那样。

明清仿哥窑瓷器

明清时期曾有大量哥窑的仿制品，因此哥窑器的鉴定十分困难。

明代仿哥窑的活动早在永乐十一年(1413)就已经开始了，近来我在明代内府编撰的《皇明纪略》中找到了有关记载："仁宗监国问谕德士奇曰，哥窑器可复陶否？士奇恐启玩好心，答云，此窑之变，不可陶。他日以问赞善王汝玉，汝玉曰，殿下陶之则立成，何不可之有。仁宗善，命陶之，果成。"根据明代宫廷记录，1413年四月，永乐皇帝去了北京巡视，南方则由太子管理。

今天，永乐仿哥窑器已经无法找到了。台北故宫博物院藏有宣德仿哥窑器，不过我未见过实物，对其真伪难以判断。幸运的是，此次罗森女士给我看了一件大英博物馆收藏的"大明宣德年制"款瓷器，其内壁明显可以看到大小纹片相结合的现象，即"金丝铁线"，显然不是烧造时形成的缺陷。这是一件宣德时期比较成功的仿哥窑器。另外上海博物馆也藏有两件成化仿哥窑盘。检查以上这些器物，可以看出景德镇仿哥窑器具有以下两个特点：其一是白胎，与传世哥窑的黑胎不同；其二是因为白胎，不可能产生真正的"紫口铁足"现象，而是在器物口沿和底足涂上一层酱褐色以冒充"紫口铁足"。

1591年刊行的《遵生八笺》也记载说当时的仿哥窑器相当好，只是黑胎和粉青釉不太像真正的哥窑（"近年诸窑美者亦有可取，惟紫骨与粉青色不相似耳"）。清代雍正、乾隆时期的《南窑笔记》(18世纪30、40年代)记载说当时采用在胎料中加进粗料的办法来仿制哥窑黑胎："今之做哥窑者……铁骨则加以粗料，配其黑色。"（图一、图二）

■ 图一　清雍正景德镇窑仿哥釉瓶及底款

■ 图二　清雍正景德镇窑仿哥
釉葵瓣洗

鸣谢：

本文系1990年5月1日在达维特中国艺术基金会的演讲，讲稿完成于1990年4月4日，时笔者持KS Wong奖助金，受达维特中国艺术基金会韦陀教授（Roderick Whitefield）之邀请在伦敦访问，期间亦受到Chindwell公司和秦力人夫妇的大力帮助。在此一并致以诚挚谢意。

（本文系根据《东方陶瓷学会通讯》[*Transactions of the Oriental Ceramics Society*]所载英文原文译成。译者：李仲谋）

■ 五代定窑白釉"易定"款碗

记

上海博物馆所藏带铭定瓷

关于定窑的历史及其相关诸问题的研究，国内外学术界做了大量工作。本文只就上海博物馆所藏带铭定瓷作一介绍。

定瓷的铭文，从传世器、发掘品及采集标本看，晚唐、五代至北宋初有"官"及"新官"，这是带铭定瓷中最多的一种。五代有"会稽"及"易定"。"会稽"款只见于英国达维特基金会所藏的白瓷三棱盘；上海博物馆及故宫博物院各藏一件刻有"易定"铭的碗。此外，福州闽王王审知夫人墓出土刻有"易"字的盖盒一件[①]。北宋的铭文则较多。

---

① 郑国珍：《福州出土的唐末五代白瓷及其窑属》，《东南文化》，第3辑。按：文中提"易"字，恐系"易"字之误。

上海博物馆所藏带铭定瓷计有：

一、刻"易定"款五代白瓷碗。（高6.3厘米，口径19.9厘米，底径7.5厘米）

二、刻"官"款五代定窑白釉荷叶式洗（图一）。（高2.4厘米，横11.7厘米，底径4.5厘米）

三、刻"官"款五代定窑白釉刻花纹盖罐（图二）。（高7.8厘米，腹径9.2厘米，底径5.5厘米）

四、刻"官"款北宋定窑五葵瓣折腰碟（图三）。（口径8.9厘米，足径3.9厘米）

五、刻"凤华"款宋白釉折腰盘（图四）。（口径15.6厘米，足径5.6厘米）

六、釉上红彩"长寿酒"北宋定窑白釉碗（图五）。（口径9.6厘米，足径3厘米）

1. 外形　　　　　　　　　　　　2. 底款

■ 图一　白釉荷叶式洗

1. 外形　　　　　　　　　　　　2. 底款

■ 图二　白釉刻花纹盖罐

1. 外形   2. 底部

■ 图三　白釉五葵瓣折腰碟

■ 图四　北宋定窑白釉"凤华"款盘

1. 外形   2. 内心

■ 图五　白釉"长寿酒"碗

■ 图六　白釉"高位"款残片

七、刻"高位"铭北宋定窑白釉标本(图六)。

"易定"的涵义还不太清楚，"易"，《说文》：开也。从日、一、勿。一曰飞扬，一曰长也，一曰彊者众貌。"易"也是"阳"的古体，"易定"又似可解释为曲阳定瓷。问题是福州王审知夫人墓出土的盒子仅一"易"字，又很难理解了。其确切的意义有待进一步探讨。

"官"字款的定瓷有较多发现，其时代有晚唐、五代及北宋初。关于"官"字款的解释，国内外的学者做了大量工作，但问题并没有解决。从考古资料看，在唐、五代瓷器上有"官"字铭的，不只是定窑器[①]、耀州窑器[②]、越窑器，也都出现"官"字铭，但都只是一二例而已。如果说"官"字即代表官窑的意思，那么绝大多数在质量上完全一样精美的器物，并没有"官"字款，而带有"官"款的，只是在总产量中占微乎其微的比例，这显然是不合乎情理的。定瓷的铭文很多是代表定烧单位，"官"很可能并不是代表"官窑"的意思，而是代表一个定烧单位。从历代职官看，与"官"字相关的机构有"太官令"及"甄官署"。《后汉书·百官志》："太官令一人，六百石，本注曰，掌御饮食。"太官令的官职一直延续到宋代。《宋史·职官志》："太官令：掌膳羞割烹之事。"汉代的漆盘有"大官"铭，显然是"太官令"的标记，而三国的漆案上也出现"官"字，也应是"太官令"的定制使用器。但晚唐、五代白瓷上的"官"字，似乎并非"太官令"所属。因为从传世和出土带有"官"字铭的某些器物看，和专管君主饮食的"太官令"并无关系。例如上海博物馆所藏的笔舔以及定县塔基出土的净瓶等等。至于另一个有关机构"甄官署"却与此大有关系。《大唐六典》："甄官署，令一人，从八品下……甄官令，掌供琢石陶土之事，丞为之贰，凡石作之类，有石磬、石人、石兽、石柱、碑碣、碾硙，出有方土，用有物宜。

① 禚振西：《耀州窑遗址陶瓷的新发现》，《考古与文物》，1987年，第1期。
② 姚仲沅：《浙江临安板桥的五代墓》，《文物》，1975年，第8期。

凡砖瓦之作,瓶、缶之器,大小高下,各有程准。凡丧葬,则供其明器之属,别敕葬者俱(俱当作供),余并私备。三品以上九十事,五品以上六十事,九品以上四十事,当圹当野,祖明地轴,诞马偶人,其高各一尺,其余音声队与僮仆之属,威仪服玩,各视生之品秩所有,以瓦木为之,其长率七寸。"甄官署负责供应宫廷所用的陶瓷器,而且也要负责供应凡有臣下丧葬时所赐的陪葬明器,明器有木制,也有陶、瓷制品。从多年来"官"字铭白瓷的发现情况看,主要有四类:一是出土在王室、贵族及高官的墓葬中,如临安晚唐钱宽墓及其妻水丘墓[①]、北京辽赵德钧墓[②]、赤峰县辽驸马卫国王墓等等[③];二是出土在河北定县塔基[④];三为出土于窖藏[⑤];四为发现于定窑窑址。此外则为以前的传世品和不明身份的墓葬出土。但有一点似乎可以肯定,即带"官"字款的白瓷出土于有较高地位人的墓葬中。我认为这些是由甄官署经办赐给的陪葬品,是由甄官署为供应死者需要而向定窑定烧的器物。很多"官"字款白瓷出土在辽墓中,如赤峰县辽驸马卫国王墓、朝阳耿延毅夫妇墓以及法库叶茂台墓等,这些都是辽的贵族墓葬。《辽史·礼志》记载,凡辽帝死,宋使祭奠吊慰都有祭奠礼物。其贵戚、大臣亡故,宋廷也必有所赙赠,包括某些白瓷明器在内,也是合乎情理的。甄官署既然负责供应宫廷所需的陶瓷器,帝王对寺庙施舍所需的瓷器,当然也由甄官署来置办了。另外,定县静志寺和净众院塔基出土的带"官"字款白瓷,也应该是甄官署向定窑定烧的器物。综上所述,我认为晚唐、五代及北宋初的"官"字铭白瓷,其"官"字的涵义应是代表"甄官署"所定烧的瓷器,它和唐代邢窑器上代表大盈库定烧的"盈"字以及宋代"尚食局"、"尚药局"定烧器的性质是一样的。事实上,直到元代景德镇的枢府瓷的"枢府"铭,也是同一性质。当然,问题还没有完全解决,即在定窑白瓷上还有"新官"的刻铭,其"新"字究应如何解释,有待作进一步的研究。

---

① 陈元甫、伊世同:《浙江临安晚唐钱宽墓出土天文图及"官"字款白瓷》,《文物》,1979年,第12期。陈文甫、姚桂芳:《临安县唐水丘氏墓发掘报告》,《浙江省文物考古所学刊》,1981年。

② 苏天钧:《北京南郊辽赵德钧墓》,《考古》,1962年,第5期。

③ 郑绍宗:《赤峰县大营子辽墓发掘报告》,《考古学报》,1956年,第3期。

④ 定县博物馆:《河北定县发现两座宋代塔基》,《文物》,1972年,第8期。

⑤ 王长启、成生安:《西安火烧壁发现晚唐"官"字款白瓷》,《考古与文物》,1986年,第4期。

上海博物馆所藏刻"凤华"款白瓷折腰盘,其"凤华"两字是出窑后再刻的,因此有的部位将釉刻去。这类后刻的定窑器,据冯先铭先生的报告,尚有"德寿"、"奉华"、"慈福"、"聚秀"、"禁宛"等[1]。宋岳珂《桯史·行都南北内》载:"……桧薨于位,熺犹恋恋,不能决去,请以其侄常州通判烜为光禄丞,留莅家庙,以为复居之萌芽。言者风闻,遂请罢烜,并迁庙主于建康,遂空其居。高宗将倦勤,诏即其所筑新宫,赐名德寿居之,以膺天下之养者。二十有七年,清跸躬朝,岁时烨奕,重华继御,更慈福、寿慈,凡四侈鸿名,宫室实皆无所更。"这说明,南宋高宗在秦桧家庙的旧址筑德寿宫,后又更名为重华宫、慈福宫、寿慈宫。虽有四个名称,实际上是同一宫室。由此可知,德寿和慈福是南宋高宗的宫殿名称。但南宋初很多方面都取南渡以前的汴京旧制,是否在宫殿的取名上也有这种情况呢?而且即使在南宋,各个帝王也可以重复沿用前朝君主的宫殿名称,例如:高宗曾将德寿改名为重华,而孝宗在淳熙十六年(1189)又将北宫命名为重华宫[2]。1975年河南省的文物工作者发掘了钧窑遗址,在钧台窑址出土一件钧窑出戟尊,底部有"奉华"刻铭,这显然是北宋的遗物。值得注意的是这两个字是在该尊成型后,尚未入窑烧成前刻上的,它和上海博物馆所藏折腰碗的"凤华"两字是烧成以后加刻的不一样,而据上述冯先铭先生的报告,"德寿"、"慈福"等刻铭,也都是器物出窑后再加刻的。我们是否能作出这样的判断:北宋时期,宫廷指令各瓷窑烧造贡器,在窑场就刻上使用宫殿的名称。南渡后,南宋朝廷当然不可能得到北方瓷窑的贡品,只能通过贸易获得所需的宫廷用器,其宫殿名称当然也只能在器物到了南方后再加刻了。

至于台北故宫博物院所藏汝窑粉青尊及汝窑粉青纸捶瓶都有"奉华"刻铭。这两件汝窑器的刻字都是后刻的。其加刻的时代笔者一直持有怀疑,理由有二:一是粉青纸捶瓶的"奉华"两字刻在瓶底的旁边,瓶底中心部位是清乾隆的御题刻字,似乎是乾隆御题刻好后,留下的部位再加刻"奉华"两字,或者在刻"奉华"两字时预留乾隆刻文的地方。二是"奉华"两字的书法似非宋代内府工匠的手笔,更缺少刀刻的锋痕,而是

---

① 冯先铭:《中国陶瓷——定窑》,上海人民美术出版社。
② 岳珂:《桯史》卷一,中华书局,1981年。

书法家的笔迹,且刻字时十分注意刀笔的圆润。因此,我认为其加刻的时代可能是清乾隆时期。

上海博物馆所藏一对釉上红彩"长寿酒"白釉刻花莲花碗是极为罕见的。金代磁州窑系统的釉上彩以河南和山西地区的某些窑场为盛,两次烧成的釉上彩以前在定窑器中并没有发现过。目前所见仅有美国某藏家所藏一对刻双鱼水波纹图案的白瓷碗,每只碗中都以铁红料书写"永寿福禄"四个字,1981年11月6日美国苏富比拍卖行在纽约拍卖。此外,即为上海博物馆所藏的这一对了,看来这种定窑红彩书字碗都是为祝寿而特殊加书的。这说明定窑也从事过两次烧成的釉上彩工艺。

宋代定窑的刻铭,在窑址上曾发现有"尚食局"、"尚药局"、"五王府"、"食官局正七字"等,已由上引冯先铭先生的报告作了详述。这说明,定瓷的刻铭应该代表定烧单位的标记。1980年上海博物馆的陶瓷专业研究人员在定窑窑址意外地发现了刻有"高位"铭的碎片标本。"高位"似为祝愿使用者身居高位的吉祥铭,它不仅是定窑款中过去所未见,亦为宋代瓷器中罕见的吉祥刻铭。中国在陶瓷器上用吉祥语,早在秦汉砖瓦及瓦当中就已出现,宋代磁州窑亦有文字或烧成后墨书的吉祥语。但在瓷器上,釉下刻划吉祥款,一般以南宋至元代的龙泉窑为多见。定窑"高位"铭的发现,说明至少在北宋晚期,这类吉祥祝愿辞的刻铭已在瓷器上流行。

(原载《上海博物馆集刊》,第5期[1990年])

■ 汝窑洗

官窑及其发现

宋代五大名窑之一的汝官窑

宋代是中国历史上瓷器生产的百花争艳时期。其品类之多，产地之广可说是空前绝后的。后人以五大名窑来品评宋代瓷器，而把很多重要名瓷窑都排除在外，例如河北、河南地区的磁州窑系，陕西地区的耀州窑，浙江地区的龙泉窑，福建地区的建窑，江西地区的吉州窑以及景德镇的青白瓷等等。但是汝、官、哥、定、钧这五大名窑，确实有它们的代表性。五大名窑的得名，恐怕最早出于明宣德三年《宣德鼎彝谱》"内库所藏柴、汝、官、哥、钧、定"的记载。由于柴窑还未被人们所认识，而且属于五代，因此就宋代来讲，只提五大名窑了。在这五个瓷窑中，钧窑和定窑的窑址所在地,及其产品的面貌都已比较清楚,至于其断代的研究,在国内外学术界也已有了比较接近的看法。其中,对于一些北宋钧窑器,过去在欧洲及美国的某些场合,被误定为元代的器物,目前也多数得到了纠正。关于官窑,可说是只解决了三分之一的问题,还有三分之二尚属未知数。

宋官窑的文献记载主要依据的是宋顾文荐《负暄杂录》和叶寘《坦斋笔衡》,但这两部书的原本都已失传。元陶宗仪《辍耕录》卷二十九窑器条引《坦斋笔衡》:"政和间京师自置窑烧造,名曰官窑。中兴渡江……袭故京遗制,置窑于修内司,造青器,名内窑。澄泥为范,极其精致,油色莹澈,为世所珍。后郊坛下别立新窑,亦名官窑,比旧窑大不侔矣。"此外,商务本《说郛》卷十八收有《负暄杂录》,关于这部分的内容,基本上和《辍耕录》所收《坦斋笔衡》是一致的。但设置北宋官窑的时间,则谓设于"宣、政间",而又说"郊下别立新窑,亦曰官窑"。在没有十分确切的证据可以否定上述二书的可靠性以前,我们研究宋代官窑的历史,不应排除这些记载。由此,可以认为北宋末宋徽宗时期曾在汴京设有北宋官窑,渡江后,设有修内司。对于郊坛下官窑已经过两次发掘,其面貌已基本清楚,但郊坛下官窑设置的具体年代及其烧造的分期,均有待进一步研究。至于北宋官窑,迄今尚未找到窑址,由于黄河多次改道,多数人认为发现窑址的希望甚少,而修内司官窑是否在杭州的凤凰山也未能得到证实[①],有人甚至怀疑历史上是否确实存在过北宋官窑和修内司官窑。也有学者提出了所谓修内司官窑的那种官窑产品,应该是龙泉金村、大窑所烧造的。

哥窑的窑址尚未发现,同时迄今为止还没有在宋墓中出土哥窑器,过去把大批哥窑器都定为宋代,是值得商榷的。笔者认为更多的传世哥窑,应属元代制品[②]。当然这是一个十分复杂的问题。

至于汝窑,可说是宋代五大名窑之首。上引南宋前期(孝宗以后)九华人叶寘的《坦斋笔衡》说:"本朝以定州白磁器有芒,不堪用,遂命汝州造青窑器,故河北唐、郑、耀州悉有之,汝窑为魁。"而上述明宣德三年《宣德鼎彝谱》则置汝窑于其他四大名窑之前。传世的汝窑完整器估计

①② 汪庆正:《官、哥两窑若干问题的探索》,《中国考古学会第三次年会论文集》,文物出版社,1984年。

不会超过70件,是宋代名瓷中最珍贵的一种。长期以来,汝窑的窑址一直没有得到查实。

汝窑的发现完全是一个偶然的机会。1986年10月下旬,我赴西安参加古陶瓷研究会的年会,10月27日因事要提前返沪,在赴飞机场前的五分钟,河南省宝丰县的王留现先生要我鉴定一件瓷器,当他出示这件器物瞬间,我真有一种失重的感觉,因为这是一件千真万确的汝窑器。该器是他在河南省宝丰县清凉寺窑址采集所得,我意识到,举世闻名的汝官窑窑址已经发现了。1986年10月和11月上海博物馆陶瓷专业研究人员范冬青和周丽丽两次赴河南省宝丰县清凉寺,采集到汝窑器瓷片及窑具标本,完全查实了北宋官窑的窑址所在地即河南省宝丰县的清凉寺。

北宋中、后期青瓷生产的中心在北方

从原始瓷器算起,中国制造瓷器的历史已有三千年以上,尽管从汉代开始已经出现了黑釉和白瓷,三国西晋时期已有了釉下彩绘和青釉加彩器,而到了唐代,白瓷的制作已发展到可以和青瓷分庭抗礼的"南青北白"的地步。同时,鲁山等地的花釉和长沙窑、邛窑的彩绘都十分发达,但是一直到12世纪以前,中国瓷器生产的真正主流,还是青瓷。而且青瓷生产的中心,一直是在今浙江省地区。我们过去也由此产生了一个传统的看法,即认为从古越州窑—越窑—龙泉窑,始终是中国青瓷生产的中心,因此有人把宋代北方地区生产的青瓷,统称为北龙泉。事实上,自北宋太平兴国以后,越窑开始衰落,龙泉窑并没有立即能取代越窑的地位生产优质青瓷,北宋时期的龙泉窑器是比较粗糙的,上引宋人《坦斋笔衡》的记载,也说:"江南则处州龙泉窑,质颇粗厚。"大规模生产粉青,特别是梅子青那一路龙泉瓷,估计总在南宋中期以后。相反,北宋有一段时期,在陕西、河南地区如耀州、临汝、宜阳、宝丰、禹县、鲁山等地则生产着大量优质青瓷。根据近年来对耀州窑的发掘,可以看到,耀州窑在唐代已开始学习越窑而烧造青瓷,但同时还烧制其他各品种和三彩器,到五代则已过渡到单一的青瓷品种。北宋和金,今河北、河南地区十分流行白地黑花器,但耀州却仍以青瓷为主,其刻花和印花青瓷,影响了很多地区,形成了一个耀州窑系。其厚釉青瓷和天青、天蓝釉品种,直接影响了今河南的宝丰、临汝和禹州等地。北宋后期,宫廷指令汝州烧造汝官窑正是在这种情况下实施的。

汝官窑的工艺成就

汝官窑器的烧造成功,标志着北宋时期中国北方青瓷烧制的高水平。

汝官窑器在工艺上有以下几方面的特征:

(一)汝官窑的胎色如香灰(灰而偏白),俗称香灰色胎,其细洁的程度超过了以前所有青瓷的胎质。

(二)北宋宫廷因为定州进贡的白瓷有芒口,不堪使用,因此命汝州烧造无芒口的青瓷器。汝官窑的包釉支烧工艺,其支钉痕只有芝麻大小,可说是空前绝后的(图一)。

■ 图一　宋汝窑盘及盘底

(三)烧出了纯正的天青色釉,包括淡天青和深天青。

(四)开创了人工的细密纹片。

当然,上述各条是指汝官窑器的普遍特征,但也有例外,即汝官窑器除绝大部分是包釉支烧外,也有极少数是垫烧的。鱼子纹开片是汝官窑的装饰,但也有并无开片的器物,明初曹昭《格古要论》说:"汝窑器,出汝州,宋时烧者淡青色,有蟹爪纹者真,无纹者尤好。"清《南窑笔记》亦说:"有有纹片者,有无纹片者。"清唐英《陶成纪事》载,清代仿烧汝窑器时所用的标本"有仿铜骨无纹汝釉。仿宋器,猫食盘,人面洗色泽"。说明雍正时,清宫尚藏有无纹片的汝窑器。目前传世的无纹片汝窑器,只有台北故宫博物院所藏的天青无纹椭圆水仙盆一件。汝官窑一般不见刻划花和印花装饰,但也有例外,英国达维特基金会所藏的天青划花双鱼纹洗即有划花装饰,而上海博物馆范、周二位于1986年11月在清凉寺汝窑遗址也采集到一件刻划花的汝官窑标本。

汝官窑的纹片多数是细小的鱼子纹开片,但也有少量大开片。

汝官窑的烧造时期及其承袭关系和影响所及

宝丰清凉寺汝官窑窑址的规模较小,传世的汝官窑器十分少。南宋初,高宗临幸清河郡王张俊的府第,张俊进奉了青铜器、书画、玉器等各类文物古玩,而贡奉的瓷器,却只有汝官窑一种,计酒瓶一对、洗一、香炉一、香合一、香球一、盏四只、盂子二、出香一对、大奁一、小奁一(宋周密《武林旧事》卷九),可见南宋初已对汝官窑如此珍视。南宋绍熙年间成书的周辉《清波杂志》明确提出汝官窑在当时已十分稀见,称"近尤难得"。这些情况都说明汝官窑烧造的时间不长。关于它的烧造年代,目前还缺少确切可靠的纪年资料,但从《坦斋笔衡》所载"政和间京师自置烧造,名曰官窑"看,汝官窑必定在政和年间汴京自置官窑以前。而成书于宣和六年(1124)的徐兢《宣和奉使高丽图经》有"……其余则越州古秘色,汝州新窑器,大概相类"的记载,则又可推断汝官窑的烧制不应离宣和六年太久,否则就不可能称"新窑器"了。从高丽青瓷的制作工艺看,包釉支烧,其支钉痕较小而呈白色者,大多在11世纪末或12世纪初,这种支烧工艺显然是受汝官窑的影响,在此之前的高丽窑都以支块烧造,这也能从另一面说明汝官窑的烧造年代大约在11世纪末至12世纪初。

宝丰地区被宋代宫廷指定为烧造汝窑的场所,主要是因为该地有一定的技术基础。前文已经说过,河南宝丰等地的青瓷烧造都是在耀州窑的影响之下。汝官窑的包釉支烧是其一大特征,但支烧工艺并不始自汝官窑。五代南方的岳州窑和北方的耀州窑已都有包釉支烧的工艺,在今河南省的临汝地区的班庄临汝窑址,也发现有支烧器。临汝县汝瓷博物馆收藏的两件洗,釉呈豆绿色,器身满布细小纹片,底有五个白色支钉痕。这些都说明,汝官窑的支烧工艺是从耀州窑发展而来的。

中国的青瓷釉色,主要是釉内少量铁分在还原气氛中的呈色,宋代以前中国南方青瓷的釉色,除了越窑有较多青中偏黄的颜色外,多数是草绿色。宋代河南宝丰及其附近地区烧成了色阶深浅不同的天青色。汝官窑正是在这一基础上烧成了纯正的天青色釉。1986年11月在宝丰汝官窑窑址发现的碎片,绝大多数是天青色,其中有一件可能属罐或瓶类的残件,其器身外壁及外底足处的釉,均为纯正的淡天青色,器内壁却呈较淡而偏黄的草绿色,这种现象的形成,是因为在烧成过程中,由于罐、瓶类器物内、外壁所承受还原气氛不一致而出现的不同釉色。这正好说明,汝官窑纯正的天青色是严格控制还原气氛而烧成的。

汝官窑对中国制瓷史影响最大的有两点

(一)釉面开裂纹片,是瓷器烧成过程中,由于胎、釉膨胀系数不一致而造成的,这种现象很早就存在于青瓷上,但把本来是缺陷的纹片,变成有意识的装饰,则是北宋汝窑精心的创作。在汝官窑以后的北宋官窑、南宋修内司官窑和郊坛下官窑、哥窑和明、清两代的碎瓷,都以纹片为装饰,显然是承袭了汝官窑的纹片装饰工艺。

(二)关于包釉支烧,在汝官窑以前,不论是南方的岳州窑,还是北方的耀州窑,其支钉痕都比较粗糙而大,北宋汝官窑开创了细小的支钉支烧工艺。北宋官窑、南宋官窑、金代钧窑中的部分天蓝釉器及哥窑和高丽青瓷中属于11世纪末、12世纪初的少部分精品,都受到汝官窑包釉支烧的影响,其序列大致如下:

有几点情况应该注意

(一)在已发掘的南宋郊坛下官窑中,有支钉支烧的标本,但比例较少。

（二）龙泉大窑、金村的官窑标本中，至今还未发现有支钉支烧的器物。

（三）在传世哥窑器中，绝大部分为垫烧器，但有一部分为支烧。

限于目前还无法获悉郊坛下官窑的层位资料，因此还不能判断支烧器和垫烧器的确切年代关系，而且修内司官窑是否确属全部支烧，它和郊坛下官窑的承接年代也都未明。但从推理上分析，修内司官窑和郊坛下官窑的早期应承袭北宋官窑的制作，属于支烧工艺。但在稍后时期似乎摈弃了支烧工艺而大部分改用垫烧。假如龙泉大窑、金村今后经过科学发掘而确实并无支烧器的话，那么可以认为，南宋郊坛下官窑的前期仍为支烧，后期则改为垫烧，而龙泉大窑、金村烧造官窑应属郊坛下后期开始。当然问题是复杂的。即使汝官窑以包釉支烧为主，也仍有极少量垫烧器。同样，北宋官窑和南宋修内司官窑也必然会有部分垫烧器。因此，官窑的垫烧器并不一定是后期的，但支烧器则恐怕不是后期的。这一论断是否正确，尚待时间的考验。此外，在南宋临安附近地区如余姚窑等也很可能有一段包釉支烧的时期。

哥窑器大多是垫烧器，但也有一部分支烧器，明代的仿哥就大多是支烧。但明以前的支烧哥窑器的断代似乎很困难，笔者怀疑较多的哥窑是元代的制作，按理说哥窑应继承郊坛下官窑后期或龙泉官窑的制作，那么必然是垫烧工艺，为什么却出现支烧器呢？事实上，元代孔齐《至正直记》的记载，解答了这一疑问，他说："乙未冬（按应为元至正十五年，即1355年）在杭州时，市哥哥洞窑器一香鼎。质细虽新，其色莹润如旧造，识者犹疑之。会荆溪王德翁亦云，近日哥哥窑绝类古官窑，不可不细辨也。"这是说，元代末年有一种哥窑是仿古官窑之作，既然是仿古官窑，那么仿其支烧工艺也是完全合乎逻辑的。

（原载游义卿主编：《文物选粹》，文物艺术品收藏家协会，1990年）

■ 明时大彬壶

海博物馆藏宜兴陶器

宜兴紫砂器五百年来,风靡了中国大陆,而近一百年来,更为欧美日本等国人士所钟爱。

宜兴有悠久的陶瓷制作历史,大约距今近三千年前,已制作原始瓷器,在公元3世纪已生产精美的青瓷。考古资料证明,宜兴在宋代已制作紫砂器,而北宋仁宗时人的梅尧臣和杜相公海蔡君谟寄茶诗有"小石冷泉留早味,紫泥新品泛春华"之句,所说的"紫泥"即指紫砂而言;那么,至迟在11世纪前期,宜兴的紫砂器已为某些士大夫所喜爱。但紫砂茶具成为士人们普遍的宠物,则当在16世纪前后。

明人周高起在《阳羡茗壶系》中说:"……茶至明代,不复碾屑。和香药制团饼,此已远过古人,近百年中,壶黜银锡及闽、豫瓷而尚宜兴陶。"

宜兴紫砂器有漫长的历史,可惜见诸文字记载的史料并不太多,目前我们研究古代紫砂壶,主要依据的文献资料是明人周高起的《阳羡茗壶系》和清人吴骞的《阳羡名陶录》以及散见于明、清人小说笔记的零星史料。此外,就是实物资料。

根据文献资料的记载,宜兴紫砂器为世人所注目,是从明正德年间(16世纪初)供春开始的。供春或作龚春,相传他是从宜兴东南四十里金沙寺的僧人处学得制作紫砂壶的技能,供春原来是明代四川参政吴颐山(号拳石)的家僮,据说他所作的砂壶,内外有手指螺纹可见,而壶身又明显有接缝。可惜在传世器中,很难找到真品。

供春之后有董翰、赵梁、袁锡、时鹏(即时大彬之父)四大家并名家李茂林。这些大多是明嘉靖至万历前期人。

宜兴紫砂器的烧造工艺,大约在明万历中有过一次改革,可能在万历前期,紫砂器入窑烧成,还不另装匣钵,因此在器身上不免沾有釉泪灰渣。几年前,江苏省的考古工作者在调查金沙寺的遗址时,于距寺西北约一公里的任墅石灰山附近,发现了一处古龙窑群,是明代烧造缸钵的窑址。在其附近,也找到了紫砂器残片,说明在明代紫砂器是放在龙窑中和缸钵之类一起烧成的,只是紫砂器居于最好的窑位而已。万历后期,先置紫砂于匣钵内,再入窑烧成,因此在器身上就不再有缸坛釉泪了。

明代晚期最负盛名的紫砂大家是时大彬。他是时鹏之子,号"少山",可能亦作"大宾"。他的生年不详,但在清顺治十八年(1661)仍健在,估计他的制壶全盛时代当在万历后期至明末。从各种文献的零星记载看,时大彬制壶的特点大约有以下几个方面:(一)在用料方面,以粗砂为主,大多䂳砂和制,致使"谷绉周身,珠粒隐隐"。总的说应是"沙粗质古肌理匀"。(二)时大彬所制壶,早期以大壶为主,晚期多制小壶,从已有记载看,有圆壶、扁壶、梅花式、僧帽式、菱花八角式等等。(三)在制作方法上,时大彬为捏造车坯。据传,在壶柄上有拇痕为标识。(四)绝无绘画装饰,以素面为主,很少诗文刻铭。少数在器盖上有印花装饰。(五)在款识方面,以"大彬"和"时大彬制"为多。早年请能书者落墨,由时本人用竹刀刻划,或以印记;后期时本人书法精进,能用竹刀随意划写,多用楷书,运笔有晋唐小楷意。时壶似应或用题记,或用印章,但不大可能有题记和印章并用的情况(图一、图二)。

由于时大彬壶在明代已价值连城,所以当时就有仿品,清初人孔尚任(1648—1718)在《享金簿》中载道:"宜兴时大彬瓷壶,予有三执,其极大者,闵义行赠,口柄肥美,体肤稍糙,似初年所制,底有刻款戊午年日时大彬制,时字与日字连,可疑也。其小者得自陈健夫,扁如

明时大彬款紫砂六方壶
■ 图一

柿饼,不得容杯水,柄下刻大彬二字,紫质坚厚,亦可宝也。中者色淡紫而胞浆明润,敦朴稳称……"这里值得注意的有两点,一是孔尚任对他所藏时大彬大壶的真伪有疑问,说明即使如孔尚任那样清初的大收藏家,也已有收到仿品的可能。其二是孔所藏时大彬小壶柄下刻"大彬"二字,则说明在壶柄下刻款的习惯很早就已存在。

在明末紫砂壶制作大匠中,主要是时大彬的弟子和受其影响者,如李仲芳、徐友泉、欧正春、邵文金、邵文银、蒋伯荂、陈信卿、陈光甫、陈俊卿、沈君盛、陈子畦等等。此外,还有邵盖、周后谿、邵二孙、陈用卿、陈正明、闵鲁生、陈仲美、沈君用、徐令音、陈辰、陈和之、陈挺生、承云从、周季山、沈子澈、徐次京、惠孟臣等,虽非时大彬一脉相承,亦均属晚明的大家。

明时大彬款紫砂壶

时大彬紫砂壶款

■ 图二

但在传世品中,往往很难确认何者是他们的原作。由于从明代后期起,仿名家砂壶的赝品充塞市场,特别是19世纪后期至20世纪前期,对明代以来各个大家的作品几乎无所不仿,其中尤以20世纪三四十年代上海的汤某所仿为最,由于汤君本人文学、书画均有较深的造诣,且深晓明清紫砂器制作的历史,因此他的仿品都能切合各大家的时代特征,更增加了鉴定的难度。近期来,有一些墓葬的出土资料,或者可为鉴定明代的名家紫砂器有所帮助,但由于在明代已有仿品,因此,当时带入墓葬的也有并非绝对是真品的可能。

1966年南京中华门外大定坊油坊桥发现明嘉靖十二年(1533)司礼太监吴经墓。该墓出土紫砂提梁壶一件,质地近似缸胎而稍细,壶盖里为简单的十字筋,现藏南京市博物馆。此器是目前所见有绝对年代可考的,墓葬出土的最早明代紫砂壶。在壶身上有黏附的"缸坛釉泪",说明当时尚未另装匣钵而是和缸钵类器同窑烧成的。

1968年在扬州江都县境内出土一件紫砂壶,同时伴出的有明万历四十四年(1616)砖刻地券一方(见《文物》,1982年,第6期,第91页)。此壶赭红色,身呈六角形,盖为圆形,盖上有小圆顶,顶上有对合的半弧纹,壶嘴呈六角形,但很不规整,把为五角形,壶底刻有楷书"大彬"款。

1987年7月,福建漳浦发现明万历四十年工部侍郎卢维桢墓,出土紫砂壶一件,壶呈敦形,褐色,三足外撇,盖如敦盖,嘴流弯曲,底有"时大彬制"楷书刻款。

此外,在江苏无锡崇祯初年华氏墓中也出土一件紫砂壶,壶身光素,但盖上有四朵印花云肩如意纹,嘴流弯曲,底刻"大彬"二字。

上述这三件时大彬壶有几个共同的特征:一是胎质均为粗砂,且都非碉砂和制,因此并无"谷绉周身,珠粒隐隐";二是壶身均为光素,但其中一件的盖有凸起印花纹饰;三是壶嘴均为弯曲;四是款字都属楷书刻款。当然,这些特征只可作为进一步研究时大彬壶的重要资料,绝不可能由此把和这些特征不完全一致的传世器都看成伪品。

上海博物馆所藏时大彬壶(见文前图)即为"碉砂和制,珠粒隐隐"。受水量极少,似为晚期所制,其盖钮顶部为直穿孔,器底圈足之处理,十分精致，题款"源远堂藏大彬制"七字，显然为晋人小楷笔意，尤以"堂"字和"制"为最，较之传世仿品绝非呆板之楷法可比。

明末清初，宜兴紫砂器十分风行，清康熙朝已作为贡品入贡内廷。现藏台北故宫博物院的康熙紫砂胎珐琅彩三足提梁壶、花卉盖碗、花卉瓜棱茶壶、花卉方茶壶等，应是当时紫砂壶中的最精品。

清康熙年间宜兴民间紫砂艺人以陈远为代表。陈远字鸣远，号鹤峰，一号石霞山人，又号壶隐。他的紫砂器制作技艺大约有如下几个方面的特征：（一）所制紫砂器的胎质均较细，似无粗砂之作。（二）茶壶有圆、方、瓜棱等不同形式，但壶嘴仍为弯曲；壶盖之钮顶穿直孔，仍与明代砂壶相同(图三)。（三）由于陈鸣远

■ 图三　清陈鸣远制紫砂壶

和文人结合紧密，而本人的文化层次较高，因此在其器上，往往题刻不俗的诗句(图四、图五)。（四）在紫砂器上，以题记和印章同时并用，可说是从清代陈鸣远开始的。（五）陈鸣远除制砂壶外，还善制梅根、举架及各类瓜果像生器。但传世陈鸣远瓜果像生紫砂器的仿制品极多(图六)。（六）陈鸣远的印章有"陈鸣远"三字篆书章，也有"陈"字篆书圆章及"鸣远"二字篆书方章连用。在仿制的瓜果小品上"陈"字篆书圆章往往用红色(图七)。

上海博物馆所藏陈鸣远方形执壶，有"且饮且读，不过满腹"，"禹同

■ 图四　丁卯壶照片及款印拓本(上海博物馆藏)

"勇者不懼"壶款识拓片
（上海博物馆藏）

"甲午三月望日为伊斋先生制"
壶款印拓片（上海博物馆藏）

■ 图五

■ 图六　清陈鸣远制各式紫砂果实

■ 图七　清陈鸣远紫砂壶款识

道兄"(图八)的题记,落款为"远",并用"陈鸣远"篆书方章。其盖钮顶为直穿孔,底四足为圆柱实足,器形朴质,是陈鸣远壶中的代表作。

在康熙、雍正、乾隆时期的著名制壶艺人还有惠逸公、王友兰、郑宁侯、华凤翔、许龙文、范章恩等。

嘉庆、道光年间,由于士大夫阶层和制壶匠师的更进一步结合,使宜

■ 图八　题句四足方壶款印拓本

兴紫砂壶的壶艺更臻上乘。其中特别是陈曼生和杨彭年的合作为清代宜兴紫砂壶史增添了灿烂的一页。

陈鸿寿(1768—1822)字子恭,号曼生,又号恭寿、曼龚、曼道人、种榆仙客、种榆仙吏、种榆道人、曼公、曼寿、西湖渔隐、西湖渔者、胥谿渔隐、夹谷亭长、翼盦、老曼等等。他所用的斋轩名有种榆仙馆、种石轩、曼陀罗室、阿曼陀室、石经楼、桑连理馆、连理双桂树楼等。陈鸿寿精于书、画、刻印,为西泠八家之一。他在嘉庆二十一年(1816)左右曾当过宜兴的地方官,这为他监制紫砂壶创造了更为有利的条件,他和当时有名的紫砂制壶艺匠杨彭年及其家人杨宝年、杨凤年等结合,创制了大量精致砂壶。他们的合作,一般说由陈曼生自定壶样,有时还在壶身上题字刻铭,砂壶的成型和烧成则由杨彭年等负责。在这种合作的作品上,往往在器身有曼生署款,在器底有"阿曼陀室"印章,壶鋬下有"彭年"小章。有的壶铭为其幕府所作,如江听香、高爽泉、郭频迦、查梅史等;或曼生自制壶铭,由幕府刻铭。上海博物馆所藏一壶(图九),铭字为"煮白石,泛绿云,一瓢细酌邀桐君"、"曼铭,频迦书",其铭文即为曼生所作,而书铭者为郭麐(号频迦)。

陈曼生壶的特点是文人和制壶匠师的更紧密结合,在一件器上,往往有

■ 图九　上海博物馆藏清陈曼生壶

四方面的内容：(一)监制人(即出钱定制人)的图章或题名;(二)铭文内容;(三)铭文书刻人的题名;(四)制壶匠师的图章。少数已经既有铭文，又有画面。陈曼生所监制的砂壶数量极大，上海博物馆藏有一壶(图十)，刻有"曼公督艁(造)茗壶第四千六百十四为犀泉清玩(玩)"，壶底有"阿曼陀室"章，鋬下有"彭年"章。

曼生壶有各种式样，其中一部分是由曼生亲自设计的。上海博物馆所藏的陈曼生画册中，有一幅画面为砂壶一件及盛开的菊花(图十一)，题有"杨君彭年制茗壶得龚、时遗法，而余又爱壶，并亦有制壶之癖，终

■ 图十　清陈曼生第四千六百十四壶及底款

■ 图十一　上海博物馆藏陈曼生壶菊图

未能如此壶之精妙者，图之以俟同好之赏。西湖渔者陈鸿寿、曼龚父（章）"、"茶已熟、菊正开；赏秋人，来不来。曼生、鸿寿之印"。这幅画有两点特别重要，其一，是陈曼生对杨彭年的直接评价；其二是画出了曼生所谓最得意的砂壶式样。

杨彭年是与陈曼生同时代而稍晚的制壶匠师。他的壶艺，在清代制壶史上的重要地位，是在于他恢复了制壶的手工艺绝技。明末清初制壶之法以捏造车坯为多；雍正、乾隆的市场卖品，则以印坯车胎为主；杨彭年则摈弃印模而重倡捏造车坯之法，一时为之风行，如邵二泉、邵景南、冯彩霞、黄玉麟等都用此法。杨彭年所制壶的盖顶小孔，凡上无遮盖的话，都不再是直穿孔，而将孔穿在顶钮的侧旁。

这里要说明的是，陈曼生和杨彭年及其家属合作的制品是曼生壶的主流，但曼生壶也有一部分非杨彭年及其家属所制；同样，杨彭年也并非只和陈曼生合作，特别在陈曼生于道光二年（1822）去世后，杨彭年和其他文人合作也制作了不少精品。

1977年，上海市金山县的一座嘉庆八年（1803）墓，出土了一件曼生壶（图十二），鋬、流及盖钮均以竹节形装饰，落款为"曼生"，其"曼"字的写法不同于后期的"曼"，壶盖内有制壶工匠"万泉"印章。此壶显然非杨彭年所作。

■ 图十二　清嘉庆墓出土陈曼生壶

陈曼生之后继起的又一紫砂大家是瞿应绍，他字子冶，号月壶、瞿甫、老冶、陛春等。假使说，曼生壶已有少数刻画，但仍以刻铭为主的话，那么，瞿子冶所监制的砂壶，往往书、画并茂（图十三、图十四）。画面以竹为多，但亦已有人物故事图。子冶壶除与杨彭年合作外，亦多见与其他制壶艺匠合作的精品。子冶壶有一部分是委托邓奎（字符生）至宜兴监制的，上海博物馆所藏邓奎金涂塔壶（图十五），一面摹五代吴越王造金涂塔佛像，另一面刻隶书铭（图十五）："忆昔钱王，造塔金涂，八万四千，功德遐敷，吾摹其状，以制茗壶，拈花宝相，焜耀浮图，虚中善受，甘露涵濡，

■ 图十三　上海博物馆藏瞿子冶玉川饮茶图壶

■ 图十四　清瞿子冶刻竹紫砂壶

■ 图十五　上海博物馆藏邓奎金涂塔壶及邓奎铭刻

晨夕饮之，寿考而愉"。下署楷书"符生铭"三字。壶底有"符生邓奎监造"篆文方章。

嘉庆、道光年间，是紫砂壶艺的全盛时代，不仅有众多的高手艺工匠，而且也有很多的爱好壶艺的文人，朱坚（字石楳）即是其中的一位，他善绘人物、花卉，尤工写梅，砂胎锡壶是其创制。上海博物馆除藏有他在道光十九年监制的砂壶外，还藏有他的锡壶，此壶一侧绘梅花，一侧铭"一瓢半瓢，酌水励操，颜氏之乐，许由之高"。此壶形制与上述陈曼生所绘壶形十分相似，更说明了曼生壶的影响深远。

道光以后，随着中国社会的每况愈下，宜兴紫砂壶艺也渐趋衰退，当然，个别精致之作也还是有的，上海博物馆所藏同治、光绪间的著名匠师王东石所制的石瓢壶，器形古朴，使人喜爱。

香港罗桂祥先生是举世闻名的中国古代陶瓷收藏家，尤以他私人收藏的汝窑器著称于世。他也富于收藏紫砂器。我虽数度过港，可惜终无机遇能欣赏到罗先生的珍藏，欣闻先生所藏紫砂器将赴美展出，并将编印图集。兹遵朱锦鸾馆长之嘱，就上海博物馆所藏紫砂器撰此短文，以附骥尾。

（原载香港艺术馆编：《宜兴陶艺——茶具文物馆罗桂祥珍藏》，香港市政局，1990年）

■ 清雍正景德镇窑
仿官釉桃式洗

雍

正时期的仿官、哥、汝、钧窑瓷器

　　尽管雍正皇帝在位仅十三年（1723—1735），但这一时期在清代瓷器史上却占有极其重要的地位。此时，官窑瓷器的制作达到了顶峰，其中最值得大书特书的就是仿宋汝、官、哥、钧等名窑的单色釉瓷器。

　　根据普遍的观点，用于称谓雍正时期景德镇官窑的所谓"年窑"，是出自当时管理淮安关税的年希尧，同时他又兼管景德镇御厂的窑务。然而，虽然年希尧可能对瓷器生产起过一些作用，事实上却是1729年被派去景德镇协助督陶的唐英奠定了雍正瓷器的声誉。他管理着日常的窑务，花费大量时间进行研究和试验，并长期与匠人一起工作。在其所著《陶成纪事》中，唐英叙述了当时仿汝、官、哥窑等高温瓷器的烧造情况。

　　北宋末年，汝窑瓷器烧造于河南宝丰清凉寺。因使用香灰胎，汝窑器在宋瓷中最为罕见。汝窑的特点是器物满施深浅不同的天青釉，有纹片或无纹片，底部通常可见三至五个芝麻形支钉。其他尊、瓶等器则以支圈垫烧。最常见的器形为日用器，如盆、碗、盘、碟、盏托、洗、盒等。仿古铜器造型、用于陈设的尊、瓶等则较为少见。而宋官窑中常见的文房用具如笔筒、水滴、臂搁、砚台等在汝窑器中并未发现。

　　据《陶成纪事》记载，雍正时期有两种类型的仿汝器，均为酱色胎、天青釉，但是一种有"鱼子纹"，而另一种没有。目前存世的大多数此类器物均为细开片、灰白胎。所见器形有悬胆式瓶(图一)、各式笔洗、象耳尊、络子尊、石榴尊、莲瓣瓶、四联瓶，以及盘、碗等。绝大多数带青花六字篆书雍正年款，以助于识别。不过，雍正时期也有一小部分官窑和民窑烧造的仿汝器不带年号款，对于这类器物与宋代制品的区别，则需要进一步研究。

■　图一　清雍正景德镇窑仿汝釉瓶及底款

　　总的来说，宋代汝瓷的釉厚而失透，抚之温润平滑，釉面少见棕眼；而绝大多数雍正仿品则釉色光润透亮，釉面普遍有棕眼。与宋代汝窑的芝麻钉相比，雍正仿品的支钉痕则为圆形，现代仿品亦是如此，因其较易控制。另外一个重要区别是对圈足的处理，雍正仿品的足圈截面一般为圆弧形或方弧形，而汝窑则不见这一特征。

宋代官窑有三个产地：北宋汴京官窑（今河南开封）、南宋修内司官窑和郊坛下官窑（今浙江杭州）。由于历史上黄河河水泛滥、河道多次改变，现在已不可能确定北宋官窑的窑址所在。据宋《乾道临安志》记载，修内司窑址在今杭州万松岭山下，但是迄今为止仅找到了郊坛下官窑窑址。传世官窑似乎可分成两类：第一类时代为宋，但是其中很难区分北宋汴京官窑和南宋修内司官窑。其实，这一类官窑中有许多应该是修内司的产品，或者是当时的龙泉仿官。第二类数量相对较少，器物一般为厚胎，造型接近元代。这一点并不奇怪，因为它们实际上是元末哥窑的仿品，只不过以往都被当作官窑器。

唐英在《陶成纪事》中将雍正仿官器称为"仿铁骨大观釉"（可能是为仿北宋官窑器）。然而，从各地收藏的传世品看，很明显也存在两类仿品。第一类的特点是青釉开片，紫口铁足。第二类釉色为灰青或月白，有的带细小纹片，有的则无。器形包括贯耳瓶、长颈方瓶、三孔葫芦瓶、旋转瓶、象耳尊、扁壶、圆洗以及桃式洗（图二）等。大多数雍正仿官器都有青花六字篆书年号款，不过就像仿汝器一样，部分官窑或民窑制作的仿官器也不带年款。这

■ 图二　清雍正景德镇窑仿官釉桃式洗

类器物可从以下几个方面来识别：大多数为黑胎，有的釉下闪红，有紫口铁足特征；胎色显灰者，口沿和圈足涂上黑色以达到紫口铁足的效果。一般来说，雍正仿品要比郊坛下官窑瓷器重，但比元末新烧的哥窑器轻。官窑有两种类型：一种为满釉支烧，支钉痕呈细小圆形。多数则是垫烧。与绝大多数雍正瓷器一样，仿官器的釉面细润，多有棕眼。除有个别例外，雍正仿官器底足平滑无粘砂。最后一点要说的是，雍正仿品的圈足截面或为圆弧形，或为方弧形，此特点不见于宋官窑器。

宋代五大名窑之一"哥窑"的窑址迄今尚未发现，宋墓中亦未见有出土。今天所见绝大多数哥窑器的造型具有元代风格，因此很可能哥窑多制于此时。元代哥窑器可以分为两类：一类为元代初期所烧，有大小褐色纹片，即"金丝铁线"；另一类为元末仿官，即"新哥窑"。传世哥窑

器有黑胎、深灰胎、浅灰胎或米黄胎,施有透明的灰青或炒米色釉。黑胎器也有官窑典型的紫口铁足特征。早期哥窑器为支烧,晚期哥窑器则多为垫烧。

哥窑的仿品最早出现于明代永乐年间（1403—1424），成化时期（1465—1487）达到高峰。明代晚期少有突出的仿哥窑制品,但到清雍正时期则出现了好的仿品。雍正仿哥窑器有的具有"金丝铁线"特征(图三),也有的为一色开片,其釉色模仿晚期哥窑器。绝大多数为月白釉,黑胎或灰胎。黑胎者有"紫口铁足"特征,烧造时使用垫圈和匣钵,其支钉痕为细小的圆形。所有雍正仿哥窑器都带青花六字篆书雍正年款,正如雍正仿官、仿汝器那样,底釉平滑均匀。然而,与仿汝、仿官器不同的是,仿哥器造型多样,传世品中可见有狮耳瓶、抱月瓶、贯耳瓶、各式香炉、尊、盘,以及文房用具的笔架、水盂、镇纸、笔洗等。部分仿哥器还有仿古铜器的贴花装饰。总的来讲,具有"金丝铁线"特征的仿哥器要比那些没有此特征的器物重一些。

■ 图三　清雍正景德镇窑仿哥釉瓶

最好的钧窑瓷器烧造于北宋晚期和金代。虽然元代河南、河北有很多烧造钧窑的窑场,但其胎、釉均逊于早期钧窑瓷器。明清时期的仿钧器多竭力仿效北宋和金代钧窑。成化时期,瓷工成功地仿烧出了北宋铜红釉钧瓷,只是在成化末年就中断了。1729年,唐英曾派吴尧圃到河南调查钧釉配制的方法。之后,景德镇就恢复了仿钧的制作。

雍正仿钧主要有三类:一是仿北宋的钧红釉（或称玫瑰紫）,器形有小花尊、圆洗、花盆、罐、各式瓶(图四)、碗、盘及鼓钉

■ 图四　清雍正景德镇窑仿钧釉瓶

洗。这一类最为成功，甚至有北宋钧窑典型的"蚯蚓走泥纹"。器底施酱色釉，并刻有一个数字。二是施天蓝或月白釉并带有红斑的器物。雍正仿钧器看起来一般与宋钧非常相像，不过也有一些突出的特点：雍正仿钧器的釉要比宋钧更加滑润，有时红斑上会出现苔点。此外，雍正仿钧釉色较淡、釉层较薄，器物棱角处常常能透出胎骨。器物底部虽施有一层酱色护胎釉，但胎土却为白色。尽管我们一般不会把宋钧与带有雍正年款的仿钧器混淆起来，但有一点十分重要，就是如何把真正的雍正仿钧和以后带有相同年号款的仿品区分开来。第三种类型是窑变花釉瓷器，这是雍正时期新创的一个釉色，可以认为是钧釉的一个独特变种。其釉色以红为主，杂以天蓝、月白、绿釉和酱釉，创造出一种火焰般的效果，因此又被称为"火焰红"或"火焰青"，前者较红，后者偏蓝。这一类仿钧器中除仿古器式外，还有大型的瓶、罐、盆之类。其口沿部位往往为偏黄的酱色，大器底部则常以姜黄釉汁涂成斑块状，并印有四字篆书雍正款。

（本文系根据 *Orientations* 杂志 1991 年 2 月号所发表英文原文翻译而成。译者：李仲谋）

元
明清时期陶瓷

第一章　元代景德镇瓷器生产概说

第一节　概　　说

　　元代（1271—1368）虽然只有九十多年，但它是中国经过长期分裂后，又一次出现的大一统局面，它为明清两代中国封建社会后期的大发展奠定了基础。在元代前期，蒙古族的落后生产方式，曾经给全国的经济、文化带来了破坏，但在农业、科学、文化和艺术等方面也有所发展，特别是元代的对外贸易，不仅受了军事行动的影响，而且更因元政府大力提倡而特别兴盛，并刺激了各种手工业的发展。元代的对外贸易，开始时基本上沿用宋代的管理办法。《元史·食货志》说："元自世祖定江南,凡邻海诸郡与蕃国往还互易舶货者,其货以十分取一,粗者十五分取一,以市舶官主之。其发舶回帆,必著其所至之地,验其所易之物,给以公文,为之期日,大抵皆因宋旧制,而为之法也。"至元十四年(1277),又在泉州置市舶司一,在庆元、上海、澉浦也各立市舶司一,"每岁集舶商于番邦博易珠翠香货等物,及次年回帆,依例抽解,然后听其货卖"。在整个元代,政府对民间的海外贸易,虽也时禁时弛,但即使在完全禁止民间经营时,对外贸易也因由政府进行,而从未间断过。这对于在宋代已有广大市场的景德镇制瓷业来说,无疑也起了很大的促进作用。

在瓷器发展史上,元代是一个承前启后的重要时期。宋、金时代的南北各地主要瓷窑,如钧窑、磁州窑、定窑、吉州窑、德化窑以及山西地区的黑瓷和南方各地的青白瓷,在元代的很长一段时期内,虽然都仍继续生产,但由于各种条件的影响,到了元代后期,很多瓷窑都已成了强弩之末。真正代表瓷器生产时代特点的是景德镇窑。

景德镇窑在北宋已以生产青白瓷著称,元代前期仍以青白瓷为主。1976年在韩国新安海底发现了一艘我国元代的沉船。由于沉船中有元"至大通宝"铜钱,因此断定该船的沉没年代不会早于公元1310年,又由于有"辛未"纪年的漆碗,可以推断,此船当沉于元文宗至顺二年(1331)后。该船携带大量景德镇青白瓷和龙泉青瓷等瓷器,但却出现了大量景德镇的卵白釉瓷(即习惯上称"枢府"瓷)。此外,还有一些其他窑场的制品,然而却不见青花瓷器。

元至元八年(1271)忽必烈建国号大元,宫廷典事日繁,于至元十五年(1278)在景德镇设"浮梁瓷局",据《元史·百官志》的记载,浮梁瓷局属将作院:"秩正九品,至元十五年立,掌烧造磁器,并漆造马尾棕、藤笠帽等事。大使、副使各一员。"这说明,当时的官方机构浮梁瓷局除了烧造官府所需的瓷器外,还负担军队所用的马尾棕及藤笠帽等器物的生产。浮梁瓷局撤销的具体年份,史书并无记载。景德镇哪些瓷器属于浮梁瓷局生产的官窑器,目前陶瓷学界还有争议,但具有"枢府"字样的卵白釉瓷,显然应属浮梁瓷局所制,至于典型的元青花瓷是否为浮梁瓷局所产,就要进一步探索了。

从传世及出土的瓷器看,元代景德镇除了继续生产青白瓷、白瓷和黑釉瓷以外,新品种有卵白釉(枢府)瓷,青花瓷,釉里红瓷和红釉、蓝釉等高温颜色釉瓷以及孔雀绿等低温颜色釉瓷。其中,特别是青花和高温颜色釉瓷的烧制成熟,在中国陶瓷史上具有划时代的意义,为明代瓷都景德镇的形成奠定了基础。

第二节 "枢府"(卵白釉)瓷

1. "枢府"瓷的由来及其正名

元代景德镇在青白瓷生产的基础上,出现了一种卵白釉的新品种,由于这种卵白瓷中发现有"枢府"字样,因此人们称为"枢府窑"器。

"枢府"是"枢密院"的简称。唐朝代宗(762—779)初设枢密使,当时只是用宦官充任,以承诏旨,传达王命。五代后梁(907—923)时,一度更枢密院为崇政院,改用士人。后唐同光元年(923)复改崇政院为枢密院。宋代以枢密院为最高军事机关,与中书省分掌文、武两权,号为"二府"。辽、金、元时一仍其制。元代以军事为重,"枢府"的权位就更高,具有"枢府"铭的卵白釉瓷器,应属"枢密院"的定烧器,是毫无问题的,但传世这类卵白釉瓷大多是没有文字的,只有极少量有"枢府"铭。近年来,在景德镇湖田地区发现,在同一窑址,早期烧制青白瓷,稍晚出现"枢府"瓷和青花瓷,说明元代景德镇并没有一个专烧"枢府"瓷的官窑窑场。从国外留存的大批元代外销的卵白釉瓷看,这类瓷器决非全部为官窑产品。因此,长期来把元代的卵白釉瓷统称为"枢府窑"器是不恰当的,但为了照顾历史上的习惯称呼,以称这类卵白釉瓷为"枢府"瓷比较妥当。

2. "枢府"瓷的特征

① 枢府瓷和青白瓷同样为白胎,但相对说,比青白瓷为厚。

② 枢府瓷釉,变青白色为卵白色(更偏白,而近似鹅蛋色)。釉中CaO含量减少,Na_2O含量增大,使釉的黏度增厚,因此不如典型青白瓷——影青瓷那样呈玻璃光。典型的枢府瓷釉应是失透的,但在传世和近年的出土品中,有的枢府瓷虽具备胎较厚而釉又失透,然而却非卵白色而呈青白色,这类器物可能属于自青白瓷釉过渡到枢府卵白釉的中间状态,而后又一直为制造较粗瓷的工艺所沿用。

③ 枢府瓷器形以盘、碗、执壶和高足杯为多见,极少大件器,最典型的枢府器,其碗为小底足。明曹昭《格古要论》(王佐新增本)"古饶器"条说"元朝烧小足印花者,内有枢府字者高",即是指此而言,这类小足

的足径,一般均为碗口径的三分之一。

④ 枢府瓷中的折腰器,是突出的造型,一向为人们所称道。折腰是宋代定窑沿袭唐代金银器的式样而在瓷器制作中运用。元代山西的霍窑和景德镇的青白瓷、枢府瓷和青花瓷也都有此式。

⑤ 枢府瓷盘、碗的底足均为露胎,足壁厚,削足规整,有的底心有乳钉突起,且有明显旋纹。

3. "枢府"瓷的装饰和文字

枢府瓷分精、粗两大类。精细的制品大多有印花装饰,图案花纹主要为缠枝莲、菊瓣、花蝶、云龙、云凤、云鹤、孔雀、牡丹及羯磨文等,其印花多数显得浑圆而不太清晰,这类精细器物的釉,基本上都是白乳浊色。另一类较粗的制品,主要是日常生活用的盘和碗,一般均素面无纹,胎较厚重,釉色白中略偏灰青,偶然在器身有几道划纹。此外,枢府瓷还有戗金的装饰,江西高安窖藏就发现戗金行龙玉壶春瓶。在国外,特别是菲律宾和印度尼西亚还出土有枢府瓷青花器和枢府瓷红绿彩器。最近在扬州发现了枢府瓷露胎贴花凤纹碗的碎片,说明枢府瓷也运用了元龙泉窑普遍使用的这种装饰技法。

枢府瓷的铭文以"枢府"两字为最典型,一般都印在盘、碗器物内壁口沿下,"枢"和"府"字分别在相对的地位。在枢府器中除了"枢府"字样外,还有"太禧"、"福禄"、"福寿"和"寿"、"福"、"良"等单个吉祥字样铭。美国波士顿博物馆藏品中还有"昌江"字铭的器物。

4. "枢府"瓷的鉴定要点

在枢府瓷的鉴定实践中,由于近代仿品不多,因此真伪并非主要问题,需要着重研究的是归属和时代的问题。上面已经叙述过,在元代有一部分景德镇产品,釉呈乳浊状而釉色偏青,往往很难确定其是枢府瓷,还是青白瓷。一般说,由于枢府瓷较少大件器,凡大罐、大瓶之类,都属青白瓷。对于盘、碗之类的小件器,则需注意其底足的处理。

枢府瓷的时代问题是比较复杂的,过去往往把所有枢府瓷都判断为元代,这是由于把枢府瓷生产的下限定在元末的缘故。事实上,这种乳浊状的卵白釉制品,入明以后仍在继续生产,成书于明洪武二十年(1387)的曹昭《格古要论》"古饶器"条说:"元朝烧小足印花者,内有枢府字者高,新烧大足素者欠润。"这足以说明,至少在明初仍在烧制枢府器,但该类器物并非小底足,而是大底足了。当然,并不能说所有大底足的枢府器都属于明代所制,北京故宫博物院藏有"太禧"字样的枢府盘,就是大底足,但应该肯定,凡小底足的枢府器主要属于元代,是没有问题的。上海博物馆藏有一件枢府青花盘,从其盘的造型和青花图案看,无疑都属于明代的风格;美国波士顿博物馆印有"昌江"字样的枢府器,亦属明代风格。把传世和出土的一部分明代卵白釉器从元枢府瓷中划分出来,是鉴定枢府瓷工作中的一个重点。

元代有近100年的历史,判断元枢府器在这百年中属于哪一段时期的制品,是十分困难的。目前,对于枢府瓷的创烧年代,即开始出现枢府(卵白釉)瓷的确切年代,还很难断定。元世祖忽必烈至元十五年(1278)在景德镇设浮梁瓷局,是否就是开始烧造这类枢府器的年代,暂时还难定论。据《元史·百官志》记载:"天历元年,罢会福、殊祥两院,改置太禧院以总之,二年改为太禧宗禋院。"则北京故宫博物院印有"太禧"字样的枢府盘,应是1328年以后的制品。从韩国新安海底沉船发现的枢府瓷,可以断定在14世纪20年代,枢府瓷已是普遍的外销商品。但对于枢府瓷更精细的断代,由于可靠墓葬资料的缺少,还有待陶瓷史家的进一步探索。

第三节 青 花 瓷

1. 青花瓷的特征及其在中国陶瓷史上的地位

青花瓷是指一种在瓷胎上用钴料着色,然后施透明釉,以1300℃左右高温一次烧成的釉下彩瓷器。釉下钴料在高温烧成后,呈现出蓝色,习惯上称为"青花"。出土标本中,也发现有一小部分青花瓷是在器物施了透明釉后,再用钴料着色,然后高温一次烧成。从工艺上说,这和西晋开始的青釉瓷加点黑彩一样,但这在青花瓷中是极少数,而且这种釉中加彩的效果肯定不如釉下彩清晰,因此标准的青花,应该指釉下彩。

中国瓷器的发展,在唐代以前,青瓷占主导地位;唐代以后,形成了南青北白的局面;到了宋代,则品种众多,瓷器生产呈现出百花争艳的景象。元代景德镇白地蓝花的青花瓷烧制成熟后,情况就起了急剧变化。从14世纪二三十年代到15世纪前期,大约仅仅经过70年,景德镇的青花瓷器就占据了中国瓷器生产的主流,其他大部分古老的瓷器窑场都相形见绌,景德镇也由此成为中国的瓷都。尽管明、清两代的德化、石湾、龙泉、宜兴和磁州各窑也还在进行生产,但各地的特色产品无论从品种或数量上都无法和景德镇相抗衡。

青花瓷器为什么有如此大的魅力呢?主要是瓷质细洁而色白,釉下彩的蓝色彩绘,幽青可爱,图案装饰雅俗共赏。由于彩色在釉下,有不易褪脱的优点,而工艺过程又相对简化,便于降低成本,大量生产。

2. 青花瓷的认识和青花瓷起源的追溯

1940年代,人们还不太认识元青花的面貌。1950年代初,美国学者波普(John Alexander Pope)根据现藏英国达维特基金会(David Foundation)带有至正十一年(1351)题记的青花云龙象耳瓶,对照伊朗阿特别尔寺及土耳其伊斯坦布尔博物馆所藏青花瓷进行深入研究,出版了两本著作,他以此瓶为标准器,把凡是与此相类的青花瓷器都定为"至正型",这样就在传世的一批青花瓷器中辨认出一大批元青花瓷器来。事实上,这只题有至正十一年题记的青花瓶,英人霍布逊在1929年已经发表,可惜当时未为人们所重视,该瓶高63.6厘米,瓶身主题纹饰为四爪云龙,自口、颈、肩至底足共有8个层次的图案装饰,顺序为缠枝扁菊、蕉叶、飞凤灵芝、缠枝莲、四爪云龙、海涛、缠枝牡丹和覆莲杂宝,其颈部有题记:"信州路、玉山县、顺城乡、德教里、荆塘社奉圣弟子张文进喜舍香炉、花瓶一副,祈保合家清吉,子女平安。至正十一年四月良辰谨记。星源祖殿,胡净一元帅打供。"

与此瓶相类的元青花,除上述伊朗阿特别尔寺及土耳其伊斯坦布尔托布卡比博物馆外,近年在印度托古拉古宫殿也出土了一批大件器。此外,菲律宾、印度尼西亚和日本等国也都有元青花瓷出土。说明这类青花瓷应是元代输出的外销瓷。成书于元至正九年(1349)的汪大渊《岛夷志略》,记载了作者自1330年起至1339年止数度远航南洋诸国的实况,其中记述的很多国家贸易品中有青花瓷器(青白花瓷),当然,元青花在国内市场亦曾流通,北京元大都、河北省保定地区及江西高安窖藏的发现,以及国内外各大博物馆的收藏都说明当时亦为国内民间所使用,但就目前的收藏来看无论从质量或数量上,国内的收藏逊于国外。总计国内、国外的全部收藏品在内,元青花瓷的总数大致在300件以上。

元青花的地位被认识以后,人们很自然地要追溯它的起源和演进的历史。元代为什么会突然出现如此成熟的青花瓷器呢?学者们有的从本国的陶瓷发展史出发追寻根源,亦有从波斯早年用钴蓝的事实出发,认为元青花主要是在波斯用钴蓝的影响下产生的。

成熟元青花瓷的主要要素有三点:

① 洁白的瓷胎和纯净的透明釉。

② 运用钴料产生蓝色的图案花纹。

③ 熟练掌握釉下彩绘的工艺技术。

在1970年代以前,尚未发现新的考古资料,因此对于我国何时才开始成熟掌握釉下用钴料着色的工艺尚未充分认识。最近几年,由于扬州唐城遗址不断发现胎釉洁净、彩色鲜艳、图案清晰的唐青花碎片,这个问题就迎刃而解了。这类唐青花在当时就已远销国外。9—10世纪,中东很多国家都进口我国的唐青花瓷,这种新出现的制瓷工艺,必然给予当地制陶工匠以很大的吸引力, 目前在世界某些大博物馆就有当时当地的仿制品, 如美国华盛顿弗利尔博物馆有9—10世纪伊拉克的青花碗,纽约大都会博物馆有9世纪伊朗西部地区所制造的青花碗及9世纪伊拉克烧制的青花碗。波士顿博物馆有9—10世纪美苏波达米亚的青花碗,但这些器物烧成温度不高,胎质粗松,釉不透明,都属半瓷半陶性质。显然,都是当时模仿唐青花的烧造工艺而生产的。

扬州唐城发现的青花瓷片,从其胎釉和制作的特征看,应是河南巩县窑的产品。巩县又是唐代烧制唐三彩的著名瓷窑, 而唐三彩中的蓝彩,正是用钴料呈色的。事实上,早在春秋、战国时代的陶胎琉璃珠上的蓝彩就是用钴作为呈色剂的实例。

唐代成熟的青花瓷器烧制技术,随着巩县窑的衰落而暂时中断了。尽管在浙江龙泉金沙塔塔基发现过北宋早期太平兴国二年(977)塔砖的青花瓷 (包括现存温州江心寺温州市文管会的完整花卉碗及13片碎片)、在绍兴宋末咸淳元年(1265)环翠塔塔基也发现过青花碎片。但这些浙江制作的青花瓷, 其胎、釉和青花色泽都无法和巩县的唐青花相比。1970年代,在浙江杭州和江西九江、南昌等地也发现了一些元代早期的青花瓷器。但它们的共同特点都是施青白釉而并不是典型元青花的透明釉,其青花色泽都带灰暗而非鲜艳的深蓝色。

胎洁釉润、青花色泽艳丽夺目的成熟元青花瓷的出现,估计当在14

世纪二三十年代,几乎中断了4个世纪的河南巩县窑的青花烧制技术,在江西景德镇突然重新放出光芒,这是一种历史在更高阶段上的重演,而促成这种历史重复的,仍然是向中东地区出口的需要。中东地区国家的制陶业,在10世纪以后,对于釉下彩,特别是青花的制作一直没有间断过,从传世实物看,美国弗利尔博物馆就有伊朗在12—13世纪的绿釉青花和白釉青花碗。美国大都会博物馆有11世纪末伊拉克的青花器,14世纪伊朗釉下蓝、绿、白彩碗及青花盘。但是由于中东地区的胎、釉原料较差,且烧成温度不高,因此始终无法达到中国青花瓷器的质量水平,随着元朝政府对外交往的发展,又重新唤起了中东国家对中国青花瓷器的需求,而浮梁瓷局所在地的景德镇,在枢府瓷胎釉制作具有完善条件的基础上,利用从中东地区进口的钴土矿,大批生产出口所需青花瓷器,在当时是水到渠成的事。这种开始为外销而生产的商品,也必然转而为国内市场所需要,这就是元代景德镇青花瓷器大发展的背景。

3. 青花瓷的器形

从现存国内外的元青花瓷看,其器形多见的为盘、罐、梅瓶、长颈瓶、葫芦瓶、玉壶春瓶、扁瓶、执壶、钵、盒、水滴、豆形洗、高足碗(马上杯)、匜、盏托等,其中以大件器为多,特别是现存土耳其伊斯坦布尔托布卡比博物馆和伊朗阿特别尔寺的藏品中大件器更多。值得注意的是,在印度尼西亚、菲律宾等东南亚地区出土的元青花,则以水注、水滴、小罐、小碗等小件器为常见,小件器的高度多数在5—7厘米左右,小罐有洋桃果实的式样,还有枢府式折腰碗、军持及小船模型等,而这类小件器在其他地方则极为罕见,这是由于不同地域有不同生活习惯的需要。元代景德镇则根据销售地区不同的需求而生产不同类型的外销瓷。

在上述伊朗、土耳其的收藏品及托古拉古宫殿出土的大件器中,以大盘居多,大盘有菱口及圆口两种,菱口盘一般口径在45厘米左右,大的达57厘米,40厘米以下则为极少数。圆口盘少数在45厘米以上,多数在40厘米左右。这种大盘是元青花瓷传世较多的器物,国内仅北京故宫博物院及上海博物馆有几件外,绝大部分在国外,尤以中东地区为多,很可能是适应当地的生活习惯,为人们围在一起,席地而坐,吃抓饭时所使用。同样有一类大型钵,包括敞口及敛口两种形式,其口径一般在

35—40厘米之间。较小的为25—30厘米左右,大的达58.2厘米。值得注意的是,这类大钵主要发现在中东地区,国内除南京叶氏墓出土的明永乐十六年(1418)的一件外,很少再有发现。大罐也是传世元青花器较多的品种,以日本收藏为最多。再其次是梅瓶,江西高安窖藏一次就发现6件,说明这是国内及国外市场都需要的。至于高足杯,则国外发现极少,主要是国内市场的商品。此外,风格特殊的扁壶总数十余件,国内仅元大都一件外,基本上都发现于中东地区,磁州窑及龙泉窑均有仿制,显然是为适应中东地区市场而生产的。

从造型上说,高颈大罐、扁壶、匜、敛口大钵、葫芦瓶、觚等都具有鲜明的时代特征,至于河北保定地区出土的八棱玉壶春、八棱执壶、八棱梅瓶;这种八棱形器在托布卡比及日本亦只偶有几件。当是为少见的元代特殊形式。迄今为止,在国内还未发现有典型元青花的碗、盘之类的日用器皿。因此可以推断,元代青花瓷器在供外销的前提下,开始为国内市场生产过一些庙宇供器及少数陈设瓷及高足杯之类的特殊器物,但还未成为民间普遍的日用器皿。因此,元青花的总生产量并不是太大的,而国内的传世品也就较为罕见了。

4. 青花瓷的制作特征

元青花瓷器除了东南亚地区多见的小型器外,普遍的特征是胎体厚重,器形硕大。典型元青花瓷器在制作上的特点大致有如下几个方面:

① 器底无釉。多数器物底部有明显旋纹,个别有跳刀痕,并粘有填砂,小型器如碗类等的底足中心往往有乳钉状突起。

② 器物底足内壁往往成自上而下往外斜撇的形式。

③ 碗、钵、罐、瓶、盘之类的削足处理,具有鲜明的元代特征,即底足外墙斜削而呈T形式。

④ 大件器器底无釉露胎部分,往往粘有釉斑或较大面积釉块。内壁多见淡红、黄色釉层而又有不规则浓度的透明釉刷痕。

⑤ 碗、钵之类器物的底足外墙,往往留有浸釉时遗留的手抓指痕。

⑥ 罐、瓶之类大器,都是分段制造,拼接而成,特别是接底的痕迹十分明显。

⑦ 罐类器内壁釉面不平,有明显接痕,并经常出现赤褐斑,且有小

黑疵。

⑧ 圈足之釉不到底，一定稍有露胎，呈褐红色。

⑨ 圈足并不十分整齐，仔细观察，有些弯弯扭扭，以大罐和梅瓶为突出。

⑩ 高足杯（马上杯）的杯身和足接合，系采用胎接的办法，即两部分湿胎接合，并非将杯身及足柄各自先施釉，而依靠釉的黏度接合。因此，元代高足杯足内顶端无釉，且往往有乳钉状凸起。元代高足杯的足部肯定空心而不封底。

5. 青花瓷的装饰方法

名为青花瓷器，当然以釉下钴蓝彩绘装饰为主，但在传世品中，还可以发现有印花和青花两种装饰方法同用于一器的例子。国外发现的高足杯（其器形与汪兴祖墓所出相似），有的杯内壁口沿处为青花缠枝纹，器内壁为印花四爪云龙纹，器心为青花朵菊纹，器外壁为青花三爪云龙纹，也有杯外壁为青花缠枝菊，杯内壁口沿处有青花变形花草纹，杯内壁为印花八宝纹，而杯内心为青花"天下太平"钱纹，这种印花和青花同置于一器的例子极为少见，可能属于元末时期。此外，尚有印花和青花配合使用的装饰方法，伊朗阿特别尔寺、土耳其托布卡比、萨拉伊博物馆及上海博物馆所藏的花卉大盘中，有以花朵为印花，枝叶则配以青花描绘，印花部分留白，这种印花和青花配合使用的方法，很可能是典型元青花的早期制作，它继承了枢府瓷的印花传统。至于青花彩绘，也有两种不同的装饰技法：一是白地绘彩，即图案花纹以青料描绘出来，这是青花瓷器的主流，明清两代的青花瓷器，基本上都是这一类型；另一种是青花拔白，即以青料作地色或辅助花纹，主题图案花纹是以露出的白瓷部分呈现，这种类型在元青花瓷中虽有一定数量，但和白地蓝花相比则属极少数，主要应用在大盘、大碗一类大件器上。

元青花瓷除了以彩绘装饰为主外，也有采用镂雕及堆贴等附加装饰的。

6. 青花瓷的图案花纹

元青花瓷中除了外销菲律宾、印度尼西亚等东南亚国家的小件器，其图案花纹往往以简笔花草为主，较为简略以及某些器物如扁壶、高足杯等单绘龙纹等图案外，其余器物的图案花纹，一般都具有茂密的特点,特别如保定出土的一批菱形器及传世的青花大盘、大罐、梅瓶等,更显得图案纹饰密布全器,和明代洪武朝以后图案的疏朗感有明显区别。

一般典型元青花瓷器的图案装饰大多分较多层次,在器身上以主题纹饰和辅助纹饰密切结合,构成整体。其处理方法大致有两类:一是突出一组主题纹饰,其余均为辅纹;另一类是由几组主题纹饰和几组辅纹构成。大盘以3层为多见,例如边口为细小的缠枝花或几何斜方格、海水波涛等辅纹,盘边圈为较大型的辅纹,盘底心为主题纹饰,但也有少数多至5层的。大罐如鱼藻罐之类,口沿为辅纹,整个器身作鱼藻图,但更多的大罐为4层图案花纹,也有多至5层的,高颈大罐达7层。梅瓶以5—6层图案为多见,也有4层细辅纹,3层主纹的7层构图,层次最多的是至正十一年(1351)铭大瓶,达8层。元代玉壶春瓶也有图案花纹层次较多的,有的达5至6层,甚至有8层的。玉壶春瓶口内沿有花纹则是元代的特征。

元青花瓷的主题图案纹饰,主要有三种:一是以整幅图画为主题,如鱼藻图(多见于大罐和大盘)、人物故事图(多见于大罐、梅瓶及玉壶春瓶)、莲池及莲池水禽图(多见于大盘、大碗及玉壶春瓶)、庭院花鸟、芭蕉竹石图(多见于大盘、大罐);二是动物纹,以龙纹(云龙、海水龙)为主(多见于大罐、大盘、玉壶春瓶、梅瓶、扁瓶、双耳瓶等),亦有凤凰、孔雀(多见于大盘、梅瓶、玉壶春瓶、大罐、执壶)、狮子(菱形玉壶春瓶)、天马(一说"玉马")(大盘、大罐等)、麒麟(大盘、梅瓶、扁壶等)、草虫(梅瓶)等;三是花草纹,以缠枝牡丹及缠枝莲使用最多(多见于大罐、大盘、梅瓶、高足豆等);此外有串枝花(高颈瓶、玉壶春瓶及执壶)、灵芝(匜)、羯磨纹(钵)等。东南亚国家出土的元青花瓷小件器,则多用折枝菊及缠枝菊,个别高足杯还有用"天下太平"钱文的。

元青花瓷的辅助纹饰,主要用在器物的口部、底足部,在器身上往往用来间隔几组主题纹饰,如将瓶、罐的颈部、上腹、中腹、下腹及底足部分段隔开等等。应用最多的是缠枝花(牡丹、莲、菊等)、仰覆莲瓣纹、水波纹(动的波浪式和静的水纹式)。此外,杂宝(八宝吉祥在元代尚未形成固定形式,常出现火焰宝珠、珊瑚、钱、法螺贝、丁字、犀角、灵芝、双鱼、芭蕉、法轮、宝伞、宝瓶、盘长等)、回纹、蕉叶、连续斜方格纹、云纹、钱纹、变形钱纹、朵莲、缠枝石榴、缠枝海棠、串枝花、云肩纹等亦属常见的辅助纹饰。元青花瓷还多见利用如意头形、菱形来勾勒开光线条。

元青花瓷器和中东国家的关系有很多问题,要深入研究,但它的图案花纹具有鲜明的中国特点,是完全可以肯定的。龙、凤凰、麒麟等是中国固有的传统动物纹,而缠枝花和回纹、水波纹等,也为历代所应用,多见的仰覆莲纹饰在隋代的青瓷上就已出现。应当特别指出的是,青花图案中的莲池水禽、芭蕉竹石、庭院花鸟等,都强烈地反映了中国江南所特有的景色。此外,元青花瓷的人物故事图,主要来源于元曲剧本的版画插图。例如叙述汉文帝时周亚夫故事的细柳营,《三国演义》的桃园结义、三顾茅庐以及岳阳楼、唐太宗、百花亭和萧何月下追韩信等等。因此,元青花瓷的图案纹饰基本上是中国的传统文化,这和唐代巩县窑的青花瓷不同。后者的图案纹饰,显然受了西亚、伊朗文化的影响。在9—10世纪,中国和中东伊斯兰各国的交往十分密切,不仅巩县窑生产过销往中东的,受到伊斯兰文化影响的图案花纹的青花瓷,长沙窑也同样发现过具有伊斯兰纹饰风格的唐代白釉绿彩盘。

元明青花瓷的图案纹饰具有鲜明的中国风格,不等于说销售中东的瓷器可以不考虑当地的需要。如伊斯兰当地有使用40厘米左右的大盘和大碗、大钵的习惯,元青花瓷的大盘、大钵正是符合中东地区的习惯而生产的。又如伊朗13世纪早期陶器的图案纹饰往往密布全器。美国弗利尔博物馆所藏的伊朗塞尔柱(Seljuk)时代(13世纪早期)的釉上彩执壶,其图案有7个层次,元青花瓷器以多层次图案花纹进行装饰,也可能就是适应中东的风格。又如,有一些青花盘、碟的中央即是按照伊斯兰数学原理进行编排布局,然后再填以菊、莲、牡丹及波涛禽鸟等中国传统的图案花纹。

在元青花瓷的纹饰中特别为人们所议论的,是关于龙的爪数,龙纹有三爪、四爪、五爪之别。《元史·顺帝纪》记载至元二年(1336)夏四月丁亥的禁令:"禁服麒麟、鸾凤、白兔、灵芝、双角五爪龙、八龙、九龙、万寿、福寿字、赭黄等服。"据此可知民间不能使用五爪龙的图案。从国内外现在留存的典型元青花瓷器看,五爪龙纹确实并未发现。

7. 青花瓷的鉴定要点

对于元青花瓷的认识只是近几十年的事,因此历史上并没有元青花的仿品,鉴定实践中需解决的主要问题是如何区别元、明青花瓷器:

① 元青花一般皆胎体厚重。

② 釉有青白釉、枢府釉及典型的青花瓷釉。

③ 青花色泽有浓翠及灰淡两种,均有铁斑。

④ 器底无釉。碗、盘之类底足中心有乳钉状突起。

⑤ 具有圈足外墙斜削的元代瓷器普遍特征。

⑥ 多棱梅瓶、多棱玉壶春、多棱瓢瓶及方形扁壶、高颈大罐等为元代特有的器形。

⑦ 梅瓶之口均为上窄下宽的梯形。

⑧ 少数青花器仍沿用枢府瓷特有的小底足。

⑨ 多数器物图案花纹密布全器,分多层次布局。

⑩ 某些图案花纹具有明显的元代特征。

梅瓶、罐、玉壶春等类器物近底部往往有仰莲瓣纹,元代之仰莲瓣有两个普遍特征:一是每瓣分开描绘,入明以后往往各瓣之间不再分开,而借用边线;二是莲瓣边框均有青花涂抹之粗线,入明以后往往用细线条双勾莲瓣边框,而且其中不再涂施青料。

缠枝牡丹的叶子,元代十分规矩,基本上都为 形,入明以后则多变形。

缠枝莲叶瓣,元代成葫芦形,入明后都变形。

第四节　釉里红与青花釉里红

1. 釉里红瓷与青花釉里红瓷的特征及其起源

釉里红瓷是瓷胎上用铜红料着彩,然后施透明釉,用高温一次烧成的釉下彩瓷器,它的工艺过程和青花瓷完全一样,不同的是青花用钴料着彩,而釉里红则用铜红料。

铜作为陶瓷器上釉料所用的着色剂,早在汉代的铅釉陶上就已普遍使用。但那是铜在低温氧化气氛中产生的绿色,铜在高温还原气氛中能产生红色。目前考古资料表明,我国最早使用铜在高温还原气氛中产生红色的,是唐代的长沙窑,唐代长沙窑已经有釉下用铜描绘图案花纹用高温在还原气氛中烧成的早期釉里红瓷器,但由于当时的胎、釉都无法和元代景德镇的制品相比拟,因此唐代长沙窑的釉里红器尚处于原始阶段。

随着长沙窑的衰落，目前还未发现宋代有任何窑场曾烧制过釉里红瓷器。

从出土资料和传世实物可知，元代景德镇烧制成熟了釉里红瓷器，并且创制了青花釉里红这一新品种。

青花釉里红是指在同一器物上，既有钴料又有铜红料描绘或涂抹彩色，烧成后使青花与釉里红同现于一器。由于青花料和釉里红料在烧成过程中需要的气氛并不一致，因此，要使这两种色泽都能达到成功的程度是比较困难的。

2. 釉里红的3种不同装饰方法

釉里红瓷器有3种不同的装饰方法：一是釉里红线绘，即在瓷胎上用线条描绘各种不同的图案花纹，这是釉里红瓷器最主要的装饰方法，但由于高温铜红烧成条件比较严格，往往会产生飞红的现象，所以细线条描绘图案花纹的釉里红器烧成比较困难。二是釉里红拔白，其方法或在白胎上留出所需之图案花纹部位，或在该部位上刻划出图案花纹，用铜红料涂抹其他空余之地，烧成后图案花纹即在周围红色之中以胎釉之本色显现出来。三是釉里红涂绘，以铜红料成片、成块地涂绘成一定的图案花纹，釉里红拔白及釉里红涂绘这两种方法都能减少线绘容易产生的飞红现象，从推理上说，它们似应早于线绘的普遍使用。

3. 元代釉里红及青花釉里红瓷的发现

目前可以确认为元代的釉里红和青花釉里红瓷器的并不太多。在国内外传世的所谓元代釉里红器中，有一部分的确切年代尚有争议。有的不一定是元代，可能属明初，有比较可靠年代依据的是1979年江西丰城发现的4件青花釉里红器(一件是青花釉里红楼阁式瓷仓、两件为釉里红俑、一件是影青釉堆塑塔式四灵盖罐)。其中两件有"大元至元戊寅"(1278)的纪年。这4件器物的釉里红，都属涂绘的方法，红料都在塑成的立体器形上着色，这种方法，当更为原始。河北保定出土的青花釉里红大罐的釉里红亦属此类，这类大罐在元代可能有较多制品，现存英国达维特基金会的，完全与保定出土的一样，只是失盖。元代比较进步的涂绘釉里红，则是用红料涂绘出一定的图案花纹，例如江西高安窖藏出土的釉里红芦雁纹，即用红料涂绘出芦雁的形态。这一类型的釉里红器,香港有斑块纹玉壶春瓶及云鹤纹,高安窖藏也有斑块高足转杯,至于釉里红拔白装饰方法的典型器,国内有江苏吴县出土的釉里红拔白龙纹盖罐、北京故宫博物院所藏的釉里红拔白划花兔纹玉壶春瓶(现陈列于故宫)、日本有大和文华馆及松冈美术馆的釉里红拔白飞凤纹玉壶春瓶、英国达维特基金会(David Foundation)有釉里红拔白草花纹玉壶春瓶。这类玉壶春瓶的特点是口沿内壁往往也有釉里红色;颈下及底腹部上下各有二至三道弦纹。近年来在江西等地常有发现。

关于线绘釉里红器,江西高安窖藏出土有釉里红开光花鸟纹大罐;国内、外传世品中有多件玉壶春瓶及梅瓶;菲律宾和印度尼西亚等东南亚地区曾出土方形水滴、执壶及圆形小罐都是细线条描绘花纹的釉里红器。

4. 釉里红瓷器的时代问题

元釉里红瓷的鉴定,主要是年代的归属问题,其鉴定要点在器形、制作和图案花纹各方面,凡元青花瓷器的一般标准,对釉里红瓷器也能适用,但目前对于元和明初,特别是元和明洪武朝的区分还不十分清楚,因此对于出土和传世的釉里红器中,哪些可以确认为元代的制品,是比较困难的。一般说,上面提到的釉里红涂绘和釉里红拔白的器物,属于元代当不成问题,但关于出土和传世的某些釉里红线绘的瓷器,则其时代还待进一步研究。

从景德镇湖田窑址釉里红瓷碎片出土极少,以及传世品亦极罕见的情况看,当时釉里红器的生产,虽然已经趋于成熟阶段,但真正的发展期并不在元代。

第五节 各种色釉瓷

元代景德镇除继续烧造青白瓷(影青)、白瓷和较粗的黑釉瓷(主要为高足杯、碗类的民间日用器)外,还烧制成功了高温铜红釉、高温蓝釉和低温孔雀绿釉。

1. 红釉瓷

在釉里红瓷一节已经叙述过,铜在高温还原气氛中能呈现红色,以铜红料作为彩绘料,在釉下施彩即成釉里红,若以铜红料掺入釉内作为呈色剂,即能烧成高温铜红釉。目前已发现湖南长沙窑有通体高温红釉的制品,宋代钧窑则使红釉的烧造达到一个新的境界,但它们的胎釉制备都远逊于元末明初景德镇的制品。从已经确认的明初洪武红釉瓷的纯正程度看,这种烧制工艺,在元代肯定已经十分成熟,但问题是迄今为止很少发现完全可以确认的景德镇元代的红釉瓷标本。

2. 蓝釉瓷

蓝是钴料的发色,我国春秋战国时代的陶胎琉璃珠及唐三彩陶中的蓝釉器,都是钴蓝的制品,但都属低温烧成。在瓷器上的高温钴蓝釉,则是元代景德镇的创制。

河北省保定市发现的蓝釉金彩匜及蓝釉金彩酒杯和蓝釉金彩盘,呈宝石蓝色,十分纯正,代表了元代景德镇高温蓝釉的烧造水平。在国内外的传世品中,可以确认为元代蓝釉器的,还有一批蓝釉白龙的梅瓶和盘子,现藏南京博物院的蓝釉白龙梅瓶,其口部成梯形,是典型的元代梅瓶式样,高43.3厘米,日本亦藏有同类型的蓝釉白龙梅瓶,只是器形稍小,高为34.3厘米。北京故宫博物院、日本出光美术馆及大阪市立东洋陶瓷美术馆都藏有蓝釉白龙盘,尺寸在15.5—16厘米之间,其龙纹均为三爪,画法和梅瓶的图案几乎一致。此外,在伊朗巴士顿(Baston)博物馆及阿特别尔寺则有蓝釉白龙大盘,其径达46厘米以上。这类蓝釉器,其图案纹饰除了龙纹外,还发现有白花飞鸟海马纹和白鹤纹。

元代景德镇蓝釉的烧制成功,为明清两代霁蓝釉的大发展奠定了基础。

3. 孔雀绿釉瓷

孔雀绿釉是用铜料在氧化气氛中,以低温烧成。从汉代的铅绿釉陶开始,低温绿釉的烧制一直没有间断过,金代扒村窑和元代磁州窑都有绿釉釉下绘褐彩的制作。元代景德镇在优质瓷胎上烧制成功了孔雀绿釉釉下青花的新品种。由于过去缺少实物资料,我们曾一度把上海博物馆所藏的明成化年制的孔雀绿釉釉下青花盘看成是景德镇的最早制品。近年在印度尼西亚苏拉威西中部的朋加地方(Banggai, Central Sulawesi)出土了一件典型元代的孔雀绿釉釉下玉壶春瓶,腹部主题图案为莲池水禽画面,颈肩和底部的仰覆莲以及颈部的蕉叶纹都是元代的典型画法。

第二章 明代景德镇瓷器生产概说

第一节 概 说

明代在中国陶瓷发展史上是由宋代的百花争艳,经由元代的过渡,变成了几乎由景德镇一花独放的局面。唐末至两宋(包括辽、金)名窑遍布全国,有很多品种,都有各自的市场。很难说,哪个窑场的某一品种是最主要的。但到了明代,虽然还有一些产地在制造各类不同的陶瓷器,然而在质和量上都无法和景德镇的制品抗衡。到明代中期以后,景德镇的瓷器几乎占据了全国的主要市场,而高质量瓷器的独占者——宫廷所用的瓷制品,也几乎主要由景德镇供应。真正代表了时代特征的是景德镇瓷器。

景德镇在明代成为中国的瓷都,除了有其特殊的历史条件和有利的地理环境外,明朝宫廷在当地设立御器厂,承担了为宫廷、皇室提供最优质的瓷器的任务,也具有重要的作用,御器厂设置以后,为了满足宫廷需要,便不惜代价,向高、精度发展,促使景德镇的制瓷业不断扩大新品种,提高产品质量,从而也带动了民窑的进一步发展。而民窑在扩大市场的基础上,也精益求精,到嘉靖以后,宫廷所需的御器——钦限瓷器,实际上是由民窑中的"官古器"户烧造的。

明代民间的中、上阶层居民,几乎普遍使用景德镇民窑所产的瓷器,特别是青花瓷。明代外销瓷的数量也是巨大的,近年来在东南亚地区,尤其像印度尼西亚等地,经常有大批明代完整瓷器发现,数量惊人,中东地区同样也十分可观。明代晚期,中国瓷器远销欧、美各地,墨西哥在修筑地铁时还发现了明代景德镇的五彩瓷碎片。对于明代官窑瓷的研究,我们的前辈们曾做了不少工作。虽然对于御器厂设置的确切年代,正统、景泰、天顺三朝的制瓷实况以及某些具体事项还有很多疑问,但目前景德镇御器厂旧址的新发现又为我们提供了进一步研究的重要资料。惟关于民窑瓷的详情,却缺少有系统的整理研究,特别是有关明代外销瓷的历史,几乎所知更少,今后,随着景德镇窑址的科学发掘和国外资料的收集整理,必将有所收获。

明代景德镇的瓷器,以青花为最主要的产品,但其他各类品种也都是十分出色的。按制瓷工艺分有：釉下彩、釉上彩、斗彩和颜色釉四大类。

釉下彩是指青花和釉里红瓷，因其彩绘在胎上，着釉后一次烧成而得名。历来认为，釉下彩最先由唐代长沙窑创烧，宋代磁州、吉州窑都烧造，但最新的考古资料表明3世纪的越州窑已开始制作釉下褐彩了。

明代景德镇的青花瓷是釉下彩发展到最高的阶段。由于景德镇胎、釉制备的精细，从永乐年间开始，又恢复使用了从中东伊斯兰地区进口的钴料，青花瓷遂以其胎釉洁润、彩色鲜艳而成为中国瓷器生产的主流，青花瓷的生产在明清两代长达600年间盛行不衰。御器厂所烧造的官窑青花瓷器，固然精细优美，而民窑的产品，除供民间一般百姓使用的日用器外，也有极精致的陈设瓷。虽然民窑产品是民间艺匠精湛技艺的结晶，但最能反映景德镇制瓷业工艺水平的仍然是官窑的产品。我们既要重视民窑瓷器，但也不应把民窑瓷器，包括民窑青花瓷器的研究提到不适当的高度，特别不应该把明代民间青花看成是代表我们民族化的产品。决定时代性质的是质不是量，大众化的、普通的民间窑瓷器，决不能代表我国古代瓷器生产的水平。

釉里红的制作在洪武朝一度发展到极盛阶段，宣德的釉里红器也颇负盛名，但宣德以后，随着高温铜红烧制技术的衰退，釉里红的制品便变得少得可怜。明代末年，民窑又开始尝试性地烧造釉里红器，但大多属于色泽不太纯正的小件器。

釉上彩是因彩绘在釉上而得名，工艺上是指在已经高温烧成的瓷器上再进行彩绘，然后以700℃—900℃低温烘烧，使其彩色不致褪脱，它包括釉上单彩（如白地红彩等）和釉上多彩（如三彩、五彩等）。金代定窑的釉上红彩、磁州窑系统的釉上加彩，是釉上彩的原始阶段。明代从洪武的釉上红彩到宣德的釉上五彩，只有半个世纪左右，但工艺已经取得了十分惊人的成功。宣德以后，单纯的釉上五彩制作并未间断过。发展到万历时期，彩色浓艳夺目的青花五彩器是明代釉上彩制作的又一新阶段。但在正德、嘉靖以前，彩瓷几乎是御器厂专烧的官窑独占品，嘉靖朝民窑的红绿彩制作进入了极盛时期，嘉靖、万历时期景德镇的釉上彩瓷器已远销国外。

斗彩，又称逗彩，意谓釉下彩和釉上彩拼逗成彩色画面，从这个意义上说,宣德时期的青花红彩器,即属斗彩的范畴,但这只是釉下单彩(青花)和釉上单彩(红彩)相结合,成化斗彩则是釉下青花和釉上多色彩绘相结合的典型斗彩器,万历朝青花五彩器中有一部分也应归入斗彩的范围内。

颜色釉是指各种色泽的高温釉和低温釉,有一种色泽的单色釉,也有多种色泽施于一器的杂色釉。明代的白瓷虽然以其胎色的洁白和透明釉的纯净而呈白色,并非特殊施以白色釉,但为了方便,一般书籍均列入颜色釉内叙述。明代景德镇的颜色釉瓷,主要是御器厂的官窑制品,洪武朝的高温红釉、蓝釉、柿色釉和黑釉都有极高的成就,永乐、宣德两朝则增加了多种仿哥釉、仿龙泉釉等品种。永乐朝的红釉和甜白则又是明代颜色釉中的佼佼者。宣德以后,高温铜红釉渐趋衰落。嘉靖朝开始以铁红低温釉代替高温铜红釉。嘉靖官窑以多种色釉施于一器的杂色釉制作特别兴盛,王宗沐所著《江西大志·陶书》对此有详细的记载。

由于我国古代文人学士中有很大一部分人士比较轻视手工业生产,因此历史文献中有关陶瓷制作的记载甚少。目前能看到的有关明代景德镇制瓷业概况的记述,以上述嘉靖时人王宗沐《江西大志·陶书》为最主要。此外,明宋应星的《天工开物》及成书于清雍正、乾隆年间的《南窑笔记》,乾隆年间朱琰的《陶说》,嘉庆年间蓝浦的《景德镇陶录》和乾隆本《浮梁县志·陶政》,其内容很大一部分系明代景德镇制瓷业的概况。

南北各地很多古老瓷窑在明代以前已经停烧,至于磁州、龙泉等窑,明代前期虽仍在烧造,但到明中期以后都已成了强弩之末,其产品一般只供居民使用。当时,值得一提的有福建德化的白瓷,宜兴的紫砂,山西的琉璃和法华器以及广东潮安、惠阳的所谓汕头器,福建泉州一带的外销陶瓷器等。此外,在嘉靖朝于江西乐平亦一度烧造过青花瓷,明代晚期吉州窑的碎器青花和广东佛山的石湾窑也是值得重视的。

第二节　洪武窑瓷器

1. 概说

朱元璋于公元1368年称帝,国号明,建元洪武,至1398年,洪武一朝共31年。事实上,江西地区于1361年后,即基本上在朱元璋控制之下。景德镇地区自1361年起生产的瓷器,已很难确定其是否为元瓷了。但由于缺少可靠的文献记载和科学发掘的考古资料，长期来，对于洪武一朝景德镇的瓷器生产情况如何？洪武朝是否建立御器厂烧造官窑瓷器以及洪武年间瓷器生产的品种、造型和装饰图案等等，都不太清楚，因此往往把一些显然不属于典型元瓷而又非永乐、宣德典型风格的瓷器，列为元末明初瓷。但洪武瓷是肯定存在的，其依据有两条：一是经过排比，可知目前国内外传世的一部分瓷器，其制作、造型和图案花纹等各方面都和典型的元瓷有区别，而又不同于习惯上已判定为永乐、宣德的瓷器；二是1964年，南京明故宫遗址出土了一批瓷器，其中正好有那一部分早于永乐、宣德而又和元代典型瓷不一样的标本。肯定洪武瓷的存在，是近30年来的事，但这个观念还没有被国内、外的学术界所全部接受，特别是有些大型博物馆的陈列品仍以"元末明初"标名的不在少数。

景德镇洪武时期所生产的品种，应该是较多的。元代的青白釉和枢府瓷，入明以后仍在继续烧造。白釉和黑釉瓷也都有发现。青花、釉里红、白釉红彩、柿色釉、红釉、蓝釉、绿釉等品种均有实物传世，此外尚有在一件器物上里、外釉色不一的制品。

从传世洪武瓷中有质量精粗程度悬殊的器物看，应该分细瓷和粗瓷两大类，而细瓷中凡颜色釉部分，较多五爪龙的纹饰，考虑到明故宫遗址出土的情况，细瓷中很大部分应该是官窑的产品，粗瓷显然是民间日用器。

2. 釉里红瓷

在国内外传世品中可以确认为洪武瓷的，以釉里红器为最多。其器形有高达50厘米以上的大罐、直径达40厘米以上的特大碗、直径在20厘米左右的大碗、直径在40—55厘米的大盘(以菱口为多见)、直径在20厘米左右的盘和盏托以及梅瓶、玉壶春瓶、双耳瓶、三足炉、玉壶春执壶等。

洪武釉里红瓷有以下几个特征：

① 釉里红多数呈较淡或偏灰的色泽，个别器物还有飞红的现象，或呈暗黑色，器物釉面往往有开片。

② 器物的制作，除玉壶春瓶、玉壶春执壶及口径在20厘米左右的大碗为釉底外，其他均为糙底。凡糙底的盘、碗之类底部均刷有一层釉浆，烧成后呈红色，且多数有明显刷纹。

③ 碗类细器的底足已经摈弃元代斜削的习惯而采用平削，底足平齐。

④ 洪武朝釉里红制作除少数器物采用涂抹拔白的方法外，已主要采用线绘的图案装饰，这意味着烧制过程中已多数能控制铜红料飞红的现象，烧制技术有了很大进步。

⑤ 图案花纹多见花卉纹，主要是缠枝和折枝牡丹、莲花和扁菊花。扁菊花纹尤为多见，这是洪武时期釉里红和青花瓷器的共同特点之一。此外，有松竹梅图、庭院芭蕉图及飞凤图。和元代青花瓷器相比，洪武朝的釉里红器少见人物故事、动物、莲池、水禽或鱼藻等图案而显得比较简单。

在研究洪武釉里红瓷器时，有以下几点值得进一步探讨：

在前述元代景德镇瓷器一章里已经谈到，在传世的釉里红线绘图案纹饰的器物中，还无法确认哪些是元代的制品，而从器形、图案纹饰和底足制作看，这类线绘釉里红器大多可视为洪武朝的瓷器，但这是就大体而言，元代究竟有没有线绘釉里红瓷器也还不能肯定。江西高安窖藏出土的釉里红菊纹高足转杯，是元代的器物还是应归属于明洪武时期，也是值得考虑的。已故英国艾蒂斯所藏带有诗句文字的釉里红玉壶春瓶，其时代的断定存疑。在东南亚的菲律宾和印度尼西亚等地出土了一批高6厘米左右的方形水滴、高5.5厘米左右的双耳圆形小罐、高6厘米的圆形小罐、直径在8厘米左右的侈口小碗、高11.5厘米的扁形执壶等小件器，有青花，亦有釉里红，对于这批器物的时代，有关著作都定在元代，这些小件器釉里红均为线绘，并且出现了双勾不填色的技法，其纹饰为草叶纹、扁菊纹和变形的牡丹、莲花纹。在日本某些收藏品中和1981年11月6日美国纽约苏富比拍卖行拍卖的瓷器中，以及美国纽约大都会博物馆都有这种釉里红双勾变形花卉的玉壶春瓶，其牡丹及莲花叶瓣已经改变了元代的典型风格，而和基本上可确认的洪武朝青花、釉里红瓷的叶瓣相近，甚至变形得更厉害，其时代则似以定在明洪武朝更为适宜。当然，对于东南亚出土的这批小件青花、釉里红外销瓷的时代，还要作更深入的研究。总之，不管上述东南亚地区出土的小型釉里红器是否属明洪武朝，从已知器物看，洪武的釉里红制作肯定比元代有了更大的发展。宣德朝虽亦有精致的釉里红器，但除了少量的釉里红拔白制作外，主要以成片涂抹方法制作的龙纹盘和碗以及三鱼、三果高足杯等。宣德朝的釉里红无论从品种或数量上看，都远不如洪武时期。宣德以后，整个明代的釉里红制作已渐趋衰落，因此，可以断言，洪武是明代釉里红的极盛时期。

3. 青花瓷

在原有传世品中，可确认的洪武瓷，青花器少于釉里红器。其器形有口径41厘米以上的特大碗、口径45厘米以上的大盘、高36厘米以上的束腰瓶、高32厘米左右的玉壶春瓶及玉壶春执壶、口径在20厘米左右的盘、口径在20厘米左右的菱口盏托、口径在20厘米左右的大碗、北京德胜门外出土高达66厘米的带盖大罐及高足杯等。

洪武青花瓷有以下几个特征：

① 青花色泽不如典型元青花那样浓翠，大多数偏淡灰色，估计这时期从中东伊斯兰地区进口的作为青花瓷色料的钴土矿曾一度中断，所以改而采用了国产含铁量较低、含锰量较高的钴土矿作色料。

② 器物制作和釉里红器一样，除玉壶春瓶、玉壶春执壶及口径在20厘米左右的大碗为釉底外，其余均为糙底。糙底的盘、碗之类底部有红色护胎釉，且多数有明显刷纹。

③ 传世品中，洪武青花瓷的图案花纹比釉里红瓷更单调，以花卉纹为主，基本上和釉里红的花卉纹相同，特别多见扁菊纹，有的器物以缠枝扁菊为主题纹饰。惟束腰梅瓶有五爪龙纹，南京明故宫出土青花云龙小盘碎片盘心有三朵云。不见釉里红器上的松竹梅，庭院芭蕉及飞凤图等图案。

从传世品及景德镇窑址发现的标本看，洪武年间以碗类为主的民窑青花粗瓷其底部无釉，且有尖钉状凸起，仍保留了元代斜削足的特点。

在东南亚地区出土的一批方形水滴，圆形双系小罐及多口碗，其图案多见简笔花草，尤以简笔菊花为多，个别亦发现有双勾未填色的变形花卉纹，关于这些青花小件器的时代归属，和前述小件釉里红器一样，同样是一个需要探讨的问题。

4. 颜色釉瓷

对于洪武颜色釉瓷的认识，要归功于南京明故宫遗址的发现，明故宫除出土洪武白地红彩云龙纹盘及青花云龙纹盘的碎片外，还出土了酱色釉碗和外酱、内霁青釉印花碗的碎片，这件里外两种色釉碗的发现，为识别洪武瓷提供了标本。根据这件碎片可知此碗内壁有印花云龙纹，碗心为浅刻"风带如意云"纹。据此，可以认定日本大和文华馆藏里黑外白印花云龙纹碗、出光美术馆藏里红外蓝印花云龙纹碗、美国纳尔逊博物馆藏里蓝外褐印花云龙纹高足杯等都属于洪武瓷。它们的共同特点是在器物内壁印云龙纹，龙均为五爪；器内底心均浅刻云纹，云纹有两种：一种也是"风带如意云"纹，另一种为三朵云纹，这种三朵云纹与明故宫出土青花云龙纹盘盘心的三朵云纹完全相同。根据器物内壁印五爪龙纹、器内底心浅刻云纹的特征，又可判断现藏北京故宫博物院的红釉印花云龙纹高足杯、红釉印花云龙纹盘及日本大阪市立东洋陶瓷美术馆藏的红釉印花云龙纹碗、出光美术馆红釉印花云龙纹盘、英国大英博物馆的蓝釉印花云龙纹盘和美国克利夫兰博物馆的红釉印花云龙纹碗都是典型的洪武颜色釉瓷。从上述的器物可知洪武朝的颜色釉有红釉、蓝釉、酱色(柿色或褐色)釉和黑釉多种，这些器物虽有碗、盘、高足杯之别，但其共同特点是制作规整，特别是五爪龙纹相似，说明是同一时期内的官窑制品，明初洪武年间已有官窑的设置，从这些实物看应是肯定的。

5. 釉上彩瓷

元枢府瓷的红绿彩制品已在东南亚发现过，但这是民窑比较粗的制作。南京明故宫发现的白地红彩云龙纹盘则是洪武官窑的产品，此盘是在已烧成的白瓷盘上用铁红料于内、外壁描绘五爪龙纹，在盘内心绘三朵云纹。旧说明代的釉上红彩是宣德朝所首创，由于此盘的发现应可以否定了。

6. 洪武瓷的鉴定要点

洪武瓷的鉴定重点是要正确辨别与元瓷的不同，并注意不要和典型永乐瓷相混淆。

① 元代除少数玉壶春瓶为釉底外，其他器物底部无釉。洪武则除玉壶春瓶、玉壶春执壶外，口径在20厘米左右的扁菊纹大碗也为釉底，其他器物则底部无釉。

② 元代碗类底足斜削的习惯，洪武时期除民间青花粗碗仍沿用

外,其他较细的器物已改为平削足。

③ 元代梅瓶的口均为上狭下宽的梯形口,明代梅瓶口部已改变为直而稍翻唇,决无梯形感。

④ 元代青花龙纹绝少五爪,洪武官窑器几乎全为五爪。

⑤ 元代印花和青花两种装饰工艺同置于一器的方法,洪武仍继续使用。

⑥ 元代莲花叶子为标准的葫芦形,洪武已变形得不成葫芦形了。

⑦ 元代牡丹叶子画得肥厚规矩,洪武已变得稍为细瘦而随便了。

⑧ 元代的仰莲瓣纹每瓣都分开绘画,洪武朝除个别器物仍分开画外,绝大多数莲瓣之间借用边线,不再分开,并出现了双勾描绘边线而不填色的白描画法。

⑨ 器物颈部的蕉叶纹,元代每片蕉叶之中茎或单线色绘或双勾填色,洪武则蕉叶中茎以双线勾出后不填青花或釉里红色,形成中茎有空白地。

第三节　永乐窑瓷器

1. 概说

永乐(1403—1424)一朝有22年,永乐帝朱棣从其侄建文帝手中夺得政权以后,把首都从南京迁移到北京,南京作为陪都,为安抚南方一批宗室和官僚,仍维持南京朝廷和六部的规模,北京建成新都后,两京所用瓷器的数量和品种大大增加,永乐帝对内、对外的赏赐也需要大量瓷器,景德镇御器厂担负了大部分的宫廷用瓷。

由于人们过去对洪武瓷几乎一无所知,因此有些文献记载把永乐看成是明代景德镇最先烧造官窑的朝代。综合历史文献的记述,永乐官窑大致以烧造白瓷、青花和红釉为最突出。明万历年间王世懋《窥天外乘》说:"宋时窑器,以汝州为第一,而京师自置官窑次之。我朝则专设于浮梁县之景德镇,永乐、宣德间,内府烧造,迄今为贵。其时以棕眼、甜白为常,以苏麻离青为饰,以鲜红为宝。"同时期的黄一正《事物绀珠》也作了相同的记载,对于永乐瓷的胎体,明李日华《紫桃轩日缀》认为永乐的特点是厚胎,"宣窑薄甚永窑厚"。明方以智《通雅》也说:"永乐窑贵厚,成化窑贵薄,前后规制殊异。"这种把永乐瓷看成一概是厚胎的观点,是一种误解。清代虽仍有人附和这种论调,但蓝浦《景德镇陶录》作了比较全面的评价:"永窑,永乐年厂器也,土埴细,质尚厚,然有甚薄者,如脱胎素白器,彩锥拱样始此。唐氏《肆考》云:'永器有压手杯,中心画双狮滚球为上品,鸳鸯心者次之,花心又次之。杯外青花深翠,式样精妙,若后来仿制者,殊差,永器鲜红最贵。'"事实上,永乐瓷除少数白瓷梅瓶及大盘外,很多甜白碗或青花器,都是比较薄的。

近年来,景德镇御厂遗址曾发现了永乐官窑器的碎片,其品种有青花、酱色釉、淡青釉和白瓷。结合传世品看,永乐朝生产的瓷器应有青花、甜白、红釉、酱色釉、翠青和影青釉等,其中以青花为最多,甜白次之,其他颜色釉器则都极为少见。

需要说明的是,由于永乐瓷中只有极少数有"永乐年制"的年款字,绝大部分是没有年款的,目前对于洪武和永乐以及永乐和宣德某些交替时间的断代,还很难识别。因此,对有些品种还难于确认其时代,只有依靠对景德镇御厂遗址的科学发掘,才能进一步解决各种难题。例如,洪武朝的釉里红制作极为发达,而宣德朝的釉里红器也有传世,但对哪些器物属于永乐,过去在传世品中很少见到,最近在景德镇御厂遗址中发现不仅有釉里红,还有青花釉里红的品种。又如,元代和宣德都有蓝釉器出土和传世,但永乐的蓝釉暂时也还无法判断。

2. 青花和其他釉下彩瓷

青花瓷器从元代烧制成熟后,在明初洪武时期似乎曾一度衰落过,永乐开始,景德镇的青花细瓷又出现新的高峰,从陶瓷发展史的角度看,元代的青花瓷器除大量运销国外,在国内市场虽亦流行,但它在整个制瓷业中影响还不大。元人及明初人的文献中还没有元青花的记载,文人学士还没有把它作为重要的陈设品,然而,从永乐朝开始,青花瓷器的制作已逐渐成为景德镇瓷器生产的主流。永乐、宣德两朝官窑瓷器的胎釉制作比元代有更大的进步,胎质细腻洁白、釉层晶莹肥厚、青花色泽浓艳是这一时期的共同特点,由于郑和7次下西洋,进一步发展了与中、西亚的贸易联系,带回了"苏麻离青"的钴土矿,这类进口青料含铁量高、含锰量低。由于含锰量低,减少了青中的紫、红色调,在适当的火候下,能呈现宝石蓝的色泽,但也由于含铁量高,往往在青花部分出现黑铁斑点,这种自然形成的黑铁斑和浓艳的青蓝色相映成趣,被视为无法模仿的永乐、宣德青花瓷器的成功之作。

由于永乐青花瓷器除罕见的压手杯有"永乐年制"篆书款外,其他都无款识,人们很难划分它和宣德青花的区别,历史上或统称"宣青",或以永、宣并称。当然,在相邻朝代间的制瓷工艺往往是没有差别的,但以永乐的典型器看,也还是可从下列几方面的特征和元青花或宣德青花相区别:

① 釉面有肥亮感——典型永乐青花,由于烧成温度较高,釉内气泡较宣德器为少,而釉面有"肥亮"感,但有很大部分永乐器也有很多气泡,以30倍显微镜观察,气泡应为大、中、小三种不同类型。

② 永乐青花器的釉,基本上为白中泛青色,少数器有开片。

③ 青花有晕散现象——永乐、宣德直至成化前期的青花都有黑铁斑,但永乐器则较多晕散现象,宣德器虽亦有发现,但较永乐为少。

④ 永乐朝器形多见梅瓶、玉壶春瓶、玉壶春执壶、双系扁瓶(又称抱月瓶)、深身洗、大盘(包括菱口或板沿盘)、大碗、碟、罐、钵、高足杯、小型竹节柄卤壶及各式碗(如莲子碗、鸡心碗等)、各式盘、压手杯等。

永乐大盘虽不如元代那么多,但在托布卡比、萨拉依及阿特别尔寺仍藏有口径达62—63.5厘米的花卉纹细砂底永乐青花盘,说明当时仍有大盘外销,而且口径极大。但元代的典型器如方形扁瓶、多棱瓶、壶、罐,高50厘米以上的高颈大罐等则都已绝迹。折腰碗、折腰盘亦不再多见。枢府瓷的小底足制作,在永乐朝亦已基本摒弃,有些沿袭前代的器形,亦有所变化,如梅瓶的口部,元代的上窄下宽的梯形口已绝不再见,梅瓶的底部也从元代的较窄变得较宽。又如高足杯,已改变元代和洪武下腹较宽的形制而成上敞下收的形式。匜的流已由元代的低于口沿变为与口沿齐平。

有些器形是元代和洪武朝所没有而从永乐朝开始的,如大型天球瓶、单面扁壶、双系扁瓶(抱月瓶)、扁瓢形瓶、花浇、尖底莲子碗以及双系、三系或四系盖罐或多系把壶、多棱烛台、筒形器座、波斯型执壶、带盖瓷豆、高足盏托、鸡心扁瓶等等。其中有些形式显然是受了中东伊斯兰文化的影响。

⑤ 永乐青花(包括其他品种)器的制作,除大盘、扁瓶等少数大件器外,多数器物的底部均已施釉,这是一个很重要的时代特征。前人对

于瓷器底足的处理方法也是有所论述的,如《留青日札》云:"陶辨器足,永乐窑压手杯,滑底沙足,宣窑坛盏,釜底线足。嘉靖窑鱼扁盏,馒心圆足。凡陶器出窑,底足可验火法。"现存北京故宫博物院的压手杯,确实底部已上釉,而圈足亦较粗糙。

永乐器如盘类,其糙底一般都色白而细,抚摸时有如糯米粉的感觉,这种细砂底的发现,也是划时代的,有的细砂底已出现小块铁斑。

永乐器底削足的处理,彻底改变了元代斜削的方法,永乐细瓷一般是底足平削。

永乐釉底器,有的底釉亦呈波浪纹。

⑥永乐青花瓷的图案花纹,已完全改变了元代多层次而又繁密的布局,而多留空白地。器物的主题图案往往以缠枝四季花(梅花、牡丹、莲花、菊花)为主,并以蕉叶、如意云、回纹、波涛等为辅纹,显得有疏朗感,永乐器多以花卉、瓜果为装饰图案,但亦有少数花鸟及人物的图案。此外,也有少数龙、凤纹的器物,但不见洪武盛行的以扁菊为主题纹饰的图案。

永乐器的龙纹少数仍属细颈、长身外,已出现肥身龙,并有平直披发及竖发的不同处理。爪有三爪、四爪及五爪,其爪部也显得较肥。

蕉叶纹的中茎多数是中空而不填色。

仰覆莲瓣的瓣心已填色,有的不填色,但边框线为双勾而不填色,边框线除极少数分开外多数已相互借用。

⑦永乐青花绘画笔法的主要特征是其图案花纹多为双勾填色,但其填色的方法并非用大笔一笔涂抹,而是用小笔填绘,往往出现深淡的笔触,这也是从永乐开始到成化前期明代青花细瓷最具共同性的一个特征。人们开始比较全面地识别永乐青花,只是晚近的事,对于永乐釉里红和青花釉里红,过去则更少认识,最近在景德镇御厂遗址的出土品中,很可能对识别传世永乐釉里红及永乐青花釉里红均有启发。所见有青花釉里红海水龙纹高足杯、青花釉里红小高足杯,有青花海水、釉里红三鱼杯,足封底、底釉为水绿色、有开片、碗心为梵文,有釉里红长方笔盒,盒盖为松竹梅图案,有大香炉为缠枝牡丹,有釉里红龙纹高足杯及釉里红龙纹大碗等。

3. 永乐甜白瓷

景德镇在元代枢府瓷的基础上，明代的白瓷制作有了进一步的发展。明初洪武的白瓷，应该已有相当成就，惟目前尚无法加以识别，但永乐的白瓷制作，可说是划时代的。这是因为：① 瓷胎中逐渐增加高岭土的用量，减少了瓷器的变形；② 精工粉碎和淘洗原料，去除原料中粗颗粒和其他有害杂质，以增加瓷器的白度和透光度；③ 由于配料中提高了铝氧的含量，提高了瓷胎的烧成温度，增进瓷器的机械强度以及其他物理性能；④ 改进了瓷器装匣支烧的方法，提高了烧成质量并有利于实用。永乐白瓷是这些工艺改进后的产物。

永乐白瓷的特点是胎质细洁，釉色白莹，给人以一种甜的感受，故有"甜白"之称。又有人认为，这种白瓷可以填上各种彩色，而成彩瓷，因此又有"填白"之名。

永乐的甜白器有厚、薄两种，薄的一种主要是碗、盘、高足杯等类小件器，能达到光照见影的程度，这是有名的"薄胎"器，可以薄到半脱胎的程度，其他大件器都属厚胎。

甜白瓷的器形，景德镇御厂遗址出土有靶盏（高足杯）、盘、僧帽壶、碗、大瓶、罐、爵、扁壶、荷叶盖罐以及波斯型执壶、盏托、盖豆、花浇、烛台、圆筒形器座、鸡心扁壶、葫芦瓶小盃、军持等。传世以梅瓶、盘、碗为多见。此外，尚有三系竹节把壶和双系盖罐等。

甜白瓷除了一部分为素面无花纹装饰外，也有一部分有划花或印花装饰，其图案花纹主要为缠枝牡丹、缠枝莲、瓜果、折枝花、莲托八宝。此外，也有双龙、五龙、凤纹及藏文。

"永乐年制"四字篆书款，以甜白器所见为多，其中尤以半脱胎器为主，款字有划和印两种，但多数永乐甜白瓷也是无款的。

由于永乐甜白瓷的声誉极高，后代多有仿制，尤以清康熙、雍正朝的仿品为多，鉴定其真伪，除要细心观察其造型的异同、图案花纹的时代特征外，应该看到永乐白釉一般应有釉层肥厚的滋润感，且多数呈白中闪青的色泽，部分器物有开片，而橘皮纹明显。此外，清代所仿永乐甜白半脱胎的盘、碗之类器物，其底部可以完全透亮，而真永乐器的底部瓷胎稍厚，因此并不全透，这是由于清代脱胎的技术已经成熟，能使器物底部达到接近脱胎的程度，所以产生全透的效果。至于康熙仿永乐的一般甜白器,其底部往往有旋纹及黑疵等康熙瓷的普遍特征,而且聚釉处无永乐器常见的水绿色。

永乐甜白器的印花为典型的暗花,除少数极清晰外一般较模糊,雍正的印花显得特别清晰,尤其有一类锥拱暗花八宝甜白碗,多见有雍正仿品。

"永乐年制"四字篆款以出现在半脱胎龙纹的盘、碗、高足杯等器物上为多,其他虽亦有发现,但是少数,其款字书写并不规整,清代仿品则四字往往为极规整的篆书体。

4. 永乐颜色釉瓷

已经可以判定为永乐的颜色釉瓷有红釉、酱色釉、翠青、影青釉、黄釉和仿龙泉釉。

永乐红釉的制作,比洪武红釉有了进一步提高,其胎质更趋精细,施釉匀净,还原气氛适宜,使其发色成鲜艳的红色。因此称"鲜红";又因这种红色犹如红宝石,亦称"宝石红";此外又有"霁红"、"积红"等名称。更由于这类颜色釉瓷主要用作祭器,因此亦名"祭红",事实上都是指高温铜红而言。这些名词,明清两代一直沿用着,永乐红釉器多盘、碗、高足杯及梨壶等小件器,大多是器物里外都施红釉。一般说,永乐、宣德时期的红釉或蓝釉器,凡里外均施颜色釉的,其口沿大多有一条呈白色的透明釉边线,非常整齐,白红或白蓝相映,显得很柔润,俗称"灯草边"。这种"灯草边"在宣德器上是极为典型的,但在永乐红釉器上并不一定存在,不能以有无"灯草边"来判定永乐红釉器的真伪,例如台北故宫博物院所藏有"永乐年制"款的祭红双龙戏珠高足杯,其口沿就并不具备典型的"灯草边"。永乐红釉器中也有的在器内壁施透明釉,只是器物外壁施红釉,例如北京故宫博物院所藏高足杯即属此例。红釉器多数无花纹装饰,但也有少数有云纹、龙纹或双龙戏珠纹,显然都是官窑器。这种印花云龙纹十分隐暗,器底有的划写"永乐年制"篆书款,那是属于极为珍贵的器物。《景德镇陶录》有"永器鲜红最贵"的说法,是把永乐红釉器置于永乐其他品种之上,可见对它的评价之高。

永乐仿影青釉,可以北京故宫博物院所藏暗花缠枝莲纹碗为典型器。宋代景德镇青白釉中有极薄而光照见影的典型器,上海博物馆所藏宋青白釉刻花花卉碗胎体细洁而甚薄,釉色青绿,刻纹清晰,即属此例,但与永乐仿影青釉相比,由于永乐胎质更细而釉面肥润,色呈淡青且其暗花在隐约之间,因而显得更为幽雅恬静。

浙江龙泉窑在明代前期仍继续烧造民间日用青瓷,景德镇在永乐、宣德时期即已仿烧龙泉釉,永乐时期的仿龙泉釉器有碗、罐、高足杯等,其釉色较龙泉稍偏青绿,釉的光泽度较强,有的器物施釉不太均匀,这类仿龙泉釉又称"冬青"釉。

翠青是永乐时期新创的釉色,是一种极淡的淡青绿色,有娇翠恬淡的感觉,以盖罐及高足杯为多见。盖罐有三系或四系,胎体厚重,翠青釉仅施于器物外壁,内壁为白色透明釉,翠青釉满体气泡密布,如鱼子状,但气泡亦有大小之分,非一律大小,这类盖罐有清代仿品或后配罐盖,凡永乐原件,其罐盖顶部呈弧状拱顶,后配者成平顶而无弧形拱顶状,清代后仿器,或较小气泡,或气泡成一律大小的整齐状。

5. 彩瓷

过去在传世品中未见永乐彩瓷,近年来,景德镇御厂遗址有重大发现。1986年笔者在景德镇"品陶斋"所见到永乐彩瓷的品种计有:白地釉上红彩、青花红彩、白地孔雀绿彩、白地刻填酱彩、白地刻填酱彩加绿彩、黄地绿彩、绿地酱彩等。这些品种的新发现,说明明代后期的多数彩瓷在永乐时期已经开创。永乐一朝对明代景德镇制瓷业的开展具有极为重大的作用,其详细报告发表后,永乐彩瓷的章节将要大书特书。

6. 款识

景德镇瓷器落正规的官窑年款始自永乐,永乐官窑款识有下列几个特征:

① 就目前所见实物看,永乐官窑款仅见"永乐年制"四字篆书款,不见"大明永乐年制"六字款,或"永乐年制"四字楷书款,景德镇御厂遗址也只出土"永乐年制"四字篆书款。因此,凡遇六字款或楷书款者,需特别注意,一般所见此类均属伪品。

② "永乐年制"四字篆书款,有刻、印和青花书写三种方式。

③ 永乐款以青花书写的,仅见于青花压手杯,款字书写于碗底心的花纹之内,其他青花器不见款字。

④ 印款和刻款用于甜白瓷及红釉器,款字一般在器物内底心部位,四字款外加单圈,或有花边及图案花纹。

印款的文字一般均模糊,凡特别清晰者要注意其真伪。

刻款字划自然而不呆板,凡特别规矩而呆板的篆体,要注意其真伪。

清代仿永乐甜白器的仿款,其印款均特别清晰,而字体也显得挺硬有力,但显得太规矩而呆板。

⑤ 永乐青花碗有一种底有近似波斯图案的花款,此外,在御厂遗址还发现龙纹单圈款。

7. 鉴定要点

上面已经叙述过,由于工艺技术的改变和政治上的改朝换代并不是同步的,因此永乐和洪武晚期,以及部分宣德瓷器的区分是比较困难的,但从一般掌握的现象看,大致可列出下述几点:

① 某些特殊器形可视为始于或盛行于永乐朝,如瓢形扁壶、抱月瓶、大天球瓶、单面扁壶、双系(或三系、四系)盖罐、花浇、压手杯、尖底莲子碗等。

② 盘、碗之类撇口器的口沿极薄,手抚之较尖而无圆浑感。

③ 出现极白的细砂底,抚摸有极细腻如糯米粉的感觉。

④ 细瓷底足平削,底釉有的呈波浪纹。

⑤ 白瓷器底聚釉处,呈水绿色特别明显。

⑥ 甜白器盘、碗的底部胎体稍厚,并不全部透亮,凡器底部全透者,非永乐甜白半脱胎器,应属后仿品。

⑦ 青花器釉面肥亮,釉色多数发青,青花有的有晕散现象,青花有铁斑,涂绘部分有不同深浅的笔触感。

⑧ 多见缠枝四季花和折枝瓜果为主题纹饰的装饰图案。

⑨ 玉壶春瓶唇口内外沿,往往有稍厚的釉层,而呈淡青色的流淌斑块。

⑩ 永乐款式只有"永乐年制"四字篆书款,字体自然,凡特别规矩而呆板者要注意其时代。

⑪ 永乐瓷的气泡一般均有大小不同,以30倍显微镜观察,凡气泡一律大小者,要特别注意其时代。

⑫ 永乐瓷与宣德瓷相比,凡相同的器物,永乐薄、宣德厚;永窑轻、宣窑重,甜白瓷的底足聚釉处,永窑比宣窑更显水绿色,青花器的釉面永窑比宣窑更显肥厚感。

第四节　宣德窑瓷器

1. 概说

宣德（1426—1435）一朝仅十年，但这段时期在我国陶瓷史上占有十分重要的地位，从《明宣宗实录》的记载可知，宣德元年就命景德镇烧造奉先殿的白瓷祭器，宫廷派出内官至景德镇督烧瓷器；而且太监张善由于过分贪赃和残酷被处以死刑。据《大明会典》卷一九四的记载，宣德八年，一次就下达了要景德镇烧造龙凤瓷器44.35万件的任务，由此可以想见其烧造规模之大。

前人对于宣德瓷器的评价是十分高的，或许由于过去对洪武及永乐瓷的认识尚处于模糊阶段，也有一定因素。但总的说，宣德瓷的品种、质量和数量，都是可观的。

明人对宣德瓷的赏鉴，偏重于红釉、釉里红、甜白釉和仿官、哥窑器。但文震亨《长物志》亦提到红彩及青花瓷的可贵，说："红花、青花者，俱鲜彩夺目，堆垛可爱。"

清人则偏重于强调青花瓷的成就，如《南窑笔记》在记述历代官窑器，提到宣德窑时，说"青花渗青为上"。《陶说》叙述宣德瓷说："此明窑极盛时也，选料、制样、画器、题款，无一不精，青花用苏泥渤青。至成化，其青已尽，只用平等青料，故论青花，宣窑为最。"

蓝浦《景德镇陶录》综合前人之说，概括宣德窑的特征如下："宣窑，宣德间厂窑所烧。土赤、填壤质骨如朱砂，诸料悉精，青花最贵。色尚淡，彩尚深厚。以甜白、棕眼为常，以鲜红为宝，器皆腻实，不易茅篾。《唐氏肆考》云：宣厂造祭红红鱼靶杯，以西红宝石为末入釉，鱼形自骨内烧出，凸起宝光，汁水莹厚。有竹节把罩盖卤壶、小壶甚佳。宝烧、霁翠尤妙。又白茶盏光莹如玉，内有绝细龙凤暗花，花底有暗款'大明宣德年制'。隐隐鸡、橘皮纹，又有冰裂鳝血纹者，几与官汝窑敌。他如蟋蟀澄泥盆，最为精绝。按宣窑器无物不佳，小巧尤妙，此明窑极盛时也。祭红有两种：一为鲜红，一宝石红，唐氏所记乃宝石红，概以祭红言之，似误。宣青是苏泥勃青，故佳，成化时已绝，皆见闽温处叔《陶纪》，今宣窑瓷尚有存者。"这段记载基本上把前人已掌握有关宣德窑的情况作了总结，但目前我们从传世品和出土器物所得到的资料，已远远超过上述的内容。

宣德窑生产的品种之多是空前的。在釉下彩方面有青花、釉里红及青花釉里红。单纯的釉上彩有釉上红彩和五彩,釉下和釉上彩相结合的品种有青花红彩、青花黄彩和青花五彩(斗彩)。单色釉方面有甜白、红釉、蓝釉、洒蓝、仿龙泉釉、酱色釉、低温绿釉、孔雀绿釉、仿哥釉和仿汝釉,杂釉彩方面有刻填酱彩和各种金彩器等。

2. 宣德青花瓷

宣德青花和永乐青花一样,是中国古代青花瓷的高峰,历史上称永乐、宣德为青花烧造的黄金时代。从文献记载和传世实物看,宣德青花的数量远较永乐为多, 由于永乐与宣德时间相连, 两朝的瓷器烧造年代,有的根本无法区分,有的亦难于判别,但若从全体看,区分永乐、宣德青花瓷大致有如下要点:

① 年款不同,宣德青花瓷中有很大部分有"大明宣德年制"或"宣德年制"官窑款。

② 宣德窑器所用青花料有两种:一是进口的苏麻离青, 由于其含锰量低、含铁量高,烧后色泽浓翠而有铁斑。另一种是国产钴料,由于国产料含锰量高、含铁量低,因此色泽带灰而没有铁斑,但宣德官窑器中有一类青花色泽偏淡,但并不带灰暗色,且无铁斑,极为幽雅,应是采用精炼的国产料绘画烧制而成,或是两种料配伍使用的结果。

③ 和永乐青花制作一样,宣德青花瓷着彩时系用小枝笔,使得色彩每笔蘸料有限,需不断重新蘸料,这就使青花色彩有深深淡淡的笔触痕,永乐、宣德瓷中,不见整片一笔涂抹的情况,因此凡一笔涂抹的青花着彩法,不属永乐、宣德的实物。

④ 宣德青花器中除极少数器物釉色莹白外,绝大多数的釉色均白中泛青,某些瓶、罐类的口缘及足边聚釉处呈水绿色。

⑤ 宣德青花瓷绝大部分底部施釉, 有一小部分底部并不施釉的,大件器如天球瓶、大盘、梅瓶、大缸等;中小件器有深腹圆洗、三足炉、花浇、鸟食缸等。凡底部露胎部位,或属白胎色而有火石红,或有一层浅红色涂抹料,但均无旋痕。清代后仿宣德大盘之类器物,器底露胎部分往往有旋纹痕。

⑥ 器物以矮底足为多,削足处理有多种方法,特别要注意大盘的底足处理法。

凡真宣德青花大盘,圈足断面,往往成倒梯形:墙内敛、里墙外斜,因此无法用手抓起。雍正仿宣德"一把莲"盘,圈足内外墙垂直,可以用手抓起。

底足之足脊应有棱角感,后仿者则成滚圆的"泥鳅背"状。

⑦ 宣德大件器,如扁壶等均系分段接合而成,在器身可看到或摸到接痕,但清代仿品则采用前后身模制而成,在器身两侧可以看到或摸到拼缝的痕迹。

⑧ 宣德青花器形众多,永乐的器形在宣德大部分继续烧造,而更趋变化多样,多见的有梅瓶、玉壶春瓶、天球瓶、贯耳瓶、折方瓶、葫芦形扁壶、抱月瓶、僧帽壶、玉壶春执壶、方流执壶、梨式壶、大罐、大缸、钵、盖罐、八角烛台、豆、高足碗、花浇、渣斗、鸟食罐、匜、蟋蟀罐、漏斗、各式洗、各式炉、各式盘、各式盆、各式碗、杯、盏、碟以及笔管、笔盒、水盂等等。

宣德青花大盘在中东土耳其、伊朗以及景德镇御厂遗址出土品中都发现有口径在60厘米以上的大器,最常见的有3种:一是板沿大盘,其口径大的达44厘米以上;二是微侈口、浅壁弧形大盘,口径在28—44厘米左右;三是菱口大盘,口径在37厘米左右。

宣德青花碗是历代碗类器形中最繁多的,大、中、小各种式样有数十种,如胎体极厚重的平口沿大碗、器身如筒而矮短的墩子碗、卧足馒头心碗、折腰形合(盖)碗、仰钟式碗、花瓣式碗、葵口薄胎(口极撇而底甚小)口大而身高的盏、口撇而身矮的马铃式碗、口撇而大且底矮而阔的草帽式碗、口径与底径相近而身高直的筒子杯以及尖底莲子碗等等。

宣德青花器上的辅助纹饰,最常见的有仰、覆莲瓣纹,已完全改变元代及明初洪武的式样,多见瓣心填色,凡不填色者,内绘纹饰亦已毫无元代风格。

在这些器物中,如折方瓶、方流执壶、厚胎钵、八角烛台、豆、鸟食罐、花浇、蟋蟀罐等,在永乐器中极为少见。

⑨ 宣德青花瓷的图案花纹以缠枝花、折枝花,其中尤以缠枝莲和宝相花为多见。在特定器形上使用某一种图案花纹,似有某些规律性。例如在口径37厘米左右的菱口大盘上,一般都绘缠枝莲;在微侈口的浅壁弧形大盘上,多见把莲、串枝莲和牡丹花;在板沿大盘上则以把莲、缠

枝葡萄、瓜果和缠枝菊为多。

宣德官窑器中使用龙纹较普遍，龙的画法已改变了元代的细长颈。有竖发、披发及前披发，显得较为凶猛。龙的五爪爪尖成带状圆圈的现象多见，也有三爪、四爪。除了云龙外，龙和云分开的图案极多，有海水龙、团龙、龙戏火珠，也出现了莲龙、飞翼龙和衔花龙以及吐珠光龙。过去把飞翼龙及莲龙、衔花龙的时代看成自正德前后开始，需要更正。

双凤、狮球、波涛海兽也是常见的画面。在永乐青花中少见的细描人物故事图，宣德器中已屡见不鲜，人物故事配以庭院台阁，构成一幅幅完整的画面。

松竹梅岁寒三友图以及八宝图、竹石芭蕉、莲池水藻和梵文、阿拉伯文作为装饰也是常见的。蕉叶纹则中茎分开，留有空白地已成定例。回纹除个别仍用二方连续外，多数已是整圈环连。

此外如缠枝花、勾云纹、如意云纹、波涛纹、斜方格纹、锦地纹等。

团龙、团凤、各种团花及开光立龙和莲托八宝纹也是永乐器上少见，而多见于宣德器的纹饰。

⑩ 宣德青花瓷除了白地蓝花的常见品种外，也还有蓝地白花的装饰手法，其制作方法是在器物内、外壁锥划出图案花纹，再用青料染绘地纹，以填满其空隙的部位，然后上透明釉，高温一次烧成。其蓝色部分仍是釉下彩，它和以钴料为呈色剂的蓝釉不同，从元代开始，景德镇就有这种蓝地白花的品种。

⑪ 宣德时期仍保留着青花和印花装饰同置于一器的方法，这种以印花和青花各自独立的装饰手法同置于一器，以洪武时期最为多见。永乐瓷中则很少发现。景德镇御厂遗址出土了有宣德款的内印龙纹、外绘莲池游龙青花小盘。这说明，宣德朝继续烧制这一类品种，但为数一定极少。

3. 宣德釉里红瓷和青花釉里红瓷

宣德釉里红也是一个重要的品种，但比起洪武时期来，无论从数量或质量上，都差了一段。

宣德釉里红瓷，在明代就以红鱼高足碗为最著："宣德年造红鱼靶杯，以西红宝石为末，鱼形自骨内烧出，凸起宝光。"在传世实物中，宣德釉里红瓷都是官窑器，以三鱼高足碗及三果高足碗稍多见，但传世数量亦极有限。此外,尚有云龙纹碗,则更属罕见。景德镇御厂遗址曾出土三鱼、三果高足碗,三鱼盘和云龙纹小碗和瓶罐的残件。

值得注意的是,宣德釉里红瓷主要采用涂抹法,即使像少见的云龙纹碗的龙纹,虽先勾有轮廓线,但仍以涂抹法着彩,洪武朝盛行的那种细线描绘图案的釉里红器,也不多见。

由于高温铜红釉烧成难度大,因此宣德釉里红的后代仿品一般很难相像,但清代雍正所仿却能达到极高水平。雍正仿烧以三鱼、三果高足碗和盘、碗为多,其中有一部分直书"大清雍正年制"官款,也有很大部分书"大明宣德年制"仿款。对这些仿品,分辨款书字体的异同以外,还应注意其器形及图案的不同,一般说,宣德器鱼纹头较圆而尾部肥大,雍正仿品则鱼头较尖或尾部稍瘦。三果的画法也稍有不同,三果为苹果、石榴及桃实,雍正仿的苹果画成两只果实连在一起的形状。

青花釉里红器在元代已经创烧,但尚未见成功之作。由于青花和釉里红的烧成条件的不同,二者置于同一器物上,在同一烧成条件下就很难达到理想要求,宣德朝青花釉里红器的烧制有了进一步的提高。英国达维特基金会有一件海水龙高足碗,其海涛为青花、龙纹为釉里红,似亦属宣德或更早的制品。景德镇御厂遗址亦出土了一小罐残盖,"盖面绘釉里红五爪龙云青花纹",但在传世品中,可以确认的宣德青花釉里红器是极为罕见的。

4. 宣德红釉瓷

宣德高温铜红釉,在永乐红釉烧造的基础上有所发展,是明代红釉烧制的高峰。宣德以后,虽历朝也还略有生产,但无论质量或数量,都已趋向衰退,嘉靖朝的高温铜红釉,往往烧成暗红中带黑,导致以低温铁红代替。

宣德红釉有鲜红和豇豆红两种,鲜红因烧成气氛的不同,有深、浅不同的红色,习称宝石红、祭红等等。鲜红釉的器形盘、碗较多见。僧帽壶、梅瓶、莲瓣纹卤壶、梨形小壶、香炉、洗等则数量较少。大多无纹饰,仅少量有刻花暗龙,或莲瓣纹装饰。

传世宣德红釉瓷,一部分并无款字,一部分有"大明宣德年制"两行楷书青花款或刻款。

宣德鲜红瓷的特征大致如下:

① 有里、外均施红釉和外壁施红釉,里壁为透明釉两类,器物里壁不施红釉者往往胎质较薄,且有的有印花纹饰,唯花纹模糊,红釉釉面多数有橘皮纹。

② 凡较精细规整的器物,其口沿有露出胎釉本色的整齐的"灯草边",虽亦红白分明,但不如清康熙后仿的那样,为特意加涂的白边。

③ 凡较精细规整的器物,近底足处凝釉截齐,垂积釉处呈青灰色,清代仿品则呈凝黑色。

④ 凡制作稍粗的器物,口沿不一定有"灯草边",近底足处由于氧化因素呈绿色。此类器物釉面多棕眼,并有开片。

⑤ 器底有两种。多数为白釉底,或有"大明宣德年制"两行六字青花楷书款,款外有青花双圈,有的双圈并不规整。

另一种为米黄色底,其色与清康熙郎窑红的"炒米黄"底相同,说明康熙郎窑红是仿宣德红釉制作,但迄今为止尚未发现宣德器中有郎窑红之另一种苹果绿底的红瓷。

⑥ 有些器物的棱,往往露白胎而成出筋,如北京故宫博物院的十棱洗,台北故宫博物院的莲瓣卤壶。

⑦ 宣德鲜红器中,亦有描金装饰的品种。

⑧ 由于宣德豇豆红釉至今未发现有传世器,因此过去总把豇豆红这个淡红釉品种看成清代康熙朝的创制。

由于景德镇御窑厂遗址发现了宣德时的标本,看来这显然是一种误解。上述康熙器中炒米黄底红釉器和豇豆红器与宣德器相似,说明康熙朝有很多品种都是仿自宣德瓷的。

5. 宣德蓝釉瓷

明代蓝釉又称霁青或祭蓝。景德镇从元代开始即已烧制蓝釉器,但迄今未能确切辨识出永乐蓝釉瓷。宣德朝由于有"大明宣德年制"款的蓝釉器传世,因此可以确认其存在。其特征是,色泽深沉,釉面不流不裂,色调浓淡均匀一致,呈色亦比较稳定。后人把它和白釉、红釉相提并论,推为宣德瓷器的"上品":"宣窑……又有霁红、霁青、甜白三种,尤为上品。"

宣德蓝釉以盘、碗较多见,此外亦有莲瓣卤壶、梅瓶、水仙盆等,但极为罕见。

宣德蓝釉器的特征大致如下：

① 和红釉器一样，有里、外均施蓝釉和仅器物外壁施蓝釉、里壁为透明釉两类。

② 碗、盘口沿之"灯草边"除个别极整齐外，有的线条弯曲，并不齐整。

③ 圈足施釉到底，有的器物甚至置于桌上看不见圈足的露胎处。

④ 底足釉色多数白净。有"大明宣德年制"青花款及刻款两种。但不见"宣德年制"四字刻款和青花款。

⑤ 宣德蓝釉器以素面为多，但亦有浅划暗花装饰，以龙纹为常见。

宣德朝亦有蓝地白花的品种。元代蓝釉白花器的纹饰主要是龙纹，但宣德器龙纹少见，而以折枝花及莲池鱼藻图为主。其白花部分是用堆泥法形成的，即以白料泥浆按花纹要求堆在器上，烧成后有突起的立体感，这里也有两种处理方法，一是在花、叶或鱼身部位浅划茎、鳞；另一种则白花部位并不加任何刻划。

6. 宣德白瓷

宣德白瓷在永乐朝高度成就的基础上继续烧造，尽管看不出在质量上有进一步的提高，但甜白釉的制作仍在宣德瓷器中占有重要的地位，本章概说中已经叙述过，宣德元年就有关于宫廷指派景德镇烧造奉先殿白瓷祭器的文献记载。传世的宣德白瓷虽没有青花器那么多，但仅次于青花而有相当数量。明代的鉴赏家对宣德白瓷，就作了很高评价，如谷应泰《博物要览》在叙述了宣德其他品种后说："又有白茶盏，光莹如玉，内有绝细暗花，花底有暗款，隐隐橘皮纹起，虽定瓷何能比方，真一代绝品。"文震亨《长物志》也说："宣庙有尖足茶盏，料精式雅，质厚难冷，洁白如玉，可试茶色，盏中第一。"由于明代文人仍把品茶看成是一种高尚的娱乐，因而茶盏就受到他们特别重视，事实上宣德白瓷的器形是很多的，但《博物要览》简短的几句话，却把宣德白瓷的主要特征表达得很完整。从传世品看，宣德白瓷的特征如下：

① 宣德白瓷和永乐白瓷一样，洁白度很高。

② 有薄胎和稍厚胎两种。凡薄胎亦属半脱胎性质，以盘、高足碗及小杯为多见。厚胎以大盘、梅瓶、扁瓶、盖盒、大碗等为多。

③ 多见浅划暗花装饰，在薄胎器上的暗花部分，和胎釉的白色相

比,往往微带青色。

④ 图案花饰以缠枝花和龙、凤纹为多见。

⑤ 凡半脱胎的盘、碗之类器物,器壁薄而器底稍厚,仍和永乐一样,器底并不透亮。

⑥ 款式有青花款及浅划暗款两种,青花款除中、小盘类书于器物外底,其他琢器往往书于器物口沿处。

⑦ 宣德白瓷最普遍的特征是器面一般都有橘皮纹,也就是前人所说的棕眼。在鉴定实践中,对于无款的明代早期白瓷,往往视有无橘皮纹而判断其属于永乐或宣德。

7. 仿龙泉釉

宣德亦有仿龙泉青釉的制品,亦称冬青釉,其特征如下:

① 以仿南宋龙泉的粉青色为主。釉面匀净,传世品中多数无橘皮纹,但近年在景德镇御厂遗址出土的碎片中, 则发现仿龙泉釉亦有橘皮纹。

② 一般胎质稍厚,无薄胎器。

③ 传世品多见器形为花式碗、花式盘和菱口小碟等中、小件器,近年御厂遗址亦发现有大件器的碎片。

④ 多数为素面无纹。

⑤ 器物一般为里、外及底足均施龙泉釉。

⑥ 有"大明宣德年制"六字楷书青花款。盘、碗之款字均书于外底部龙泉釉之下,菱口小碟之款字则书于碟内底龙泉釉之下。

此类仿龙泉釉的官窑制品,胎洁釉润,制作精致。其价值高于同时期的龙泉瓷。后世间有仿品,以清康熙仿最佳。台北故宫博物院藏敛口深壁矮底足碗,有缠枝莲及仰莲划花装饰,底有"大明宣德年制"六字青花楷书款。从其缠枝花纹及款字,以及底足过白几方面判断,似非宣德制品,应属后仿器。

8. 酱色釉

又名柿色釉、紫金釉,是以氧化铁为呈色剂的高温釉,明代从洪武开始,景德镇官窑烧制这类高温酱色釉一直没有间断。

宣德酱色釉的特征是其釉面较洪武更显光亮而匀润,且有橘皮纹。传世器物仅见盘、碗两类。台北故宫博物院有酱色釉(紫金釉)瓜式把壶,属后仿。但从清康熙、雍正所仿宣德瓷器总的情况看,其所仿之品大都有所本,故可推见,宣德酱釉器当时也不仅是盘、碗少数器类。

9. 黄釉

以氧化铁为呈色剂的低温黄釉,就目前已发现的材料看,以明宣德为最早。全黄是至尊之色,因此黄釉器只是宫廷用器,民间绝无使用。

宣德黄釉器的特征是:

① 黄釉器有两种施釉方法:一是在素坯上直接施黄釉,另一种是在已烧成的白釉器上施黄釉。

② 釉面肥厚,有橘皮纹。

③ 所见以盘类为多,一般盘壁较深,圈足稍高,盘底心微凹,胎质稍厚。

④ 以素面无纹为多,底书"大明宣德年制"青花款或刻款。

⑤ 器物施黄釉到底,置于桌上不见圈足露胎。

清代仿品亦以盘类为多,但盘身不深,圈足稍矮,盘底平直,或由于釉内含铅量大而泛银光特别显著。

后世有将宣德白釉器后加黄釉复烧而充宣德黄釉,其鉴定方法则主要看器底白釉部位是否有复烧黏痕,同时视黄釉之下是否有划痕而定其真伪。

10. 洒蓝

洒蓝在清代又称"吹青"。《南窑笔记》说:"吹青、吹红两种本朝所出。"其吹红即指豇豆红,因此人们在很长时期内都把洒蓝和豇豆红看成是清代康熙朝所创制的。事实上,这两个品种,都是仿宣之作,只是宣德的洒蓝比康熙洒蓝要拙朴得多。

从工艺上说,洒蓝并不是钴蓝釉,而是一种吹青料的品种。其制作过程是在胎体上以青料(钴料)吹施,然后上一层透明釉再高温烧成。由于吹青的效果不可能像浸釉或刷釉那样均匀,而必然有厚薄、深浅不同,呈如雪花的斑片,因此又有"雪花蓝"之称。

宣德洒蓝器仅见一种钵形大碗,高在12.5厘米左右,口径在26厘米左右。现知传世品仅4件,国内有1件,曾于1978年5月在北京全国征集文物展览中展出过。国外有3件,其一为仇炎之原藏,于1980年11月在中国香港拍卖;另一件为英国达维特基金会所藏;第三件则于1967年5月16

日在英国伦敦拍卖过。这种洒蓝大碗均为器内壁透明釉，器外壁吹青料，有的刻有云龙纹，有的为素面无纹，底有"大明宣德年制"六字楷书青花款。其器形和图案花纹的布局，在宣德青花瓷中可以找到相同的实物。

宣德洒蓝器只是官窑少量烧造的制品，在景德镇御厂遗址亦曾出土有锥刻花纹的洒蓝残片。

洒蓝工艺只在宣德时期出现过，宣德以后整个明代不再制作，一直到清康熙才又恢复。

11. 仿哥釉

明代仿哥釉的烧制成功，是在永乐末年。明皇甫录《皇明纪略》记载了明仁宗在太子时爱好哥窑器而仿制成功的史实："都太仆言，仁宗监国问谕德杨士奇曰：哥窑器可复陶否？士奇恐启玩好心。答云：此窑之变，不可陶。他日以问赞善王汝玉，汝玉曰：殿下陶之则立成，何不可之有。仁宗善，命陶之，果成。"但这种永乐末年的仿哥窑器，已无法找到。

宣德仿哥釉的制品，北京故宫博物院及上海博物馆都无收藏，台北故宫博物院有"大明宣德年制"六字楷书青花款的哥釉盘和碗，对其真伪亦有争议。但这类仿品属清康熙的可能较大，康熙、雍正仿宣德器，大都有真品作样。因此可以相信宣德也应有仿哥器，而且因成化仿哥器的制品存世，更说明从永乐末至成化而明代晚期，仿哥窑的制作一直没有间断过。

12. 仿汝釉

明代仿汝器的制作，仅见于宣德。仿汝器的大量出现要到清雍正才是高峰。

宣德仿汝器与真汝器相比，其不同之点有三：

① 胎质较松，釉层较宋汝稍亮透；

② 开细小纹片，比宋汝釉更密而规整；

③ 釉面有橘皮纹，具有宣德瓷的普遍特征。

宣德仿汝釉器，和仿哥器一样，都是官窑制品，因此应有宣德官窑款。多见器物有盘、碗等小件器。

13. 低温绿釉

宣德朝有一般低温铅绿釉和孔雀绿釉的制品，过去在传世品中有孔雀绿釉釉下青花的品种，往往是将青花器后加孔雀绿釉再低温烘烧而成。对于这种制品的年代,前人以明正德为最早。上海博物馆征集到成化的孔雀绿青花后,把时代推前了,近年来又在印度尼西亚出土了元代的孔雀绿青花玉壶春瓶,说明这类品种从元代即已盛行,那么,对宣德朝之有这种制品应无怀疑。至于一般的铅绿釉和孔雀绿釉器,景德镇御厂旧址亦有出土,其铅绿釉有锥刻花纹装饰。

14. 款识

宣德朝官窑瓷器的款,比永乐朝多得多,而且随着各种器物形式的不同,落款的位置也各不相同,前人有"宣德款识满器身"之说,就是指宣德款并不只限定在器物的底部,即使盘、碗之类,也会随处落款。

"大明宣德年制"六字楷书款是宣德款识中最多见,也有"宣德年制"四字楷书款,主要为青花写款,但在白釉、红釉或孔雀蓝等颜色釉器上则也有刻款和印款。款字外大多围以双圈,也有单圈或不围圈的,少数围以长方框,甚或长方框外加双圈。其排列最常见的是两行六字,但也有单行直排或单行横排与环行款等等。台北故宫博物院藏青花边白釉碗,有"坛"字款习称白釉"坛"。

明宣德以后和清代,仿宣瓷器极多,对于宣德款的识别是鉴定宣德器真伪的重要标准之一。应该注意的大致有以下几点:

① 宣德楷书款的"德"字:沿用汉碑中的古体,没有中间一划而成"德",凡写成通行体的"德"字,多属后仿款,但仿品佳者也力求形似,款字也仿成"德"字。

② 宣德款的书写,是用晋唐小楷的笔法,浑厚而拙朴,后仿者大多有几种情况:用仿宋体(即刻版书的字体)而毫无书写体的笔意;虽为书写体,但笔画呆板;清康熙时的仿宣德款,其"大"、"年"、"制"往往和康熙款这几个字相似。

③ 景德镇御厂遗址虽发现有"宣德年制"四字篆款的碎片,传世完整器的四字篆款多数是后仿。至于有六字篆款的更属不可信。

15. 鉴定要点

后代仿宣德瓷甚多,尤以仿宣德的青花、甜白、红釉和釉里红器为多见。鉴定宣德瓷器,除要特别重视常见器型的是否一致和宣德款式的真伪外,也须注意下列各点:

① 宣德瓷的釉面,一般都能见到像橘子皮的橘皮纹。

② 用30倍左右的显微镜可以看出宣德官窑瓷釉内的气泡成大、中、小不同的气泡群，群与群之间的间距较疏朗，凡气泡密集而整齐者大多非宣德瓷。

③ 宣德盘、碗之底足多数有棱边感，非滚圆之"泥鳅背"。

④ 宣德大盘之底足内墙自上而下向外斜削，因此无法用手指抓住，凡清雍正仿宣德大盘，底足内墙接近垂直，因此可以用手抓起盘子。

⑤ 宣德官窑青花瓷，除极个别青花翠艳而无黑铁斑外，绝大多数有黑铁斑。清代康熙、雍正仿宣德器有的也烧出黑铁斑，但仔细辨别可以发现其中有的地方明显是由于加重钴料产生的效果。

⑥ 宣德官窑青花器以小笔触上彩，无一笔涂抹的制作。

⑦ 盘类因塌底而盘心成下凹状明显，凡盘子平底者大多非真宣德。

⑧ 瓶、壶、罐之类器物均为分段拼接成形，凡前、后身合模成形者非宣德制。

第五节　正统、景泰、天顺窑瓷器

正统、景泰、天顺三朝（1436—1464）是明代陶瓷史上情况不明的时期。在发掘和传世的瓷器中，还没有发现一件可确认为这三朝的官窑器。但从文献记载看，正统三年（1438）曾禁止民窑烧造和官窑器式样相同的青花瓷器；正统六年（1441）命景德镇烧造金龙、金凤白瓷罐及九龙九凤青花缸；正统十二年（1447）又有不准民窑私造黄、紫、红、绿、青、蓝、白地青花等瓷器的禁令。景泰五年（1454）有减饶州岁造瓷器三分之一的记载。天顺元年（1457）曾派中官赴景德镇督烧瓷器；天顺三年（1459）又有原定烧造13.3万余件的准减8万的命令。从上述文献记载看，这段时期不论官、民窑器都曾有烧造，但却不见有三朝的官窑年号款器。过去曾有三朝是瓷器生产（特别是青花瓷）黑暗期的说法。近年来，学术界虽致力于三朝空白期的研究，但由于未能发现官窑年款的瓷器，问题很难解决。当时有可能在宣德朝末年有一大批未完成的瓷器，在三朝完工而仍书宣德款或不落款。传世少数成化早期的官款器，其胎、釉制作和青花彩绘图案都和宣德官窑器并无区别。在宣德和成化之间的三朝年间的官窑产品，如无年号款，当然很容易被判断为宣德器了。再者这三朝：外患与内讧相继,政治上动荡不安,对瓷政也不如宣德年间之着力,废弛与懈怠也可想见。总之,不论从哪一方面进行分析,三朝的瓷器陷于衰退期则是不可否认的。

从1950年代以来,人们注意到明代纪年墓葬的资料,在三朝纪年墓中发现了一批瓷器,其中重要的有江苏省江宁县牛首山弘觉寺正统四年(1439)塔基出土的4件青花小罐;江西景德镇景泰四年(1453)严升墓出土的青花双耳瓶、炉、碗、碟等;以及景泰七年(1456)袁龙贞墓出土的青花卷云兰草纹碗、缠枝捧八宝纹碟、戟耳方瓶、带座方耳小炉等。这是一批很重要的断代器。但应该说,这批青花瓷都是民窑器,其胎、釉制作显然都比较粗。排比宣德和成化典型器的造型和图案,人们可以推断正统、景泰、天顺三朝民窑青花瓷的某些特征:

① 青料除极少数为浓艳的进口料外,大多用含铁量较低的国产料,但其中也有少数色泽偏于浓翠的。

② 从造型上说,出现了戟耳和带座的器物,这是对元代造型的复古,但变化很大。

③ 由于全是民窑器,胎、釉制作都不太精细,削足亦不规正。瓶、罐底部无釉;碗、盘底足跳刀痕明显。从元代开始的酱色假芒口在三朝器中仍时有发现,部分琢器如瓶、罐之类的口沿多见剥釉现象。器物底足从总的倾向说有加大的趋势,足宽而深是这一时期民窑器的普遍特征。碗类的器足呈内敛者多见。器物内壁刷釉的制作方法在三朝仍流行。

④ 图案花纹以缠枝和折枝花草为多见,动物纹中屡见麒麟和犀牛。星象图使用普遍。三朝器中有一批以琴棋书画、楼台亭阁为主题图案的大罐,以及携琴访友等写意山水画的梅瓶。其画面的特征是楼台亭阁往往在云雾幻境之中,人物脸部鼻尖突出,柳条如断续的雨点。

⑤ 三朝青花器尚不见官窑款,民窑中有天顺年款的器物,书"大明天顺年制"或"大明天顺年造"两行六字款,但都属明代后期的仿品。山西省博物馆所藏"天顺七年大同马氏造"青花炉及香港《求知雅集插图》"天顺年"回纹炉应确属天顺所制,但款识都不规则。此外,尚有银锭款、"正"字款和"大明年造"方款。

正统、景泰、天顺朝青花瓷器就目前已发现的资料可以肯定,就民窑生产来说,它们和其他朝代一样,并未间断过,但就决定青花生产时代风貌特点的官窑来看,三朝则仍然是一个空白期。造成官窑青花生产衰退的原因是多方面的,战乱频繁,宫廷的争权和社会经济的衰败,固然是很重要的原因,但帝王的兴趣爱好的转移,也是一个不可忽视的重要因素,景泰年间特别风行铜胎珐琅器,所谓"景泰蓝"即是这一时期产生的专称。

第六节 成化窑瓷器

1. 概说

成化(1465—1487)一朝共23年,宫廷交派景德镇的瓷器生产量是很大的。在历史档案中虽找不到具体的数字,但《明史·食货志》概括性地叙述了当时烧造之多:"成化间,遣中官之浮梁景德镇,烧造御用瓷器,最多且久,费不赀。"其时有一个武官叫应时用,看到朝廷委派内臣(太监)到景德镇督烧瓷器,贪赃枉法,作威作福,残害百姓,曾上书朝廷请求改由当地官吏办理此事,而因此得罪。

成化朝的瓷器,不仅因斗彩的空前绝后之作而负盛名,其青花和颜色釉瓷,同样属于明瓷中的珍品。明代嘉靖、万历以后的民窑青花瓷器,往往书"大明成化年制"或"大明成化年造"款字。清代康熙和雍正朝仿成化斗彩和青花的作品更多。民窑青花瓷的制作,有一定的规模,少数精品可以接近或等同于官窑器的水平。

2. 青花瓷

成化青花瓷有早期及典型成化之分,早期的成化瓷其胎、釉制作和造型、纹饰都和宣德器相似,其青花亦用进口料,色泽浓翠而有黑铁斑,青花着色亦用小笔触,有浓淡的层次。如无成化官窑年款,就很难区别,但这类早期成化青花只是极少数。

典型成化青花和宣德器(这里都指官窑而言)有明显的区别,这表现在下述几方面:

① 典型成化青花已不用进口的苏麻离青,而改用江西乐平的陂塘青(亦称平等青),发色淡雅而无黑铁斑。

② 已改变了永乐、宣德时期的采用小笔触着色,用双勾线条,一笔涂抹的上色法,因而不如典型宣德青花那样留有层次和空白地。

③ 少厚重的大件器,器形多轻巧。胎、釉制作讲究。釉有两种:一为

偏青色,一是洁白,都极肥润,抚之有玉质感。器物外底部的底釉往往有不平的波浪感。

成化瓷的气泡小而密集整齐,不同于典型宣德器大、小不同而疏朗的气泡群。

④ 典型成化青花器的图案花纹,常见云龙、衔花夔龙、飞凤、波涛海兽、团龙、团凤、团花、莲花八宝、十字杵、庭院婴戏、松竹梅三友、花草、花蝶、花鸟纹样外,亦有以梵文为装饰题材。其中莲托八宝纹应属成化时期开始流行的纹饰,而树石栏杆的庭院图虽很早就出现,但亦以成化为盛。在这些图案纹饰中,尤以夔龙(又称花式龙)和十字杵为最突出。成化花式龙的嘴唇上翘,如象的长鼻,龙嘴常衔一枝莲花或数串花枝伸出。龙身有飞翼,有前爪而不见后爪,龙尾卷曲成图案化。十字杵图案为元青花瓷中所首见,入明以后,以成化时期为盛,即使民窑青花亦多应用。

成化朝的民窑青花瓷也有很精细的制作。1971年,江西省临川县在一座成化十六年(1480)墓中,出土了一件以五个梵文为主题纹饰的三足炉,此器"胎质细腻洁白,釉色薄白而莹亮,青料淡雅","外壁薄釉,内壁、底心及唇沿露胎"(《介绍几件元、明青花瓷器》,《文物》,1973年,第12期)。但更多的是青花色泽青中偏灰,釉虽亦有较肥厚的,但多数制作较粗,琢器往往底部跳刀痕明显。其梅瓶等器,图案花纹往往承三朝之旧,携琴访友之类及庭院树石仍属多见。

3. 釉里红及青花釉里红

釉里红的制作,自宣德以后渐趋衰退,关于三朝的釉里红器资料,景德镇景泰七年(1456)墓曾出土釉里红缠枝花折腰盘。由于是民窑器,胎质较粗,底足无釉,红色灰暗,较宣德釉里红的制作有很大差距。成化朝的釉里红及青花釉里红制品十分稀少,台北故宫博物院所藏釉里红三鱼大碗,有"大明成化年制"两行六字款。红色鲜艳,鱼的形状与宣德相比已有很大改变,特别是尾部的变化更大,成蘑菇头形。苏州博物馆藏有红地白鱼盘,其红地似亦为釉里红彩,这类器物是继承宣德的釉里红地白花器的制作。此外,台北故宫博物院还藏有青花釉里红四鱼高足杯及青花釉里红三鱼高足杯,但都并无款字。

宣德以后高温铜红的烧造技术有渐趋下降的趋势，传世有极少的成化及正德的釉里红或青花釉里红器，嘉靖以后即使能发现少数器物，其红色都烧得极不成功，明末的民窑中亦曾烧制釉里红器，但并无精品，清康熙、雍正有仿明釉里红的制作。

对于宣德以后的釉里红及青花釉里红的鉴定更应持十分谨慎的态度。

4. 颜色釉

① 白瓷

成化的白瓷由于胎质细腻，釉汁纯净，有很高的成就。成化斗彩和青花瓷的高度声誉，一定程度上应归功于成化白瓷的精细。但成化白瓷除了有青花、彩瓷，特殊烧制的甜白器在质量上更着意追求，精益求精。官窑甜白器一般都是半脱胎，似盘、碗、杯等器物为多，制作规整，器物足底均露细白胎，但器底仍不透明。传世品成化甜白器数量远较永乐、宣德为少。整体质量也并不如永乐甜白器高。

② 红釉

高温铜红釉在宣德以后开始衰落，三朝红釉器尚未发现。北京故宫博物院藏有成化红釉盘一件，基本上承袭宣德的制作，如无"大明成化年制"款字，很难判别与宣德红釉有不同之处，但传世实物极为罕见，说明成化红釉在当时只是偶然的制作。

③ 蓝釉

成化高温蓝釉在传世品中未见完整器。景德镇御厂遗址发现有"大明成化年制"的官款蓝釉碎片。有蓝中泛紫，亦有蓝色纯正的制品。釉面光泽度较强，但仍有橘皮纹，所见盘子为器物内、外壁均施蓝釉。圈足足脊锋利，不见滚圆的泥鳅背。底足聚釉处无水绿色。

④ 仿哥釉

成化仿哥高温釉应是继承宣德仿哥的技术，胎质细洁、白净，釉色有粉青和米黄，上海博物馆藏有"大明成化年制"官窑款的仿哥小杯二件，釉面滑润，光泽度较强，开片规整。口沿及底足均涂一圈酱色釉，以充紫口铁足。北京故宫博物院及台北故宫博物院均藏有仿哥八棱高足杯，同样是开片规整，口沿涂酱色釉边，足底涂赭色汁，成化仿哥釉也是十分稀少的珍品。

⑤ 黄釉

明代黄釉自永乐朝开始已经烧制得相当成功。但烧成鸡油黄娇艳色调的"娇黄",过去以弘治朝为最早,然而传世实物中也有少数黄釉器,如台北故宫博物院所藏娇黄盘,呈极淡的鸡油黄色,胎质洁白,制作规整。底有"大明成化年制"两行六字双圈青花款。近年来景德镇御厂遗址亦出土成化黄釉碎片,外底面往往有烧成后加刻的"甜"字。娇黄是两次烧成的低温釉,因而偶尔能见铅质银色光泽。

⑥ 孔雀绿釉

孔雀绿釉起源很早,景德镇在元代已烧制。印度尼西亚曾出土景德镇元代孔雀绿釉釉下青花玉壶春瓶。明永乐时期孔雀绿已极成熟,上海博物馆藏有孔雀绿釉釉下青花莲鱼盘,绿色匀润,盘里为白釉,底有"大明成化年制"两行六字双圈青花款。旧时陶瓷断代限于资料,曾一度误认景德镇孔雀绿釉始于正德。

5. 斗彩

成化斗彩是明代最脍炙人口的瓷器。由于斗彩只是主要作为宫廷玩赏品而烧造,因此当时生产数量就很有限,在明代就已作为极贵重的珍品。例如《野获编》记述在明代万历时期一对成化窑杯就要值白银一百两。

斗彩,又称逗彩,但"斗彩"这个名称,在明代还没有形成。明代晚期一些记述瓷器的书籍如《博物要览》、《敝帚轩剩语》、《清秘藏》、《长物志》等都还没有"斗彩"这个词。它们把成化斗彩叫做"成化五彩"或"青花间装五色"。直到清雍正七年(1729)的清宫内务府造办处的档案,还是称"成窑五彩"。

最早使用"斗彩"这一专门名称并加以解释的,是成书于清雍正、乾隆年间的《南窑笔记》:"成(化)、正(德)、嘉(靖)、万(历)俱有斗彩、五彩、填彩三种。先于坯上用青料画花鸟半体,复入彩料,凑其全体,名曰斗彩。填(彩)者,青料双钩花鸟、人物之类于胚胎,成后,复入彩炉,填入五色,名曰填彩。其五彩,则素瓷纯用彩料画填出者是也。"

在成化以前,已有釉下青花和釉上彩相结合的品种,例如宣德朝的青花矾红彩(釉上红彩)已相当成功,但它只是青花和釉上单一红彩相结合。成化斗彩则是釉下青花和釉上多种彩相结合,它在釉上一般有三四种不同彩色,多的达六种以上,其色彩的特征都极鲜明。如鲜红,色艳如血,厚薄不匀;油红,色重艳而有光;鹅黄,色娇嫩透明而闪微绿;杏黄,色闪微红;蜜蜡黄,色稍透明;姜黄,色浓光弱;水绿、叶子绿、山子绿等皆透明而微闪黄色;松绿,色深浓而闪青;孔雀绿,浅翠透明;孔雀蓝,色沉;葡萄紫,色如熟葡萄而透明;赭紫,色暗;姹紫,色浓而无光。

成化斗彩目前收藏最多的是北京故宫博物院和台北故宫博物院。由于是宫廷的珍玩,一般不见大器件,其器物主要有盖罐(因罐部底有"天"字款,因此又称"天"字罐)、碗、杯、高足杯、洗、碟及盖盒。其中以杯和高足杯稍多见,盖盒仅北京故宫博物院所藏一件。其胎质细腻洁白,釉色有两种:一为白中稍闪青;一为较白。成化斗彩均为官窑器。制作讲究,器物底部的釉和器身釉色一致是其重要特征之一。

其图案花纹多花鸟、团花、莲花、葡萄、花蝶、团龙、夔龙,"天"字罐有龙纹及海兽。明末清初尤以葡萄杯和鸡缸杯名噪一时。《博物要览》列举了明末所见精致的成化斗彩器:"成窑上品,无过五彩。葡萄鏊口扁肚靶杯,式较宣杯妙甚。次若草虫子母鸡劝杯,人物莲子酒盏,五供养供盏,草虫小盏,青花纸薄酒盏,五彩齐箸小碟,香合,各制小罐,皆精妙可人。"清初大收藏家高江邦的《成窑鸡缸歌注》云:

成窑酒杯,各式不一,皆描画精工,点色深浅莹洁而质坚。鸡缸,上画牡丹,下画子母鸡,跃跃欲动。

由于成化斗彩极名贵,因此历代都有仿制,特别是清代康熙、雍正两朝仿制的"天"字罐和鸡缸杯都有很高的水平,但康熙、雍正官窑的仿成化斗彩鸡缸杯都标明"大清康熙年制"及"大清雍正年制"的官款。

6. 其他彩瓷

成化彩瓷除名噪一时的斗彩外,还有继承宣德的单纯釉上五彩瓷,但极罕见,彩色以红、绿、姹紫为主,且有初见于永乐器的孔雀绿彩。

景德镇的彩瓷和颜色釉瓷在明代前期基本上都是官窑器。民间窑曾少量烧过,但受到朝廷的严厉禁止。《明英宗实录》正统十二年(1447)十二月甲戌:

禁江西饶州府私造黄、紫、红、绿、青、蓝、白地青花等瓷器。命都察院榜谕其处,有敢仍冒前禁者,首犯凌迟处死,籍其家赀,丁男充军边卫,知而不以告者,连坐。

说明禁令是很严的。但传世品中也偶然能见到民窑的颜色釉器,例如1980年11月25日香港苏富比拍卖行曾拍卖过一件绿釉紫花的瓷足具,有"成化元年孟秋吉日景德镇东山程氏静乐轩章靖公十一世孙节淳置为妻何氏足具用"的刻填紫釉铭,可以肯定为成化民间瓷窑所制。原拍卖目录的说明误"足具"为"足真",见《太仓仇氏抗希斋曾藏珍品图录第一辑·明清瓷器》(1980年香港版)。"足具"是陪葬用的置足之具。该器运用雕塑手法制成象征莲池水禽立体图像,通体绿釉,缀以紫色釉彩,这是所见明代民窑颜色釉器中的罕见品。

从少数传世品及景德镇御厂遗址出土碎片看,成化朝的颜色釉和彩瓷尚有青花黄彩、青花红彩、青花绿彩、白釉刻填酱色釉、白地绿彩、红地绿彩、孔雀蓝地绿彩等器。其中青花黄彩、青花红彩、白釉刻填酱色釉等,永乐或宣德均有完整器传世。

7. 款识

成化官窑器有很大一部分有官款,其体例大致是"大明成化年制"六字楷书青花款,这六字款有几种不同排列。多见的是两行六字,外加双线方框;其次是两行六字外加双圈;也有六字横款及排列成半环形款。至于六字竖款外加双线长方形框则属极少数,在一些斗彩盖罐的底部则有只书一个青花"天"字的"天"款,清康熙朝有仿制。

因成化瓷器有极高的声誉,明清两代都有仿品。因此,鉴定成化瓷的真伪成了一个重要问题。从传世的成化官窑器看,成化六字款的书写似有专人,其书法基本上出于一人之手。近人孙瀛洲曾把六字款概括成六句歌诀,很能说明问题①:

> "大"字尖圆头非高。
>
> "成"字撇硬直倒腰。
>
> "化"字人匕平微头。
>
> "製"字衣横少越刀。
>
> "明"日窄平年应悟。
>
> "成"字三点头肩腰。

成化时期的民窑器有书"大明成化年造"及绘银锭形或方胜形图记

---

① 孙瀛洲:《成化官窑彩瓷的鉴别》,《文物》,1959年,第6期。

款。明、清两代的仿制品多见"大明成化年制"、"成化年制"或仅书"成化"两字的款。

8. 鉴定要点

成化官窑器,明、清两代及近现代都有仿品,以仿斗彩和青花两类为主。至于书"大明成化年制"的胭脂红器则显为伪作。成化官窑瓷的特征大致有下列几方面:

① 胎质洁细,釉质纯净,用手抚摸有玉质感。

② 釉色有偏青及偏白两种,无论何种釉色,其器物外底足和器身的釉色一致,是成化官窑瓷的重要特征之一。

③ 青花瓷除早期用苏麻离青,呈色浓翠外,大多为淡雅色调。

④ 斗彩的色彩鲜艳,其中姹紫色泽,为成化朝所创制,亦仅为成化瓷所成功地应用。

⑤ 成化官窑款,迄今已发现的仅为"大明成化年制"及"大明成化年造"六字楷书款。凡"成化年制"四字及"成化"两字款者大多为伪作。特别像"成化年制"的黑地绿款则成化朝根本无此制作。

⑥ 成化瓷的气泡已彻底改变了宣德瓷的大小不同而疏散的情况,显得小而密集。

⑦ "米糊底"是成化瓷极为显明的特征之一。

第七节　弘治窑瓷器

1. 概说

弘治一朝(1488—1505)共18年。从史料记载看,官窑的烧造活动并不很多。传世实物也较少。总的情况,弘治朝的瓷器无论青花、颜色釉或彩瓷,基本上都是成化的延续。当然,成化斗彩的制作在弘治朝已基本停止,而弘治娇黄和白釉刻填绿彩则是这一朝最负盛名的品种。弘治朝民窑青花也在成化朝的基础上有所发展,民窑的精品亦经常有所发现。

2. 青花

弘治官窑青花瓷的胎、釉制作基本上是成化的继续。青花色泽一般为青中偏淡,可能是继续使用国产平等青料的效果。其着彩方法,除少数用小笔触上色外,多数为一笔涂抹的办法。器物仅见盘、碗、三足炉、卤壶等少数几种,是明代各朝传世品中最少的。图案纹饰亦比较简单,所见以龙纹为最多,包括云龙、海水龙、飞翼龙、双龙抢珠及莲池龙、团龙等。此外,尚有花果纹及梵文等装饰。

民窑青花的传世资料以现藏英国伦敦大学达维特基金会(David Foundation)的弘治九年(1496)铭青花缠枝莲兽耳瓶为最典型。该瓶口部有青花铭:"江西饶州府浮梁县里仁都程家巷信士弟子程彪,喜拾(捨)香炉、花瓶三件,共壹副,送到北京顺天府关王庙,永远供养,专保合家清吉,买卖亨通。弘治九年五(月)初十吉日,信士弟子程存二造。"此瓶制作规整,画工细致,应属民窑中的精品。近年来,在江西地区的弘治墓中曾出土过一些民窑青花器,其胎、釉制作虽较官窑器稍粗,但所绘图案纹饰则比官窑更多样化,人物故事图的画面中,人物的画法显得更为飘逸,梅竹、折枝花、松鹤及水藻莲花和海螺纹极为常见。

3. 颜色釉

弘治颜色釉瓷无论从品种或产量来说,都比成化为少,更无法和宣德相比了。

弘治官窑白瓷的制作,其胎、釉都较细洁,但器物底部闪青色,这是有别于成化瓷的重要区别之一。正德器物的主要特征之一是底部闪青色,这种现象在弘治已经开始。

在传世品中有一部分弘治官窑的白釉露胎刻龙纹的盘或碗。其制作方法是在胎体上先刻出龙纹,施透明釉时留出龙纹的部位,高温烧成后,由于露胎部分的氧化作用,呈现出白釉火石红色龙纹的情况。这些器物很可能是白釉绿彩器的半成品。

弘治白釉中也有薄胎或半脱胎的精品,其盘、碗类底部的厚度已较永乐、宣德器为薄,但还处于半透而未全透的程度。

黄釉是弘治颜色釉最负盛名的品种,也是整个明代黄釉烧制最成功之作。由于其黄色特别娇嫩,犹如鸡油之色,因此又有"娇黄"和"鸡油黄"之称。清康熙及以后各朝多有仿弘治娇黄的伪品,有的十分相像,鉴定其真伪要注意下列几个方面:

① 弘治娇黄的鸡油黄色除少数极精的仿品外,一般很难仿像。

② 弘治盘底部一定塌凹,后仿者往往出现平底。

③ 弘治娇黄器大多有"大明弘治年制"六字楷书款,"治"字的"水"旁三点除少数例外,往往低于"台"旁而成"治"。后仿者则三点和台字相

齐平,而成"治"。

④ 弘治器物底足稍矮,清代康熙或其他时代后仿则底足稍高。

⑤ 弘治底足白釉发灰或泛青色,不可能非常洁白。

此外,台北故宫博物院藏有外壁为孔雀绿,里壁为黄釉,具有"大明弘治年制"官窑款的盘子,可以证实,弘治朝亦曾烧制孔雀绿釉。但总的说来,弘治的颜色釉器极少的,有些在弘治以前早已有的品种,弘治朝也可能少量烧制过,但由于缺少官窑款佐证,对某些颜色釉只能根据其器物、制作的特点来加以推断了。

4. 彩瓷

弘治朝彩瓷的制作并不兴盛,目前所见最主要的有绿彩和红彩两种。

白地绿彩是弘治彩瓷的最主要品种,其制作方法是在胎上刻出图案花纹,上透明釉时留出图案的地位,第一次用高温烧成后,即成白釉露胎的品种,然后在露胎部位施绿彩再以低温烧彩。白釉刻填绿彩的图案,以龙纹为多,器物则多见盘和碗类。弘治白地绿彩器传世极稀少,清代有仿制,以康熙仿品为多,不仅有盘、碗,也有梅瓶之类的琢器。其鉴别的方法,除龙形显得更狭细而稍呆板外,可以参照上述弘治黄釉部分的鉴别要点。除白地绿彩外,尚有黄地绿彩器。台北故宫博物院藏有黄地绿彩双龙戏珠小碗和高足碗,前者有"大明弘治年制"六字楷书官款,后者碗心有"弘治年制"四字篆书刻款。这种黄釉绿彩品种,最近在景德镇御厂遗址已发现了永乐的制品。

弘治釉上红彩的制品,有白地红彩及青花红彩两种。此外,还有白地三彩器,为红、黄及孔雀绿三色,台北故宫博物院即藏有这种三彩云龙纹盘。

白地酱彩及青花黄彩,弘治朝也有制作,和以前各朝一样,主要是折枝花果盘。

北京故宫博物院所藏弘治黄釉金彩罐,说明弘治朝的瓷器描金工艺也是十分精致的。

5. 款识

弘治朝官窑瓷器的款式,除上面已提到的台北故宫博物院所藏黄地绿彩高足杯有"弘治年制"四字篆书刻款外,都是"大明弘治年制"两行六字楷书双圈款,绝不见成化朝的双框方款。

民窑器的款字有"壬子年造"方款(壬子年即弘治五年,1492年)、"大明年造"方款、变体"福"字方款及银锭图案款等。

6. 鉴定要点

① 弘治瓷是成化瓷的继续,胎洁釉润,弘治官窑器与成化器同样有玉质感。

② 弘治釉色白中带灰,甚至有的泛青。器物底足和器身的釉色不如典型成化瓷器那样均一,而有差别。

③ 器物底足较矮,无高底足的器物。

④ 盘类塌底现象为明代盘类中最典型,盘心一定下凹。

⑤ "大明弘治年制","治"字的"水"旁三点绝大多数均低于"台"字。

第八节　正德窑瓷器

1. 概说

正德一朝仅16年(1506—1521),正德帝本人既无能又荒谬,朝政落于太监之手。正德初年曾扩大景德镇御器厂,大量派烧。

正德官窑瓷器上承成化、弘治,下启嘉靖、万历,开始转变了成化、弘治那种纤细、精雅的风格。在制作上,由于大件器的增多,趋向于厚重而粗糙。由于宫廷需求的增多,器物也比以前更多样化。但除了素三彩为正德颇负声誉的品种外,其他各类制品在质量上很少有超过永乐、宣德或成化水平的。

整个明代民窑瓷器的历史还有待进一步探索,但从各方面的情况看,正德朝的民窑瓷业,可能有很大的发展。

2. 青花及釉里红

正德官窑青花瓷有三种类型:一是早期制品,胎、釉细洁,抚之有玉质感,釉面高低不平,青花色泽淡雅,其施彩方法尚非一笔涂抹,而有笔触感,完全是典型成化的遗风,如无正德年款,很难识别,这类早期制品,属极少数。二是正德典型的青花器,其特点有如下几个方面:

① 胎质虽亦细洁,但器体一般较厚重,制作比较粗糙,琢器的接痕明显。

② 釉色肥亮,白中偏灰青,圈足底部为亮青釉是正德青花器的最

主要特征之一,这种现象在弘治晚期已开始形成。

③ 青花料可能用的是江西上高县天则岗的"无名子",也叫"石子青"。色泽青中偏灰,既不如永乐、宣德那样浓翠,也非成化的淡雅可比。着色均为双勾填色,一笔平涂,无笔触感,不留空白。

④ 器形远较成化、弘治为多,除一般的盘、碗、高足碗、瓶、罐、尊、执壶之外,烛台、渣斗、圆墩、花盆、各式炉、各式洗以及文房用具如笔架、笔盒、砚台、砚管、桌屏、花插、香炉等等多属常见,而且多见圆筒式和银锭式的多层盒。

⑤ 官窑器的图案花纹以缠枝花卉和龙纹为主,此外,较多地运用波斯文作为装饰,波斯文的内容有标明器物的用途,如在青花笔架上写波斯文"笔架";但更多的是吉祥语句,如在盘子上书写"拥有此盘的人,始终吉祥幸福"等等。民窑器的图案则除多见的缠枝、折枝花卉外,以鱼纹、奔马、长尾飞翼龙及海螺纹等为突出,三朝以来的云头、人物故事图画面仍然流行。三是正德晚期,青料改用西域回青,发色浓艳。成书于万历十九年(1591)的黄一正《事物绀珠》记载:"回青者,出外国。正德间,大珰镇云南,得之,以炼石为伪宝。其价,初倍黄金,已知其可烧窑器。用之果佳。"正德晚期的青花婴戏图碗,其青花色泽和图案花纹和后来的嘉靖典型器几无差别。

釉里红在正德朝是稀罕的品种,传世仅见极少几件官窑器,为三鱼薄胎盘、碗和三果小杯。它只是上承永乐、宣德之制的余绪罢了。

3. 颜色釉

正德朝的颜色釉制作并不是官窑的重点,除白釉器外,主要有黄釉、仿龙泉釉、孔雀绿釉、蓝釉及红釉,传世数量均不多。

① 黄釉。是继承弘治之作,但不如弘治黄釉那样浅淡而嫩,显得较深而老。器物有盘和碗。有六字及四字款,也有无款的。

② 仿龙泉釉。正德仿龙泉釉的制作较宣德仿龙泉釉更浅嫩,施釉较薄。多见有刻暗花缠枝莲正德碗等。这种碗往往无款。可从其典型正德碗的形制及碗底足釉白中泛青的程度加以辨认。

③ 蓝釉。蓝釉是宫廷祭器中的主要品种,因此明代各朝都有制作。正德蓝釉器往往无款字,可从其胎体较厚重,或符合于一般正德器的风格并器底釉色的发青加以识别,所见有盘、碗、炉、梅瓶、大罐等。

④ 红釉。宣德以后高温铜红釉逐渐衰退,正德朝的红釉器和成化一样,也属罕见,传世仅盘、碗有数几件。盘器物多见外壁施红釉、里壁为透明釉。红釉并不纯正而略带灰色,釉内气泡成大小不同而疏略的气泡群。器物底部白釉发青,釉内气泡小而密集,有四字款。

⑤ 孔雀绿釉。过去由于未发现景德镇元代及明成化的制品,曾把正德孔雀绿看成是景德镇的创制。事实上它也是传统的低温釉,正德朝的制作更趋精致,釉色比成化更淡。所见有盘和碗类,有沿袭成化的孔雀绿釉釉下青花,也有以细刻纹装饰的。一般为四字青花楷书款。

⑥ 甜白。正德甜白器,胎质致密。其釉一般都带灰青色。器形有盘、碗、炉、罐等。传世有白釉露胎刻龙碗、盘等器物。其制作完全和上述弘治的同类器物一样。也属白釉绿彩器的半成品。正德以后,这类器物就少见了。

4. 彩瓷

正德的彩瓷应以素三彩为最突出,它以黄、绿、蓝、紫为主,不用红色。其制作方法是在器物的瓷坯上刻划出图案花纹,不施釉,高温烧成素瓷,再满施某种色釉。然后剔出图案部分,填以所需各种色彩(或在素瓷坯上分别用各种色彩涂施于各相应部位),以低温第二次烧成。北京故宫博物院所藏素三彩海蟾纹洗,外壁刻划海蟾,填以黄彩,再以绿彩为水,白彩为浪花,紫彩为足,是传世正德的典型素三彩器。台北故宫博物院有孔雀蓝地配以黄、绿、紫色的折枝莲花纹十方形花盆,亦属典型器。

除素三彩外,正德时期釉上红彩仍继续运用,有的白釉器上以矾红彩描绘花果图案或波斯图案和书写波斯文字,有以红彩绘鲭、鲌、鲤、鳜的四尾鱼,以盘为多见,但识别此类釉上红彩器要谨防后人在白瓷盘上后加红彩。也有青花红彩器,则完全承袭宣德青花红彩的制作,图案亦见海兽波涛。绿彩的装饰则除沿袭成化、弘治的白地绿彩外,亦有黄地绿彩和青花器上加饰红绿彩的器物。此外,还有历朝一贯的青花黄彩花果盘及白地刻填酱彩盘。釉上五彩的工艺,则是正德彩瓷中的又一突出品种,所用彩色以红、绿、黄及孔雀蓝为主,所见盘类器,有花鸟图案,亦有水藻游鱼图案。

5. 款识

正德官窑款以"大明正德年制"两行六字及"正德年制"两行四字青花楷书外加双圈款为最多见。四字款虽并非始于正德,但以正德为多。官款正德的"德"字和宣德款一样,缺少中间一画而成"德"。在某些琢器上也有六字或四字直排或横排的单行款,并有加长方双栏的。在白地红彩器或五彩器上有"正德年制"四字矾红款或矾红波斯文款。

民窑多"大明年造"或"正德年造"四字款。

明代从正德开始盛行仿洪武、宣德、成化瓷之风,因此也有各朝款字的。

6. 鉴定要点

① 正德瓷一般胎质较成化、弘治为粗而厚重,制作亦稍粗糙,琢器接痕明显。

② 透明釉肥亮,色偏灰青,特别是器物圈足、底部釉色发青。

③ 釉内气泡小而密集,呈鱼子状。

④ 典型正德青花,色泽青中偏灰。

⑤ 大碗之类器物口沿部釉厚而特别呈青色。

第九节　嘉靖、隆庆窑瓷器

1. 嘉靖瓷

(1) 概说

嘉靖一朝共45年,世宗本人妄信道教、不重朝政,宦官和严嵩及其党徒把持朝政,穷奢极侈。仅据有档可查的记载,嘉靖朝对景德镇的瓷器派烧额达60万件,加上弘治以来烧造未完的30余万件,总计达100万件。从16世纪以来,中国资本主义因素逐步增长,景德镇的民营瓷窑业迅猛发展,而官窑的压榨也从反面促使民窑技术水平的迅速提高。当时一部分钦限瓷器,以"官搭民烧"的名义硬派给民窑完成,代烧官窑器的是民窑中的"官古器"户,在民窑官古器户中烧造的瓷器平时供民间上层阶层所使用,这样就使官、民窑之间界限变得不像明初以来那样分明了。

嘉靖朝的瓷器生产总量是明代最多的,传世器物也很多。从品种上说主要有青花,颜色釉,彩瓷包括各种杂色釉彩瓷。民窑彩瓷发展是嘉靖时期的一个突出成就。

（2）青花

嘉靖的官窑青花瓷,由于采用西域的回青料,色泽浓翠艳丽。成书于嘉靖年间的《江西大志·陶书》说:"旧陂塘青产于本府乐平一方,嘉靖中,乐平格杀,遂塞。石子青产于瑞州诸处。回青行,石子遂废。"可知嘉靖时期景德镇曾用过3种青花料,即乐平的陂塘青、瑞州的石子青和西域的回青。其实,回青只是官窑使用,由官府专门保管。民窑中的"官古器"户可能在接受官府派烧官窑器任务时非法挪用一点外,一般民窑是不能得到的。因此,所谓"回青行,石子遂废"之说,只是指官窑而言。事实上,即使官窑使用回青料,也一定要和江西料掺和使用。《江西大志·陶书》记载嘉靖时期官窑青花配料的情况说:"回青淳,则色散而不收;石青多,则色沉而不亮。每两加青一钱,谓之上青;四六分加,谓之中青;十分之一,谓之混水……中青用以设色,则笔路分明;上青用以混水,则颜色清亮;真青混在坯上,如灰色;石青多,则黑。"嘉靖官、民窑青花瓷有各种色泽,由于使用不同成分的青料,而官窑中的典型器那种浓翠艳丽的色调正是由于正确配比所产生的效果。

关于回青,我们过去都把它看作是从国外进口的青料,这主要是根据明万历时人王世懋《窥天外乘》"回青者,出外国"的记载。但从《明会典》嘉靖三十三年(1554)条所载吐鲁番贡回回青三百二十八斤八两及《明实录》"万历二十四年闰八月……癸未……先是奏,回青出吐鲁番异域,去京师万余里,去嘉峪关数千里,而御用回青系西域回夷大小进贡……"的记载看,回青钴料应是今新疆地区所产,其确切产地有待证实。

用正确配比的回青料绘制的青花瓷,色泽艳丽,不见永乐、宣德时期的黑铁斑,其典型官窑器胎质细洁,釉面肥润光亮。器物底足整修规矩。

一般民窑青花瓷,由于不用回青料,青花偏灰暗,制作亦较粗糙,琢器接痕明显,釉面发青而无肥润光泽感。

嘉靖青花的器形远较成化、弘治、正德为多。永乐、宣德时期的某些特殊器形如八角烛台、筒形器、扁壶、抱月瓶、波斯形执壶、天球瓶、僧帽壶等等虽都已绝迹,但各朝相传的碗、盘、高足碗、玉壶春瓶、玉壶春执壶及梅瓶等各类日用器皿,几乎都继续制作,只是在形制上或多或少有些变化,如玉壶春瓶的腹部特别肥大,由玉壶春执壶演变而成细长颈,高底足的扁形执壶是极特殊的形式。葫芦瓶、方升、方形盖盒、方形葫芦瓶、馒头心碗、高足碗、仰钟式碗、冲耳三足炉、盂形罐、鼓凳及仿青铜器的出戟尊、爵等器形是嘉靖朝最盛行的。

在装饰纹样方面,除传统的龙、凤、花卉纹外,盛行婴戏图、鱼藻图,且有以福、寿等草字作主题图案。并出现了"捧字"、"托字"等新的装饰手法,一般是在图案纹样的空隙夹以圆圈,在圈内写"寿"或八卦等,也有在缠枝莲上托"寿"字等等。由于道教的兴盛,不论官、民窑器上八卦、云鹤、八仙等图案都十分多见。此外,民窑的繁荣也带来了图案花纹装饰的多样化,这一时期已改变了从宣德后至正德前那种云雾幻境的楼台亭阁及戏曲故事图画面,而多见描写士人心情的山水人物图和清新活泼的禽鸟图。

(3)颜色釉

嘉靖朝的颜色釉除白瓷外,以蓝釉(又称霁青)、黄釉和紫金釉为最突出。此外,也有少量的仿龙泉釉、茄皮紫釉等品种。

嘉靖官窑甜白器的制作,仍以胎细釉润著称,一般说釉色白中稍泛灰青,釉内气泡小而密集,有素白或细刻纹装饰,所见有杯、盘、方洗、炉、梅瓶、罐等器物。过去把一种鸡心扁壶看作是嘉靖的特有器物,但最近景德镇御厂遗址出土了很多永乐的白釉鸡心扁壶,说明嘉靖扁壶是仿永乐的制作,大多有"大明嘉靖年制"六字青花楷书款,个别为六字暗刻款。

蓝釉瓷除祭器外也有日用器,嘉靖蓝釉器的特征是蓝中微泛紫色;接近底足的流釉聚釉处往往发黑色;有的釉面有细小开片;少数有棕色斑点,所见器物以盘、碗、高足碗、梅瓶、盖盒、炉、罐、洗、执壶等,多数为素面,但也有刻划细线纹饰或描金装饰。嘉靖朝在一些常见的蓝釉器之外还有一小批比较特殊的蓝釉器,习惯上称"回青釉",是钴蓝的高温呈色。可能由于钴料的配伍不同而呈色较淡光泽不足,现存台北故宫博物院的这批官窑回青釉器,有花鸟罐、蚌式小笔洗、香铲、渣斗、大碗、撇口碗、盘等,其中除素面外,以浅刻龙、凤、孔雀及缠枝花为装饰,有的器物口沿及圈足处施一层酱色釉,深者近黑。

黄釉一般都比弘治制品的娇黄稍深,釉面似有不平感,但也有极淡的,而且有的釉面极匀润。器物有碗、盘、杯、高足杯、碟、罐等,大多为素面,也有细线刻划纹装饰。以六字青花楷书款为多,也有少数刻款。特别有个别黄釉器底足亦施黄釉,则肯定为刻款。

紫金釉也叫酱色釉,是传统的高温釉,在传世品中的嘉靖器,釉色往往呈黄红色,釉内气泡疏朗而不密集。器物有碗、盘等。

嘉靖时虽亦偶有高温铜红釉器发现,但都是发色并不鲜艳的不成功之作。由于高温铜红的难于烧成,当时的红色器都用低温铁红(矾红)来代替了。

绿釉在嘉靖时以烧成瓜皮绿色为特征,有较匀润的嫩绿色,但有的绿中微闪灰暗。往往在烧成的白瓷或青花器上施绿釉第二次烧成,因此要注意有后加的可能性。

（4）彩瓷

嘉靖彩瓷的珍贵程度虽然无法和宣德五彩及成化斗彩相比,但就其品种之多和民窑彩瓷制作的发展来说,是空前的。

① 红、绿彩

嘉靖红、绿彩都属釉上彩,除白釉红彩、白釉绿彩,还有青花红彩、青花绿彩。

釉上红、绿彩器是在白瓷上用红、绿两种彩色描绘图案花纹,再第二次低温烧成。另有用一种色彩勾线,另一色彩填色;也有以一色涂地,另一色绘出图案花纹;更有以两种色彩拼凑画面。所见有碗、盘、罐、梅瓶等,多数是民窑器,其一般特征是器物制作尚称精细,但底足的处理总稍粗糙,釉色白中泛青,底有"程舍自造"、"陈守贵造"等抹红字款。这种釉上红、绿彩瓷,有后人用白瓷所伪作,需视器物本身的制作时代。如用嘉靖的白瓷为后代所加彩,则要观察彩的亮度,凡后加彩者往往温度较高而显得彩色亮度较强。嘉靖红彩一般红中稍稍泛灰暗,光泽度不强。

② 釉上三彩和五彩

釉上红、绿、黄三彩是嘉靖彩瓷中最主要的色彩。黄色一向是帝王至尊专用的彩色,即使嘉靖时期,也还是严禁民间使用,因此,民窑即使可用金彩,也不用黄色,所以民窑彩瓷以红、绿彩为主,而官窑则有釉上红、绿、黄三彩及红、绿、黄、紫、孔雀蓝等多种色彩的五彩器。此外,也还有黄、绿、紫的素三彩。所见器物有盘、碗、大壶、罐、方升等,其特征同样是红彩偏灰而无鲜艳感，绿彩偏淡而无翠绿光泽感。其图案花纹有以龙、凤为主体；也有以花卉、禽鸟为主题，少数则为人物故事。多数有六字青花楷书款。

③ 青花五彩

以釉下青花和釉上五彩相结合的彩瓷，在广义上说也可属于斗彩的范畴之内。但严格说，斗彩是指以青花勾线、用釉上彩填色；或以青花和釉上彩拼斗成一个图案的整体。嘉靖官窑有少数这类典型斗彩的小件器，如缠枝莲葫芦瓶、婴戏杯等其仿成化之制极精致，但决无成化斗彩所独有的姹紫色彩。青花五彩则指其青花部分被当作一种蓝彩来应用，使釉下蓝彩和釉上多种彩构成整幅画面，这种青花五彩由于有釉下蓝色的衬托，比单纯的釉上红、绿彩或釉上五彩绚丽得多。

明代青花五彩最发展的时期是万历朝，但它的风格形成于嘉靖晚期，绝大多数是官窑器，器形有盘、碗、洗、壶、罐、方升。图案花纹以飞凤、花果、鱼藻纹为多见，特别是鱼藻纹大壶绘莲池游鱼，十分生动，国内外有多件这类典型器，一般有"大明嘉靖年制"两行六字青花楷书款，款识往往并无栏圈。

④ 杂釉彩

嘉靖时期有一大类瓷器是以两种或两种以上的色釉或色釉和彩相配合的彩瓷。为方便起见，我们称之为杂釉彩。这类各种色地的彩瓷，在乾隆本《浮梁县志·陶政》所引嘉靖三十八年的景德镇御厂档案中就有"青地闪黄鸾凤穿宝相等花碗共五千八百……紫金地闪黄双云龙花盘碟六千，黄地闪青云龙花瓯一千四百六十，青地闪黄鸾凤穿宝相花盏、爵一万三千五百二十"的记载。传世品中有黄地红彩；黄地绿彩；黄地紫彩；黄地紫、绿彩；黄地蓝彩；红地黄彩；红地绿彩；蓝地黄彩；蓝地红、黄彩；绿地红彩；紫金地绿彩；紫金地黄彩等。器物所见有葫芦瓶、方洗、盘、碗、盖罐等，其图案花纹则以龙、凤、桃实八宝、婴戏图、缠枝莲及灵芝花卉为多见。这类器物有"大明嘉靖年制"两行六字楷书青花款或刻款。

⑤ 金彩

景德镇在瓷器上用金进行装饰在元代的枢府器上已经流行。明初永乐的青花金彩器，也有实物传世。但明代瓷器上进行描金装饰最盛行的是嘉靖朝。多见的有矾红描金、蓝釉描金、绿釉描金、黄地描金、紫金地描金等各种工艺的制品,器物有炉、扁形鸡心执壶、盘、碗、高足碗、六角形葫芦瓶等,多以金彩描绘花朵、凤鸟等。这类描金器如遇在一件青花瓷上施色釉再描金的制品,要谨慎鉴别是否在嘉靖青花器上后加彩的可能。除视其色彩及所绘图案花纹的时代特征外,一般可特别注意在色釉下边是否有划痕,因为,作伪者利用的是嘉靖旧器,在使用过的瓷器上往往留有划痕。这个道理同样适用于鉴别其他后加彩瓷器。

（5）款识

嘉靖官窑器以"大明嘉靖年制"六字楷书款为主,绝大多数为两行六字青花写款,有双圈也有无双圈的,有个别六字矾红款。在有些甜白器及颜色釉器上则为刻款,特别如器底足部位亦满施色釉者,一定是刻款。在仿成化的斗彩器上,则为两行六字双方框款,以适应仿成化斗彩的底款风格。在一些罐、高足碗、瓶等器物上,也有六字环形款,或六字单行款。个别器亦见"嘉靖年制"四字青花楷书双圈款。清康熙仿嘉靖六字款较多见。

嘉靖官窑款未见篆体书写。

嘉靖官窑除用年号款外,也有用"福寿康宁"等吉语青花楷书款。在一些彩瓷上,则有"大茶房"、"外膳房"、"典膳所"、"辛亥大茶房"、"上用"、"辛丑上用"等矾红写款。

民窑器则除少数用年号款外,有"大明年造"、"大明年制"及"富贵佳器"、"上品佳器"、"万福攸同"、"台阁佳器"等等吉语款。红绿彩器则见"程舍自造"、"陈守贵造"、"陈守钊造"等写款。此外,在民窑青花细瓷上已出现私家堂名款。上海博物馆藏绿地描金碗有"桐溪冯宅"款,嘉靖仿宣德款器常有发现德字写成"德"。

（6）鉴定要点

① 罐、瓶、壶、坛之类大件器接痕明显。

② 盘类变形现象较多,底心下塌而成凹形。

③ 盘、碗之类圆器的圈足自上而下向内斜敛,成倒过来的梯形。

④ 器物的透明釉一般均泛灰青,底釉都为亮青釉。

⑤ 器物胎和釉的交接处有一线橙黄色。

⑥ 青花一般为浓艳,无黑铁斑,尚未出现指捺般水印纹。

⑦ 彩瓷的红、绿彩均无硬亮感。

2. 隆庆瓷

隆庆一朝仅6年,隆庆五年(1571)夏,宫廷曾派烧官窑鲜红碗、钟、瓯、瓶、大小龙缸、方盒各项共105 770桌、个、对计12余万件瓷器。第二年五月穆宗就死了,当然无法烧成。

由于时间太短,景德镇制瓷业,无论官、民窑的工艺技术过程和艺术风格都来不及有所变化。何况从传世实物看万历前期的青花和青花五彩等品种,与嘉靖瓷并没有什么区别。介于嘉靖和万历之间的隆庆瓷,如果没有明确的款识,当然就无法辨认了。从传世品中带有隆庆年款的实物可知当时确曾烧造青花、青花黄彩、青花红彩、甜白、白釉红彩、黄釉及青花五彩等各品种。器形有盘、碗、杯、提梁壶、银锭式盒、大缸、方形罐、瓜棱式罐等。图案花纹主要为团龙、双龙戏珠、五龙、九龙、龙凤、开光花鸟及莲池水禽图等。

隆庆官窑的款识多见"大明隆庆年造"两行六字青花楷书款。明代在此以前的各朝官窑款,基本上都是大明某某年制,而隆庆款则用"造"字,这是非常特殊的,民窑则有"大明隆庆年制"、"隆庆年制"及"隆庆年造"各种不同的款识,"隆"字有"陇"、"隆"和"隆"等多种不同写法。

第十节　万历、天启、崇祯窑瓷器

1. 万历瓷

(1)概说

万历一朝48年,是明代皇帝中执政最长的,和嘉靖朝一样,政治腐败。但16世纪后期至17世纪,正是我国资本主义因素进一步显著成长的时期,随着宫廷和社会上层对细瓷的进一步要求和由于对外贸易的刺激,景德镇的制瓷业更加繁荣。

万历官窑的生产可分前后两个阶段。在万历三十五年(1607)以前,官窑瓷的生产量极大,在此之后整个明代的官窑生产情况趋于衰退。

万历官窑青花、颜色釉和彩瓷都有极大成就,其中尤以青花五彩为突出。

万历时期民窑中的某些工艺家,在仿制古代名窑及明代各朝瓷器方面取得很大的成功。从万历开始,民窑青花瓷器的生产在质量和数量各方面都是惊人的。由于外销的大量需要,从万历开始经过天启、崇祯到清代的顺治和康熙前期,青花瓷器形成了一种新的风格,国外有些学者称之为转变期。

(2)青花

万历官窑青花瓷可分两个阶段,第一阶段是继承嘉靖的制作,青料采用西域的回青料,图案花纹也基本上承袭嘉靖的遗风,如无万历款字,则很难和嘉靖区分开来。

万历二十四年,回青料已用竭,曾命令甘肃巡抚设法进贡,以应烧造瓷器的急用。但当时甘肃方面是否弄到回青料,史书并无叙述,然而在《明实录》神宗三十四年三月乙亥条则记载了太监潘相到景德镇后的上疏:"描画瓷器,须用土青,惟浙青为上,其余庐陵、永丰、玉山县所出土青,颜色浅淡,请变价以进,帝从之。"说明至迟在万历三十四年官窑已用浙江青料。成书于崇祯年间的宋应星《天工开物》说:"凡饶镇所用,以衢、信两郡山中者为上料,名曰浙料。上高诸邑者为中,丰城诸处为下也。"由此,可以知道,景德镇官窑从万历二十四年至三十四年间开始,一直到明末崇祯,都使用浙江青料。

万历官窑青花,其前期固然由于用回青料,发色鲜艳,但其后期,虽用浙料,却也青色明快。这是由于明代晚期,在钴土矿的选料处理方法上,有过一次很大的改进。

成书于嘉靖年间的《江西大志·陶书》记载当时对回青料的处理分"敲青"和"淘青"两个工序。敲青:"首用锤碎,内朱砂斑者为上青,有银星者为中青,每斤可得青三两。"淘青:"敲青后,取其青零琐碎碾碎,入注水中,用磁石引杂石,真青澄定,每斤得五六钱。"这是用水淘洗,并以磁石吸去杂质的水选法。但到了成书于崇祯末年的宋应星《天工开物》中则出现了以煅烧法来处理青料的记载:"凡画碗青料,总一味无名异……用时先将炭火从红煅过,上者出火成翠毛色,中者微青,下者近土褐,上者每斤煅出只得七两,中下者以次缩减。"从水选到火煅,是一次工艺技术上的改革,这个改革过程显然完成于嘉靖以后到崇祯这一段时期内,它是万历后期普遍使用浙江青料,能迅速提高发色质量的重要原因。

万历青花器无论官、民窑,传世数量均较多,除常见的各式盘、碗、杯、碟、瓶、罐、炉、高足杯外,以出戟尊、提梁壶、军持、鼓凳、各式洗、烛台、方炉、笔架、笔船、调色盒、瓷塑人像等为突出。而以蒜头瓶、壁瓶、笔管、笔船、莲瓣式盘、多格果盒、书桌插屏等更为别致。

官窑的纹饰,仍以龙、凤及缠枝莲、婴戏图等传统图案为主。嘉靖朝盛行的云鹤、八卦、八仙、莲托八宝、莲塘鱼藻及以梵文为装饰的方法也仍流行,万历时期的山水人物图,已经较少使用元及明前期那种有一定故事情节内容的小说、戏曲插图,而更多地描绘八仙祝寿、老子出关、四妃十六子、河图洛书以及明代文人画的山水人物图。

万历时期的淡描青花是极为突出的工艺,用极淡的色调、双勾图案花纹,给人以幽雅的感觉,传世有"京兆郡寿房记"款的四妃十六子碗为其典型器。

万历官窑亦偶有釉里红的制品,虽个别亦有呈色鲜红的,但只是极少量的制作。

（3）颜色釉

① 甜白　万历官窑纯白瓷传世甚少,所见釉色有较白和白中闪灰青两种。有半脱胎的小杯,也有胎较厚仿永乐器形的鸡心扁瓶和八方碗等,一般都有两行六字楷书青花款,也有暗刻款。上海博物馆所藏白釉饕餮纹瓶,色泽白中闪青,釉质凝厚而滋润,是仿西周青铜器饕餮纹的典型作品,器底有"古周饕餮、万历年制"两行八字青花楷书款。据文献记载,万历时期的一些著名陶艺家如周丹泉等,能仿定器,但目前还无法辨认哪些实物属当时的仿器。

② 蓝釉　所见有盘、碗、盖盒、罐等,釉色蓝中带灰,釉面光润,有的有刻划云龙纹,一般底足处无聚釉泛黑的现象。有器物里外均施蓝釉,亦有器里壁不施蓝釉的。以两行六字楷书刻款多见。

③ 黄釉　传世品极少,所见碗类黄色较深,无娇黄之感。有器里白釉,碗心绘青花双圈,器外壁刻划双龙戏珠纹,书两行六字青花楷书款。

④ 仿哥釉　仿哥自成化以后很少有实物传世。万历仿哥釉器形甚多,但以文房用具为主,胎体厚薄不一,开片大小均有。一般均包釉支烧,亦有少数为砂底填烧的,有的在器物口沿施酱黄釉。

此外,尚有仿龙泉釉、茄皮紫釉等。

（4）彩瓷

万历时期的彩瓷都是以前各朝的传统品种,并设有新的创造,但从嘉靖开始流行的青花五彩工艺，万历朝发展到了高峰。器形有盘、碗、洗、罐、瓶、尊、提梁壶、方鼎、盖盒、笔管、笔船、印盒等等。由于是官窑器，其图案纹饰仍以龙凤花草为主并有婴戏、八仙、百鹿等画面。万历青花五彩器在构图方面，改变了成化斗彩疏朗的风格而以图案花纹满密为胜。在用彩方面，则以红、淡绿、深绿、黄、褐、紫及釉下青花的蓝色为主，尤其突出红色，使全面色釉浓艳，刻意追求"华丽"的效果。其普遍特征有下列几点：

① 胎体一般较厚重，即使小件器也很少薄胎的。

② 琢器底足处理并不十分精细，凡底足露胎器，胎质均较粗松，杂质可见。

③ 釉色多数白中泛青。

④ 用彩艳丽，尤以红彩浓重。

⑤ 彩色无强亮光泽，红彩剥落现象较多。

⑥ 盖盒、盖罐之类器，其盖及器身往往描绘相同的图案纹饰。

⑦ 所绘人物，多数是大头短躯，和这一时期版画风格一致，但已个别出现崇祯时期版画中流行的长躯人物。

⑧ 大多有"大明万历年制"两行六字楷书青花款。

万历青花五彩一向为世所重，因此有以旧器加彩，或新仿的伪品，但由于万历器传世实物尚属稍多，还有条件可以认真对比。

除上述的青花五彩外，万历朝也还有少量风格疏雅的斗彩和釉上三彩、釉上红彩、青花红彩等等传统品种。较特殊的是一种青花黄、绿彩器，台北故宫博物院藏一云龙纹葵花式洗，分别以釉下青花和釉上浅黄彩绘龙纹身躯，以青花及黄、绿彩绘朵云及折枝花，淡静素雅，当属祭器。万历民窑彩瓷有为国外特殊定烧的器物。万历朝的杂釉彩器，有黄地三彩（浅绿、孔雀绿、紫及赭色）；黄地紫彩；绿地紫彩；紫地三彩（黄、绿并金彩）等。这类万历瓷均为官窑器，有胎体较薄的，其图案一般为龙纹。北京定陵出土的黄地紫彩出戟尊为人物花卉图；而其黄地紫、绿彩双耳三兽足炉，以堆塑蟠螭龙为装饰，都是比较突出的。

此外，有一批柿地白花及蓝地白花的三足炉等的特殊器物，白花部分堆塑凸起，主要为龙纹装饰，汕头器中也有这类品种，但白花堆塑较细。

（5）款识

万历官窑器大多用"大明万历年制"两行六字楷书青花双圈款。个别颜色釉瓷用两行六字暗刻款。有少数为两行六字双方框、单行横排和直排双栏款，并有三行六字双圈或双长方框青花楷书款。也有单行直排六字款，上有覆莲，下有莲座托，这是宋元以来招牌及刻版书上所用牌记的格式。

万历朝很少用"万历年制"四字款，所见只有和其他字句合用，如"古周饕餮、万历年制"、"万历年制、纯忠堂用"等。

民窑器除用本朝款和各种堂名款外，多有仿宣德、成化六字款。至于"大明年造"及"长命富贵"、"福寿康宁"、"万福攸同"与各种"佳器"款更属多见。在一些较粗的民窑器上已出现单个"佳"字的方框款。清康熙这种类型的单字款识，开始于万历。

（6）鉴定要点

① 除个别小件器外，一般胎体较厚重。

② 琢器底足处理粗率，瓶、罐、缸之类有接痕。

③ 釉色白中泛青，细瓷釉面光泽度较强。

④ 盘有塌底现象，底心下凹。

⑤ 早期用回青料青花器，色泽与嘉靖器相同。不用回青料之青花细瓷青色纯正，粗瓷则发灰。

⑥ 青花五彩器有用旧器加彩和后仿伪品。除款识外要注意器形、釉色和图案花纹的时代性。

2. 天启瓷

（1）天启官窑

从万历后期起，景德镇的官窑生产陷入衰落状态，但也并非完全停顿。成书于崇祯的宋应星《天工开物》载："凡画碗青料，总一味无名异……如上品细料器及御器龙凤等，皆以上料画成。"说明崇祯时景德镇仍烧造龙凤图案的青花官窑器，在传世的实物中也还可以看到少数有天启官窑款的瓷器可以证实当时官窑并未结束，但传世可以确定的天启官窑器极为罕见。国外有"大明天启年制"两行六字青花楷书双圈款的花篮图青花盘，这是目前所见唯一的完全没有异议的天启官窑器，其他有"天启年制"款的器物就很难断定其必属官窑器了。

（2）青花瓷

就目前所见到的天启青花瓷，可大概分为四类：官窑器、庙宇供器、供国内外市场的一般日用器皿及日本特殊定制的外销瓷。

① 官窑器　已如上述，目前仅见现藏日本根津美术馆的花篮图盘，该盘制作规整，画工精细，青色淡静，是明代一般官窑器的风格，但其图案之茂密，为万历朝所少见而已。

② 庙宇供器　在可以确认的天启瓷中，庙宇供器占有很大比重，有烛台、花瓶、香炉和净水盂等，这些器物的制作大多并不十分精细，底足处理较粗糙，有的釉面灰青，并无滋润的光亮感。青花色泽一般泛灰黑色调，无青翠感。其图案花纹除个别为刀马人（现藏英国大英博物馆有"天启五年吴各冬香"铭香炉）及山水人物图外，大多是云龙、团龙之类的传统图案，有的往往带有舍器人的纪年题铭。

③ 一般日用器皿　主要是碗、盘、贯耳瓶、棱形瓶、钵、炉等，颇有精细制作。器物底足处理粗糙，釉色灰青，青花色泽除个别较青艳外，大多青中发灰。图案画面除少数为传统的变形缠枝花卉纹外，有梅花、葡萄、白兔、双鹿、牧童骑牛、骑象、桃猿图、罗汉图、高僧图、八仙铁拐、仙人乘槎图等，更多见的是临江独钓、板桥归人及山庄屋宇的山水图，还有一些是以画诗的题材入瓷。在一些外销欧洲的瓷器中，有的也十分精致。

从万历后期官窑趋于衰落以后，民窑的发展无疑减少了一种延续了几百年的精神束缚，反映在装饰图案上，民窑的艺人们离开了长期依靠的官窑蓝本的"官样"，向景德镇地区以外的其他艺术领域去寻求创作图案纹样的借鉴。万历前后江南地区和安徽新安地区，文人画家和版刻家合作大量刻印的各种画谱，对景德镇陶瓷艺人有着重大影响。天启时期的有些青花和五彩瓷的画面，多以各种画谱为蓝图，一些戏曲故事的画面则来自戏曲、小说的版画插图。天启时期瓷画风格的特殊性，它与新安画派的承继关系，以及它在民间绘画史上所占的地位，将在绘画史上占有一席。

④ 日本特定订制的外销瓷　从日本京都国立博物馆所藏有"天文年制"款的景德镇白瓷和红绿彩，可以证实，日本在景德镇早有专门定

制瓷器的传统。日本现存有一批天启青花瓷,有茶具、香盒、碗及扇形、提篮形等各种日用器皿,其器形多数是按日本风格设计的,至于图案花纹,也有部分是日本的风格,这类器物在国内留存极少。

（3）彩瓷及其他

天启彩瓷主要是民窑器。有单纯的釉上红、绿彩及釉上五彩和青花五彩。在传世品中,有一些和崇祯很难区分,特别是有一种五彩盘,圈足处理粗糙,底部跳刀痕明显,有的酱口,或有"天下太平"篆书方栏款,可能天启与崇祯都有。

天启彩瓷中也有个别属"官古器"户的细瓷,如传世有青花五彩缠枝莲纹盖罐有"天启叁年唐氏制造"款,构图及设色均极精致,与万历青花五彩器有相同风格。一般五彩及青花五彩器以碗、盘为多。图案较青花器简单,有梅树、花蝶、双狮戏球、罗汉、人物松鹤、赤壁赋图等。一般底有"天启年制"或"天启佳器"款字。器物制作和青花一样均不太精细。天启彩瓷中有仿"大明成化年制"或"成化年制"款的。

此外,天启亦偶见青花釉里红和黄地绿彩的制品。黄地绿彩小碗为挖得较深的小形壁形底,并有"大明天启年制"两行六字款。

（4）款识

天启款除极罕见的"大明天启年制"两行六字青花楷书双圈的官窑款外,多数是"天启年制"两行四字青花楷书双圈款。在一些庙宇供器上往往有天启元年、皇明天启乙丑(五年)、天启四年、天启八年等等的题铭。

（5）鉴定要点

① 天启除个别官窑器外,所见大多为民窑器。

② 胎釉制作较粗,釉发青灰。

③ 盘类器有的器底有点疵,或跳刀痕明显,并有烧裂痕。

④ 盘、碗之类器底部分填砂黏着部分明显。釉底器足切削整齐,露胎部分较多,有的胎釉之际并无棕黄色调。

⑤ 万历后期常出现窗格纹。

⑥ 青花器有的有指捺水印纹。

⑦ 盘类外壁往往有以5个青花小点并淡红彩组成的变形花朵为装饰,往往在一个盘上有3朵这种变形花朵。

⑧ 在青花及彩瓷器上已出现题词。

3. 崇祯瓷

（1）概说

崇祯一朝17年是在战乱中度过的,官窑制作虽非绝对停顿,但在这时期的制瓷业中,官窑已毫无地位。

崇祯民窑瓷从传世品所见到的品种有青花和五彩。从万历后期经天启、崇祯和清初的顺治到康熙前期,这一段时期民窑青花外销特别兴盛。制瓷业中工艺技术和装饰艺术风格的改变,并不一定和王朝的更迭亦步亦趋,因此,如无款识,要确切对这一段时期进行断代是有一定困难的。

从17世纪初起,荷兰、英国的商船大量贩运中国瓷器至欧洲,据荷兰东印度公司的记载,仅通过该公司贩运的中国瓷器,从1602—1682年的80年中,达1 600万件以上,其中大部分是青花瓷,当时青花的销售,在帝俄、日本、东南亚地区都很兴盛,随着各地区不同的需要和条件,景德镇输出的瓷器质量和制作风格,也会因地而宜,销往欧洲的青花瓷,其胎、釉制作和青料发色都有极精致的实物。

（2）青花瓷

崇祯青花瓷的面貌,过去不太清楚,曾有一段时期认为崇祯青花瓷都是胎、釉制作粗糙,青花灰黑的粗路制品。随着国内外资料的增多,逐渐认识到崇祯青花是处于从万历后期到清康熙前期的转折点。虽然,对于这一段时期的详细情况还有待进一步研究。但根据已掌握的材料可归纳为下列几点:

① 有细器和粗器之分,细器制作较好,釉虽发青而尚润亮,青花色泽灰黑程度较少,有的相当明快。粗器有卧足底,填砂厉害。盘类器底跳刀痕明显,青花色泽灰暗。

② 器物底釉有橘皮纹,底釉釉色发青,胎釉之际少橙黄色。琢器有接痕。部分器物有酱口。

③ 器形有盘、碗、洗、瓶、盂、罐、笔筒、花觚、象腿瓶及庙宇供器的烛台、香炉、净水盂等。

④ 图案花纹除庙宇供器仍多龙纹等传统图案外,多见人物故事、山水、罗汉图、白兔、松竹梅、花鸟等,多用窗格纹作辅纹。

⑤ 崇祯后期开始,至清顺治末,配合画面的题字多见用隶体书写。

⑥崇祯年间,日本的定烧器有各种茶具、餐具和香盒等,其图案画面亦有完全按日本风格绘制的。这些器物中有部分有"五良大甫(夫)吴祥瑞造"款,日本称为"祥瑞"瓷。

（3）五彩瓷

崇祯五彩有单纯的釉上五彩和青花五彩两种,上海博物馆和北京故宫博物院都有具"甲戌孟春赵府制用"的青花五彩盘,以绿及红色勾出正面老龙,配以黑色,当属崇祯七年的官古器户制品,其风格仍属官窑传统。

青花五彩瓷的民窑风格则以山水、人物、白兔、飞鸟、桃果、梅石、花鸟等图案为主,突出青花,红、绿色调明显。

单纯釉上五彩则特别强调绿、黄两色。多见人物故事图,盘底跳刀痕明显,有"天下太平"篆书方款。

（4）款识

崇祯官窑器虽少,但应该是有的,其官窑款按一般推理应为"大明崇祯年制"两行六字楷书青花双圈款,上海博物馆所藏人物图小杯,即属此款。1981年12月香港中文大学文物馆展出青花三友杯一对,亦为两行六字款,但无双圈。

在庙宇供器及某些琢器上往往有崇祯某年的题记。

在一些盘、碗类器底有草书"福"字或楷书"福"字图章形款。

（5）鉴定要点

① 目前国外正在进行转变期瓷器的研究,其时代一般是指明万历末的1620年到清康熙前期的1683年。对于这一段时期某些器物的断代,还有很多值得深入研究的问题,崇祯一朝是关键时刻,因此,不能固定于以前的成见,鉴定标准的进一步完善,还有待大家的努力。

② 按原有的认识,崇祯瓷一般为釉闪灰青,光泽度不强。

③ 制作较粗的器底有填砂痕,底釉发青,胎釉之际无橙黄色。

④ 多见酱口,底有跳刀痕。

⑤ 青花色泽部分发灰,国外留存的大量青花出口瓷,色泽明快。有的有指捺般水印纹。

⑥ 大约在崇祯十年以后至清顺治十四年以前,有以隶体书写题字。

第十一节　景德镇以外地区的几个重要陶瓷品种

1. 福建德化白瓷

福建德化在宋代生产的白瓷和青白瓷虽已很精致，但德化的闻名于世，是从明代生产白瓷开始的。

明代德化白瓷的胎、釉和其他各地的白瓷不一样。由于德化白瓷的瓷胎是用氧化硅含量较高的瓷土制成，它所含的氧化钾含量也高达6%，烧成后玻璃相较多，胎质致密，透光度十分良好。

德化白瓷的釉，不同于唐宋时代北方地区白瓷的釉，也不同于景德镇白瓷的略带青色，而是色泽光润明亮、乳白如凝脂，对着阳光照看，可见釉中隐现粉红或乳白色，因此有"猪油白"、"象牙白"之称。输出欧洲较多，法国人称为"鹅绒白"、"中国白"。这类"猪油白"的德化瓷，估计在16世纪初已经盛行，其色泽以白中微显肉红色为贵。

德化白瓷的器物有器皿及雕塑两大类，器皿中主要是供器和日用器皿，大量祭坛供器有烛台、香炉、花瓶及仿玉、仿青铜礼器。日用器皿主要为酒杯，有梅花杯、海棠杯、仿犀角杯等多种形式，碟、碗、壶及文房用具的笔筒、笔架、水洗、印章等等。瓷雕多见佛、道神像，如达摩、弥勒佛、观音、释迦牟尼和关帝像等。瓷雕背部往往有"何朝宗"、"林朝景"、"张素山"等印记，以何朝宗所雕最为著名，但这些明代名匠瓷雕，目前所见却又大多是仿品。

德化白瓷的装饰主要是刻划、堆贴、透雕、浮雕四类，花纹较简单，多见的是梅花纹、叶纹、弦纹、回纹、蟹纹、各式小动物纹、仿青铜器的兽面纹和道教的太极图等。

明末德化可能亦烧青花器，上海博物馆所藏德化白釉铺首瓶带有"明朝天启肆年岁次甲子秋吉日赛谢"的青花题字。

传世有一批明末的五彩器，习称德化窑，但至今未能证实其产地。

2. 江苏宜兴紫砂器

紫砂器是一种无釉细陶器，是用质地细腻、含铁量高的特殊陶土制成，呈赤褐、淡黄、紫黑或绿等色。我国有好几个地区有紫砂土，但从土质的优良和历史上的成就讲则以宜兴紫砂器最负盛名。

宜兴紫砂器创烧于宋代，至明代中期大盛。宜兴紫砂的成就，主要是茶壶,这和明代中期以后士大夫阶层十分讲究饮茶的风尚有关。前人总结紫砂茶壶有七大优点:(1)泡茶不失原味;(2)壶经久用后,即使无茶叶,将沸水注入也有茶味;(3)茶味不易霉馊变质;(4)耐热性能好,并可在小火上炖烧;(5)传热缓慢,可不烫手;(6)壶经久用,光泽美观;(7)紫砂泥色多变,耐人寻味。当然,紫砂壶也要经常洗涤,以保持清洁。

根据明代周高起《阳羡茗壶系》的记载,明正德、嘉靖年间的龚春(一说供春)是制作紫砂壶的最早著名人物。当时的龚(供)春壶和嘉定濮仲谦的刻竹、苏州陆子冈的治玉、姜千里的螺甸器同为时人所推崇。

龚春以后有董翰、赵梁、袁锡和时朋、李茂林等大家。此后,名望最大的时大彬,与李大仲芳,徐大友泉,时称"三大"。

万历至明末更是名家辈出。大体上说,万历以前的紫砂器由于并无匣钵装烧,因此器物上往往粘有釉、灰的斑痕。而且早期的砂壶大概都比较粗糙,稍后则显得细腻。问题是在传世的所谓明代各大家的紫砂壶中,有极大部分是仿品,其鉴定工作十分困难。

3. 琉璃器和法华器

琉璃器是指陶胎上施以一种以铅为助熔剂,以含铁、铜、锰、钴为着色剂,配以石英制成的低温釉,一般是先烧陶胎,再施釉第二次烧成。我国早在战国时代已盛行陶胎琉璃珠,琉璃的制作长期没有间断过,到了明代更发展到高潮,当时主要为建筑所用的琉璃瓦以及日常所用的各种琉璃器皿,明代南京和北京都曾设官窑烧造。但取得最大成就的应是山西地区。在山西很多地方今天还保存着大量的琉璃照壁、塔、建筑屋脊、鸱吻、瓦、香炉、狮子等等,特别如平遥县的南神庙、双林寺、太子寺;太原市的晋祠;赵城广胜寺;介休县的后土庙、城隍庙、五岳庙;解县的关帝庙;阳城县的寿圣寺;晋城县的会海寺等。山西很多琉璃器上还留下了明弘治、正德、嘉靖、隆庆、万历至明末各朝代的制作工匠姓名。

法华器有陶胎和瓷胎两种,元代开始已烧造陶胎的法华器,明中期以前在晋南十分流行,明中期以后景德镇开始用瓷胎仿烧。

法华器的釉和琉璃器的釉,主要区别在于琉璃釉的助熔剂用铅,而法华釉则采用牙硝。

法华器的装饰方法是用彩画中的"立粉"技术,即在陶胎表面用特制带管的泥浆袋,勾勒成凸线的纹饰轮廓,分别以各种色料填出底子和花纹色彩,入窑烧成。有人认为"法华"的得名是从山西的"粉花"音转而来的。

第三章　清代景德镇瓷器概说

第一节　概　说

清代260多年,前期康熙、雍正、乾隆三朝堪称盛世,瓷器生产在工艺技术和产量上都达到了历史的高峰,这有四方面的因素:

1. 在社会经济方面,经过明末农民大起义和清军入关的战乱冲击,土地实行了再分配。清政府为巩固其统治,采取了一些措施,如兴修水利、临时性地蠲免一些赋税和对部分手工业者废除"匠籍"的束缚等等,促使社会生产力有普遍的提高。

2. 清代的帝王,特别是康熙、雍正、乾隆都比较爱好瓷器,康熙本人重视西洋的科学技术,著名的珐琅彩品种,就是在康熙时引进国外彩料创制的, 它为粉彩的大发展奠定了基础。雍正更是十分重视瓷器的质量,他采用重奖制瓷工人的办法,促使制瓷质量的提高。乾隆酷爱各类工艺品, 几乎达到了狂热的程度。这些都使官窑瓷器的生产得以迅速发展。

3. 清代外销欧洲瓷器的数量是十分巨大的, 当时的外销瓷都是按照国外指定的器形、图案装饰及釉色、彩色进行制作的,这对民窑制瓷技术的提高无疑有着很大的促进作用。

4. 日益增大的国内瓷器市场, 是促使民窑瓷器生产进一步发展的主要因素。

但是,随着嘉庆以后社会经济的衰退,景德镇官窑瓷器质量急剧下降,民窑方面虽然产量仍是巨大的,但已很少有精致之作。

清代代表中国瓷器水平的,仍然是景德镇的官窑器,景德镇以外地区虽也有若干窑场在进行生产,但都只是处于次要地位。

整个清代,景德镇始终保持着中国瓷都的地位。

明末的情况是官窑衰败,但民窑由于国内外市场销量十分大而极为兴旺,清初在景德镇民窑从事制瓷的工人有数万之众。法国传教士昂特雷科莱（汉名殷弘绪）在康熙五十一年（1712）九月一日于饶州发出的一封信，记述了当时景德镇的繁盛景象："景德镇拥有一万八千户人家，一部分是商人，他们有占地面积很大的住宅，雇用的工人多得惊人。按一般的说法，此镇有一百万人口，每日消耗一万多担米和一千多头猪。……《浮梁县志》上说：昔日景德镇只有三百座窑，而现在窑数已达到三千座。……到了夜晚，它好像是被火焰包围着的一座巨城，也像一座有许多烟囱的大火炉。"这里的数字可能有些夸大，但清初开始，景德镇的民营制瓷业就已十分繁荣，这是事实。当然，代表景德镇制瓷最高成就的，仍然是官窑。

官窑在清初顺治就已恢复，但初期并无显著的成就，康熙十九年以后，官窑的烧制走上正轨，在各朝帝王的直接关心下，取得了十分巨大的成就。

从总的情况看，清代官窑自康熙始，不但恢复了明代永乐、宣德以来所有的品种特色，而且还创烧了很多新的品种。

清代官窑重视单色釉的制作，康熙朝恢复了明代中期以后衰落的铜红釉烧制技术，康熙的郎窑红和豇豆红独步一时，当时的天蓝、洒蓝、豆青、娇黄、仿定、孔雀绿、紫金釉等都是成功之作。

康熙朝的民窑五彩器和由宫廷引进国外彩料创烧的珐琅彩瓷，为雍正朝盛行的粉彩瓷奠定了基础。

雍正一朝虽然时间极短，但官窑制瓷工艺之讲究可说到了登峰造极的地步。雍正朝烧成了发色最鲜艳的釉里红，青釉的烧造也达到了历史上最高水平，雍正的官窑器胎、釉精细，从其底足柔润的程度，就可衡量其精细的程度。

雍正朝的粉彩器，不论官、民窑，都是极为讲究的，自雍正开始的整个清代，粉彩成为彩瓷的主流，它和青花两个品种在整个景德镇烧造的瓷器中占了极大的比重。

乾隆朝的单色釉、青花、釉里红和珐琅彩、粉彩瓷的制作，在继承雍正朝的基础上，都有极精致的产品。

乾隆以后，随着整个社会经济的衰退，景德镇的制瓷业也逐渐趋于衰落。

清代瓷都景德镇的地位比明代更为突出，除了宫廷用瓷外，社会上的民间用瓷也几乎绝大部分由景德镇供应。景德镇以外地区的窑场多数只是生产一些缸、坛之类的日用陶器。当然，江苏宜兴的紫砂器、广东石湾的仿钧器和福建德化的白瓷则是值得重视的。

第二节　顺治窑瓷器

1. 概说

顺治初由于明末的战乱，景德镇一度处于瓷业生产的衰败期，清人叶梦珠《阅世编》卷七载："顺治初，江右甫平，兵燹未息，磁器之丑，较甚于旧，而价逾十倍。"就是说，由于生产极少，虽很差的东西，价格却很高。

根据《景德镇陶录》的记载，顺治十一年（1654）开始恢复官窑，主要烧造大龙缸，但没有成功；顺治十六年（1659）又奉命烧造栏板，但也没有成功；顺治十七年江西巡抚张朝璘奏请停止烧造。这说明顺治官窑的烧造技术水平是较差的，传世的顺治官窑器也十分少，有的也比较粗糙，迄今为止还没有发现过一件十分精致的顺治官窑瓷。

民窑虽受兵荒马乱的影响，但基本上没有间断过，特别是明末以来的出口瓷生产，有一定规模。

2. 青花瓷

传世的顺治青花瓷，以民窑器多见，其中在国内的以庙宇中佛前供器，如净水碗、对瓶、香炉为多，也有少量笔筒、盘、碗等物；国外则是传统的各类出口日用瓷。青花色泽有两类，出口瓷都比较青翠，庙宇供器则显得稍为灰暗，其图案花纹又多为云龙、兽石及八仙、罗汉等传统题材；但出口瓷则仍沿袭明末的山水加题诗的所谓"画诗"题材。当时的青花瓷很流行题写纪年款，传世所见最早顺治年款的是署"顺治丙戌年"（即顺治三年）的青花人物图罐；北京故宫博物院藏有顺治五年、十一年、十二年、十五年、十六年纪年款的青花器；上海博物馆也藏有顺治十年、十四年、十七年纪年款的青花器。在顺治十四年以前的青花瓷题诗，往往用隶体书写，这是一个值得注意的特点。

3. 颜色釉瓷

顺治朝的颜色釉制作，处于明末战乱后的衰败期，仅见酱色釉、黄釉和白釉数种官窑器，大多是盘类，有的刻有暗龙，底书"大清顺治年制"行书六字青花双圈款。盘的底部往往有窑裂痕。

4. 彩瓷

顺治彩瓷以明末外销瓷的品种为多,主要是釉上五彩,以白瓷器上加绘纯粹釉上彩色,黄、绿、红彩为多,其黄色呈淡色,红色亦较淡,容易褪脱,很少见万历朝的那种青花间装五彩。少数官窑器有"大清顺治年制"行书青花六字青花双圈款。

5. 款识

官窑器多书"大清顺治年制"两行六字楷书青花款,有的款字不太规整。大多有双圈。已发现的堂名款有"继善堂"、"百花斋"、"梓桑轩"、"西畴书院"、"霏露庵"等等。

6. 鉴定要点

顺治官窑处于衰败期,因此官窑器并无精致之作。民窑的出口瓷仍在继续生产,有一些青花器仍延续明末的制作,如无纪年,很难区分。和明末出口青花瓷一样,有些器物比较精细。其中"象腿瓶"、"将军罐"类,过去认为雍正、康熙的器物,部分属于顺治朝。顺治瓷就国内所有传世器看,有以下几个特征:

① 胎质、釉质均较粗,釉色发青。

② 多数器物的口沿抹上一层淡酱色。

③ 有的盘底往往有窑裂痕。

④ 康熙时盛行的双圈足,顺治器亦有。

⑤ 炉一类器物的底足均为饼底实足。

第三节　康熙窑瓷器

1. 概说

景德镇制瓷业,经过明末清初的战乱,虽然受到一定影响,但官窑、民窑两方面还是时断时续地维持着生产,康熙初期可说是处于官窑生产的复苏期。

康熙十年(1671)景德镇官窑又担负起"奉造祭器"的任务。传世有一种"中和堂制"器(有康熙十年款的古铜彩碗和康熙十年、十一年、十二年中和堂款的青花釉里红小盘),说明这一时期,确有官窑器存在。

康熙十九年九月,清廷指派广储司郎中徐廷弼、主事李廷禧到景德镇驻厂督造,二十二年二月又差工部虞衡司郎中臧应选、笔帖式车尔德驻厂代理督造(《景德镇陶录》卷二)。从康熙二十年(1681)二月起至二十七年"奏准停止江西烧造瓷器"(《大清会典事例》卷九百)止,这一段时期,景德镇官窑所生产的瓷器,称为"臧窑"。《景德镇陶录》称臧窑的瓷器胎质细腻、莹薄,有"蛇皮绿、鳝鱼黄、吉翠、黄斑点四种尤佳,其浇黄、浇紫、浇绿、吹红、吹青者亦美"。从所举的品种看,臧窑以颜色釉为主,而并未提及彩瓷与其他。事实上,整个康熙朝的官窑器,也是以颜色釉为重,青花、五彩和斗彩等各种彩瓷,并不是官窑的重点,相反,康熙时期的民窑,却有非常突出的青花和五彩瓷的大件器。

传世康熙朝官窑器中的颜色釉,以红釉的郎窑红、豇豆红;蓝釉中的天蓝釉为最名贵。上述的蛇皮绿、鳝鱼黄、吉翠、黄斑点四种,似乎都是指结晶釉而言,但目前在传世品中,还难于确认其实物。

2. 颜色釉

(1)郎窑红

高温铜红釉制作的难度在明代一章中,已经有所叙述。明中期以后,衰落的铜红釉技术,到清康熙时期才重新振兴。康熙红釉中,除了淡雅的豇豆红以外,以深艳的"郎窑红"为最名贵,其特点是仿烧明宣德的宝石红,极为成功,色泽深艳,好像初凝的牛血一般猩红,因此亦称牛血红。器物内外开片,釉面透亮,口沿处因红釉流淌下垂,出现轮状白线,洁白整齐,俗称"灯草边",郎窑红无论瓶、碗、盘各种器物的底足旋削十分讲究,保证流釉不过足,因此郎窑红器的施釉技术有"脱口、垂足、郎不流"之称。凡郎窑红器其底部呈透明的米黄色如米汤之颜色或苹果绿色,俗称"米汤底"或"苹果绿底",偶尔也有本色红釉底,但绝不见白底。凡白底者,不属于郎窑,郎窑器的底部有色而无款,因此凡有款的红釉器,也非郎窑。

郎窑红器的造型以瓶、碗、盘、盂为多见,其中笠式碗、观音尊等等,都是康熙朝的典型器。

由于康熙郎窑红器被视为珍品,物罕而价昂,因此,后世仿造者甚多。仿品首先仿其米汤底或苹果绿底,但往往碍于红釉色泽的深艳程度或器物里外开片的条件而无法仿得完美,而且在底部可能有流釉现象,这是在鉴定上要着重注意的。

清末、民国初年,为迎合欧美市场的需要,出现了大批所谓"郎窑绿"的器物。铜在氧化气氛中能呈现绿色,这是郎窑红器苹果绿底的形成原因,这在郎窑中属于一种偶然现象。目前国内、外传世的大量"郎窑绿"器,绝大多数并非康熙朝的制品。

关于郎窑的得名由来,过去是有争议的。有人认为是意大利画家郎世宁所创,也有看成是顺治朝的巡抚郎廷佐所督造。事实上,郎窑应该是康熙四十四年至五十一年在江西任巡抚的郎廷极所主持的。郎窑善仿明代宣德、成化的红釉和青釉,与郎廷极同时的康熙时人许谨斋曾作诗盛赞说:"宣成陶器夸前朝……迩来杰出推郎窑。郎窑本以中丞名……中丞嗜古得遗意,政治余闲程艺事;地水风火凝四大,敏手居然称国器,比视成宣欲乱真,乾坤万象归陶甄;雨过天青红琢玉,贡之廊庙光鸿钧……"(《郎窑行,戏呈紫衡中丞》,《许谨斋诗稿,癸巳年稿》)康熙时人刘廷玑的《在园杂志》,也记载了郎窑的成就:"仿古暗合,与真无二,其摹成宣,釉水颜色,橘皮棕眼,款字酷肖,极难辨别。"这说明,郎窑除仿宣德红釉的高度成就外,也仿蓝釉、薄胎白瓷和描金器、青花器等等。

(2)豇豆红

高温铜红釉中,和郎窑红齐名的,还有豇豆红,清雍正、乾隆间佚名者所著《南窑笔记》亦称吹青、吹红,所谓吹红,即豇豆红。旧说豇豆红是清康熙朝新创的品种之一,近年景德镇明御窑厂旧址发现了宣德红釉器,看来康熙豇豆红,也是仿宣德的品种。豇豆红以其淡粉红色,犹如红豇豆一般而得名,其浅红娇艳之色,又好像小娃娃之红脸或如粉红之三月桃花之色,又如美女微醉之红颊,因此,又有"娃娃脸"、"桃花片"和"美人醉"之称。

豇豆红器,一般为器内白釉,器外壁为铜红釉是分几次吹釉,而后高温烧成。由于吹釉的层次不同,在烧成后,釉中必将出现水渍般的现象。更由于釉中微量的铜分,在烧成过程中氧化的作用,而产生绿色的斑点,犹如绿苔,俗称苔点,在浑然一体的淡红釉中,掺杂星点绿斑,相映成趣,如用清人洪北江咏苹果绿诗"绿如春水初生日,红似朝霞欲上时"来描绘,真是恰到好处。

豇豆红烧成难度极大,很少大件器。所见传世品主要有印盒、水盂(太白尊、马蹄尊),有暗花团螭装饰。小洗、柳叶瓶、菊瓣瓶等等少数小件器,最高的亦不超过20厘米。其器底都有"大清康熙年制"三行六字楷书官窑款,由此可见,豇豆红器主要是清康熙宫廷内的文房用具。雍正时期曾烧制过,但釉色灰暗(俗称乳鼠皮),都属不成功之作,雍正以后已不再烧造。

由于豇豆红器物罕价昂,20世纪初期,出现很多仿品,但釉色不如真品的幽雅娇艳,而往往偏于灰暗,水渍斑状显得刻板,而且瓶类的口部不见绿色苔点,器底款字不规整。也有的仿品由于未能从真品直接翻制,因此其器形如与真品对比,有很多不一致的地方。

(3)霁红

康熙高温铜红釉制品,以郎窑红和豇豆红为著,但除此两者外,还有霁红(又称祭红、鲜红)器。霁红既不像郎窑红的浓艳透亮,也非豇豆红之淡雅柔润,而是一种失透深沉的红釉,呈色均匀,釉如橘皮。器物有瓶、盘、碗之类。器底除部分无款外,有青花"大清康熙年制"两行六字双圈楷款及青花"大明宣德年制"两行六字双圈楷款,这些显然都是官窑祭器。

釉如橘皮、失透深沉、白底官款这三者是康熙霁红区别于郎窑红器的显著特点。

(4)天蓝釉(又称天青釉)

康熙天蓝釉是用微量钴(一般在1%以下)为着色剂的高温色釉,由于釉呈晴天蓝空之色而得名。淡雅幽闲,十分珍贵,传世数量较少。所见大多是官窑器,康熙天蓝釉无大件器,有的和豇豆红器相类均属文房用具,底有"大清康熙年制"三行六字楷书官款。后世有仿制品,但由于其烧成难度较大,后仿者在色泽上一般都无法相近。

(5)洒蓝

康熙洒蓝也是以钴为着色剂的高温釉,是仿明宣德洒蓝的品种,但比宣德洒蓝的制作更趋完美,由于采用喷吹法施釉,在通体的浅蓝色地上,呈现水迹般的深色点子,犹如洒落的水点,因此称为"洒蓝",又称鱼子蓝。更因其水点成雪花片状,又有"雪花蓝"之称。上文《南窑笔记》所说的清初新制"吹青",可能即指"洒蓝"而言,上引法国传教士昂特雷科莱在给教会的第二封信中,也提到"吹青"说:"要以喷吹法在瓷坯上施以称之为'吹青'的青料,就必须使用……精制的优质青料,当吹青变干时，施以普通釉。"这说明，先将以钴为呈色剂的洒蓝釉喷吹在坯体上，然后罩以透明釉，最后以高温烧成。洒蓝器除极少数有官窑款外，大多无官款，因此，大量的是民窑器，其器形以盘、碗、盆、笔筒、瓶为多见，尤以棒槌瓶之类的典型民窑器最为突出。

洒蓝器多数辅以描金装饰，尤以洒蓝开光描金的器物为多，但大多的描金部分，由于时间较久，已经剥落褪脱，或描金的图案、文字模糊不清。由于洒蓝的烧成难度不大，因此后世仿制康熙洒蓝器制品的量极大，这就要从其器形、图案纹饰和制作特点来加以鉴别。也有的是已褪脱的描金部分，重新补描金彩。凡此类后来加补描金的器物，往往在用放大镜仔细观察后可发现原有描金部位的旧痕与新的描金图案不一致的地方。

传世尚有洒蓝地五彩及洒蓝地釉里红等各品种。

（6）霁蓝

霁蓝是景德镇窑从元代开始已烧制成熟的釉色，其釉料以钴为呈色剂，钴含量一般为2%左右，釉呈失透，釉面如橘皮，色泽匀润稳定，主要用作祭祀器皿，因此又称祭蓝，多见盘、碗、瓶之类。康熙霁蓝多官窑制，部分器物有"大清康熙年制"两行六字楷书款，亦有无款的官窑器，一般碗、瓶之类均为器内壁施透明釉，外壁施蓝釉，惟盘类有里外满施蓝釉的。图案装饰官窑器以刻暗花云龙纹为主。民窑器，大多亦为上层社会的宗庙祭器，如上海博物馆即藏有"凝远宋氏祭器"碗。

（7）青釉

从明代后期开始，龙泉青瓷的烧制已趋衰落，景德镇窑仿龙泉青釉的制品则愈益精致。清康熙朝青釉器的釉色匀净，色如豆青，因此亦称豆青（或称冻青），器物有盘、碗、瓶、炉、笔筒、缸、盖罐等等。其中棒槌瓶、花觚、凤尾尊等都是康熙朝独有的典型器；装饰亦以刻花为主。康熙官窑豆青器，有书"大明嘉靖年制"款字的，而且往往以横书六字款为多见。除纯色的豆青器外，康熙朝尚有豆青地釉里红、豆青地青花和豆青地青花加红彩等各类品种，其中又以官窑器为多。

（8）黄釉

康熙黄釉是以铁为着色剂的低温釉，从清代的典章制度看，黄釉瓷器应专属宫廷用器。《国朝宫史》卷十七记述里外施黄釉的器物，应属皇太后、皇后的用具;皇贵妃则用白里黄釉瓷(即碗、盘外壁施黄釉,内壁所施则为普通的透明釉);贵妃用黄地绿龙器;嫔妃用蓝地黄龙器。贵人和常在都不用黄器,而前者用绿地紫龙器,后者用绿地红龙器。纯粹的黄釉器应是至尊的颜色,它和五爪龙一样,象征着权力和神圣不可侵犯。由此可知,康熙朝的黄釉瓷都是官窑器,以仿明宣德和弘治为多,器形以盘、碗为主,偶尔亦有少数如盏托、杯等一类小件器。黄釉器一般为素面,仅见仿弘治娇黄的锥拱云龙和暗花龙纹盘、碗等少数有装饰图案的器物。康熙黄釉除"大清康熙年制"两行六字楷书款外,多见"大明宣德年制"和"大明弘治年制"的仿款。

康熙以仿明弘治娇黄为多,但从总体上说,康熙黄釉有的较弘治黄为深,而且器物造型上,也略有出入,如盘类底足部弘治弧度较大,康熙较小而稍直。盘外底的釉色,弘治较白,而康熙则呈青色。在款字方面,明代章已述过,弘治款的"治"字写成"冶",右旁的"台"的首部高出三点,而康熙仿的"治"字,其"台"旁首部和三点是平齐的。此外,盘、碗的圈足,一般是弘治器较高,而康熙仿极低矮。

(9)白釉

康熙白釉瓷有3类:一类为瓷胎的填白釉器,除素面外,以刻、划花装饰为多见,另一类是浆胎白釉瓷。器物重量较轻,亦有刻花、印花装饰,釉白中稍呈黄色,第三类是仿宋代定窑的制品。

康熙仿定,其釉虽亦制成白中泛黄,但不具备宋代定窑器特有的竹丝刷纹及釉面泪痕,因此是很容易分辨的。

康熙填白釉器,主要是仿明宣德、成化、弘治的制品,官窑除落"大清康熙年制"款外,也有的落"大明宣德年制"等两行六字楷款。但从器形、釉色上都能加以区别,而且填白器的有些造型,如花觚、太白尊、水盂等都为康熙朝所独有。

白瓷除人们日常生活中所常用外,也是祭祀的重要用器。因此,除宫廷所用的官窑器外,景德镇民窑也制作大量白釉器,有碗、盘、梅瓶、葫芦瓶、笔筒、花觚、三足炉、蟋蟀盆、洗、盖盒、水盂等等。所见民窑器,有的也有落款,如"朗润堂"、"上峰博制"及"希范堂"等。

(10)绿釉

康熙朝用铜作为呈色剂的低温绿釉,是很发达的。瓜皮绿的制作,在明代已出现,清康熙也有瓜皮绿和孔雀绿之分。瓜皮绿釉的制作,有和豇豆红相同形制的印盒,与天蓝釉相同形制的水盂等等,传世绿釉印盒为刻花暗龙图案,有"大清康熙年制"三行六字楷款。

器类有笔筒、撇口碗及康熙朝典型的笠式碗、盘、印盒、洗、花插等等,其间往往有刻花暗龙装饰,碗类有"大清康熙年制"两行六字楷款。

孔雀绿釉康熙朝的制品,除供祭祀用的碗、盘之类外,大多为盆奁、动物瓷塑及各种陈设件。

（11）紫金釉

又叫酱色釉,是以铁为呈色剂的高温釉,早在汉代已经出现。宋代的定窑、耀州窑和山西省部分窑场都有制作。元末明初景德镇的酱色釉烧造已臻上乘。清康熙朝的紫金釉继顺治朝的制作,多见官窑器。

（12）古铜彩釉

仿古铜彩釉,在康熙初已制作成熟,有康熙十一年（1672）"壬子中和营制"款的器物。

3. 釉下彩

康熙釉下彩的制作,有青花、釉里红、青花釉里红、釉里三彩和各种色地釉下彩。

（1）青花

康熙青花是继明永乐宣德青花、成化青花和嘉靖青花之后又一青花制作高潮。明万历以后,官窑青花制作趋于平常。这一方面由于官窑的活动减少,而另一方面,也因为青料的断绝。然而,明末以来,大量出口瓷,主要是青花瓷的制作,促使青花器的造型多样,图案花纹的富有生活气息,而为清康熙青花瓷的大发展奠定了基础。

康熙青花的青料,是使用国产的浙江料。明代晚期,提炼钴土矿的办法,由水沉法改进为煅烧法,青花的发色也十分鲜艳,康熙青花就有浓翠的感觉,色泽十分鲜丽。康熙青花的一个重要特征,是青花浓淡有多层次,而且有指印纹,即青花彩色中有手指印的纹样。康熙青花的特征之一是有指印纹,但有指印纹的青花器,并不一定全是康熙制品,因为青花上出现指印纹在明万历后期已经开始。

前面已经叙述过,康熙朝的官窑器,主要偏重于颜色釉的生产,青花和五彩并不是官窑的重点。

康熙官窑青花，少见大器，一般都是小件的日用瓷和文房用具。康熙官窑青花盛行仿制明宣德、成化、嘉靖的器物，而且落"大明宣德年制"、"大明成化年制"及"大明嘉靖年制"、"大明万历年制"款。如果用机械的眼光看，很难理解，清灭明以后，居然还落明朝皇帝的年号款，似乎不可思议，但事实就是如此。官窑青花器的图案花纹，也比较正统化，主要是龙、凤、缠枝莲、云鹤吉祥、寿字、山水、花卉等。但龙、凤图案的团龙、团凤、团鹤，则是当时的特殊表现手法，而且像耕织图和书写的"圣主得贤臣颂"等，都是具有歌颂升平的意义。

康熙朝的民窑青花制作，有极大的发展，主要反映在下列几方面：

① 康熙民窑青花的器物多样而又多大件器，如大型的棒槌瓶、大方瓶、凤尾尊、观音瓶等等。

② 康熙民窑青花的图案花纹，十分多样化。官窑的装饰图案主要是图案纹饰，而民窑器除各种图案纹饰外，大量出现整幅画面，其内容有反映文人雅士心情、风尚的岁寒三友、秋声赋图、羲之换鹅、米芾拜石等等，也有为民间喜闻乐见的小说戏曲的故事内容，如《西厢记》、《三国演义》、《岳飞》、《风尘三侠》等等。

③ 康熙民窑青花瓷的市场供应面更为扩大。从明后期以来，青花瓷已成为对外出口的主要瓷器品种，尽管康熙朝曾一度有过海禁，但事实上，瓷器的输出似乎并未真正停止过。在国内市场上，青花瓷已成为各阶层普遍使用的日用器。

民窑青花器的款记有各种标记，一般不落年号款。

（2）釉里红

釉下铜红的制作，明代只在宣德以前盛行了一个时期，由于其烧成难度太大，明晚期的釉里红，只有明末的民窑器中有少数发现，而且都是灰暗色泽较多。清康熙朝恢复了釉里红的生产，这一成就主要是官窑作出的，传世的康熙釉里红器，基本上都是官窑器，器形有盘、碗、梅瓶、油槌瓶、大缸、马蹄尊、苹果尊、摇铃尊、洗、金钟杯等。由于是官窑器，因此其图案也主要是龙纹、兽纹、团龙、团鹤、团花、朵花、缠枝莲、三果等等。釉里红器多数有"大清康熙年制"官款，部分有"大明宣德年制"等仿明年号款。

康熙釉里红的色泽,一般为淡红色,少见鲜红。

（3）青花釉里红

釉下青花和铜红在一个器上烧造,开始于元代。但元代的青花釉里红,其图案纹饰并无细线条的描绘画面,而以涂抹为主。由于青花和釉里红二者要求的烧成气氛并不一致,因此在同一器上成功地发色的难度就极大,在明代很少有青花釉里红的成功之作。青花釉里红器与釉里红一样,主要是官窑产品,传世有中和堂款辛亥(康熙十年)、壬子(康熙十一年)、癸丑(康熙十二年)纪年的青花釉里红山水人物诗意图小盘。多见以青花绘亭台楼阁和树枝,以釉里红绘花朵。说明在康熙初年官窑已烧造这类品种的器物。但其红色也和单纯的釉里红一样,还处于发色较淡的阶段。

青花釉里红器除盘、碗外,有各式瓶类、笔筒、高足碗、摇铃尊、鸡缸杯等。

康熙晚期,民窑的青花釉里红器,也有很大发展。

（4）釉里三彩

这是康熙朝新创烧的一种釉下彩品种。它除了青花和釉里红外,又增加了一种以铁为呈色剂的釉下豆青色,成为釉里三彩,这也是康熙一朝的特有品种。康熙以后,虽亦有少数仿烧品,但都无法达到预想的效果。这类品种,也以官窑器为多见,有书"大清康熙年制"官款,也有落"大明宣德年制"的仿款。器物多数为盘、笔筒、罐及瓶类。民窑器也有花觚等类大件器。

（5）杂地釉下彩

康熙时期,除上述各种釉下彩瓷外,尚有豆青地青花、豆青地釉里红、洒蓝地釉里红、绿地青花等各种杂地釉下彩。

4. 釉上彩和斗彩(五彩、斗彩和素三彩)

釉上彩从宋代的加彩以来,到元末明初的釉上红彩已是十分成熟了,但在整个明代,纯粹的釉上彩,主要是红、绿、黄三种颜色,凡要用蓝色的地方,都借助于釉下青花,因此盛行青花五彩。到了清康熙年间,由于能成熟地运用釉上蓝彩,因此大大地丰富了釉上彩色。

（1）五彩

康熙五彩和康熙青花一样,是清代景德镇的一个重要品种,它是从明代万历五彩的基础上发展而来的,但万历五彩较多的是青花五彩,而康熙时期,由于发明了釉上蓝彩,凡是需用蓝色的地方,不再借助于釉下青花,而能以纯粹的釉上多种色彩来表达。有红、绿、黄、蓝、紫、黑、金等,色彩鲜艳夺目。

康熙五彩烧彩的温度为800℃左右,比粉彩为高,有"硬彩"之称。粉彩在雍正朝盛行以后,景德镇的彩瓷即以粉彩为主,康熙五彩只是作为仿古之作,因此,后人把康熙五彩又称为"古彩"。

上文已经叙述过,康熙朝官窑注重的是颜色釉,因此代表五彩瓷制作水平的,是民窑而不是官窑。

康熙官窑五彩除少数大件器外,多数是小件器,其图案花纹虽亦有少量的海屋添寿及人物故事图外,大多是龙凤、缠枝莲、桃果等传统的纹饰。民窑五彩器则器形多样,图案花纹丰富多彩。常见的器物有碗、盘、罐、壶、瓶、杯、盂、笔筒、笔架、插屏、灯座、果盒、花盆、蟋蟀罐、格盘、挂屏等,其中观音尊、棒槌瓶、油槌瓶等康熙朝特有的器物,大多是民窑器。

康熙五彩除朵梅、朵菊、花蝶、鸳鸯、九鱼、莲鸟等的雅静图案外,多数画面显得较满,特别以仕女为突出。从明末以来,景德镇瓷器的画面借鉴版画风格,在康熙五彩中更是十分普遍,戏曲故事画尤以三国故事题材为多,历来视康熙五彩以描绘战争场面的所谓"刀、马、人"图案为名贵。事实上这类"刀、马、人"的画面在元青花瓷中已出现,明代曾一度中断,因为明代官窑器的图案多数是内官指定图样。到明晚期民窑青花瓷大发展后,这种"刀、马、人"的画面又开始兴盛。

康熙五彩除白地釉上五彩外,更有黄、黑、绿、洒蓝等各种色地的五彩器,它和康熙民窑大件青花一样,多数是为外销而特制的。

由于康熙五彩为一代名作,仿品极多,特别以20世纪前期所仿为精,在鉴别真伪方面,应该掌握康熙五彩器的主要特征:

a. 康熙盘、碗、瓶、罐类的器底一般均能见到明显旋纹痕及黑疵。

b. 除少数官窑器的圈足圆浑润滑外,大多民窑器的圈足边呈尖状,而且有斑块残缺的现象。

c. 器物画面的彩料周围有一圈闪亮的"蛤蜊光",尤以蓝彩的周围为甚。

d. 由于模仿明末画家陈老莲的风格，人物脸部都不端正，凡十分端正的人物开相属于后仿，脸部只勾轮廓线，一般并不填色。

e. 瓶、罐之类器物的底足，往往有二层台的硬折角，其折角凡圆浑者，则属后仿。

（2）斗彩

康熙斗彩也是以釉下青花勾勒图案花纹的线条轮廓，高温烧成后，在釉上填以各种色彩。

康熙斗彩以官窑小件器为多见，器物形制种类较少，常见的有盘、碗、杯、笔筒、壁瓶等，偶尔也有稍大的花盆之类。其图案花纹以雅静的莲池、花鸟、鱼藻纹为多，亦有少数人物故事图的画面。此外，以龙、凤纹，寿字桃果图，莲池鸳鸯，团龙为常见。

康熙斗彩器中有两种突出的器物：一是十二月杯，以正月至十二月，代表各该月的花朵为题材，成为一套12只杯子，胎薄釉润，彩画工细，都有"大清康熙年制"两行六字青花官窑款。另一种是仿成化的鸡缸杯。明成化鸡缸杯，清康熙和雍正都有仿制，并各自书明"大清康熙年制"或"大清雍正年制"官窑款。传世以雍正仿为多，康熙仿为少，因此康熙仿远较雍正仿为贵重。

康熙斗彩，官窑器一般有"大清康熙年制"两行六字青花款，也有落"大明成化年制"款或少数"大明万历年制"、"大明嘉靖年制"款，部分不落款字。民窑器一般无款，极少数有民窑款，如康熙晚期的"木石水"等。

（3）素三彩

康熙素三彩是在明代中期的成就基础上发展而来的。在色彩上除多见黄、绿、紫外，更增加了釉上蓝色。从工艺上分计有3种类型：一是在素胎上先刻划花纹，施白釉高温烧成，然后在白釉上施彩，再低温烧成；二是在素胎上刻划纹饰后即高温烧成素瓷，然后施以各种彩釉；三是胎体不加刻划，通体施褐黄釉彩而成所谓的虎皮斑。

康熙素三彩除盘、碗、瓶、炉等常见器形外，以各种观音、财神、童子、寿星等塑像为突出，当时狮子等动物瓷塑也较多见。此外，有一种七格拼盘绘有莲池荷花，及各种形式的花座、熏炉等，都是十分特殊的器物。

在康熙素三彩中，以上述第一种类型，即白地暗花素三彩器为精致，官窑器中尤以暗龙三果盘及花蝶碗等为珍贵。至于别致的虎皮斑器，虽然也能惹人喜爱，但纯属民间一般的用器了。

宫廷所用的黄地绿彩、绿地紫彩等器物，事实上也是属于素三彩的范畴。

康熙朝的墨地素三彩是极为名贵的品种，流传的仿品极多，上海博物馆藏有墨地三彩狮耳炉一件，系以高温烧成的白瓷上再在器物外壁先施一层绿釉，然后罩以黑釉，并在留出的梅朵地位，填以黄色花蕊，底书"大明嘉靖年制"款，墨色乌润，是难得的珍品。

（4）珐琅彩

珐琅彩瓷器是一种极名贵的宫廷御用瓷。它的制作过程，一般是先在景德镇用高温烧成白瓷，然后送到北京清宫内务府造办处绘彩，由造办处珐琅作在彩炉中以低温烧成。由于其彩绘和烧成工艺，都并不在景德镇进行，因此不能视为景德镇窑的制品，但它却对景德镇粉彩瓷器的影响十分巨大。

珐琅彩瓷最早从康熙朝开始，为仿制铜胎珐琅器而来，因此清宫内务府库内，把珐琅彩瓷器称为"瓷胎画珐琅"。

康熙珐琅彩瓷和传统的五彩瓷，在工艺上有两点不同：一是其所用的彩料均为进口料，其中最突出的是一种玫瑰红或胭脂红色料，它的发色剂是微量的黄金，称为金红，传统的中国陶瓷器上的红色釉彩只是铁红和铜红。铁红是在氧化气氛中低温烧成的，铜红是在还原气氛中高温烧成的，金红也是在氧化气氛中低温烧成，它并不是中国传统的色料，而是从康熙开始进口的珐琅彩料中首次运用。二是上彩的方法，中国传统彩瓷中，施彩都是用胶水或清水，只是从康熙开始的珐琅彩瓷器，才开始用油施彩。理解了中国的传统绘画是水墨画，而西洋绘画是油画的道理，也就能知道，瓷器上以油料上彩，是吸取外来的影响。

传统的康熙珐琅彩瓷器主要收藏在北京故宫博物院、台北故宫博物院和上海博物馆等少数几个单位。以蓝地、深红地、黄地、粉红地、紫地彩色花卉图案的盘、碗为多，亦有少数瓶、盒之类的器物。至于白地彩绘的品种，则是更属极少数。器物底部有红或蓝色堆料"康熙御制"款。康熙珐琅彩瓷大多作规矩写生的西番莲和缠枝牡丹，还不见山水、人物图案的画面。康熙时期还有宜兴紫砂胎的珐琅彩茶壶、盖杯等茶具，亦只见花卉图案。

（5）粉彩

粉彩是清代雍正以后景德镇彩瓷的主流。它的具体情况将在雍正朝瓷器一节进行叙述，这里需要说明的是，过去认为粉彩开创于雍正的提法，应该修正。事实上，康熙晚期在珐琅彩瓷制作的基础上已开始出现了景德镇窑烧制的粉彩瓷。目前主要发现有两个品种：一是白地粉彩器；一是绿、黄、紫三彩瓷上加有胭脂红（金红）彩。

5. 款式

康熙朝的官窑瓷器，并不一定书写康熙朝代年款，因此不能把没有年款的瓷器都看作民窑瓷。上面已经提过的"康熙辛亥中和堂制"和"康熙壬子中和堂制"款，是目前已发现可确认的康熙最早的官窑年款。一般的康熙官窑颜色釉、青花、釉里红瓷及彩瓷大多书"大清康熙年制"两行六字楷书款。在豇豆红和天蓝釉等小型精致的宫廷文房用具上则往往书"大清康熙年制"三行六字楷书款，六字篆款是极少数。在珐琅彩器上则书"康熙御制"四字楷书料款。

康熙朝的官窑和民窑器也往往书"大明宣德年制"、"大明成化年制"、"大明嘉靖年制"和"大明万历年制"等仿前朝款。

康熙朝的民窑器是被禁止书年号款的。据《浮梁县志》记载："康熙十六年，邑令张齐仲，阳城人，禁镇户瓷器年号及圣贤字迹，以免破残。"但从这段文字可以推测，正由于在康熙十六年以前，民窑瓷器上书写了年号款，所以才有这样的禁令，而且即使在禁令颁布以后，民窑书款的现象，也不可能完全禁绝。因此，我们并不能说康熙民窑就一概不书年号款。传世康熙瓷中"大清康熙年制"款的"清"字有三种写法："清"、"淸"和"淸"，凡"清"写成"淸"字的主要是民窑器。关于这三种"清"字不同写法的时代问题还有待进一步研究，一般说凡"清"字写成"淸"者为康熙后期雍正初。此外，上述十六年的禁令，只指禁止"镇户"，即民窑，决不涉及官窑器。

康熙民窑瓷，绝大多数不书年号款。其中由官古器户烧造的细瓷，或由达官贵人定烧的精品，往往书写"堂名款"，如"荣锦堂"、"希范堂"、"绍闻堂"、"芝兰斋"等等。对于斋名、堂名款的研究，目前还处于初创阶段。其中有一些斋、堂名，也不排除是属于制造精瓷的官古器户或当时重要的制瓷、绘瓷家,如大约在康熙五十年的"木石居"、"木石水"、"卉庵"等等。民窑瓷,特别是青花瓷器,较多用片叶、香炉等标记图案以及变体的"佳"、"福"等字代替款识。

6. 鉴定要点

传世仿康熙瓷以豇豆红、郎窑红、天蓝釉、洒蓝、煨瓷、青花和五彩为多。其中尤以青花和五彩的仿品更多。辨别其真伪一般需掌握瓷器如下几方面特点,但其中有些仿得十分相像,就要特别仔细了。

① 有些器物是康熙一朝所特有的,如观音尊、棒槌瓶、金钟杯、笠式碗、凤尾尊、马蹄尊等,要牢记其标准器式,凡后仿者,在造型上多少能发现其不一致的地方。

② 瓶、碗、盘、罐等器底能看到明显的旋纹痕和点点黑疵。

③ 青花的青料部位有明显的水印指捺纹。

④ 五彩瓷的彩料周围,特别是蓝彩部分侧视之有蛤蜊光圈。

⑤ 瓶、罐之类的立体器,其器物内、外壁的釉色应该一致。

⑥ 笔筒有束腰的感觉,其底部又往往并不齐平而自内向外倾斜。

⑦ 碗、盘之类的圈足,除中、晚期的官窑呈滚圆的"泥鳅背"状外,早期的官窑器及绝大多数民窑器为足壁内、外斜削而呈尖状,且足边大多有缺损。

⑧ 人物画面脸部绝大多数歪斜不正,这是陈老莲画人物的风格,凡人物脸部正面而规整者要注意其他各方面的条件。山水画的山石大多是南宋画院画风的"斧劈皴",晚期才有"披麻皴"画法。

⑨ 器物的双底足,大多是外圈底足高于内圈底足。

⑩ 凡有二层台的器物,其折角处应极为挺直,有硬折角的感觉,凡折角圆浑者属后仿。

第四节　雍正窑瓷器

1. 概说

雍正(1723—1735)一朝虽然只有13年,但它的制瓷成就却达到了清代官窑的历史高峰,其品种之多,制作工艺之精,都是其他朝代所无法比拟的。雍正朝的颜色釉,以仿官、哥、汝、钧为最著,而其青釉的烧制,是历史上最成功之作。雍正釉里红色泽的鲜艳更是空前绝后的。雍正粉彩在康熙的基础上有更大的发展,成为景德镇彩瓷的主流。

旧传,雍正年间有所谓的"年窑",那是指自雍正四年起,年希尧以管理淮安关税之职,兼管景德镇御厂的窑务。《景德镇陶录》说:"年窑,厂器也。督理淮安板闸关年希尧管理镇厂窑务选料奉造,极其精雅。驻厂协理官每月于初二、十六两期,解送色样至关呈请岁领关帑。琢器皆卵色,圆类莹素如银,皆兼青彩,或描锥暗花,玲珑诸巧样,仿古创新,实基于此。"年希尧可能起过一些作用,但把雍正年间景德镇官窑的巨大成就都归功于他,是不符合事实的。当时仿古创新的成绩除了广大制瓷工匠的努力外,唐英的功绩不可抹煞。

陶瓷史上的"唐窑",是指唐英于乾隆二年督理景德镇御厂窑务以后,至乾隆二十一年(乾隆十六年曾一度中断)这段时期官窑瓷器而言。事实上,唐英对于陶瓷史上的重大贡献,主要在雍正年间。他于雍正六年到景德镇,名义上是协理窑务,但实际上是主持整个御厂的工作,他闭门谢客,刻苦钻研,长期和工匠在一起,作出了巨大成就。他在雍正十三年作的《陶成纪事》("陶成纪事碑"刻于乾隆元年),总结了雍正官窑的主要工艺,列出57条,其中除了仿制古代名窑外,新创的品种有:

法青釉(系新试配之釉,较霁青浓红深翠,无橘皮棕眼)。

西洋紫色器皿。

抹银器皿。

彩水墨器皿。

山水、人物、花卉、翎毛仿笔墨浓淡之意。

浇黄五彩器皿(此种系新试所得)。

洋彩器皿(新仿西洋珐琅画法,人物山水、花卉、翎毛无不精细入神)。

新制仿乌金釉,黑地白花、黑地描金二种。

新制西洋乌金器皿。

新制抹金器皿。

从传世实物看,雍正时期在颜色釉、釉里红和彩瓷各方面都有新的成就。

综观雍正朝的制瓷成就有几个方面:

① 在仿古方面,不仅仿宋代五大名窑和龙泉、影青等釉色,也仿明代宣德、成化、嘉靖、万历等朝的各类瓷器。

② 在器形方面,除了雍正初年外,基本上摈弃了康熙朝盛行的观音尊、棒槌瓶、笠式碗、金钟杯等特殊式样。追求造型方面的古意,更多地吸收宣德一朝的器形、装饰。

③ 青花和彩瓷方面的图案纹饰,更多地倾向于从雅处着眼。

④ 器物底部的处理十分讲究,特别是官窑器的圈足部位,抚之有细腻柔润感,成滚圆的"泥鳅背"。颜色釉器的口沿一般都有一条清晰整齐的白边,即俗称的灯草边。

2. 单色釉

（1）青釉　雍正青釉有粉青、冬青、豆青和仿龙泉多种。从色泽上看,粉青最淡;冬青稍深;豆青最重。

以微量铁为呈色剂的青釉,是我国最古老的色釉。但如果从工艺技术上看,那要到清代的雍正,才可算是绝对的成熟。因为只有在雍正时,才能达到相同器物,其色泽能保持一致的高成品率。

雍正青釉以盘、碗、盖罐、各式瓶及扁瓶、花盆、渣斗、笔掭和仿青铜器等器物为常见。有刻花及印花装饰,尤以印花为多,图案花纹绝大多数是缠枝牡丹、缠枝莲等,也有精细的龙凤纹、鸳鸯、灵芝等图案。清末民初仿雍正青釉的制作较多,但往往没有雍正瓷特有的釉面橘皮纹和不如雍正圈足的润滑程度而露出破绽。

（2）红釉　康熙时期名重一时的郎窑红和豇豆红,到了雍正朝已趋没落。传统的高温铜红釉祭红,仍继续烧造,常见的都是一些高足碗、盘、碗等祭器,亦有少数仿宣德的瓶、罐之类,但在陶瓷史上已非重要的品种。康熙开始从国外传入的以微量黄金为呈色剂的金红釉,在雍正时期成了红釉的名贵品种。这是一种低温釉,其色红如玫瑰或蔷薇,因此有"玫瑰红"、"蔷薇红"之称,习惯上叫"胭脂水",其深者亦称"胭脂紫"。所见大多是盘、碟、杯、碗之类的小件器,一般是器物外壁吹施金红釉,器物内壁为白釉,底有"大清雍正年制"两行六字青花楷书款。极少数器内彩绘人物及桃、荔等果实。胭脂水器民国初有仿品,区别其真伪大致要注意三方面：① 雍正器一般均为薄胎,凡厚胎者可疑;② 凡不见雍正瓷特征的橘皮纹者要慎重辨别;③ 雍正器施釉并不十分均匀,凡极均匀者可疑。

雍正红釉除上述高温铜红的祭红釉、低温金红的胭脂水外,尚有低温铁红的珊瑚红。

（3）仿官、汝、哥釉　仿官、汝、哥釉是雍正官窑的重大成就之一,它们都是高温颜色釉。唐英《陶成纪事》所说的"仿铁骨大观釉"（官）、"仿铜骨鱼子纹汝釉"、"仿铁骨哥釉"即是指此而言。当时景德镇的高级民窑也仿造这些品种,但以御厂所制为精。

仿官器以豆青、灰蓝和月白色为多见,大多是大开片,也有无纹片的,部分器物有紫口铁足。器形有贯耳瓶、长颈方瓶、三孔葫芦瓶、旋轮瓶、象耳尊、扁壶、圆洗及桃式洗等。釉有透明及失透两种,其中特别如失透釉的桃式洗,很可能误认为宋官窑器,雍正仿官中特别精致之品,如属支钉支烧之器,其支钉往往为黑色,细如汝窑的芝麻钉。

仿汝器以仿宋汝的天青色为多,多数是鱼子纹小纹片,但亦有大纹片和无纹片的。器形有悬胆式瓶、三足及各式洗、象耳带环尊、弦纹花盆、石榴尊、莲瓣瓶、四联瓶及盘、碗等。雍正仿汝制作精细,但较易和宋汝官窑器相区别,那是由于宋汝釉面一般均失透,厚润安定,而雍正仿汝大多釉面透亮,清澈晶莹,而且御厂仿汝器大多书"大清雍正年制"或"雍正年制"青花篆书款。雍正仿汝器中,少数有堆花、印花装饰,那就更易于识别了。

哥窑器在明永乐末已仿制成功,成化朝的仿哥器更是十分精致,明朝在成化以后虽代有仿制,但精品不多。清雍正朝的仿哥制作精良,既有标准的大、小纹片相结合的所谓"金丝铁线",也有单纯的细小纹片或大纹片,色泽以深、浅灰青为多,部分有紫口铁足,器形较仿官和仿汝为多,常见的有狮耳瓶、抱月瓶、贯耳瓶、各式炉、各式尊、盘、碗及文房用具的笔架、水盂、镇纸、笔砥、各式笔洗。在雍正仿哥器中已有用堆花铁沙青铜器纹饰进行装饰的器物,这在清道光以后的仿哥器中更是多见,一般都属仿乾隆之作。雍正仿哥器大多胎质较厚,部分有"大清雍正年制"三行六字青花篆书款。

（4）仿钧釉　景德镇明代成化年间已有较精的仿钧红釉之作,但不久即中断。清雍正七年唐英曾派吴尧圃至河南调查钧窑釉料的配制方法,恢复了仿钧的制作。雍正仿钧主要有三类:一是仿北宋的钧红釉,即习称玫瑰紫的通体红釉;多见于小花尊、圆式洗、花盆、罐、各式瓶、碗、盘及鼓钉洗等器物上,其中以仿北宋钧红鼓钉洗为最近似,底部有酱色釉及刻字号码和釉面的蚯蚓走泥纹。二是在以天蓝、月白为主,兼有涂以红斑的器物。雍正仿钧虽然能仿得十分像宋钧瓷,但其所具有的时代特征还是比较明显的,如:一般说雍正仿钧红釉色较淡而釉层较薄,有的器物在凸出的出棱部位能看到白色胎骨;其器底虽大多涂有一层黑色釉汁,但胎土却为白色;有的红釉偶尔出现绿色小苔点。总的说,雍正所仿钧红或天蓝、月白色釉,其釉面都较宋钧滑润。至于仿钧釉品种中的大量具有清代特征的器形,那就更易识别了。而且雍正官窑仿钧器大多有"雍正年制"篆书刻款。三是窑变花釉,这是雍正朝从仿钧釉中演变出来的一种新创釉色,因此也可认为是雍正仿钧釉的一个品种。它以红为主,流淌交融着天蓝、月白、绿、褐等杂色,千变万状,犹如熊熊烈火的火光色谱,其中较红的称"火焰红",偏蓝的称"火焰青"。除仿古器式外,亦能多见较大型的瓶、缸、罐、盆之类器物,其官窑器的特点是器物口沿部位往往有偏黄的芝麻酱色;大器的底部往往涂有一层姜黄釉汁,成斑块状,并有"雍正年制"四字篆书刻款。

(5)炉钧釉 这是一种雍正朝新创的低温釉,由于它是在低温炉内烧成的仿宜兴钧釉的品种,因此称"炉钧釉"。清人《南窑笔记》载:"炉均一种,乃炉中所烧,颜色流淌中有红点者为佳,青点次之。"说明了炉钧釉的特征。它主要以流淌的蓝釉形成自然的山峰水波,在其间又出现密布的红色或青色小点,相映成趣。所见除小型的文房用具和渣斗各式洗之外有较大件瓶、罐、缸、灯笼尊等器物。其器物里外及底部均施炉钧釉,特别是底部所施釉色与器壁一致是很重要的特征。官窑器有"雍正年制"四字篆书刻款。乾隆及乾隆以后的各代烧制炉钧釉,以雍正所制为最名贵。区别雍正炉钧釉与乾隆以后的制品,主要看两点:一是雍正时的红点,其色红泛紫,俗称"高粱红",凡炉钧釉中必有此;乾隆以后除少数例外,已多数为青色小点。此外,雍正器的蓝色釉成水波状,乾隆以后则成密集点状蓝釉。

(6)茶叶末和铁锈花釉(包括鳝鱼青、鳝鱼黄、蟹壳青等) 茶叶末釉是以其釉色青中偏黄且有点点星星,如同茶叶细末而得名,它最早是从唐代黑釉烧制过程中偶然出现的,宋代已烧制这一特殊品种,明代所谓的"厂官釉"就是指此而言。《景德镇陶录》称康熙官窑有"蛇皮绿、鳝鱼黄、吉翠、黄斑点"四种,但都未见确切可靠的实物传世。清雍正朝的茶叶末釉器常见的以各式瓶、尊、壶类的陈设器为主。官窑器的圈足处理很规矩,器底往往有"雍正年制"四字二行篆书刻款,但较多是刻得较浅,笔画不太清晰。

铁锈花釉是雍正新创的釉色,以其釉面呈现褐、红小点,犹如铁锈花而得名,以香炉、瓶、罐、杯、盘为多见,底部有的涂抹酱色釉汁,多数无官窑款识。

（7）其他各种色釉　雍正时期除了烧制天蓝、黄釉、蓝釉、甜白、瓜绿、孔雀绿、金酱、茄皮紫等等的传统釉色外,还创烧了旧玉釉、木纹釉和秋葵绿釉。

旧玉釉为较淡的赭色,有隐约纹片,形似碎玉状。杭州乌龟山南宋郊坛下官窑窑址曾有这类碎片,因此也有可能雍正时期仿这类南宋官窑的制作。器物有碗、盘、瓶、缸等。碗类尚有划花装饰,所见图案有"五蝠",底有"大清雍正年制"六字一行楷书青花款。

木纹釉是完全仿木理纹,纹理为接近淡黄色,器物有提桶、木盆等,也有仿成花盆的垫板等。

传统的绿釉,多有深淡之别,但雍正时期新创的一种淡绿釉,在色谱上近似淡黄中偏绿,犹如秋葵或绿松石之色,因此称"秋葵绿"、"松石绿"或"西湖水",以碗、盘及小件器为多见,偶有以仿青铜器纹为装饰,大多是官窑器,有"大清雍正年制"六字楷书青花款。

3. 青花、釉里红和青花釉里红

雍正青花在整个青花瓷的历史上,虽并不能像元青花,明永乐、宣德、成化和清康熙青花那么重要,但它是采用浙江上等青料,加以精炼,因此青色幽静而匀润。除初期制品仍有康熙青花的指捺纹特征外,一般均显得比康熙趋于淡雅,但青色有晕散现象。由于当时青花瓷已成为宫廷及民间各阶层日常陈设及应用器皿,因此产量很大。其器形除了日常用具外还有两类:

一是完全仿明宣德、成化的造型,如仿宣德的一把莲大盘、鸡心碗、双耳葫芦口扁壶、莲子碗、缠枝莲碗、抱月瓶、花浇、执壶等；仿成化的天字罐、十六子小罐等。

另一类是为雍正新创或具有时代特征的，如牛头尊、贯耳斜肩大瓶、贯耳六方瓶、八方扁瓶、如意耳瓶、变形笠式碗、变形高足碗、海棠式果瓶等。

康熙民窑青花瓷中多见的凤尾尊、观音尊、棒槌瓶等大件器，除了雍正初年有少数器物外，已很少见。

雍正青花的图案花纹，和康熙也有很大不同，康熙青花多见的人物故事图，在雍正青花中虽有出现，但已属少数，而且那种描绘战争场面的所谓"刀、马、人"的画面更属少见。总的说，雍正青花瓷的图案除了传统的缠枝莲、云龙、龙凤纹外，以幽雅娴静见胜的折枝花、团花、竹石、花蝶、石榴、三果、花鸟为多。

雍正官窑青花有书"大明宣德年制"、"大明成化年制"或明代其他年号的，但绝大多数书"大清雍正年制"两行六字楷书青花款，少数书三行六字篆书青花款。

雍正釉里红和青花釉里红是雍正釉下彩中特别成功的品种。釉里红从康熙恢复以后，到雍正朝达到了历史的高峰。

雍正釉里红以仿宣德的三鱼高足碗、三鱼盘、三鱼碗、三果高足碗、云龙碗及三果瓶为多见，此外还有蝙蝠碗等。其釉里红多数烧得十分成功，比康熙更鲜艳，大多有"大清雍正年制"两行六字楷书青花款。雍正除白地釉里红外，也还有青釉釉里红团龙、团凤器。

雍正青花釉里红是历史上烧造得最成功的。常见的器物有水盂、小洗、石榴尊、梅瓶、花盆、各式瓶、碗、杯、盘等。多见的图案花纹有缠枝花、串枝花、三果、松竹梅、莲托八宝、莲池图、云鹤、八仙、山水人物、百鹿等。釉里红的色泽偏淡的比较多，但故宫博物院和上海博物馆有一种桃果高足碗，其青叶和红桃两种色泽都十分鲜艳，特别是红桃的红色属于发色十分成功的鲜红色。青花是钴的发色，釉里红是铜的发色。它们对烧成气氛的要求显然是不一致的，两种色泽都能烧得十分鲜艳，说明了当时烧造技术的高度成熟。唐英在《陶成纪事》中叙述雍正的青花釉里红制作说："釉里红器皿，有通用红釉绘画者，有青叶红花者。"即是指此而言，这种成功之作，后世很难仿制。

4. 彩瓷

（1）粉彩　粉彩始创于康熙，极盛于雍正。康熙粉彩制作较粗，仅在红花的花朵中运用胭脂红，其他色彩仍沿用五彩的制作。到了雍正朝，无论在造型、胎釉和彩绘方面，都达到了空前的发展。

粉彩和五彩在制作工艺上大致有以下几方面的区别：

① 粉彩制作的特点之一是用"玻璃白"打底，而五彩并不使用"玻璃白"。

景德镇的制瓷工人在含铅的玻璃质中，引进"砷"元素，发明了所谓"玻璃白"，它的成分是PbO（氧化铅）、SiO_2（氧化硅）和As_2O（氧化砷）。氧化硅是形成玻璃的主要成分，氧化铅为熔剂，而氧化砷可引起乳浊作用。玻璃白因有砷的乳浊作用而具有不透明的感觉，这一般在粉彩瓷器图案的花朵和人物的衣服上使用。

② 在绘彩的技法上，五彩用单线平涂法，粉彩则用"渲染法"。其步骤是，依照原先画成的花朵或衣服的轮廓范围，先填上一层玻璃白，由于它不透明，需空出所画笔痕，等干以后，再以色料进行渲染，效果是使花瓣和人物衣服有浓淡明暗之感。例如，雍正粉彩的花朵一般用胭脂红着色，往往在花蕊部分保留的色料最多最厚。从花心到花瓣愈往外，红色洗去得愈多，使色料本身就造成不同层次的立体感，这是五彩单线平涂法所无法达到的效果。

③ 五彩所用的是中国传统的彩料，例如其红色是用以铁为呈色剂的"矾红"等等。粉彩则开始时就用进口的所谓"洋彩"，如以黄金为呈色剂的胭脂红、羌水红。此外，还用洋绿、洋黄、洋白、翡翠等进口色料。

④ 在施彩的方法上，五彩用清水或胶水着色，而粉彩以油料调色。油彩的运用是制瓷史上一大改革。

⑤ 五彩炉火的温度在800℃以上，粉彩则一般在700℃以上，由于它比五彩的烘烧温度较低，瓷器烧成后，其色彩在感觉上比五彩柔软，因此又有"软彩"之称。

在上述这些特点中，粉彩所用的部分彩料是外来的和用油调彩，这两点显然是受西洋的影响，这在上面康熙瓷珐琅彩小节的叙文中已经述及。同时，也要说清楚，粉彩瓷器中并不是所有彩色都是粉彩制作，其中如树木的绿叶及矾红彩的部分等,仍然是五彩的工艺。因此,我们可以得出的结论是:粉彩是在康熙五彩的基础上,从珐琅彩瓷器蜕化而来的。由于粉彩的主要彩料和施彩方法都是外来的,因此又有"洋彩"之称。

雍正粉彩多数是在用洁白瓷质的胎及极为纯净的透明釉烧成的白瓷上进行彩绘,因此更能突出它的淡雅柔丽之感。官窑器的制作更为精细,大部分盘、碗之类圆器的底足已成滚圆的"泥鳅背"。

雍正粉彩瓷已作为当时上层阶层的日常生活用瓷,因此盘、碗之类的器物最多,此外,常见的有杯、碟、罐、坛、变形的棒槌瓶、六角瓶、灯笼瓶、花觚、笔筒、悬胆瓶、提梁壶等等。

雍正粉彩瓷的图案花纹和青花相比,稍有不同。粉彩瓷以花蝶图为最多;牡丹、月季、海棠、四季花也极为普遍。雍正青花中多见的仿宣德青花及传统的缠枝花卉在粉彩中比较少见,但雍正青花中较少的人物故事图,却在粉彩中比较多。此外,粉彩瓷中谐音的"蝠"(福)、"鹿"(禄)图案十分多见。当时突出的是所谓"过枝"技法,即盘、碗的图案花纹从器身到器盖,或从器里到器外壁连续彩绘烧成,一般的过枝大多是桃果、牡丹、玉兰等图案。

雍正粉彩官窑器多数有"大清雍正年制"两行六字楷书款。民窑精品有私家堂名款,也有图案标记,以器底绘青花笔、锭和如意,谐言"必定如意"等为突出。

(2)五彩 雍正彩瓷虽以粉彩为主流,但雍正初年仍有继承康熙的五彩制作,只是在整个彩瓷中所占比例属极少数。雍正五彩有的风格以仿成化五彩为主,但在器形上有其自己的特色。除初期的康熙风格的器物外,以葫芦瓶、方花盆、笔筒、套杯和盘、碗类瓷为多见。雍正五彩的图案多数偏于幽雅,除传统的龙、凤纹外,以人物、花草、简笔山水和鱼藻为突出。五彩中官窑器属少数,有"大清雍正年制"两行六字楷书青花款。民窑器较多,除多数无款外,往往有"淡宁堂藏"之类的堂名款。

(3)斗彩 雍正斗彩在康熙制作的基础上,仍有所发展,从传世实物看,它比雍正五彩的数量多得多。雍正斗彩以官窑为主,所见器物有两类:小部分是仿成化斗彩的,如天字罐、鸡缸杯、马蹄杯等,更多的是当时流行的造型,如盘、碗、杯、碟、水盂、灯座、长方花盆、盖碗、夔足椭圆洗和各式瓶等。

雍正斗彩由于多数为官窑器,因此其图案花纹以传统的云、凤、缠枝花卉、花果为主。当时突出的图案有所谓的"八蛮进宝"及梵文、梅雀、团龙、团凤、团花、团花寿字及九桃、暗八仙(轮、螺、伞、盖、花、罐、鱼、肠)、蝙鹿(福禄)等。

雍正斗彩在彩绘方面有两种类型:一是传统的斗彩制作,即釉下青花和釉上五彩相结合;另一类是以釉下青花和釉上粉彩相结合,这种新型的斗彩工艺,开创于粉彩盛行的雍正朝。康熙时期没有这一类制作。

雍正斗彩的官窑器大多有年款,一般均为"大清雍正年制"两行六字楷书青花双圈款,其仿成化的器物如鸡缸杯等,有书雍正款的,也有书"大明成化年制"六字青花楷书款,书成化款有的单圈,也有的双圈或双方框。

雍正彩瓷除粉彩、五彩、斗彩外,还有釉上红彩、红绿彩、墨彩、各种色釉描金器、黄地绿彩、黄地红彩等。

(4)珐琅彩 和康熙珐琅彩瓷一样,其瓷坯或白瓷器在景德镇御厂烧成,绘彩和彩烧的工艺在北京清宫内务府造办处珐琅作进行,因此严格讲不属于景德镇窑的制品。

雍正珐琅彩比康熙时期有了进一步发展,康熙时以器物外壁不上釉的半成品进行满器外壁色地施彩,而雍正珐琅彩则以白地彩绘为主,它改变了康熙时期只绘花枝,有花无鸟的单纯图案,而以花卉翎毛为最多,山水次之,人物最少。这时珐琅彩瓷的特点之一是在画面上配以相呼应的题诗,而且书法极佳,并于题诗的引首、句后有朱文和白文的胭脂水或抹红印章,其印面文字又往往与画面及题诗内容相配合,如画竹的用"彬然"、"君子"章;画山水的用"山高"、"水长"章;画梅花的用"先春"章等等。

雍正珐琅彩瓷是结合书、诗、画及瓷器工艺的综合艺术品,由于是宫廷御用的玩赏器物,所见仅碗、盘、花瓶、茶壶等少数小件器,主要收藏于台北故宫博物院,北京故宫博物院、上海博物馆亦有少量收藏,其胎、釉及彩绘制作都是十分精致的。雍正帝特别喜爱蓝彩和墨彩的瓷器,因此这时期的绿彩和墨彩珐琅彩瓷就更为精细,其白瓷都是胎洁釉净,洁白如雪;所绘彩料在雍正六年以前都是进口料,六年以后宫廷已能自制珐琅彩料,但并不能说不再使用进口料。

珐琅彩料从其化学组成方面看，可进一步证实粉彩是由珐琅彩演变而来：

① 珐琅彩料中含有砷,传统的五彩不含砷,但粉彩亦含砷。

② 珐琅彩中的黄彩是用锑作为呈色剂,传统五彩的黄色是铁的呈色,但粉彩的黄色则亦为锑的呈色。

③ 珐琅彩中的胭脂红是用油调施的金红，传统五彩的红色是铁红,但粉彩则亦主要用金红。

此外,有一点情况值得注意,即在珐琅彩料中含有大量硼,而在五彩或粉彩中都不含硼。

雍正珐琅彩瓷大多是"雍正年制"四字楷书蓝料方款。

由于雍正珐琅彩瓷十分名贵,传世有仿品,但仿雍正器较仿乾隆珐琅彩为少。仿品有书"大清雍正年制"款的当然较易识别,至于书蓝料款的除要注意其字体规矩的程度、方栏的格式外,主要视其蓝料的色泽;同时应注意凡瓷胎特别薄的,反而有后仿的可能,尤其是蓝彩和墨彩的制作除了目前收藏于上述各单位的藏品外，流传在外的要特别当心其后仿的可能性。

5. 款识

雍正官窑瓷的款,主要是用在青花和粉彩瓷上的"大清雍正年制"两行六字楷书青花双圈款（亦有两行六字双方框款,主要用于斗彩器上,但属少数),其次是三行六字篆书款,多数用于颜色釉瓷上。"雍正年制"四字篆书款极少。"雍正年制"或"雍正御制"四字楷书堆料款只用于珐琅彩瓷;"雍正年制"四字篆书刻款则多用于仿钧、炉钧釉或茶叶末等的制品。在特别精致的粉彩器或仿木纹釉器上有"大清雍正年制"六字篆书描金款,那是更属罕见的。凡"清"字写成"淸"的,似属雍正初年。

雍正官古器户的民窑器,则大多落各种堂名款,如"正谊书屋"、"浩然堂"、"淡宁堂"、"百一山房"、"望吟阁"、"千松祭用"等等。一般民窑器则有用香炉、灵芝、龙、凤、鹤、团花等各种图案标记的。

6. 鉴定要点

雍正瓷主要有下列各点：

① 雍正时的器物,除以仿明永乐、宣德及成化瓷为最普遍外,其突出的器形有牛头尊、贯耳瓶、四联瓶、灯笼瓶、如意耳尊、桃洗及高圈足

枇杷尊等。

② 雍正瓷的普遍特征是釉面有橘皮纹。

③ 官窑及民窑精品碗、盘圈足均呈滚圆的"泥鳅背",抚摸之有糯米粉般的细腻感。

④ 碗类有深圈足和大底足的特征,有的口径与足径的比例为2:1。

⑤ 民窑器瓶、杯、碗的底足高深而外撇,底足无釉而有明显旋痕。

⑥ 仿永乐、宣德青花器有两个明显特征:一是施青料系一笔抹涂,并无永乐、宣德的小笔触痕;二是用加重点料来冒充永乐、宣德的自然黑铁斑。

⑦ 仿永乐甜白碗、盘之类器物,器底完全透亮。

第五节 乾 隆 窑 瓷 器

1. 概说

乾隆(1736—1795)一朝60年,过去被很多人看成是中国封建社会的鼎盛之世,至少是清代的盛世。其实,乾隆朝是托庇祖荫,过度消费其祖、父辈积聚的财富。乾隆的穷奢极奢,耗竭了清廷的国库,乾隆以后,清朝财政上已处于捉襟见肘的境地。

由于乾隆帝酷爱各类工艺美术品,刻意求精、求奇、求巧,使各种工艺美术都有长足的发展,乾隆时期的景德镇制瓷业,在制作技巧上也达到了空前的高水平。当时的仿木纹、仿竹器、仿象牙、仿漆器、仿玉器、仿石器及各类像生瓷都是高超制瓷技艺的成果。但在装饰风格上,由于整个上层社会沉醉于尽情挥霍财富,夸耀富有的风气中,因此盛行锦上添花、大红、大绿、金银辉耀,太多富贵气,较少雅静之作。

2. 单色釉

(1)红釉 乾隆红釉以祭红器为大宗,多见盘、碗、高足碗及高足盘,大多是宫廷祭祀供器,亦偶有玉壶春、胆式瓶、天球瓶等陈设器。盘、碗制作规整,器物口沿及底足处都呈一条整齐的白边,即灯草边,大多有"大清乾隆年制"青花六字篆书款。

除祭红外,也有少量宝石红的瓶、水盂之类的文房用具和陈设品。

祭红和宝石红都是高温铜红釉,乾隆时期还制作低温铁红的珊瑚红釉,以瓶、杯、碟及笔架、水盂等文房用具的小件器为多,有的器物还饰有金或银彩。

（2）青釉　青釉是乾隆单色釉中产品较多的一种，工艺上沿袭康熙、雍正的制作，有粉青、冬青和豆青之分，粉青色最淡，冬青稍深，豆青则较深，但其区分标准也不是绝对的，因此在定名上有时很难划一。

乾隆青釉除常见的盘、碗外，有各种陈设品和文房用具，如各式尊、梅瓶、葫芦瓶等各种瓶类、鼓钉花插、各式盖盒、各式洗、盂、格碟、双耳壶及多见的日月罐等等。在装饰上除采用刻花、印花外，还有一种豆青地堆白花的装饰，则是较特殊的。乾隆青釉不论官窑或民窑器中有一小部分器物往往在圈足上涂抹一层黑色釉酱，似乎是突出其"铁足"的效果，但这种圈足上的黑釉，多数有剥落痕。其官窑器一般都有"大清乾隆年制"三行六字青花篆书款，也有书"宣德年制"四字款。青釉中有敬畏堂、咏梅阁及湛恩堂等堂名款的大多属上乘之作。乾隆青釉不论官、民窑器，凡琢器近圈足处的釉不呈集齐的一线状，而在胎、釉相连接处出现极小的锯齿纹特征。

（3）天蓝和霁蓝釉　天蓝和霁蓝都是清康熙朝已有的传统产品，均以微量钴为呈色剂，其中以天蓝为更名贵，大多是官窑器，以菖蒲盆、水仙盆、花插、各式花瓶、鱼篓尊等陈设器为多见。霁蓝则除各种陈设器外，还有高足盘、碗等祭器。

（4）仿汝、仿官、仿哥釉　乾隆朝的仿汝、官、哥釉基本上是雍正制作的延续，其初期制品除有款字外，很难和雍正器区别。仿汝及仿官器以官窑为主，仿汝都以仿其鱼子纹为特色，器物除盘、碗外，多见三足洗、桃式洗及贯耳、象耳、如意耳等各式瓶，其中又以多用瓜楞形为乾隆朝的特征。仿官器以仿宋官窑中的大纹片为特色，亦以官窑器为多，有的器物口沿涂上一层淡咖啡色釉，以代表"紫口"的特征。器物以各式瓶、碗、杯、渣斗和文房用具中的各式洗、画碟、印盒等为多见。仿哥器则除部分官窑外，以民窑器为大宗，大部分为仿大、小开片结合的所谓金丝铁线，也有仿单纯的细小开片。有的器物口沿施淡酱色边或底部涂黄釉点，以表示支烧痕迹。乾隆仿哥器中常见用堆花铁沙青铜器纹饰进行装饰，特别在瓶、盂、尊、罐上为多。仿哥的器物，除和仿汝、仿官相同的陈设器外，民窑器中有大批碗、盘、杯之类的日用器皿，也有如达摩像、香炉等有关宗教的制件。文房用具的种类则远远超过仿官、仿汝器，从笔筒、笔洗、笔架、笔舔到水盂,几乎无一不备。

（5）其他色釉　乾隆单色釉除上述红、青、蓝釉外,凡雍正朝已有的色釉,乾隆朝几乎都继续制作,有的并且有所提高,如茶叶末釉、仿钧釉、炉钧釉、孔雀绿釉、青白釉、云霞釉以及仿木理纹、仿漆剔红、蓝釉镂雕、黄釉仿柳条编纹等等利用色釉的仿工艺制作。

3. 青花、釉里红和青花釉里红

乾隆朝的釉下彩制作基本上是雍正的继续。乾隆初期的青花和雍正青花很难截然区别,事实也不能强求区分。中期以后,虽然总体上说比雍正青花更偏于青亮而没有晕散感,但也主要从款字、器形和图案花纹上加以识别。总的说,乾隆官窑虽也有仿宣德、成化青花之作,但比雍正已少得多了,在器物方面,传世的乾隆青花当然比雍正多得多,其中如以象耳、螭耳、凤耳装饰的各种大瓶、各式贯耳瓶、天球瓶、鹿头尊等都比雍正朝盛行。在仿宣德、成化器形方面,以岁寒三友玉壶春瓶、执壶、高足碗、扁壶及鸡心碗为多见。乾隆的青花出口瓷很多,当时特别流行浆胎青花,有一些完全适应外销的器物如执壶、把杯等。乾隆青花器中除大量的盘、碗日用器外,印盒、笔筒、糊盒、水盂、笔插等各类文房用具比雍正更多。在图案方面,官窑器除基本上为传统的云龙、云凤、缠枝莲外,较多地用折枝花果、古铜器纹、双龙团寿字等,此外多见串枝莲、三果、婴戏、冰梅、松鹤、竹石等等。乾隆时期除了白地青花外,还盛行豆青地青花、黄地青花、天蓝地青花和仿哥釉青花以及青花抹红、青花胭脂红等品种。

乾隆釉里红大多红色偏淡,基本上和雍正釉里红色调一致,但雍正朝有三鱼盘、碗及三果高足碗等极鲜艳红色的官窑器,乾隆朝则十分鲜艳的极为少见。器物以各式瓶、尊、壶陈设器为多见,官窑器的图案以缠枝莲、云龙、团凤及三果为主。亦见豆青地釉里红器,但红色烧得成功的很少。

乾隆朝青花釉里红的制作,在雍正朝的基础上很是盛行,其共同特征是青花色泽浓艳,釉里红则较淡雅,红色中且常见绿色苔点,雍正朝典型的青叶红花二者都十分艳丽的制品,乾隆朝已不可求得。这时期民窑器也很普遍,多见器物有盘、碗、盏托、灯笼尊、各式瓶类、扁壶、双耳海棠式杯、荷花式杯、笔筒等等。图案以岁寒三友、松鹿、花果、云龙、海水龙、狮球、梅雀为多。此外,还有豆青地或天蓝地青花釉里红的制品。

4. 彩瓷

乾隆彩瓷除粉彩、斗彩、珐琅彩外,各种色地的杂釉彩也极为别致。康熙时期盛行的五彩器,雍正初年尚有制作,但到了乾隆朝已极少见。

(1)粉彩　粉彩是乾隆彩瓷的主流,官窑和民窑都大量烧造。除白地粉彩外,有各种地色的粉彩器,如豆青地、红地、黄地、蓝地、绿地、胭脂红地、木纹釉地、碎纹地等。乾隆粉彩的制作往往集压印、剔划、绘画(釉上彩、釉下彩)、开光、色釉、镂空、堆塑、描金等多种装饰技法于一件器物上。特别多见的是在红、绿、黄釉地上压印满布全器的细小"凤尾纹",然后以粉彩绘制图案,有的并用开光装饰,习称"锦上添花"。乾隆粉彩的器物除日用的碗、盘、杯、碟和各式瓶类外,文房用具及各种陈设件和饰件特别多,如笔杆、笔洗、笔架、笔床、墨床、笔筒、印盒、书式糊盒、琴式镇纸、小形插屏、壁瓶、壁盆、香插、如意、带钩、鼻烟壶、大吉葫芦挂瓶等。当时所制的粉彩宗教瓷也较多,如各种菩萨像、佛前的五供(烛台二、花觚二、香炉一)、金奔巴瓶、斋戒牌等。民窑粉彩器以碗、盘、茶具为多,其中大量碗、盘也是用压凤尾的锦地图案装饰,制作一般较粗,后人所称的"什锦"器,即指此类。

粉彩瓷的图案花纹有两大类:一是继承雍正时期的花卉图(包括过枝花卉)和少量墨彩山水图等,仍保持着比较雅静的风格;另一类则是重色浓彩、锦上添花,后人所谓的乾隆瓷器图案装饰有繁缛之弊,应即指此而言。由于乾隆官窑粉彩器的经济价值很高,因此清末和民国初年有很多仿制,并且有以乾隆瓷后加彩的,后加彩特别以绿地、红地粉彩为多。

乾隆粉彩的官窑器大多书"大清乾隆年制"六字篆书款,少数书"乾隆年制"四字篆书款。民窑器亦有书六字及四字篆款的,但款字极不工整。

(2)斗彩　乾隆斗彩和雍正斗彩一样,有两个特点:一是以官窑器为多;二是其制作方法有釉下青花和釉上五彩相结合和釉下青花和釉上粉彩相结合两种工艺,而以青花和粉彩相结合为多,器形主要是盘、碗、瓶、罐、高足碗、花觚、盒等。由于多数是官窑器,因此图案花纹也脱离不了缠枝莲、云蝠、八吉祥、暗八仙、团花、岁寒三友、凤凰牡丹等。有很多器物是为宫廷寿庆典礼特殊定制的,因此寿字盘、碗之类较多。乾隆斗彩器形有全仿明成化、嘉靖、万历和清康熙朝的制品,其中有的书"大明成化年制"、"大明嘉靖年制"和"大明万历年制",也有的书乾隆本朝款,或仿成化斗彩"天"字罐等。清末光绪仿乾隆斗彩,并书"大清乾隆年制"六字篆款的器物,亦属常见。

（3）珐琅彩 乾隆珐琅彩瓷和雍正朝一样是用景德镇烧成的白瓷,在北京彩绘、第二次烘烧而成。乾隆前期珐琅彩瓷在雍正的基础上仍继续烧造,但中期以后由于乾隆帝的兴趣偏重于景泰蓝器,因此瓷胎画珐琅器不再受到重视。乾隆珐琅彩瓷一部分是白地彩绘,以花卉、山水为主,其中的青绿山水极为突出,另一部分器物则风行色地开光图案,有的并结合青花和其他色釉装饰。这时除用一般的歌舞升平的题材外,还出现了以圣经故事为题材的西洋人物故事画面。款字有"乾隆年制"四字篆书款和四字楷书款两种,以楷书款为多。篆书款都有双方栏,楷书款大多为双方栏,也有少数并无方栏的,但均为料款。乾隆珐琅彩瓷相传被称为"古月轩"瓷,特别在粉彩鼻烟壶的底部往往有"古月轩"款字,但都非乾隆朝的制品。说乾隆珐琅彩瓷为"古月轩",实是一种误传。

（4）杂釉彩和金银彩 以两种或两种以上的色釉进行装饰,是明、清两代景德镇官窑瓷器的传统工艺,乾隆时期这种杂釉彩的制作仍很盛行。金、银彩也在传统工艺的基础上,吸收了东洋的抹金、抹银技术,更有所发展。这时期以白、黄、紫、黄、绿、紫为主的素三彩、黄地绿彩、蓝地黄彩、黑地绿彩等品种,都有极精的制品。描金、描银彩的应用比康熙时更为普遍,如蓝地描金银、酱地描金、抹金粉彩、珊瑚红描金、绿地红彩描金等等,都是很高的工艺。

5. **款识**

乾隆一朝无论官窑和民窑器,产量都是很大的。官窑器大部分有款,总的是以"大清乾隆年制"三行六字篆书款用得最多,三行六字楷书款在祭红等器物上较常用。两行六字楷书款在白地红彩等品种上虽亦有,但极少。"乾隆年制"四字篆款及楷款也用得极少。款字一般以青花写款为主,但亦有抹红写款或珐琅彩器或少数粉彩器上的蓝料写款。在白瓷、茶叶末、仿竹器、珊瑚红等特种器物上往往用"大清乾隆年制"三行六字刻款。由于乾隆一朝年份长,产量多,写款的人几经易手,所以款字的变化也较多,其中"清"、"乾"、"隆"、"年"、"制"五字的笔画均略有出入。民窑亦多用六字篆款,在鉴定中,一般以款字的规整程度作为判断官、民窑的重要依据。当然,这也不一定是绝对的,有的民窑器款字也十分规整,但多数民窑款字草率,有些几至不成字形。乾隆瓷用堂名款也极多,其中如正谊书屋、百一山房、浴砚书屋等都是雍正、乾隆两朝多见的。

6. 鉴定要点

① 乾隆时的器物,除部分装饰风格仍沿康熙、雍正遗风外,有集堆贴、彩绘、镂孔、色釉等于一器的。

② 官、民窑器釉面大多有橘皮纹,有少数器物青花六字款的青料部分可看到极明显的针眼感。

③ 器物圈足,官窑中的祭红、祭蓝等器呈糯米粉感的泥鳅背状,多数已无康熙时的缺口齿咬状。

④ 有些器物底部釉面呈波浪纹,尤以绿底红款器为突出。

⑤ 青花器青色雅丽,果实、叶瓣部位往往用点青法上色,因此有不同深、浅的层次感。凡用涂抹法上色的,则能看到和康熙青花一样的水印指捺纹。

⑥ 豆青、仿哥、茶叶末等色釉器,色釉和胎的交接处,往往能看到细小的锯齿纹,尤以民窑器为甚。

第六节　嘉庆至宣统窑瓷器

1. 概说

清代经过了康熙、雍正、乾隆的三朝盛世以后,从18世纪末开始走向下坡,史学界把道光二十年(1840)的鸦片战争作为中国进入半殖民地半封建社会的分界线。随着社会经济的衰退,在半殖民地半封建社会中的景德镇瓷业,不论是官窑还是民窑的生产,都是每况愈下。历来研究中国陶瓷史的学术家和收藏家对于这一时期的瓷器都并不重视,但既然在中国有这一段历史存在,那就无法抹去,而且也应该有一个简略的了解。叙述和研究这一段时期瓷业的历史,当然是客观的需要,但笔者对这一段时期的瓷器也并无多大颂扬之意。

2. 嘉庆瓷

嘉庆一朝(1796—1820)25年,其前期基本上是乾隆瓷的继续,后期则在制瓷的质量方面显然有所减退,在品种方面亦有所减少。在器形方面基本上保持着乾隆的传统,但出现了典型的帽筒,替代了以前的帽架。鼻烟壶较乾隆更为广泛流行。随着乾、嘉考据学的兴盛,一些仿新石器时代陶器(如鬶形器等)也有出现。在图案装饰方面盛行花卉、婴戏和博古图画面,开始出现了少数清装仕女图。

（1）单色釉

单色釉器基本上沿袭乾隆朝遗风,霁红、霁蓝、天蓝、黄釉、酱色釉、仿定、豆青、仿钧、仿哥、瓜皮绿、抹红、珊瑚红、松石绿、云霞釉、窑变、炉钧等等品种都仍在烧造,大部分都能保持乾隆朝的水平,但也有一部分的质量开始下降,例如有的绿釉器多见黑疵;鸡油黄器的底釉波浪纹过分明显;仿定器有的甚至通体疙瘩釉等等。

（2）青花

嘉庆青花器其优质品部分和乾隆瓷无多大区别,例如仿宣德缠枝莲盘、仿永乐玉壶春瓶等以及嘉庆朝多见的鹿鹤同春(六合同春)瓶等等都是制作精细的上品。嘉庆青花器除有少数陈设瓷外,多数为实用器皿的盘、盆、碗、碟等。青花色泽除少数保留着乾隆时有层次的特点外,较流行双勾不填色的图案,而青花色泽则较浅淡。

釉里红的制品虽亦有传世,但以鼻烟壶小件器为精致,大件器的制品则一般都不能达到色泽鲜艳的效果。

（3）彩瓷

嘉庆彩瓷以粉彩为主流,陈设器、文房用具和日用器皿以及五供(烛台、花觚及香炉)、法器等都属常见。嘉庆粉彩的特征有以下几点:一是官窑器中的粉彩开光器为多见;二是继承乾隆制作的压凤尾纹(即轧道工艺)粉彩仍属多见;三是万花堆、百花图画面的器物十分突出;四是在碗类器上也出现了山川风景画面;五是碗、盘之类器物的图案以花卉、花果为多,特别突出的是过枝籁瓜的图案,象征着瓜瓞绵绵的吉祥之意。

粉彩器中有部分器物的内壁和底部施豆瓣绿釉,早期的和乾隆制作几无区别,后期则显粗糙。压凤尾纹粉彩器则仍多见各种色地,如黄、红、绿等等。

粉彩中描金工艺的采用较普遍。

官窑粉彩茶壶上多见开光地内书嘉庆丁巳(二年)的"佳茗"御制诗。

嘉庆彩瓷除粉彩外,也有五彩、斗彩和各种杂色釉彩以及色地描金器。五彩器中以红地五彩描金婴戏碗最为突出。斗彩器中有少量仿成化的天字盖罐、湖石三鸡碗等较精致之作。

(4)款识

嘉庆官窑器一般都用"大清嘉庆年制"三行六字篆书款,主要为青花款,无框栏。粉彩器上,特别在施豆瓣绿釉的粉彩器上,常见抹红款,在霁蓝描金等特殊器物上,则亦有施金款的。个别器物亦用刻款。

民窑器中有六字篆书方章款,也有"嘉庆年制"四字款,并且也用楷书款。

嘉庆瓷用的堂名款以"行有恒堂"、"嘉荫堂制"、"植本堂"等为多见。

3. 道光瓷

道光一朝(1821—1850)30年,传世的瓷器数量比较多,但在质量上就无法和康熙、雍正、乾隆三朝相比拟了。从传世的道光瓷分析,大致有以下几个特点:(1)陈设瓷虽然也为数不少,但传世所见是大量的官、民窑日用器皿。(2)除一小部分特别精致的官窑器以外,不论官、民窑器多数胎体粗松,釉面呈波浪纹明显的疙瘩釉。底足处理除极少数滚圆的泥鳅背外,多数粗糙。(3)图案花纹除传统的龙、凤、缠枝花卉外,渐失康熙、雍正的古雅趣味,也改变了乾隆、嘉庆繁缛图案,而出现了斗鸡、戏狗的通俗画面,清装仕女开始盛行。(4)绘画英雄人物的无双谱和金石、博古图案成了道光朝的时代特征。(5)凡属"嶰竹主人"、"慎德堂"款的瓷器多数为精致之作。著名瓷雕匠师陈国治的仿牙雕器更属精品。

(1)单色釉

道光单色釉多见有霁红、霁蓝、豆青、鸡油黄、钧红、孔雀绿、鱼子蓝、仿定、茶叶末、珊瑚红、胭脂红、木纹釉、仿哥、仿官等,其中特别以仿哥器和钧红器为突出。有"慎德堂制"抹红四字楷书款的仿官和仿哥器都是比较精致的。

仿哥器有细开片及仿金丝铁线两种,有的器物口沿抹有酱口。

某些仿官、仿哥及鱼子蓝釉制品的圈足处往往抹上一层黑釉。

（2）青花

道光青花器传世较多，其中如官窑淡描鸳鸯戏莲碗、八吉祥四足盉等都是其典型器，其青花色泽精致的如乾隆。有仿明永乐、宣德的抱月瓶执壶等，仿嘉靖婴戏图器物，仿清康熙、乾隆的作品。但其所仿明代器物在形制上均已相差甚远，如抱月瓶已与永乐、宣德无共同之处，但其器物的胎、釉也还比较精细。

道光朝的蓝地青花器大多都是疙瘩釉比较明显。官窑器中往往有器物外壁为粉彩，内壁为青花的品种。釉里红制作亦有少量传世，亦有青釉釉里红的制品。

（3）彩瓷

粉彩是道光彩瓷的主流，除了白地粉彩器外，所见有各种色地开光粉彩，如珊瑚红地粉彩、绿地粉彩、黄地粉彩、抹红地粉彩等等，而且往往和描金工艺结合。器物除瓶、罐及少量文房用具外，大量的是碗、盘等的日用器皿，图案以荷花、籁瓜和婴戏图、清装仕女以及各种花蝶虫草为突出。亦常见"吉庆有余"（磬和鱼）、"麻姑献寿"、"太平有象"等吉祥题材，其中凡属"慎德堂制"、"嶰竹主人造"及"种德堂制"款的粉彩器，大多是比较精致的。

道光朝有少量的斗彩器，多见官窑器，往往用缠枝莲、团花鸳鸯戏莲、凤穿牡丹等传统题材。五彩器则以传统的宫廷龙凤碗为主。

（4）款识

官窑器以"大清道光年制"六字三行篆书青花款为主，亦间用抹红款及描金款。在茶叶末、炉钧釉等器物上则为六字刻款。个别粉彩器上偶见"道光年制"四字红地描金篆书款。"慎德堂制"多见抹红楷书款。"嶰竹主人造"、"种德堂制"、"退思堂制"或"睿邸退思堂制"、"行有恒堂"或"定府行有恒堂"款的器物，大多是精品。有一种"柏林寺制"篆款的"佛日常明"碗亦属多见。此外，在单色釉器上亦见"觉尔察氏"四字楷书款等。民窑六字、四字间用，一般均不太规整。在民窑的粉彩器中亦多见"大明成化年制"两行六字楷书的伪款。

4. 咸丰、同治、光绪、宣统瓷

咸丰（1851—1861）、同治（1862—1874）、光绪（1875—1908）、宣统

(1909—1911)这四朝是在帝国主义入侵和内乱频繁的岁月中度过的,社会经济每况愈下,景德镇官窑瓷器的生产处于衰落的境地,民窑器虽然仍在大量烧造但多数比较粗糙。当然,不论官、民窑也有少量的精品,特别是光绪一朝有一定数量的较精官窑器和民窑仿古出口瓷。

（1）咸丰瓷

咸丰朝生产的官窑器十分少,因此咸丰官窑器传世极罕。

咸丰瓷中有一部分和道光瓷很难区分,事实上,帝王虽已更迭,制瓷工艺,甚至制瓷匠师并无任何改换,从总的情况看,咸丰瓷和乾隆、嘉庆瓷比较,当然显得胎质粗松,波浪釉明显。器形除仿造传统器物外,很少有突出之作。在图案装饰方面,除传统的图案外,多见八仙、王母、婴戏及蝙蝠寿字图等,人物的鼻骨有的比道光更高挺而有勾,仕女已普遍为清装小脚。

咸丰的单色釉器,以霁蓝、天蓝、芸豆红、粉青、仿钧、仿哥、甜白、茶叶末、绿釉为多见。其中以仿哥堆花工艺、茶叶末、蓝釉描金为突出。其仿宣德白釉盘,细砂底,刻咸丰官款。

咸丰青花并无特殊之作,其仿康熙、仿乾隆的青花器已算上品,呈色比较稳定。一般制品青色比较暗淡,至于釉里红器则多浅淡。

咸丰的彩瓷也以粉彩为主,其特征之一是多用雪青紫色。压凤尾纹的轧道工艺已少见,乾隆、嘉庆时期盛行的万花堆粉彩器也几乎绝迹。粉彩多白地绘画,器物边口部分往往描金,但精致之作甚少。

斗彩制品极少,所见和道光官窑器相似。

五彩器官窑有少数小件器,民窑粗俗不堪。

咸丰官窑款识改变了过去以六字篆书款为主的局面,而以"大清咸丰年制"六字楷书青花款为主,多数为两行六字,无边框。在少数官窑粉彩器上也有六字篆书款,亦有抹红款、刻款和少数描金款。

（2）同治瓷

同治朝景德镇官窑的制作,恐怕是清代官窑的最低潮,除宫廷婚庆所需和少量陈设瓷外,很少有佳作。民窑器数量虽不少,但质量比较粗糙。

同治官窑器以宫廷餐具、大鱼缸、面盆、有盖茶碗为多,当时有一批高达150厘米以上的大花瓶,制作规整,是值得注意的。

同治朝的图案装饰,除传统的风格外,以万福万寿、龙凤呈祥、梅雀、绿竹、清装仕女、无双谱、博古图为多见。

单色釉是清代官窑器中历朝最讲究的品种,同治朝虽亦有红釉、蓝釉、黄釉、豆青、茶叶末、黑釉、珊瑚红、秋葵绿、仿官、仿哥窑变等品种,但并无特殊之作。

青花器有少数历代相传的仿明代器形,如竹石芭蕉玉壶春瓶等,还比较精致,一般器物和民窑青花,则都显得青色暗淡。

彩瓷方面除少量的斗彩、五彩外,主要流行的是粉彩器,而且多黄地粉彩。官窑粉彩器中还有用料彩堆绘的品种,其中多用蓝料彩。同治朝仿乾隆的珐琅彩瓷,往往亦题诗句,并有引首及落款的图章,底多为"同治年制"四字楷书抹红款,但其引首及落款章均模糊不清。

珊瑚红地粉彩描金器在当时亦属珍品。

同治朝还多见白地抹红彩及红、绿彩器。

同治的款识,官窑青花及白地红彩器多用青花两行六字或四字楷书款,少数仿康熙的白地抹红彩绘器亦用"同治年制"四字楷书抹红款。粉彩器大多为四字楷书抹红款。按传统方法,在茶叶末及窑变釉器上多见刻款。民窑器则多四字篆书款、六字戳记印款,或四字抹红楷书款。

（3）光绪瓷

光绪初年就大量烧造官窑器,光绪十年、二十年、三十年为慈禧五十、六十、七十寿辰又大批烧造寿庆典礼和赏赐所用的官瓷,在嘉庆以后官窑衰落的形势下,大有中兴之势的起色。当时仿明代、仿清康熙、雍正、乾隆甚至嘉庆、道光的各种品种,同时也有本朝的水墨五彩、软彩和钻拨刻瓷等新品种。在官窑器中,尤以署"大雅斋"、画面上书"天地一家春"椭圆章式篆款及署"长春同庆"、"永庆长春"等款的官窑器最为精致。

光绪的器形方面除杯、碗、盘、瓶、罐、缸、盖盒、炉、提梁壶等之外,有仿青铜礼器如豆、簋、簠、鼎等,特别是光绪二十二年(壬寅)有一大批单色釉的仿器。在陈设瓷方面不仅有各种文房用具,而且有青花、粉彩的瓷对联和瓷画的通景屏风等等,都是十分特殊的。

在图案装饰方面,传统的纹样几乎普遍使用,尤以八吉祥、龙凤呈祥、万寿无疆、福禄寿喜、玉堂富贵、群仙祝寿及博古图更为多见。同时在粉彩器中出现了一种不用线条划出开光框栏,而以留出空白地绘画的方法,同样起到开光的效果。此外,有一类大面积的描金团花图案,亦属十分新颖。

单色釉有霁红、霁蓝、娇黄、豆青、天蓝、瓜绿、钧红、石绿、仿官、仿哥、茶叶末、胭脂水、珊瑚红、白釉等，其中各色釉的仿古礼器、瓜绿划花云龙器、储秀宫款的娇黄和白釉器以及仿建窑白瓷等，多见精品。光绪的仿哥铁沙器与嘉庆、道光制品十分相似。

青花器中有仿明永乐、宣德，亦有仿清康熙、雍正、乾隆的器物，光绪仿康熙和乾隆的青花器有的能达到乱真的地步，仿康熙浆胎青花及哥窑地青花、青花抹红器也都很成功，此外，有一种青花加刻红料彩的品种更属精致。

釉里红和青花釉里红的品种，虽未能达到雍正的水平，但在清晚期中是佼佼者，尤以鼻烟壶的制作为佳。

彩瓷以粉彩为主，有仿康熙棒槌瓶、金钟杯等特殊器形，仿雍正的过枝花卉大盘，仿乾隆的九桃瓶、百鹿尊等都比较精致，仿道光福禄寿喜碗也很逼真。

粉彩仍盛行和描金工艺相结合，而且有一种描金团花的图案用得较为普遍。

白地抹红描金、霁蓝描金、珊瑚红地描金都是常见的彩瓷，其中仿道光"慎德堂制"的珊瑚红地描金器亦属多见。

此外，豆青抹红彩、仿康熙五彩、仿乾隆斗彩及储秀宫款的黄地三彩器等，都是光绪彩瓷的精品。

光绪官窑器的款识，"大清光绪年制"六字篆书青花款和六字楷书青花款并用。在部分单色釉器，特别是茶叶末器上则用刻款。抹红款及描金款在官、民窑器上多有使用。民窑器尤为多见"光绪年制"四字抹红楷书款。

（4）宣统瓷

宣统在位不满3年。但在宣统二年曾烧过一批官窑瓷，由于年限太短，传世官瓷必然极少，其制品也只能是完全继承光绪的制作。

单色釉瓷虽亦见红釉、黄釉、仿官、仿哥等器，但以宣统二年为东陵、西陵烧造的白釉供器为突出。

青花器有仿明嘉靖及仿清康熙的品种，并亦见青花红彩器。彩瓷有粉彩、五彩、三彩、珐琅彩及白地红彩等。

宣统瓷的款识以"大清宣统年制"六字楷书青花款为主，亦有抹红款及墨彩款。

第七节　景德镇以外地区的几个重要陶瓷品种

1. 宜兴紫砂器

明代万历以后,宜兴紫砂器进入繁盛时代,但除了出土器物外,目前在传世品中很少能绝对肯定为真品的实物。

清代的紫砂器仿品虽多,但有一些真品还是可以肯定的。现在台北故宫博物院和北京故宫博物院都藏有康熙、雍正、乾隆时期宜兴作为贡品上呈给清宫的紫砂器,其中有紫砂胎的珐琅彩器和紫砂胎的粉彩品,主要是茶壶和盖杯。

清代宜兴紫砂器在民间更为广泛流行,除了茶壶、茶杯等茶具外,也大量烧造花樽、菊合、香盘、十锦杯等。制陶匠师还用紫砂制作成各类灵巧的瓜果。

清紫砂器的式样繁多,有的十分奇特。仿古铜器式的有:方扁觯、小云雷、提梁卣等,借鉴于花果造型的有:菱花、束腰、水仙、莲方、垂莲、花生、荸荠、慈姑等等。

清初康熙年间的陈鸣远,号鹤峰,又号壶隐,他所制的茶具和陈设品式样多变,瓜果之类的像生紫砂器十分逼真,目前传世的大量紫砂瓜果,多数是仿陈鸣远的作品。

康熙、雍正、乾隆年间,宜兴紫砂名匠辈出,但对这一时期留下的署名制作的紫砂器的真伪鉴定,也是十分困难的。

清代紫砂制作的又一高潮是在嘉庆、道光年间,这时有一位任溧阳县宰的书画篆刻家陈鸿寿,号曼生,酷爱紫砂壶。他和当时的名匠杨彭年合作,陈鸿寿亲自设计壶式,由杨彭年或杨氏家人制壶,在壶泥半干时,陈鸿寿以竹刀刻上诗句或图画,创造了书画篆刻和紫砂工艺密切结合的新风格,当时号称"曼生壶",这种砂壶往往在壶底有"阿曼陀室"章;在壶的把柄下端有"彭年"章。其风尚所及,在道光时的瞿子冶、朱石楳等名家也制作了很多精致的紫砂壶。

咸丰以后,紫砂器的制作亦从未间断过。

2. 广东石湾的仿钧器

广东佛山的石湾窑创烧于宋,盛于明,极盛于清,它的仿钧釉极负盛名。

石湾制陶的传统是胎体比较厚重，釉厚而光润，尤以仿钧釉的蓝色、玫瑰紫、墨彩和翠毛釉等最为突出。

石湾仿钧并非生搬硬套，而是仿中有创，钧釉的窑变釉是一层釉色，而石湾仿钧则是有底釉和面釉两层。

石湾仿钧釉中，以一种俗称"雨淋墙"的最为著名，它是一种蓝釉中流淌成葱白色如雨点状的品种，好像夏天在蔚蓝的晴空中，突然下一场暴雨似的。

清代石湾窑的最大宗产品有瓦脊之类的建筑用陶和日用器皿，但代表石湾窑水平的是陈设用器、文房用具和陶塑。

石湾窑的制品自晚明以来，往往带有制作者和店号的印章款识。如明代晚期的"祖唐居"、"陈粤彩"、"杨升"、"可松"等；清康熙时的"两来正记"、"文如璧"等；乾隆前后的"沅益店"、"大昌"、"宝玉"、"琼玉"、"如璋"、"来禽轩"等；道光前后的"黄炳"、"霍来"、"冯秩来"、"瑞号"等等。但传世多见"祖唐居"款的器物，很多是后世的仿品。

3. 福建德化白瓷

清代德化白瓷的产量比明代有很多扩大，在器物上也改变了明代以佛前供器和瓷雕为主的局面。各种供器及观音、弥勒佛之类的瓷雕虽仍大量烧造，但更多的是各式酒杯、瓶、壶、碗、洗等日用器皿。

清代德化白瓷和明代相比，有一个突出的区别，那就是估计在清康熙以后，德化白瓷釉中一层微微的闪红色已不再出现，而釉层的色泽稍稍泛青，这可能是胎、釉中氧化铁的含量有所增加，或还原气氛掌握不当的缘故。

清代德化窑除烧造白瓷外，也还烧制青花和彩瓷。

清代中国瓷器生产的中心仍然是景德镇，代表景德镇瓷器生产最高水平的是政府在当地设置的官窑所生产的官窑器。康熙、雍正、乾隆三朝，无论在制瓷的胎、釉质量还是品种的多样性上都堪说是中国瓷器生产的高峰。嘉庆以后，由于种种社会因素，景德镇的瓷业渐趋衰落。

（原载冯先铭主编：《中国陶瓷》第五编，上海古籍出版社，1994年）

元代瓷器造型举例

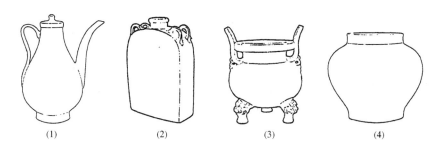

（1）元代执壶　（2）元代四系扁壶　（3）元代三足炉　（4）元代直口罐

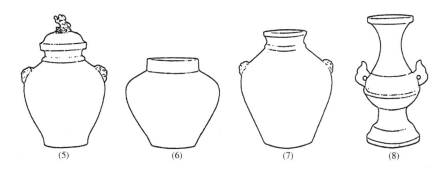

（5）元代兽耳狮钮盖罐　（6）元代直口罐　（7）元代兽耳罐　（8）元代戟耳瓶

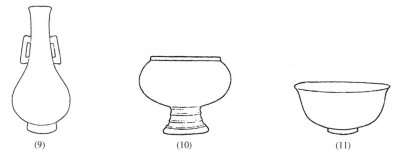

（9）元代双耳瓶　（10）元代高足钵　（11）元代碗

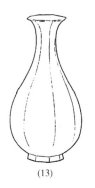
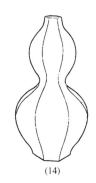

（12）　　　　　　　　　（13）　　　　　　　　　（14）

（12）元代象耳瓶　（13）元代八方玉壶春瓶　（14）元代八方葫芦瓶

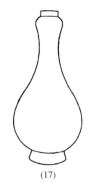

（15）　　　　　　　　　（16）　　　　　　　　　（17）

（15）元代梅瓶　（16）元代洗口瓶　（17）元代蒜头瓶

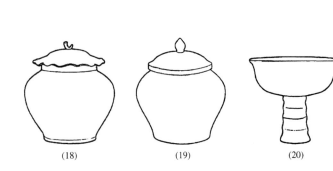

（18）　　　　　（19）　　　　　（20）　　　　　（21）

（18）元代荷叶形盖罐　（19）元代盖罐　（20）元代高足杯　（21）元代花觚

明代瓷器造型举例

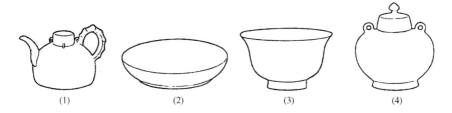

（1）永乐三系执壶　（2）宣德大盘　（3）永乐撇口碗　（4）永乐双系盖罐

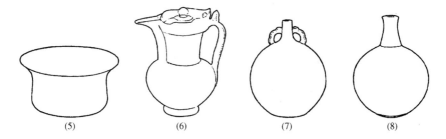

（5）永乐折沿瓶　（6）永乐僧帽壶　（7）永乐双耳扁瓶　（8）宣德扁瓶

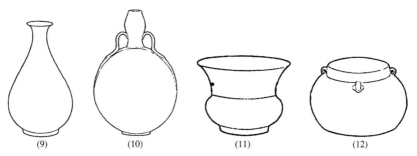

（9）永乐玉壶春瓶　（10）宣德双耳葫芦式扁瓶　（11）宣德尊　（12）永乐三系盖罐

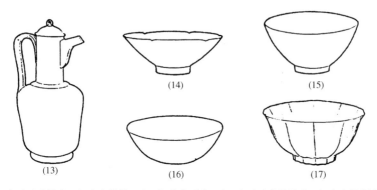

（13）宣德执壶　（14）宣德葵口碗　（15）永乐鸡心碗　（16）宣德卧足碗　（17）宣德葵瓣碗

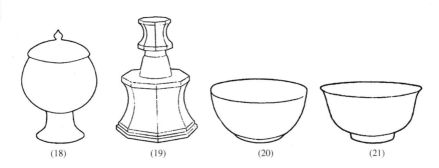

（18）宣德盖豆　（19）宣德八角烛台　（20）宣德墩式碗　（21）宣德撇口碗

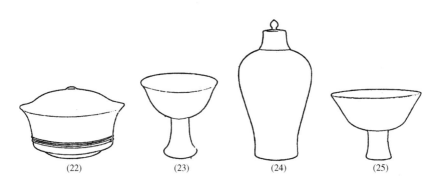

（22）宣德盖碗　（23）宣德高足杯　（24）宣德梅瓶　（25）永乐高足杯

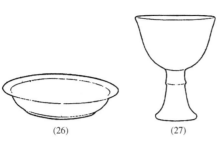

(26)　　　　　(27)　　　　　(28)　　　　　(29)

（26）宣德折沿大盘　（27）成化高足杯　（28）成化鸡缸杯　（29）成化杯

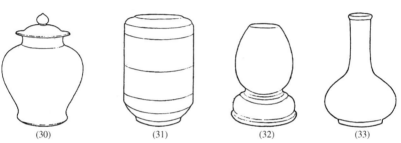

(30)　　　　　(31)　　　　　(32)　　　　　(33)

（30）正德盖罐　（31）正德多层盒　（32）正德豆式瓶　（33）成化胆瓶

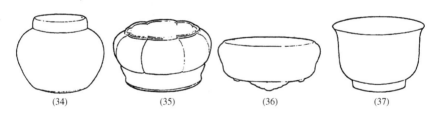

(34)　　　　　(35)　　　　　(36)　　　　　(37)

（34）成化盖罐　（35）正德瓜形洗　（36）正德三足洗　（37）正德墩式碗

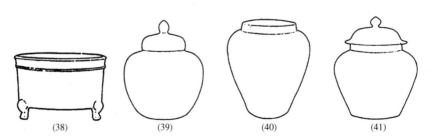

(38)　　　　　(39)　　　　　(40)　　　　　(41)

（38）弘治三足炉　（39）嘉靖盖罐　（40）嘉靖罐　（41）嘉靖盖罐

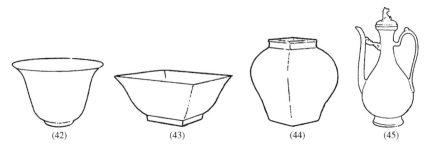

（42）嘉靖杯　（43）嘉靖方杯　（44）隆庆方罐　（45）嘉靖执壶

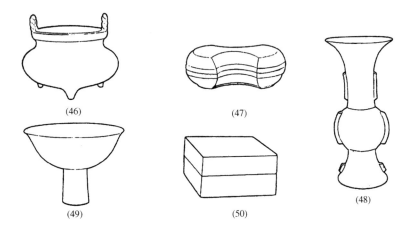

（46）嘉靖三足炉　（47）隆庆银铤式盒　（48）万历出戟觚　（49）嘉靖高足杯　（50）隆庆方盒

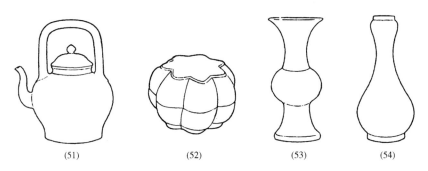

（51）隆庆提梁壶　（52）隆庆瓜形盒　（53）万历花觚　（54）万历蒜头瓶

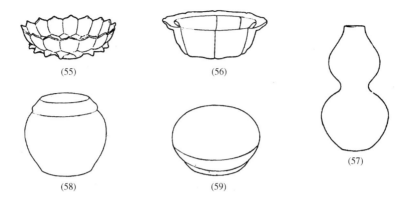

(55)万历荷花式盘　(56)万历葵瓣式折沿盘　(57)嘉靖葫芦瓶　(58)万历盖罐　(59)万历盒

清代瓷器造型举例

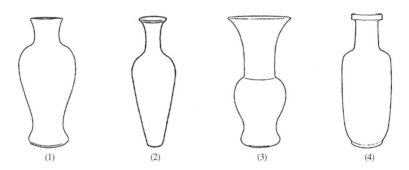

（1）康熙观音尊　（2）康熙柳叶瓶　（3）康熙凤尾尊　（4）康熙棒槌瓶

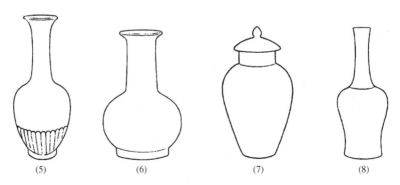

（5）康熙菊瓣瓶　（6）康熙撇口瓶　（7）康熙盖罐　（8）康熙摇铃尊

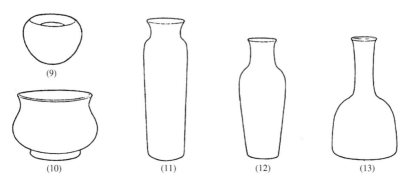

（9）康熙苹果尊　（10）康熙钵式炉　（11）康熙象腿瓶　（12）康熙观音尊　（13）康熙摇铃尊

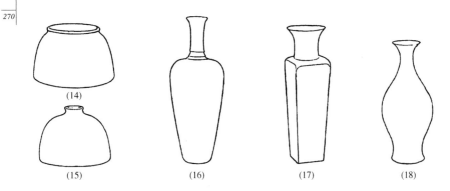

（14）康熙马蹄尊　（15）康熙太白尊　（16）康熙莱菔瓶　（17）康熙方瓶　（18）康熙橄榄尊

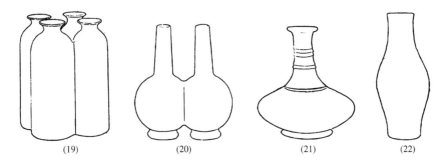

（19）雍正四连瓶　（20）雍正双连瓶　（21）雍正弦纹扁瓶　（22）雍正橄榄瓶

(23)

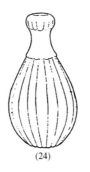
(24)

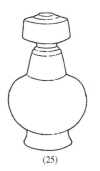
(25)

（23）雍正石榴尊　（24）雍正瓜棱瓶　（25）乾隆贲巴瓶

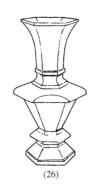
(26)

(27)

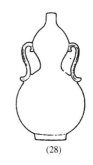
(28)

（26）乾隆六方瓶　（27）乾隆贯耳长颈瓶　（28）乾隆双耳葫芦瓶

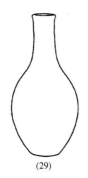
(29)

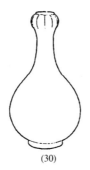
(30)

(31)

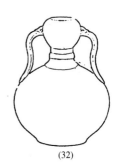
(32)

（29）乾隆胆瓶　（30）乾隆蒜头瓶　（31）乾隆瓠式瓶　（32）乾隆如意尊

 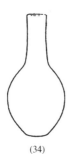  

（33）　　　（34）　　　（35）　　　（36）

（33）乾隆双连瓶　（34）乾隆胆瓶　（35）乾隆双耳转心瓶　（36）乾隆双耳转心瓶

  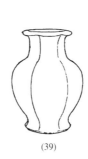 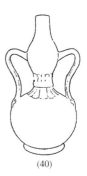

（37）　　　（38）　　　（39）　　　（40）

（37）乾隆双耳尊　（38）乾隆六方贯耳瓶　（39）乾隆海棠尊　（40）乾隆绶带葫芦瓶

元—明代缠枝花卉纹举例

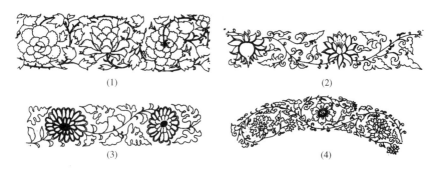

（1）　　　　　　　　　　　　　（2）

（3）　　　　　　　　　　　　　（4）

（1）元代缠枝牡丹纹　（2）元代缠枝莲花纹　（3）元代缠枝菊花纹　（4）明洪武缠枝莲花纹

（5）

（6）

（5）明洪武缠枝菊花纹　（6）明宣德缠枝花卉纹

元—明代卷草纹举例

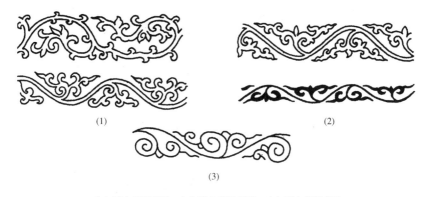

（1）

（2）

（3）

（1）明永乐卷草纹　（2）明宣德卷草纹　（3）明宣德卷草纹

（4）

（6）

（5）

（4）明嘉靖卷草纹　（5）元代卷草纹　（6）明永乐卷草纹

元—明代波涛纹举例

(1)　　　　　　　　　　(2)

（1）元代波涛纹　（2）元代波涛纹

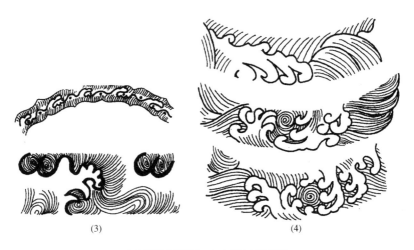

(3)　　　　　　　　　　(4)

（3）明洪武波涛纹　（4）明永乐波涛纹

（5）明宣德波涛纹　（6）15世纪前期波涛纹　（7）明成化波涛纹

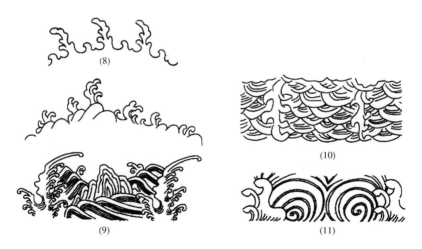

（8）明弘治波涛纹　（9）16世纪波涛纹　（10）万历波涛纹　（11）天启波涛纹

元—清代莲瓣纹举例

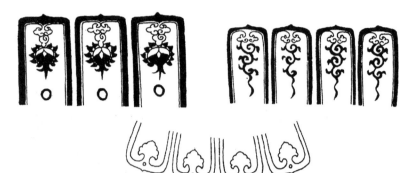

(1)

（1）元代莲瓣纹

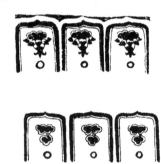

(2)

（2）元代莲瓣纹

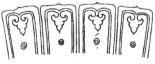

(3)

（3）元代莲瓣纹

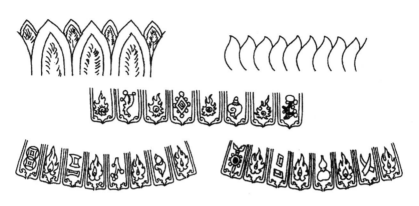

(4)

（4）元代莲瓣纹

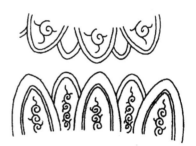

(5)

（5）元代莲瓣纹

(6)　　　　　　　　(7)

（6）元代莲瓣纹　（7）明洪武莲瓣纹

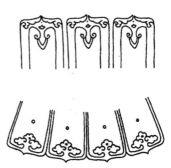

（8）

（8）明洪武莲瓣纹

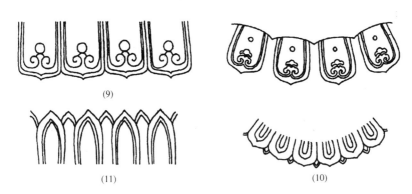

（9）明洪武莲瓣纹　（10）明永乐莲瓣纹　（11）明宣德莲瓣纹

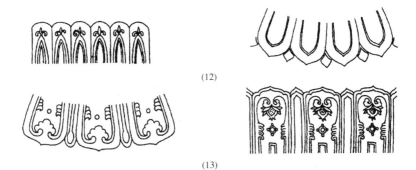

（12）明宣德莲瓣纹　（13）15世纪莲瓣纹

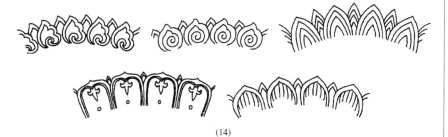

(14)

（14）明正统莲瓣纹

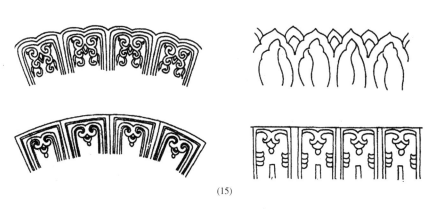

(15)

（15）明嘉靖莲瓣纹

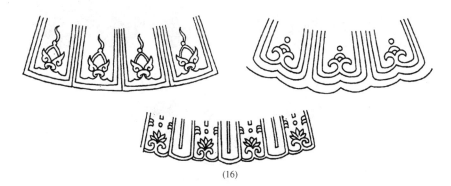

(16)

（16）明嘉靖莲瓣纹

(17)　　　　　　　　　　　　　(18)

(19)

（17）明万历莲瓣纹　（18）明天启莲瓣纹　（19）清乾隆莲瓣纹

元—明代如意头纹举例

(1)　　　　　　　　　　　　　(2)

(3)

（1）元代如意头纹　（2）元—明洪武如意头纹　（3）元代如意头纹

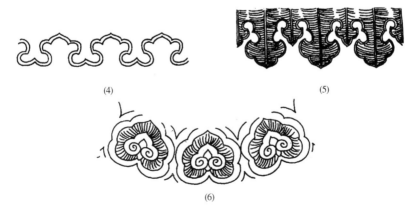

(4)　　　　　　　　　　　　　(5)

(6)

（4）明洪武如意头纹　（5）明洪武如意头纹　（6）15世纪如意纹

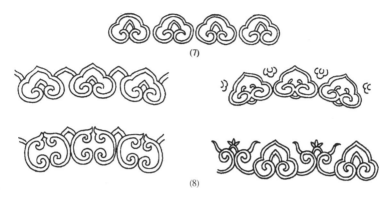

（7）正德如意头纹　（8）嘉靖如意头纹

元—明代云纹举例

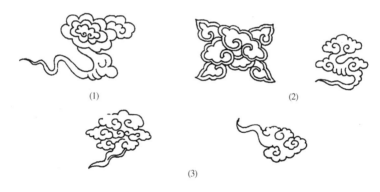

（1）元代云纹　（2）元末明初云纹　（3）元末明初云纹

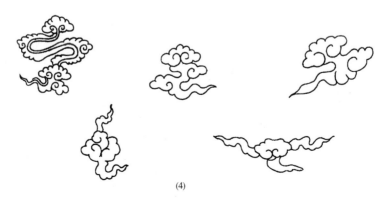

（4）明洪武云纹

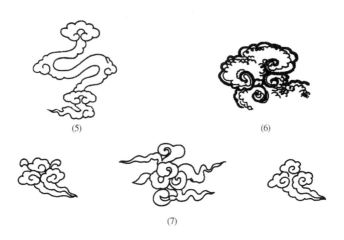

（5）明宣德云纹　（6）15世纪中期云纹　（7）15世纪云纹

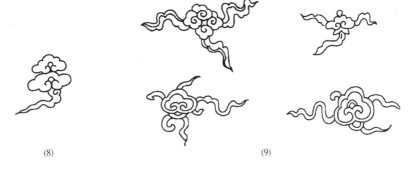

（8）明正德云纹　（9）明嘉靖云纹

元—清代龙纹举例

（1）元代龙纹

(2) (3)

（2）元代龙纹 （3）明成化龙纹

(4) (5)

（4）明嘉靖龙纹 （5）清乾隆龙纹

元—清代蕉叶纹举例

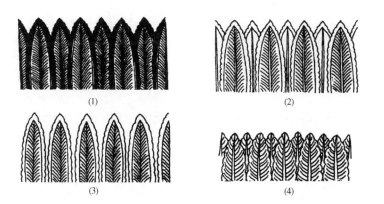

(1) (2)

(3) (4)

（1）元代蕉叶纹 （2）明洪武蕉叶纹 （3）元代蕉叶纹 （4）明宣德蕉叶纹

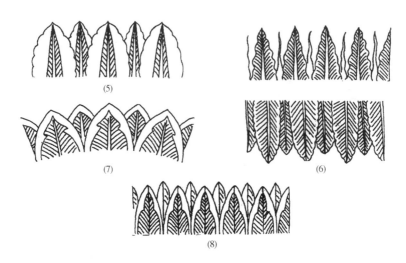

（5）15世纪蕉叶纹　（6）明嘉靖蕉叶纹　（7）明嘉靖蕉叶纹　（8）明隆庆蕉叶纹

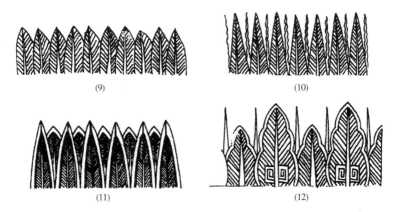

（9）明万历蕉叶纹　（10）16世纪蕉叶纹　（11）清雍正蕉叶纹　（12）清康熙蕉叶纹

■ 老虎洞南宋修内司官窑粉青菱花式盘　　　　　　■ 老虎洞南宋修内司官窑青釉尊

宋

官窑研究中存在的问题

　　相传为宋代五大名窑之一的宋"官窑",由于文籍记载的稀少,在窑址方面,迄今只发现和发掘了浙江杭州的郊坛下官窑一处。在传世品中又很难判断北宋官窑和南宋官窑,以及修内司官窑和郊坛下官窑的区别。因此,几十年来,在宋官窑研究中一直存在着很大的争论。早在1930年,英国达维特氏就提出了所谓的北宋官窑,实即汝窑,从而否定了北宋官窑的存在。近年来,浙江沙孟海先生发表了《南宋官窑修内司窑址问题的商榷》①一文,否定了南宋修内司官窑的存在。最近朱伯谦先生在

---

① 见《考古与文物》,1985年,第6期。

《谈南宋官窑》①一文中，也认为南宋只有郊坛下官窑一处。伯谦兄是当今研究浙江青瓷的泰斗，我们之间有近于刎颈之交的情谊，他的看法不能不对我有所触动，或许伯谦兄的论断是正确的，但在没有更多可以信服的理由以前，我仍坚持传统的三分法，即有北宋官窑、南宋修内司官窑和郊坛下官窑。我的基本观点已见《官、哥两窑若干问题的探索》②一文，这里仅就文籍资料及某些问题作进一步阐述。

一 关于《坦斋笔衡》和《负暄杂录》

宋叶寘《坦斋笔衡》和顾文荐《负暄杂录》是历来研究宋官窑的最早记录。它们记载宋官窑的内容基本相同，但也略有出入。对于这两种文献，有两方面值得探索，即它们的成书年代，以及《坦斋笔衡》有否窑器内容的记载。

元陶宗仪《南村辍耕录》卷二十九载："宋叶寘《坦斋笔衡》云……本朝以定州白磁器有芒，不堪用，遂命汝州造青窑器，故河北唐、邓、耀州悉有之，汝窑为魁。江南则处州龙泉窑，窑质颇粗厚。政和间，京师自置窑烧造，名曰官窑。中兴渡江，有邵成章提举后苑，号邵局，袭故京遗制，置窑于修内司，造青器，名内窑。澄泥为范，极其精致，油色莹澈，为世所珍。后郊坛下别立新窑，亦名官窑，比旧窑大不侔矣。"③

《说郛》卷十八载宋顾文荐《负暄杂录》"窑器"条："本朝以定州白磁器有芒，不堪用，遂命汝州造青窑器，故河北唐、邓、耀州悉有之，汝窑为魁。江南则处州龙泉县窑，质颇粗厚。宣政间京师自置烧造，名曰官窑。中兴渡江，有邵成章提举后苑，号邵局，袭徽宗遗制，置窑于修内司，造青器，名内窑，澄泥为范，极其精致，油色莹彻，为世所珍。后郊坛下别立新窑，亦曰官窑，比旧窑大不侔矣。"④

叶寘《坦斋笔衡》的成书年代，据该书记有孝宗时期的内容，可

---

① 见《中国古陶瓷研究》创刊号（1987年），紫禁城出版社。

② 见《中国考古学会第三次年会论文集》，文物出版社，1981年。

③ 据武进陶氏影元本。

④ 据涵芬楼本。

以认定为宋孝宗时期；顾文荐《负暄杂录》有"近彝斋赵子固以水仙、兰蕙得名"语，赵子固艺术生涯的全盛期当在公元1250年左右，因此可以确定《负暄杂录》成书于南宋末。如果说，两书中有一书是抄袭的话，当然只能是《负暄杂录》抄《坦斋笔衡》。但问题是《坦斋笔衡》由元末明初陶宗仪收录于《南村辍耕录》，而又收录于《说郛》（涵芬楼本）卷十八。《辍耕录》录文中是关于"窑器"的文字，但是《说郛》的文中却并无"窑器"的内容。《负暄杂录》只见于《说郛》本。这里有三种可能性：

一、《坦斋笔衡》和《负暄杂录》都有关于"窑器"的内容，《坦斋笔衡》收入《说郛》时漏了这段文字。

二、《坦斋笔衡》关于"窑器"的文字，在收入《说郛》时，误入《负暄杂录》条下。

三、《负暄杂录》有关"窑器"的内容，陶宗仪在编《南村辍耕录》时误辑入叶寘条下。

明人编辑类书，用条子剪贴的方法，有所误置是完全可能的。但不论是孝宗时的《坦斋笔衡》，还是宋末的《负暄杂录》，其内容应该说都是有所本的。从南宋中期到宋末，龙泉窑的产品已是十分精致。南宋中、后期的人，如果无所依据，不可能说出"处州龙泉窑质颇粗厚"的话来。

二 不应否定北宋官窑的存在

前引叶、顾两文明确记述继汝窑而后有北宋官窑。假使说，叶、顾都是民间文人，并不可信。那么，我们不妨看一下《宋史·职官志》的记载，徽宗宣和五年（1123）诏罢营缮所后，将作监就管辖十个单位，即：修内司、东西八作司、竹木务、事材场、麦䴾场、窑务、丹粉所、作坊物料库第三界、退材场、帘箔场。其中，明确规定"窑务"的职责是："掌陶为砖瓦，以给缮营及鲜缶之器。"这里的"窑务"显然是指专为宫廷烧造陶瓷器的官窑而言。这足以证明叶、顾二文关于宋徽宗时在京师设置官窑的记述是可信的。目前的问题只是尚未发现窑址，同时也难在传世品中识别其实物。由于黄河多次改道，要在开封找寻官窑遗址当然是十分困难的，但目前找不到窑址,不应成为否定历史上北宋官窑存在的理由。至于如何识别北宋官窑器,似应从胎、釉、造型和支烧或垫烧方法上来进一步探索。

上海博物馆藏有4件极为特殊的标本(图一),1950年代初为上海古玩商叶叔重所有,据其兄弟叶月轩(老二)告知,这4块瓷片来自河南开封附近。这4件标本均为香灰色胎,根据上海硅酸盐研究所化验报告,其胎土三氧化二铝的含量达35.05%,是宋代其他瓷窑所少见的,也比汝窑含28%左右高得多。其釉为淡天青色,有一定厚度,有不规则的纹片,以大纹片为主。4件标本均为垫烧,底足平削,极为规整。从30倍显微镜观察,釉内气泡呈密集形鱼子状,而北宋汝窑的气泡则大、中、小俱全,且在各类气泡间有空隙,其部分未烧透的标本,可见玛瑙的结晶状。南宋郊坛下官窑标本,大多是大、中、小气泡俱全,中间有空隙,有的气泡小到像星点状。这些标本很值得重视,有兴趣探索这一问题的学者,都可以在上海博物馆看到实物。

标本一的化学组成

	胎	釉
SiO_2	59.37%	64.36%
Al_2O_3	35.05%	13.91%
Fe_2O_3	1.39%	1.72%
TiO_2	1.34%	0.18%
MnO	0.004%	0.08%
P_2O_5	0.18%	0.80%
CaO	0.48%	12.02%
MgO	0.27%	1.73%
K_2O	1.34%	3.99%
Na_2O	0.20%	1.05%
合　计	99.624%	99.84%

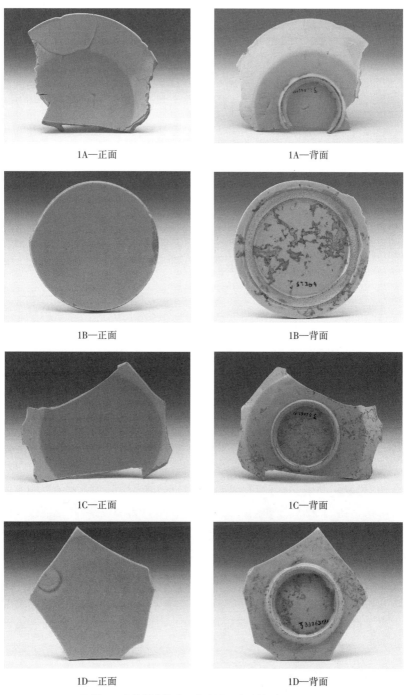

■ 图一　上海博物馆藏　北宋淡天青釉(标本1A—1D)

三　目前还不能否定南宋修内司官窑

有些学者否定修内司官窑的理由主要有下述几点：1. 迄今未找到窑址；2. 在传世品中无法辨认何者为修内司官窑；3. 叶、顾的记载并不可信，特别是所谓邵成章主持邵局之说不能成立；4.《咸淳临安志》的记载只有御前内辖司所属的郊坛下青器窑，而修内司是与御前内辖司平级的另一衙门，并不是窑场①。

事实上，至今既没有找到窑址，又无法辨认实物的名窑，并不只是北宋官窑和南宋修内司官窑。例如，唐代著名的四川大邑窑、五代著名的河南柴窑，其窑址都尚未查实，也不能在传世品中确认其实物，但我们不能由此就否定其历史上的存在。而且，据河南陶瓷专家赵青云先生告知，目前已发现了"柴窑村"这个地名。

关于两宋官窑的记载在当时实在是太少了，因当时的官窑只是为宫廷烧造建筑用砖瓦和日常所用器皿，又在禁中，当然不为民间文人学士所熟悉。周密《志雅堂杂钞》卷上叙述赵孟议府第的装饰侈靡，有"官窑瓶"并献之福邸。该书的成书年代，旧误宋代。事实上，同书记载李公略所藏雷咸百纳琴，题太平兴国七年，岁次壬午。作者称"至今壬午，恰三百六十年"。由此可知《志雅堂杂钞》成书当在元至正二年（1342）左右。世人对于宋官窑的推崇，可能始于元代。因此，不能因为宋人记载中不见北宋官窑或南宋官窑而怀疑其存在。当然，叶、顾记述邵成章提举后苑，号邵局的事实，可能有误。但元《研北杂记》记述南宋绍兴中有内侍邵谔主持的"邵局"。叶、顾二文只是误邵谔为邵成章，并不能仅据此就否定修内司官窑。

两宋宫廷烧瓷机构，即官窑的隶属，几经变迁。前文已提到，北宋末年徽宗时，将作监下辖"窑务"，这时的窑务和修内司同隶属于将作监，因此，窑务和修内司是平级的机构。但至咸淳的《临安志》则明确青器窑隶属于御前内辖司，而修内司和御前内辖司是平级的机构。至于在咸淳

---

① 见《考古与文物》，1985年，第6期。

以前，南宋官窑究竟处于一个什么等级，隶属于哪个机构，不见于文籍记载。据《宋史》，南宋隆兴初，曾一度裁并很多机构，内府百工器用都归并到文思院，但到乾道时则又有所发展。在《乾道临安志》中，有"内诸司"的机构，百工器用都由内诸司负责，修内司即是内诸司所属单位之一，在南宋前期修内司下设有为宫廷烧瓷的窑场，也是可能的事。目前，郊坛下官窑已经过两次发掘，特别是这次发掘的收获甚大，发掘报告发表以后，必将有助于判别北宋、南宋官窑；修内司、郊坛下官窑。同时也将可以鉴别宋官窑和元末哥窑仿官器。

四　有关鉴定方面的几点参考意见

1. **在支烧的支痕方面：**

汝窑：香灰色细小尖针状。

南宋郊坛下官窑：早期有少数较小的尖针状，但较汝窑为大，而色泽比香灰色要深。后期多为小圆柱状，色泽偏灰或炒米黄色，决无香灰色和黑色。极个别大器有不规则块状支痕。

元末哥窑仿官器：大多为圆柱状黑色支痕。

2. **盘、碗之类器物的口沿：**

汝窑：一般均呈浑圆感，口沿部施釉规整而无厚叠的感觉。

南宋郊坛下官窑：一般口沿施釉规整，胎体较薄，而稍有尖锐感。

元末哥窑仿官器：口沿浑厚。

3. **盘、碗之类器物底足的处理：**

汝窑：支烧为多，圈足包釉外撇，处理规整。

南宋郊坛下官窑：支烧器包釉外撇、处理规整。垫烧器施釉较薄，圈足处理规整，内外壁不易用手抓住。

元末哥窑仿官器：圈足内、外壁施釉较厚。

（原载香港敏求精舍编辑：《文物考古论丛——敏求精舍三十周年纪念论文集》，香港敏求精舍、两木出版社，1995年）

 唐越窑海棠式大碗

唐
越窑秘色釉和艾色釉

　　把越窑"秘色"瓷误解为五代吴越王钱氏专为烧进供奉之物,民间不得使用的说法,当在宋代。但南宋赵令畤的《侯鲭录》已经指出:"今之秘色瓷器,世言钱氏有国,越州烧进为供奉之物,不得臣庶用之,故云秘色。比见陆龟蒙集,越器诗云:九秋风露越窑开,夺得千峰翠色来。好向中宵盛沆瀣,共嵇中散斗遗杯。乃知唐时已有秘色,非自钱氏始。"这种历史上的误解,事实上,早已不存在了。问题是,为什么把唐越窑称作"秘色"?是否所有越窑器都可称秘色?"秘色"两字指何而言?似乎还存在着疑问。

　　1987年陕西省扶风法门寺塔基地宫(重建于唐僖宗乾符元年,即874年)的发掘,出土了16件瓷器,其中有一件白釉葫芦瓶、一件白釉碗、一件青釉八棱净水瓶、七件青釉碗、六件青釉盘、碟(见《扶风法门寺塔唐代地宫发掘简报》)。而地宫出土的《监送真身使随真身供养道具及恩赐金银衣物帐》碑则书明"……瓷秘色碗七口,内二口银棱。瓷秘色盘子、叠子共六枚"。

实物和文字记载同时出土,这就必然促使国内、国际陶瓷学界十分关注。

从出土的绝大多数青釉碗、盘看,所谓"秘色"是指那种青中泛湖水绿色而言,唐许浑《晨起二首》诗中所提到的"蕲簟曙香冷,越瓯秋水澄"(《全唐诗》卷五二八)应该指的就是这种颜色。那么,越窑是否都是这种色调呢?当然不是。从传世和出土的大量实物和标本看,唐、五代的越窑器,绝大多数都是青中闪黄的"艾色"。南宋赵彦卫的《云麓漫钞》得出"越乃艾色"的结论,正是由于南宋时人所看到的绝大多数越窑器都是青中闪黄的"艾色"。而那种"秋水澄"色是极为罕见的色调。如果把"秘"字直接指认为青中闪湖水绿的色泽看待,那是无论如何说不通的,那么,这两者间究竟是什么关系呢?

"秘色"应该是指"稀见之色"。这不仅是从法门寺塔地宫的出土文字和实物所作的推理。事实上,在中国古代的字书中,早已可找到结论。

"秘"字,按中国古代的字书,应作"柲"的解释(见魏张揖撰《广雅·释器》)。至于现在通行的秘密的"秘"字,正确的书写应是"祕"字。明张自烈《正字通》说:"祕。从示从必。俗从禾,作秘,误。"因此,现在通行的"秘"应是"祕"的讹体。从地宫出土的《监送真身使随真身供养道具及恩赐金银衣物帐》也作"秘"来看,"祕"讹作"秘"在唐代已十分流行。

"秘"除了作"秘密"、"封闭"的解释外,还可作"希见为奇"的解释。《文选·西京赋》有"祕舞更奏",薛注"祕"当作"希见为奇"解。这是最好的明证。

唐代越窑瓷器,其色泽绝大多数是青中闪黄的"艾色"。而青中闪湖水绿色的秘色瓷烧制成功,应该说是越窑装烧工艺上的重大跃进。

承朱伯谦先生提供上林湖贡窑窑址出土的唐秘色瓷标本,由张福康先生经手进行科学测定,并以之与上海博物馆提供的典型唐代越窑"艾色"玉璧底碗碎片科学测定数据进行比较:

胎釉化学组成（%）

编号	名　称	SiO₂	Al₂O₃	Fe₂O₃	TiO₂	CaO	MgO	K₂O	Na₂O	MnO	P₂O₅	FeO	还原率(%)
YM2	秘色瓷胎	76.4	15.6	2.0	0.8	0.4	0.3	2.9	1.2	0.02	2.0	1.2	54.5
	秘色瓷釉	61.6	12.4	2.2	0.6	15.6	2.8	1.2	1.2	0.4			
Y23	艾色瓷胎	77.5	15.4	2.1	0.8	0.2	0.4	2.5	0.7	0.02	1.0	0.1	4.5
	艾色瓷釉	63.3	12.3	2.2	0.7	15.7	2.7	0.6	0.4	0.3			

注：还原率(%) = $\dfrac{\text{FeO(\%)}}{\text{Fe}_2\text{O}_3\text{(\%)}} \times 100$。

从测定数据看，在胎、釉的化学组成方面，秘色瓷和艾色瓷在总体上十分相近，只是秘色瓷胎、釉的K_2O和Na_2O含量都比较高。Fe_2O_3和TiO_2都是变价元素，对烧成气氛和冷却过程中的二次氧化相当敏感。化学分析的结果表明，秘色釉中的Fe_2O_3已有54%左右被还原成FeO，而艾色釉只有4.5%左右，两者的还原率相差10倍之多。FeO含量高，使釉呈青绿色，FeO含量低，则使釉呈淡黄色，在积釉处可以看到釉本身的真正色泽。

秘色釉器所以能达到严格控制还原气氛的效果，这和当时装烧方法的改进似有密切的关系。上林湖贡窑发现装烧秘色瓷所用的匣钵系采用与胎泥相同的原料制成，只是颗粒较粗，在装烧时还用瓷釉封匣钵口[1]。采取这种措施，可防止烧窑冷却阶段中，由于冷空气的渗入而产生二次氧化，从而防止釉色发黄。这种讲究的技术改进，恐怕是和贡瓷有密切关系。

湖水绿色越瓷的出现，是十分珍稀的，在文人们的笔下，就用古雅的词汇"秘色"来美誉它，正好像《文选·西京赋》中，把一种少见的舞蹈美誉为"祕舞"一样。这样，文人们就逐渐把"秘色"作为对越窑瓷的一种美称了，北宋末，徐兢奉使高丽后撰《宣和奉使高丽图经》写到他在当地见到的中国瓷器时，就有"越州古秘色，汝州新窑器"的记载，至于他所见的越窑器是否都是青中闪湖水绿的色泽，当然是不能妄加推测的。只是在法门寺塔地宫出土的列作"瓷秘色"的13件器物中，也并不全是青

---

① 林士民：《越(明)州"贡窑"之研究》，《古陶瓷科学技术》，第2期，上海古陶瓷科学研究会，1992年，第477页。

中闪湖水绿的色调,而却有个别青中闪黄的"艾色"器在内。

其实,这是不足为怪的,既是一种美称,就不一定能绝对化地看待它。

不过,有一点值得我们注意。中国原始青瓷在距今三千年的商代就已烧造,而成熟青瓷的出现,也有近两千年的历史,但在唐代以前一直没有受到文人们的太大重视,直到唐初欧阳询撰《艺文类聚》的"杂器物部"所谈到的"杯"、"椀(碗)"之类的器物时,只提玉、象牙、金、银、琉璃、玛瑙、金错、车渠(一种玉石)等,就是没有提到过瓷碗、瓷杯。

瓷器在士人间获得青睐,很可能和中唐饮茶之风大盛有密切关系。从中唐开始,南越、北邢的瓷器备受上层社会的注目,这是由于社会对瓷器生产质量的要求,而瓷器生产在社会的要求下其质量也必然有提高。

中国的青瓷,在古代其生产基地以今浙江地区为主。历史上青瓷的生产似乎有过几次起伏:商、西周的原始青瓷,从已发现的实物看,数量不多,但施釉、烧成的质量却很好。到了春秋时期,数量有所增加,然而施釉、烧成都不大完善,而出现青中呈黑色斑块状。战国原始瓷的普遍特征是釉层较薄而釉色青中偏黄,这显然是控制还原气氛不佳的因素。东汉成熟青瓷出现以后,三国吴和西晋时期,以今浙江为主体的青瓷生产处于高峰时期,到了东晋、南北朝时期,则以今浙江为主体的青瓷生产处于高峰时期。另外,东晋、南北朝时期,在数量上生产青瓷的窑场东、西、南、北全国各地都有出现,而质量上却没有太高水准的制品。隋及唐初,中国青瓷生产仍处于低潮时期。中唐以后,以南方的越窑青瓷和北方的邢窑白瓷构成了南青北白的瓷器生产高潮。以越窑来说,秘色釉的出现固然是越州窑瓷器的质量达到前所未有的高峰,但即使非湖水绿色的艾色釉越瓷,同样处于十分高水平的地位。那是由于在唐越窑以前,中国的青瓷在釉层上说,都偏重于光泽度,而从唐越窑开始则更着眼于釉层的玉质感。所以说,具有高度玉质感的越窑器,即使并非青中闪湖水绿的秘色,而是青中偏黄的艾色釉,同样是十分珍贵的。

(原载《文博》1995年第6期,汪庆正主编:《越窑·秘色瓷》,
上海古籍出版社,1996年)

■ 青花山水图象腿瓶

明

末清初景德镇制瓷业的重大转折

　　17世纪上半叶的明末、清初时期，景德镇制瓷业经历着一次重大的转折。

　　这个转折，主要反映在景德镇瓷业生产，于万历三十五年（1607）以前，一直是官窑占着统治地位，在此之后，由于官窑的日趋衰落，而民营窑业则凭借着对欧洲市场出口的剧增和国内市场的扩大而一度在景德镇占有绝对优势。

　　这一时期的民窑瓷器，在瓷质方面，一改过去粗糙的质地，而出现了细质瓷；在装饰图案方面，摈弃了过去官窑器图案的束缚，趋于清新而富于民间气息；在青花钴料的使用方面，由于外销瓷在质和量方面的需求，而促使钴料提炼出现了技术上的革新。基于各方面的进步，在景德镇以"可竹居"为代表的民营窑业主集团,在社会上取得了一定的地位。明末清初景德镇民营瓷业对整个清代景德镇制瓷业的影响是十分巨大的。

对于这一时期景德镇制瓷业的研究,欧、美学术界曾处于领先地位,特别是英国的Sir Muhael Butler、美国的Dr Lalia B. Curtis在这方面都有较深的造诣。1992年笔者参加了美国弗吉尼亚中国瓷业转变期学术讨论会,到会欧、美代表近三百人,竟然不见海峡两岸的其他学者。

一 转变期形成的社会背景

从14世纪下半叶开始,景德镇已确立了瓷都的地位,但整个景德镇的瓷业生产,始终以宫廷直接控制的御器厂为中心,民营窑业只是处于附庸的地位。由于釉色的限制、图案装饰的束缚和青花料为御厂所垄断,甚至优质瓷石矿也不准民窑采用,因而必然使民窑的产品处于劣势。

17世纪初年,明廷政治腐败,内忧外患不断,反映在官窑的烧造方面,也出现了更趋衰竭的现象。万历三十五年六月乙卯,工部右侍郎刘元震请罢新昌等县土青:"浙江土青随矿暂采,无补于实用。在新昌解本色,则青竭而粗恶不堪。在东阳、永康、江山解折色又力疲输而将难继。加之赋役繁重,灾祲频仍……查江西烧造自万历十九年,内承运库正派瓷器十五万九千余件,已经运完,所有续派八万余件,分为八运,除完七运外,只一万余件,所需当不多,宜行停止……"[①]从这段记载来看,官窑已经到了精疲力竭的境地。

另一方面,正是这个时期,荷兰、英国的商船大量贩运中国瓷器到欧洲。仅据荷兰东印度公司一家的记载,从1602—1682年的80年中,通过该公司贩运的中国瓷器,达1 600万件以上。其中,大部分是青花瓷,少量是五彩器。这一时期,景德镇民窑瓷器销售到帝俄、日本和东南亚地区同样十分兴盛。

---

①《明实录·神宗实录》卷四三四。

二　转变期瓷器的特征

转变期如果从明万历晚期，或以三十五年为起点算起，至清康熙初为止，则这一时期的瓷器似乎有两种状况，其一是衰落官窑的极少量产品和供国内市场的传统的器物，我们过去把明末清初的景德镇青花瓷都看成是发色灰暗、瓷质粗糙的制品。正是由于只注意这部分供国内市场的较差的传统民窑器，而忽略了一部分青花发色鲜艳的优质民窑器，甚至把少量带有干支款的优质青花瓷看晚了60年，错误地判断为清康熙末或雍正年间。至于万历以后是否尚有少量的衰落官窑器，目前学术界有不同看法，有的专家认为万历后期官窑已不再生产，决无官窑器。我认为存疑则可，但不可绝对否定。因为成书于崇祯十年（1637）的宋应星《天工开物》已经提到"凡画碗青料，总一味无名异。……如上品细料器及御器龙凤等，皆以上料画成"，明确说明崇祯时确有官窑龙凤器。其二，是外销瓷，主要有专销日本的按日本买方特殊要求定制器形和图案适应日本市场的青花瓷和五彩器，以及大量销往欧洲市场的外销瓷。

从海外沉船的发现，以及欧美收藏家的收藏品看，这一时期销往欧洲的品种，主要是青花瓷，有少量的五彩器和白瓷，其他色釉则更少见。

在器形方面，除了一般的盘、碗实用器外，比较特殊的器形是通体长的"象腿瓶"和笔筒。30年以前，我们还把象腿瓶这种器物认作清雍正的典型器之一。事实上，这一形制应该说是适应欧洲市场的需要而产生的，清康熙以后已不见这类器物。至于以瓷作笔筒，在明万历以前极为罕见，明末清初则大量出现这一器形，乃是适应国内文人的书斋需要；因此，康熙以后更为普遍。此外，还流行花觚和高圈足的长颈瓶。当时多见的一种喇叭形瓶，发展到康熙时期，成了凤尾尊。

在青花的色泽方面，特别是崇祯、顺治年间的青花瓷有一大部分发色鲜艳，十分诱人。《明实录》神宗（万历）三十四年（1606）三月乙亥条载，江西矿税太监潘相上书说："描画瓷器，须用土青，惟浙青为上，其余庐陵、永丰、玉山县所出土青，颜色浅淡……"[1]这说明当时已不用回青

---

[1] 《明实录·神宗实录》卷四一九。

而改用浙江土青,但上引万历三十五年六月,刘元震的上疏,又说:"浙江土青随矿暂采,无补于实用。"当时官窑似已无上等青料可用。那么明崇祯、清顺治民窑所用发色鲜艳的青料,又是从何而来呢?这是由于明末在选炼钴土矿料方面有过一次重大的改进。

成书于明嘉靖年间的《江西大志·陶书》记述回青料的处理分"敲青"和"淘青"两个工序。"敲青":"首用锤碎,内朱砂斑者为上青,有银星者为中青,每斤可得青三两。""淘青":"敲青后,取其青零琐碾碎,入注水中,用磁石引杂石,真清澄定,每斤可得五六钱。"这是用水进行淘洗,并以磁石吸去杂质的"水选法"。成书于崇祯十年(1637)的宋应星《天工开物》则出现了用煅烧法来处理青花料的记载:"凡画碗青料,总一味无名异……此物不生深土,浮生地面,深者掘下三尺即止,各省皆有之。亦辨认上料、中料、下料。用时先将炭火从红煅过,上者出火成翠毛色,中者微青,下者近土褐。上者每斤煅出只得七两,中、下者以次缩减。"从水选到火煅,是处理青料的工艺技术上的一次重大改革。明末清初民窑出现大量发色鲜艳的青花瓷,正是得益于此。

至于在装饰图案方面,转变期瓷器,特别是青花瓷,很少继续使用明代官窑瓷器上反复使用的龙、凤、缠枝莲、菊花、牡丹、八仙等传统图案,而多见清新的花鸟画面,在一些瓶、罐和笔筒等立体器身的颈部和近底足处,往往以暗花细刻纹或仅暗花双线纹作装饰。在一部分立体器的口沿部位常见倒画的蕉叶纹,较早的蕉叶中茎留白,较晚已不见留白中茎。景德镇的艺人们还借鉴当代画家们的画风,出现了山水和写意人物图,同时也取材于小说、戏曲的版画插图,特别是唐人诗意图的画景引人入胜。

应该着重指出的是,在转变期瓷器上,出现了诗、书、画、印相结合的题材。这是明代文人寓文化、艺术于一体的精心构思,也反映了转变期民窑业主的文人气息。这种题材,一直影响到清代的瓷艺。

三 从上海博物馆所藏几件干支款和纪年款器 看转变期瓷器的某些特征

(一)青花唐人诗意高圈足长颈瓶——此瓶颈部画花卉湖石,腹部

1 全形　　　　　　　　　2 诗意图

■ 图一　青花唐人诗意图圈足长颈瓶

绘三处开光圆图,各用隶体书写诗句,上有"山中人"引首章、下有"竹景"或"清供"落款章印记。其中一幅图绘一人独坐竹林中,旁以隶书题:"独坐幽篁里,弹琴复长啸。深林人不知,明月来相照。""庚辰春日,述唐人诗一绝于可竹居。"(图一)

此为唐王维《竹里馆》诗原句。明黄凤池辑《唐诗画谱》,以唐人诗意绘制成图,并由时人书写诗句,相互印证,供人欣赏。此瓶之诗句、图画,其所据底本,即为《唐诗画谱》;边题"庚辰",当是明末崇祯十三年(1640)。"可竹居"是当时极为重要的民营窑业主的店号。清康熙著名的民窑瓷业主的"木石居"、"竹石居"等等,可能都是受此影响而来的。

另有开光图内山水画二幅,各题诗一首。其一为:"一片石、数株松。远看淡,近又浓。不出门庭三五步,观尽江山千万里。"其二为:"野树桔槔悬,孤亭夕照边。闲行看流水,随意满平☒。"

(二)青花花卉象腿瓶——这类瓶以其形制极似大象之腿而得名,过去,一直归诸雍正的典型器。在明末清初的山口瓷器中,象腿瓶极为多见。此瓶器身一面绘瓶插花卉,另一面绘开光图案两幅,并以隶书题:"竹摇清影罩幽窗,两两时禽噪夕阳。"有"庚辰春月写于可竹居"题款及

1　全形

2　文字

■ 图二　青花花卉象腿瓶

"竹景"章记。这是和上述高圈足瓶同为崇祯十三年（1640）的产品，青花色泽十分鲜艳（图二）。

（三）青花佛教故事图笔筒——此笔筒在形制上看，已呈束腰，康熙笔筒典型器的束腰形制即由此而来。以隶书题写古律诗一首，并题："癸未夏日述古律书属尔济词丈清政。"具"竹景"章记。"癸未"为明崇祯十六年（1643）。"竹景"依上述两器，当是"可竹居"的制品。此器口沿部及器底部

■ 图三　青花佛教故事图笔筒

都有环带暗花纹，这是多数转变期瓷器器身普遍具有的纹饰（图三）。

（四）青花人物图大碗——此碗以隶书题写："屏开金孔雀，茣赐玉麒麟。""癸未秋日写"，并有"竹景"章记。显然与上述笔筒为同一年、同一制瓷业主的产品（图四）。

（五）青花山水图象腿瓶——此瓶绘整幅山水图，以隶书题写："洞口春晴花正开，看花人去几时回。殷殷寄语武陵客，莫引世上相逐来。"

■ 图四　青花人物图大碗

■ 图五　青花高士图净水碗

"癸巳秋日写为西畴书院",上有"中山人"引首章记,下有"竹景"落款章记(见文前图)。

此瓶显然是"可竹居"于清顺治十年(1653)的制品,其图案内容为唐人陈羽《优冀西洞送人》诗意。

(六)青花高士图净水碗——此碗以隶书题写:"修士陈有谟虔制净水碗一座喜奉古湖心寺佛前永供吉祥如意,顺治丁酉年季夏月朔望日吉立。"(图五)

这件器物值得特别注意的有三点:一是具有顺治十四年(1657)的绝对年款;二是该器有酱口;三是口沿有简化了的垂画蕉叶纹。

上引这六件器物,其题字的书体都是隶体,而由于上述第六件器物有"顺治丁酉"的绝对纪年,因此可以肯定地推算出各件干支款的绝对年代,并可彻底纠正过去把这些干支款的器物定在推迟了60年的清康熙末或雍正时期的说法。

从已知的资料看,1640年以前已出现隶书的干支款,但在明万历、天启时期并没有发现用隶书体在瓷器上题字。同样,清康熙朝的瓷器,也不见隶书的题字,而只有草书、行书或楷书的题字。事实上,以隶书体在瓷器上题字,似乎只有明末崇祯和清初顺治两朝,而且,可能只在崇祯九——十一年即公元1636—1638年之间开始盛行起来。

从上引第一、第二两器，可以得知，"可竹居"是17世纪中期，景德镇著名瓷艺家的斋名，"竹景"、"清供"、"山中人"或"中山人"都是"可竹居"主人所用的印章。

上海博物馆所藏的明末清初转变期瓷器中，具有干支款而确属"可竹居"的制品有五件。从这五件器物看，值得着重探讨的有下述几点：

1. 中国的瓷器，在器身上正式书写瓷艺家的斋名，以已发现的实物看，虽早于上引可竹居的有英国大英博物馆所藏1638年"慎读斋北沼主人"款的青花瓶，有北京故宫博物院所藏1638年"玉兰斋"青花瓶和1637年"水竹居"青花笔筒，但和"可竹居"器相比，其题字内容都比较简单，一般都只有具名的意思而已。

2. "可竹居"的器物大多熔诗、书、画、印于一炉。这是明代文人画的典型风格。但在整个明代的官窑瓷器中，这种文人气息的风格是不受重视的，只有到了官窑衰落、民窑大盛的时代才会出现。这以"可竹居"所制的瓷器为最早，也最典型。

3. 在瓷器的画面中，前有引首章、后有落款章的程式，是自"可竹居"瓷器开始的，在此之前少见使用引首及落款章。人们在清雍正珐琅彩瓷器上，可以看到使用引首章及落款章的格式，很多人认为是雍正时出现的新风格，其实在明末转变期的"可竹居"瓷器上已经开始。

从上引六件以隶书题字的转变期瓷器看，上海博物馆所藏青花"荻浦归帆图"双圈足笔筒底有"清玩"款和青花钱塘梦题材的"绿荫堂器"款盘，都是隶书题字，且器形也属明末清初，当然亦属转变期器。这又为我们鉴定转变期器提供三个方面的判断依据，一是双圈足又一次证明在康熙以前就出现了；二是"绿荫堂器"款的器物也是早于康熙的；三是"清玩"行书款，康熙前已经出现。

四　几个值得探索的问题

（一）所谓转变期上、下限的界定，需要讨论。比较简略地看，转变期的上限应该指明万历三十五年（1607）以后，官窑衰退，对民窑放松了各方面的束缚,民窑则适应外销的需要而在装饰、图案方面出现了清新的风貌。其下限当在清康熙前期,官窑正式恢复,同时恢复了官窑的统治地位。问题是,定型的康熙风格确立的确切年代也还需要作进一步的探讨。

(二)转变期,一方面大量输出欧洲,另一方面多批接受日本订货。对于欧洲和日本十七、十八世纪制瓷业的发展,起到了什么样的影响,是应该进行深入研究的。

(三)中国制瓷对世界各国的影响问题,就目前国内学术界来说,我们研究的深度是远远不够的。

中国瓷器输出,在制瓷技术方面对古代韩国影响可说是最大。仿汝的高丽青瓷,其精湛的程度使人称羡。东南亚地区从14世纪以来应该就有仿中国青花瓷的制作,问题是对其具体情况还不太清楚。古代安南的青花瓷制作可能很早,它和中国近年发现的云南青花器有密切关系,但它早到什么程度,其图案、胎土制作和釉色等等的研究还有待深入。此外,中东地区在15世纪前后大量仿烧中国青花瓷以及白瓷,国内学者限于条件,还没有一本专著来加以论述。

(四)和转变期后期有直接关联的是,在清康熙前期,有过一段海禁时期,尽管这种海禁,连康熙帝本人也说是并不彻底的,但必然带来了减少瓷器输出的影响。17世纪后期,正是欧洲风靡中国瓷器欲罢不能的时代,这就诱发了德国玛森和欧洲各大瓷厂仿烧中国瓷器的高潮。日本有田的伊万里也正是在这一时期为抢占市场,而大量仿烧康熙型的五彩器。

有趣的是,很多欧洲瓷厂先从仿宜兴紫砂器入手,然后仿烧瓷器。

1990年我参观英国Wage Wood瓷厂陈列室时,发现其烧瓷历史也是从紫砂器入手,遗憾的是,在整个历史陈列中,没有一处提到仿烧中国瓷器的字句。

(五)过去认为康熙五彩的重大成就之一是首先使用了釉上蓝彩。以前用釉下青花来表现蓝色的地方,可以改用釉上蓝彩,这种工艺在欧洲使用的起点是什么。如果说,釉上蓝彩的工艺是从中国传出去的话,那么欧洲及日本伊万里的釉上蓝彩制作就不能把时间定在1660—1680年之间,而这样的断代,目前在国外是比较多见的。

（六）此外，转变期青花器的断代，由于有上述干支款器物的存在，是比较清楚的；五彩器的断代一般也还正确，但涉及少数釉上蓝彩器是否确属转变期的问题。如果说，在转变期已出现了釉上蓝彩，那么这个发明权就不属于康熙时代了。从而，这一鉴定上的要点，将要重新考虑。

（原载《上海博物馆集刊》，第7期［1996年］）

陈

鸣远紫砂技艺若干问题的探索

　　中国的紫砂工艺,在16世纪中期至17世纪前期的明嘉靖至崇祯朝,
是名家辈出的早期高峰期。清初顺治及康熙前期(17世纪下半叶),砂壶
的制作趋于低潮。徐喈凤于康熙二十五年(1686)成《宜兴县志》时,只列
举陈鸣远一个人①。

　　吴骞(1733—1813)在清乾隆五十一年(1786)的《阳羡名陶录》中
说:"鸣远一技之能,间世特出。自百余年来,诸家传器日少,故其名尤
噪。"②一个世纪中,只出了一个陈鸣远,实在是难能可贵的。当然,这不

---

① 徐喈凤:《宜兴县志》,1686年。
② 吴骞:《阳羡名陶录》,卷上,页11,1786年。

等于说,这段时间已不再有人从事紫砂器的制作,事实上,17世纪下半叶,即使外销欧洲的紫砂器也是并不少见的,只是名家不传罢了。

陈鸣远以他高超的制砂技艺和当时江南一些文人相结交而成为一代大家。从明末到清康熙初年,社会处于极度动荡中,一批忧国忧家的文人名士,如陈子龙、张煌言、归庄、尤侗、毛奇龄、朱彝尊、屈大均等等,以诗、词、骈文和散文来抒发国破家亡之恨,他们犹如群星灿烂,而其中最突出的一个文学家是陈维崧。陈维崧(1625—1682)字其年,号迦陵,江苏宜兴人。他的父亲陈贞慧,即与桐城方以智、商丘侯方域、如皋冒襄并称明末四公子。陈维崧世居宜兴,他十分推崇陈鸣远,清康熙朝汪文柏作《陶器行赠陈鸣远》,说及陈鸣远就是经由陈维崧介绍与他认识的。陈鸣远当时周旋于江南一带的著名文人学士间,如浙江海盐张氏、桐乡汪文柏、海宁陈氏、曹廉让、马思赞、杨中讷诸家[①]。高超砂壶技艺和风雅的文人翰墨相结合,使陈鸣远的作品臻于超尘脱俗,是砂壶工艺上乘之作。

近二百年来,人们十分珍视陈鸣远的作品,但是由于文献资料的罕少,收藏记载的短缺和伪品、仿品的充塞市场,给我们深入研究陈鸣远的艺术成就带来了很大的难度。

为了加深对陈鸣远的研究,进一步探索传世陈鸣远作品的真伪,香港中文大学文物馆和上海博物馆联合举办了这次展览。本文仅就陈鸣远的字号及其活动年代、技艺特点和传世标准器以及近代大收藏家龚心钊等几个方面作一次探讨。

一 陈鸣远的字号及其活动年代

最早记载陈鸣远字、号的应该是成书于清康熙二十五年(1686)徐喈凤编的《宜兴县志》。可惜徐编康熙本《宜兴县志》现在已无法见到,我们所能看到的徐志内容,只是从成书于乾隆五十一年(1786)的吴骞《阳羡名陶录》和成书于嘉庆二年(1797)的《宜兴县志》所转载的文字。吴录:"陈鸣远,名远,号鹤峰,亦号壶隐,详见《宜兴县

---

① 吴骞:《阳羡名陶录》卷上,页11。

志》。"[1]嘉庆本县志:"陈远,字鸣远。"[2]远是名,鸣远是字,这一点两者是相同的。问题是吴骞引徐志的号鹤峰,却未见于嘉庆志。

传世所见陈鸣远的作品,其题款一般以"远"字单款加"陈鸣远"或"鸣远"章为多见。也有题"陈远"二字款加章,亦有题"鸣远"二字款加章;至于单题一"鸣"字加章,则似乎很不合情理。此外,在某些器物以及大量的瓜果制品上往往钤印"雀邨"章,迄今为止,我个人远没有见到一件有"鹤峰"题款或印章的陈鸣远作品。陈鸣远的号究竟是"鹤峰"还是"雀邨",一直是一个未解决的疑问。

大量的陈鸣远瓜果作品上钤有"雀邨"章,不可否认,其中有相当一部分是仿品,但为什么就没有人根据吴骞《阳羡名陶录》的记载,伪造一个"鹤峰"章呢?这里有两种可能,一是吴录误雀邨为鹤峰;一是后仿者误鹤峰为雀邨。从情理上推断,传世的瓜果小件中,虽有后仿之作,但后仿者必有所本,传世原作应有钤"雀邨"印章,后仿者世代相传,并未伪作"鹤峰"章而始终沿用"雀邨"印字。就目前传世实物看,陈鸣远号雀邨的可能性更大。

由于并未查实陈鸣远的生卒年,要探索陈鸣远的活动年代,似应从文献记载和传世实物这两方面入手。问题是带有干支款的实物,在真伪难辨的情况下又不能轻易使用。这里有几条资料可以推算:

(一)徐喈凤成《宜兴县志》于康熙二十五年(1686),记载了陈鸣远的事迹,并谓:"其年虽未老,而特为表之。"[3]按照一般修志的惯例,尚未亡故的人是不入志的,但徐喈凤认为陈鸣远虽未故世,因其技艺超人而破例入志。那么在1686年前,陈鸣远肯定已十分出名。

(二)汪文柏《陶器行赠陈鸣远》有"我初不识生,阿髯尺素来相通"句,"阿髯"指陈维崧,其意是汪文柏认识陈鸣远是由陈维崧介绍的,陈维崧死于康熙二十一年(1682),陈维崧介绍陈鸣远与他认识一定在1682年以前。

① 吴骞:《阳羡名陶录》卷上,页11。
② 嘉庆本《宜兴县志》刊于1797年,现据台北成文出版社,1970年。
③ 徐喈凤:《宜兴县志》。

（三）吴骞《阳羡名陶录》引张燕昌《阳羡陶说》载乾隆时，张在海盐朱琰的樊桐山房得见陈鸣远制丁卯壶，此壶作于1687年[①]。

（四）查慎行有《以陈鸣远旧制莲蕊水盛、梅根笔格，为借山和尚七十寿口占二绝句》。查慎行字悔余，清顺治七年（1650）生，雍正五年（1727）死。此诗作于雍正三年（1725），查称为陈鸣远旧制，所谓"旧制"一般是指该作者生前的作品。

（五）吴骞《阳羡名陶录》引张燕昌《阳羡陶说》谓陈鸣远与杨中讷十分接近[②]，杨中讷生于清顺治六年（1649），死于康熙五十八年（1719）。

综上所述，陈鸣远的创作活动年代，上不及顺治，下不到雍正，应该是清康熙时期。

二　陈鸣远的壶艺特征

百年仅见的制壶名家陈鸣远，其壶艺成就是怎样的呢？难题是我们还无法十分确切地辨别目前传世陈鸣远作品的真伪，因此要研究他的砂艺特征，首先要依靠与陈鸣远同时代人的记载，其次是清乾隆时的资料，结合几件比较有可能是真品的实物进行分析。

（一）清康熙《宜兴县志》称："陈远工制壶、杯、瓶、盒。手法在徐、沈之间，而所制款识，书法雅健，胜于徐、沈。"[③]

（二）清康熙时人汪文柏《陶器行赠陈鸣远》："荆溪陶器古所无，问谁作者时与徐。泥沙入手经抟埴，光色便与寻常殊，后来众工摹仿皆雷同。陈生一出发巧思，远与二子相争雄，茶具方圆新制作……古来技巧能几人，陈生陈生今绝伦。"

（三）清乾隆张燕昌《阳羡陶说》："陈鸣远手制茶具、雅玩，余所见不下数十种。如梅根笔架之类，亦不免纤巧，然余独赏其款识有晋唐风格。"[④]

（四）同上："先府君……云壶制之妙，即一盖可验试，随手合上，举

①②④ 吴骞：《阳羡名陶录》卷下，页6。
③ 徐喈凤，1686。

之能吸起全壶……陈鸣远便不能到此。"

从以上所引四条资料看,康熙时人赞赏陈鸣远的是他能一改时大彬、徐友泉的传统,而出具新意,特别是他的款识书法有晋唐风格。而乾隆时的张燕昌则认为陈鸣远主要是款字有晋唐风格,然其所制器物近于纤巧,且技艺不能达到壶盖吸起全壶的程度。

乾隆时的吴骞则强调陈鸣远的壶艺由于和当时的文人学士相结交而突出一个"雅"字。吴骞曰:"鸣远一技之能,间世特出……足迹所至,文人学士争相延揽,常至海盐,馆张氏之涉园;桐乡则汪柯庭氏;海宁则陈氏、曹氏、马氏多有其手作,而与杨中允晚研交尤厚。予尝得鸣远天鸡壶一,细砂,作紫棠色,上锓庾子山诗,为曹廉让先生手书。制作精雅,真可与三代古器并列。"①

以这次上海博物馆展出品看,其中有几件紫砂器是值得特别注意的:

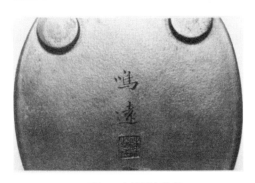

■ 图一 弯棱形壶款印

1. 弯棱形壶。此器制作极佳,以壶盖盖紧能吸起全壶。乾隆时的张燕昌说陈鸣远没有这种技艺显然是不正确的。此器款字书法确有晋唐楷意(图一),款章书体方折。顶盖穿孔,内大外小,内孔处有毛手感。这是一件比较可信的陈鸣远真品。

2. 题句四足方壶。这是一件在上海博物馆陶瓷陈列馆长期展出的陈鸣远代表作,也是反映陈鸣远制壶技艺和清康熙朝文人翰墨相结合的典型器。器身题字"且饮且读,不过满腹。为禹同道兄,远。"(图二)这段题字应是康熙时人曹廉让的书迹。因为,上海博物馆藏广东顺德邓实(秋枚)风雨楼拓本中的服带壶,其壶底题字"水来扬子,叶采蒙山,合而为一于其间。廉斋。"(图三)此二壶的书体出于一人,特别是"为"字的写法可完全证实。曹廉让,号廉斋,浙江海宁人。吴骞《阳羡名

① 吴骞,1786:卷上,页11。

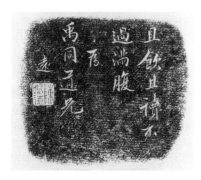

■ 图二 题句四足方壶款印拓本

■ 图三 廉斋壶拓本（上海博物馆藏）

311

陶录》载："予尝得鸣远天鸡壶一，细砂，作紫棠色，上锓庚子山诗，为曹廉让先生手书。"曹廉让为陈鸣远壶题字当时可能有一定数量。

3. 马上封侯壶（图四）。题"从来佳茗似佳人"，有"鸣远"楷书刻款及"鸣远"和"雀邨"篆书章。其题字书体和前引曹廉让书当然不一样，而且在大器上"鸣远"款、章和"雀邨"章同时并用，也是少见的。此壶是20世纪上半期，紫砂壶的最主要藏家龚心钊旧藏。

■ 图四 清陈鸣远制"马上封侯"紫砂壶

此次展品中的砂壶，兽形壶和四足方壶都是龚心钊的旧藏。

三 龚心钊与紫砂器收藏

龚心钊（1870—1949）字怀希，号仲勉，安徽合肥人，十九岁中举人，二十六岁及进士第。清光绪年间出使英、法，清末出任加拿大总领事。孙中山先生伦敦蒙难时，龚心钊即在驻英使馆任职。龚心钊长期居住于上海，收藏印章、钱币、碑帖十分丰富，紫砂器亦为其收藏中的一大类别。尽管其藏品并不能全部肯定为真品，但他是近代十分重要的紫砂大藏家之一。

据龚氏记述，明末清初蒋时英及其婿陈子畦（陈鸣远之父）在松江

■ 图五　龚心钊手书
（上海博物馆藏）

设店，其砂器全归松江张氏各房收藏。民国以后，张姓子孙携来上海出售，由金山程之龙介绍给龚心钊（图五）。当然，龚氏收藏的来源是多方面的。其中，最重要的是陈鸣远的丁卯壶。

　　吴骞《阳羡名陶录》转引张燕昌《阳羡陶说》载：“陈鸣远……与杨晚研太史最契。尝于吾师樊桐山房见一壶，款题‘丁卯（1687）上元，为崇木先生制’。书法似晚研，殆太史为之捉刀耳。”①因知这件丁卯壶于清乾隆初年归朱琰的樊桐山房。据龚氏的记述，此壶于同治年间（1862—1874）为苏州吴大澂所得，吴氏请道州何庆涵先生为其先人撰写墓志，以此壶为谢。民国元年（1912），何氏之后何星叔以此和赵某交换龙纹玉瑯，其后又转归褚德彝收藏，再转手为上虞经某所得，然后由姓陈的商人贩卖到日本长崎。民国十六年（1927）春，日人川濑佐一自长崎携此壶至上海，龚心钊以田黄等石章交换易得（图六）。原件题款“制为崇木先生，时丁卯上元日。陈远”（图七）

■ 图六　龚心钊手书（上海博物馆藏）

■ 图七　丁卯壶照片及款印拓本（上海博物馆藏）

■ 图八　"清淡见滋味"壶照片及款印拓本（上海博物馆藏）

和张燕昌的记载略有出入，想必张燕昌当时是随手所记。

　　龚心钊当年收藏甚富，1960年，其后人将龚氏瞻麓斋的一大批印章、碑帖拓本、钱币和紫砂器等共计约六百余件文物让与上海博物馆收藏，其中紫砂器也有一定数量，陈鸣远的砂壶就有上引展出的三件（即弯棱形壶、兽形壶及四足方壶）。可惜，龚氏曾经收藏的丁卯壶已经散失。此外，尚有数件重要的陈鸣远壶曾为龚氏收藏，后亦散失，如"清淡见滋味"壶（图八）；"两腋习习清风生"壶（图九）；"勇者不惧"壶（图十）和"甲午三月望日为俨斋先生制"壶（图十一）。

　　当然，龚心钊的收藏并不能全部肯定为真品，紫砂器历代都有仿制，特别在本世纪20至40年代，宜兴紫砂艺匠和上海商人相结合，以所制仿品托辞某某大家散出，售给藏家。一直到50年代上半期，徐森玉师

■ 图九　"两腋习习清风生"壶照片、款识拓本及龚心钊手书二纸（上海博物馆藏）

■ 图十　"勇者不惧"壶款识拓本
（上海博物馆藏）

■ 图十一　"甲午三月望日为俨斋先生制"
壶款印拓本（上海博物馆藏）

命我去探访汤麟石先生，汤氏是一个精于诗文的雅士，却也参与紫砂仿制的行列，时大彬、徐友泉、陈鸣远、陈曼生等等无所不仿，且多见陈鸣远瓜果小品。记得往访时在盛夏，汤氏赤脚拖鞋，坐在煤球炉边，正在"工作"。

四　关于陈鸣远的题款

研究陈鸣远，其题款书法是很重要的环节，然而难题是所知陈鸣远壶有杨中讷书款，也有曹廉让书款，究竟何者是所谓陈鸣远晋唐笔意的本人题款，尚需作进一步探索。

从本文发表的附图看，"清淡见滋味"壶的题字（图八）似乎和晋唐风格相差过远。但有两把具有干支题识的壶却值得注意，一是"勇者不惧"壶的款字（图十），其年份为癸丑，那是康熙十二年（1673），颇有一点晋唐风格。另一件是"甲午三月望日为俨斋先生制"壶（图十一），那是康熙五十三年（1714），俨斋是王鸿绪的号，甲午岁正是王鸿绪编《明史稿》完成之际。龚心钊原藏"两腋习习清风生"壶（图九），其书法颇有《黄庭经》、《灵飞经》的风格。除非刻意做作，很可能是陈鸣远早期之作，龚心钊所谓"此壶乃鸣远早年所制，故书法亦出自手"的见解是有一定道理的。

此外，邓实（秋枚）风雨楼藏有"器堕于地"壶的拓本，其字体、印章也值得注意（图十二）。

对于陈鸣远紫砂技艺成就的研究，决不是办一次展览，有几篇文章就能解决问题的，香港中文大学文物馆和上海博物馆合办展览和图录的出版，如能给今后的研究提供一些有用的线索，也就如了大家的心愿。

一九九七年七月二十三日脱稿

■ 图十二　"器堕于地"壶拓本（原藏风雨楼，现藏上海博物馆）

附录：龚心钊手书释文

图五

松江张氏，即张之敏诗天之先代，杨岘木乃张氏之婿。蒋时英与其婿陈子畦继侨松江，其设肆之旧品，全归张氏诸房分藏，迄不出售。故百余年来，陈氏器流传绝罕。自民国以来，张氏子姓间持以来沪，金山程之龙与□□连，辄介以归余斋。余之佳品，大半皆出自张氏也。癸未（1943）龚裹叟。

图六

吴兔床《阳羡名陶录》载曹希文（廉让）以时壶易马仲韩方氏核桃墨。马诗有"文枕挨玉鞭"之句。其时距少山、于鲁尚未百年，已珍视如彼。陈鸣远擅有清一代之绝技，当日文人学士争相延揽，而与杨岘木交尤厚。康熙二十六年丁卯为岘木制此壶，后四年辛未，岘木传胪入词林，官右中允，此款为岘木所自书，晋唐风格，足继米、赵，宜其名重海内。壶质为赵庄山之石骨，黄泥陶之变朱砂色者。兼用"陈鸣远"、"壶隐"二印，尤为鹤峰经营满意之作。中允卒于康熙之末，张艺堂《阳羡陶说》谓见此壶于朱笠亭师樊桐山房。盖乾隆初年已由杨氏松乔堂归于笠亭矣。同治间，吴清卿太史得而宝之，后乞道州何子贞太史之长公书其先德墓志，奉壶为谢。民国元年壬子，公曾孙星叔爱赵某之龙文珊，因互易焉。壶旋归褚礼堂同年，复为上虞经涤庐所易，经有鹤壶精舍之筑。又数年，有陈贾为介，售之日本长崎之瑞珊轩，星叔之玉珊，后于火车中被窃。尝谓壶与珊皆俊物，然力不能兼有，而今皆不知所在，辄为怅惘。此壶余辗转购得之，汉方胜形而作长式，无处不兼弧形，式略长而嘴微内向，直视仍为曲线。光泽鉴人，完好无缺，所镌款句与名陶录略有倒别，盖艺堂于见壶后追录之词。不然，则上元一日讵能作两壶者？制壶之年距今为五丁卯，甲子四周，盖二百四十一年。东海归来，足称陶宝，为装檀椟，集松雪书四字饰之，并记其流传之绪云。

民国十六年丁卯（1927）夏五，合肥龚心钊怀希志于瞻麓斋。

（后附杨中讷，朱琰及张燕昌小传，不录。）

图九

　　袁珏生供奉南斋,颇长于鉴古。此陈壶于无意得之,初不自信为真,偶以示余,余曾得陈丁卯壶,复见高宗所宝宋定窑包袱壶,因决此壶为陈早年真品。珏生遂以相让。次年而袁遽化去,今忽忽近十年矣。重玩而感志之,癸未(1943)二月,龚心钊是年七十四岁。

　　此壶乃鸣远早年所制,故书法亦出自手,非杨岜木所代书。壶式系仿宋定窑定壶,后入清宫,曾运伦敦陈列,今未知所在。戊寅(1938)怀志。

(原载《紫泥清韵——陈鸣远陶艺研究》,上海博物馆、
香港中文大学文物馆出版,1997年)

■ 清康熙景德镇窑珐
琅彩缠枝月季纹碗

景
德镇康熙瓷

　　清康熙在位61年(1662—1722),是中国历史上帝位最长的一朝。康熙帝是一个传奇式的君主,他八岁即帝位,但由于年事幼小,实权掌握在重臣鳌拜之手,十六岁时,在几个小伙伴的协助下,铲除鳌拜,实行亲政。执政期间,他始终处于"居安思危"、"励精图强"的极佳精神状态。

　　在长达三千年的中国古代陶瓷史中,两宋时期和清康熙、雍正、乾隆的三代是两个最堪称赏的高峰期。两宋(包括辽、金)制瓷的高峰是从整个国家的百花争艳及该时期瓷器的气质、风格而言,而清三代则是就瓷器胎、釉质地的精细及品种繁多、装饰多样而言。

　　康熙朝制瓷业的繁盛、瓷器品种的多样以及其制作工艺的精细都达到了历史高峰。

过去认为这个历史高峰是继明代末年景德镇制瓷业的衰竭而重现光芒。这种看法,只是说对了一半。那是就官窑而言确是如此,事实上,景德镇的制瓷业,在明代末年,官窑虽然趋于没落,而民营瓷业在外销的刺激下,却是十分兴旺,明末清初的所谓转变期的民营窑业正是在这一时期成就的基础上发展起来的。

一　康熙瓷成就的概况

要深入探讨康熙瓷的成就,应从官窑和民窑两个系统来进行,其中,当然有很多尚未解决的问题。

就官窑系统说,整个康熙朝似乎十分注重颜色釉的制作,青花、五彩器虽然也很讲究,但很少有大件器物,宫廷所用大件的五彩花盆之类,大多是康熙末年的制品。

（一）颜　色　釉

最被看重的颜色釉必然是黄釉。康熙黄釉是以铁为着色剂的低温釉,根据清代皇家的制度,器物里外都施黄釉者,除帝、后外只有皇太后才能用,皇贵妃则仅用白里、黄外器物,贵妃用黄地绿龙器;嫔妃用蓝地黄龙器,贵人用绿地紫龙器,常在用绿地红龙器[1]。根据清乾隆《浮梁县志》的记载,康熙十年就派烧祭器,那么,康熙黄釉器必然在当时就奉命烧造了。"康熙壬子(十一年)中和堂制"酱色釉碗说明早在康熙初已有多种颜色釉出现。

康熙颜色釉中最被人称道的是铜红釉的烧造。高温铜红釉在明代中期的成化前后已趋衰落,明末清初偶见釉里红的品种,"中和堂青花釉里红器"说明了康熙官窑一开始就烧造高温铜红的釉下彩。至于红釉器,过去我们都以郎窑红作为清代恢复高温铜红釉的起始,其实,郎窑属康熙四十四年至五十一年,在郎窑以前,应该早已烧造霁红器了,霁红是一种失透深沉的红釉,呈色均匀,釉如橘皮。它是十分重要的祭器。

---

① 《国朝宫史》卷十七。

以郎廷极命名的郎窑红,应是仿明宣德宝石红而来,色泽鲜艳,俗称牛血红,器物往往里外开片,釉面透亮,口沿处因红釉流淌下垂,呈轮状白线,洁白整齐,有"灯草边"之称。各种器物底足旋削十分讲究,严格做到流釉不过足,因此郎窑红的施釉技术有"脱口、垂足,郎不流"之誉。郎窑红器的底部多数呈炒米黄色或苹果绿色,俗称"米汤底"或"苹果绿底",偶然也见红釉本色底。

清末、民国初,为迎合欧美市场,出现了大批所谓"郎窑绿"的器物,胎体厚重。

豇豆红是康熙高温铜红中的又一种突出品种,又称吹红,亦属仿宣德红釉器。豇豆红因其淡红色,犹如红豇豆一般而得名,其浅红娇艳之色,有人喻之为"娃娃脸"、"桃花片"、"美人醉"等等。豇豆红因烧成难度大,很少大件器,所见印盒、水盂(太白尊、马蹄尊)、小洗、柳叶瓶、菊瓣瓶、莱菔尊等有限数种。其器底都有"大清康熙年制"三行六字楷书官窑款,应属御用的文房用器。

以微量钴为着色剂的天蓝釉(又称天青釉)往往有与豇豆红同样的器物和一致的官窑款。

康熙颜色釉举凡霁蓝、豆青、白釉、乌金釉、紫金釉、古铜彩釉、绿釉、茄皮紫以及抹金釉等等,品种十分齐全。其中要着重提出的是洒蓝釉,又称吹青,事实上也是仿明宣德的雪花蓝而成。康熙洒蓝器民窑所见极多,而且对欧洲外销甚夥,图集收录的洒蓝开光描金五彩棒槌瓶制作精美,为世所重,但此类器物,在18世纪初已运销欧洲,目前收藏在英国丘吉尔家族旧居内甚多。

(二)釉 下 彩

康熙青花是继明永乐、宣德、成化、嘉靖青花之后的又一青花制作高潮。康熙青花不论官窑和民窑都十分精致,只是官窑器胎、釉特别细润,但少见大件器,民窑青花则为大宗外销,目前在欧、美各国能常见大量大型康熙青花器。

釉里红和青花釉里红在康熙初年已经烧制,虽然民窑亦烧釉里红和青花釉里红器,但以官窑器为精美。

釉里三彩是康熙朝新创烧的品种,它除了釉下青花和釉里红外,增加了一种以铁为呈色剂的豆青色。釉里三彩可能在康熙前期已经烧造，官、民两窑都有制作。当然以官窑器为精细。

康熙时除上述各种外，尚有各种色地釉下彩，如豆青地青花、豆青地釉里红、洒蓝地青花、蓝地青花和绿地青花等等。

（三）釉上彩、斗彩

五彩　康熙五彩是在明万历五彩的基础上发展而来的，但由于它较多地利用了釉上蓝彩和紫彩、金彩，因此显得更为艳丽。康熙五彩的彩烧温度比后来的粉彩高，因此有硬彩之称。雍正粉彩盛行以后，康熙五彩只是作为仿古之作，因此又有古彩之名。康熙官窑虽亦烧制五彩，但官窑彩瓷中更多的是斗彩器。从传世实物看康熙五彩以民窑器为主，在当时也是作为外销的主要品种。

斗彩　以釉下青花和釉上五彩相结合的斗彩器，康熙时虽然官、民各窑均在烧造，但官窑器远比民窑为精，然而康熙早、中期的官窑斗彩器不见大件。

素三彩　康熙素三彩除黄、绿、紫外，亦见白、蓝诸色。从工艺上分有三种：一是在素胎上先刻划花纹，施透明釉高温烧成，然后施彩，再低温彩烧；二是在素胎上刻划后即高温烧成素瓷，再施以彩釉；三是胎体不加刻划，通体施褐、黄釉彩而烧成所谓的虎皮斑。官窑器以第一种为主。

珐琅彩　康熙晚年的珐琅彩瓷，反映了中国制瓷业不仅引进了国外以微量黄金为呈色剂的金红料，而且还配合这种金红的施彩，改变了历来用水和胶水施彩的传统技法，而改用以进口油料施彩，这犹如中国的水墨画和西方油画的区别。康熙珐琅彩只是有限的宫廷御器。

粉彩　康熙末年，在引进珐琅彩用料的基础上，开始将金红用在一般釉上彩工艺上，出现了胭脂红、玫瑰红色的粉彩器。目前仅发现两个品种，一是白地粉彩；一是绿、黄、紫三彩攒盘上加有胭脂红彩。

二　康熙瓷研究中值得进一步探索的问题

（一）关于康熙官窑的历史情况

1. 清乾隆《浮梁县志》："康熙十年烧造祭器等项。"说明已有官窑器的烧造,传世有中和堂辛亥、壬子、癸丑,即康熙十年(1671)、十一年、十二年的青花釉里红及颜色釉器。

2. 康熙十三年吴三桂之乱,影响到景德镇,官窑可能曾停顿过一段时间,但具体情况不清。

3. 臧窑的时代:清乾隆《浮梁县志》:"康熙……十九年九月内奉旨烧造御器,差广储司郎中徐廷弼、主事李廷禧、工部虞衡司郎中臧应选、笔帖式车尔德于二十年二月内驻厂督造。"说明臧窑开始于康熙二十年(1681)。但成书于清嘉庆二十年(1815)的《景德镇陶录》则说:"二十二年二月差工部虞衡司郎中臧应选、笔帖式车尔德来厂代督,器日完善,其后渐罢。"

历史上对臧窑的开始就有康熙二十年和二十二年两说,看来,《景德镇陶录》所载臧应选于二十二年来代替徐廷弼督理窑务是记载得比较细致的。至于臧窑的结束,《景德镇陶录》只说"其后渐罢",究竟有多长时间并未说清。但据《大清会典事例》卷九百"二十七年,奏准停止江西烧造瓷器"的记载,那么臧窑的时代应该是康熙二十年(或二十二年)至康熙二十七年。

4. 臧窑的成就:臧窑虽然只有短短的七或五年,但历史上记载它的成就却非常大。清乾隆《浮梁县志》从器形和装饰手法方面总结说:"陶器则有缸、盆、盂、盘、尊、炉、瓶、罐、碟、碗、钟、盏之类,而饰以夔、云、鸟、兽、鱼、水、花草,或描、或锥、或暗花、或玲珑,诸巧俱备。"《景德镇陶录》则就其胎、釉质地和颜色釉品种的成就归纳为:"康熙年臧窑,厂器也,为督理官臧应选所造,土填腻,质莹薄,诸色兼备。有蛇皮绿、鳝鱼黄、吉翠、黄斑点四种尤佳,其浇黄、浇紫、浇绿、吹红、吹青者亦美。"

这里最大的问题是传世器的归属,何者应该被确认为臧窑?

5. 刘源(伴阮)和臧窑的关系:康熙时人刘廷玑在他所著《在园杂志》卷四中说:"国朝御窑一出,超越前代,其款式规模,造作精巧,多出于秋官主政伴阮兄之监制焉。"这是明确指出,康熙时最早的官窑,成就非常大,是刘源(伴阮)的功绩。那么,刘源和臧窑是什么关系呢?在同书卷一,刘廷玑更有清晰的记载:"刑部主事伴阮兄源,河南祥符人……其字怪僻,自言融汇诸家,独成一体,殊有别致,画则挥洒数笔,生动酷肖……在内庭供奉时,呈样磁数百种,烧成绝佳,即民间所谓御窑者也。内庭制作，多出其手。太皇太后加徽号龙宝暨皇贵妃宝，余亲见其拨蜡送礼部……未几卒于京……近日所用之墨及磁器、木器、漆器仍遵其旧式，而总不知出自刘伴阮者。"

明、清官窑有一个传统，那就是官窑瓷器的式样及其图案装饰很多由宫廷以样瓷的木模发下，景德镇官窑照此样制作和烧成。刘源应是臧窑瓷器器形和装饰图案的设计师。刘源的生卒年不详，他康熙元年画《马教师桃园修志图》(藏北京故宫博物院)，康熙四年张远为其画像(图一)，现藏浙江省博物馆，康熙八年(图二)、十一年均有画传世(均藏北京故宫博物院)，康熙十六年有《烟火神仙图卷》。康熙朝为太皇太后上徽号

■ 图一　清康熙四年张远《刘源像》　　■ 图二　清康熙八年刘源《墨竹图》

有三次，一次是在康熙六年，第二次是十五年，第三次是在康熙二十年①。太皇太后死于康熙二十六年十二月②。刘廷玑亲见刘源拨蜡，当在康熙二十年一次，所谓未几卒于京，那么也只是康熙二十年以后短短的几年中，这正好是臧窑存在和大发展的时代。

这里同样的问题是，刘源为官窑设计的瓷器样式及图案装饰是怎样的，传世官窑中，哪些属刘源设计的臧窑产品?《八旗画录》曾记载清人张仰山藏有一尺五寸方瓶，四面绘山水有荆关笔意，署伴阮摹古四隶书;印章一阮字。但此器已无法得见。

6. 康熙二十七年官窑停止烧造后，至何时再恢复?迄康熙四十四年郎廷极主政江西时，郎窑瓷闻名于世，其间官窑的情况缺少记载。

7. 关于郎窑瓷的性质也还存在着问题。记载清代景德镇制瓷业最为详尽的《浮梁县志》和《景德镇陶录》都没有提到过郎窑。郎窑的被世人所知，一是由于传统所称的郎窑红瓷器，二是由于清康熙同时代人许谨斋的《郎窑行戏呈紫衡中丞》和刘廷玑的《在园杂志》③，都对郎廷极设计瓷器有较详细的记载。同时也说明了郎廷极监制的仿明代宣德、成化器，在市场上充作真宣德、真成化器在买卖，那么这些郎窑器，第一是不落康熙本款，第二是并非为进贡北京而定制的贡品，而是可以在市场流通的非官窑器。因此，郎窑的性质并不是官窑，而只是郎廷极在江西巡抚任上公余之暇，在景德镇按本人的设计烧制的一批非官窑器，由此可以解释，为什么精致的郎窑红器都不落官款。

（二）官窑器的分期

康熙朝长达六十一年,官窑瓷器当然应该分期。过去有人主张以二十年为一期，分早、中、晚三期，但有一个必须符合康熙官窑实际历史情况的问题。要十分确切地解决康熙官窑的分期，除可以从器形、釉色、制作工艺多方面推断外，最理想的是以若干具有确切年代的瓷器作为标准，进行排比。可惜目前所掌握有绝对纪年的官窑款只有康熙十、十一、

---

① 《清史稿》卷六。

② 《清史稿》卷七。

③ 《许谨斋诗稿,癸巳年稿》:"宣成陶器夸前期……迩来杰出推郎窑。郎窑本以中丞名……中丞嗜古得遗意,政治余闲呈艺事,地水风火凝四大,敏手居然称国器,比视成宣欲乱真,乾坤万象归陶甄;雨过天青红琢玉,茸之廊庙光鸿纶……" 刘廷玑《在园杂志》卷四:"近复郎窑为贵,紫垣中丞公开府西江时所造也,仿古暗合,与真无二,共摹成、宣釉水、颜色、橘皮、棕眼、款字酷肖,极难辨别。"

十二年(辛亥、壬子、癸丑)中和堂款的青花釉里红和颜色釉器以及可作参考的康熙壬辰(五十一年)款的红彩盘。当然,由此来排比康熙早期及晚期也是十分有用的。

笔者建议对康熙官窑瓷进行分期,是否可从下列几个方面入手:

1. 在欧洲已发现沉船中可以确认为明末清初外销瓷有 "大明嘉靖年制"的仿款,应属1643—1646年①。其"制"字的写法很有特性,清康熙早期的款字,包括官窑器也仍然带有这种特性。本图集收录的黄釉器"弘治年制"的"制"(图三)以及官窑六字款的"制"(图四)均与其相似。

■ 图三 "弘治年制"官窑款

■ 图四 官款六字款

2. 中和堂十、十一、十二年的款字是排比康熙早期官窑的重要标准器。

3. 康熙前期某些器物的制作往往沿袭明末、清顺治期的传统,其中最典型的是一些青花盘、笔筒之类的器物仍沿用双圈足的制作法,这种情况大体上沿用至康熙二十六年左右。本图集收录的26号青花盘其仿宋体六字官款可作为排比的参考依据(图五)。

4. 在康熙瓷中,一批豇豆红器的时代是十分重要的。国内外很多出版物把它们定在康熙晚年。这就涉及一些相似的天蓝釉器、豆青釉器甚至少数白釉器的时代。典型的康熙豇豆红器和一批相类的天蓝釉,豆青釉和少数白釉、煨瓷器均应属康熙二十年至二十七年间由刘源设计器形、款式的臧窑产品,判断依据有如下各点:

① Colin Sheaf and Richard Kilburn: *The Hatcher Porcelain Cargoes*, p.66, p.69, Phaidon, Christie's.

■ 图五　清康熙景德镇窑青花盘及盘底六字官款

a.《景德镇陶录》记述臧窑的成就中就明确提到吹红、吹青的品种。

b. 刘廷玑《在园杂志》中提到刘源在内廷供奉时，呈样瓷数百种，这类豇豆红的文房用具，应该是当时的创新之作。

c. 康熙二十年至二十七年间，流行一种在笔筒上以青花书写长篇文字，以釉里红落闲章的风气，常见有青花书写"圣主得贤臣颂"落"熙朝博古"釉里红章，或"赤壁赋"、"岳阳楼记"等等。香港中文大学文物馆藏有康熙二十三年青花醉翁亭记，落釉里红"翰墨因缘"闲章的笔筒①，就是一个明证。本图集收录的"圣主得贤臣颂"笔筒的三行六字官款，其款字和豇豆红器是一致的(图六)。

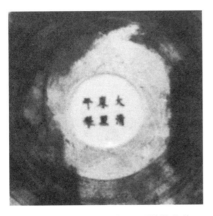

■ 图六　"圣主得贤臣颂"笔筒底款　　　■ 图七　康熙壬辰(五十一年)款

① 南京博物院、香港中文大学文物馆：《清瓷萃珍》图14。

5. 以本图集收录的康熙壬辰(五十一年)的款字为参考标准器,可以排比推断康熙四十年至五十年左右的器物(图七)。

6. 在康熙官款器中,凡"清"写成"淸"的,应属康熙末年,因为在雍正初年的官窑中"清"也往往写成"淸"。本图集收录的多件"淸"款的器物,其"熙"又写成"熈"字,由此,可从"淸"和"熈"来判断款字的时代(图八)。

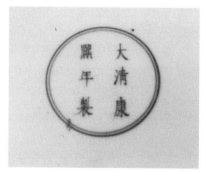

■ 图八　康熙末期款

(三)民窑和木石居

民窑在康熙制瓷业中处于举足轻重的地位

1. 明末清初以来,由于外销和国内市场的需求,景德镇民窑一直具有庞大的生产规模,在清初官窑一度停顿的时期,民窑始终在进行生产。

2. 康熙十三年的吴三桂乱事,虽然受到一些影响,但不久就得到恢复。而且此后御厂瓷器的烧成,都由民窑来负担①。

3. 由于民窑在本地区吴三桂乱事平定后,立即投入生产,在民窑瓷器上大量书写康熙年号款,因此有康熙十六年邑令张齐仲禁止民窑瓷器书年号及圣贤字迹的禁令②。由此可以推断,民窑落康熙款的应该在十六年以前。

4. 在国内外传世的康熙瓷中,民窑器远比官窑为多,特别在欧、美各国,民窑瓷以青花和五彩为大宗,且大件器特别多。和明末清初的转

---

① 《饶州府志》:"康熙十三年,吴逆煽乱,景镇民居被毁,窑基尽圯。大定后,烧造无从,魏氏弟子各出其工,分承窑脚整理各新,故御厂有役则工食视寻常加倍,厥后御器烧自民窑。"

② 乾隆本《浮梁县志》。

变期相比,外销瓷中五彩的比重大大提高,由于十分巧妙地运用红、绿、黄、紫加金彩的彩绘,五彩器的画面十分艳丽,后期更出现了釉上蓝彩并加重运用墨彩,十分适合西洋人的口味。民窑中的青花、五彩大棒锤瓶、大凤尾尊、大观音尊和花觚,都是官窑所不见的。洒蓝描金器也是康熙时外销的主要商品。

由于中国古代商业方面档案资料的缺乏,对于景德镇康熙民营窑业的详情已无从知晓,但从大量传世品中,可知道木石居是康熙时期最大的民窑。

从传世实物中可看到和"木石居"章配合使用的有"文章山斗"、"二詹"、"木石"、"降霞"、"降霞子"、"醉月轩"、"栖霞"、"我思古人"、"述古"、"樵叟"、"竹影"、"石岸"、"山晓"、"赤城意气郎"、"石竹"、"素云"等等。产品以青花、五彩和洒蓝器为主,特别是五彩器,以山水、刀马人的图案为多见,画面中常用金彩太阳点缀,洒蓝器经常运用开光描金的手法。康熙木石居的产品就目前来说,几乎可以在世界各地的中国瓷器收藏中经常见到。但关于木石居主人的情况过去是一无所知。

1992年作者去美国弗吉尼亚,在柯蒂斯夫妇家作客,柯蒂斯夫人和英国的巴脱勒(Butler)爵士都是收藏中国明末清初转变期瓷器的大家,在她家我无意中发现了一件高44.7厘米的青花观音尊,器身绘满康熙时期景德镇的名胜古迹,有"五龙庵"、"准提院"、"刘氏园"、"观音阁"、"杏花村"、"景德寺"等等,并配有当时当地一些文人"昌江制咏"的题诗[1],计有商岸存、董聪、赵文宗、俞汉翀、万舜达。其中特别重要的是在一首无题的诗"墨龙万道各争先,旋绕分飞散复连。直上青云浑一色,应知已到九重天。"下有"商全"的具名并"木石居"章,这是迄今为止仅见的木石居主人的具名。此瓶器身还由木石居主人"降霞子"记述他和商岸存及俞、董二位友人共同唱和的情境:"稽山岸存先生以儒服官……适以画事羁昌水……因出近作杂咏示余……其实获我心乎。少焉,俞、董二子轩然而至……且暮间,何幸遘此三杰耶,遂……歌舞,一唱三叹……"虽然这些诗句的文学水平并不算上乘,但它却为我

① Julia B. Curtis: *Chinese Porcelains of the Seventeenth Century*, China Institute Gallery China Institute. New York City. 1995.

们研究康熙景德镇民窑提供了重要的社会背景。首先,木石居主人商全具有一定的文化修养,并非是毫无文化的小工场业主了。其次,在木石居主人周围有一批当地的文化人,这无形中将对木石居所生产瓷器的装饰艺术产生一定的文化气息。当然,更重要的是由此我们得知当时为木石居瓷器作画的有曾经做过官吏,具有一定文化素养的商岸存。

景德镇的民营窑业应该说是在明末民窑大发展的基础上发展的,明末崇祯到清初顺治,景德镇出现了"可竹居"为代表一批具有一定文化修养的民窑业主,他们往往结合诗、书、画和戏曲版画来装饰瓷器[①],和官窑器刻板的纹饰相比,显然有一种清新感。

木石居的产品应该在康熙前期就已出现,但有绝对纪年的木石居瓷似乎都在康熙中期以后,"五彩赤壁图盘"有"山晓"、"木石居"章,底部为标记款,由于器底是双圈足,显然属康熙前期的器物。青花秋声赋笔筒有木石居的"二詹"及"降霞"章,底有"文章山斗"款,是一件十分重要的器物,因为传世多见"文章山斗"款的笔筒,根据这一件可判断这类笔筒均为木石居的出品,曾见私人收藏家有具丁卯(康熙二十六年)"文章山斗"款的笔筒,说明木石居在康熙二十六年以前已极为成熟了。前面已经说过,康熙十六年以后,由于邑令严禁民窑不能用康熙款,他们只能用标记图案款,木石居所用的标记图案款是多种多样的,即使从本图集,也可看到多种图案标记。至于"青花琴棋书画图笔筒",题署"邀月主人"并配有"木石居"章,底书"大明成化年制"款,这说明了当时民窑除用图标记外,也用明宣德、成化、嘉靖、万历款。当然,在巨大的国内、外市场的需求下,那时必然有不同的大大小小的制瓷工场,在传世品中尚能见到各种名号的瓷业经营者,如"竹石居"、"竹石轩"、"竹居"等等,其中尤以署"卉庵"款的器物较为多见,风格基本上和木石居的常见器相似,其关系尚待进一步研究。

(四)在彩、釉工艺上的几个需进一步探讨的问题

关于康熙瓷的鉴定,涉及面极广,其最普通的要点我曾在文物出版社1994年版《中国陶瓷》清康熙一节中稍有涉及,但实际上问题很多,这

① 汪庆正:《明末清初景德镇制瓷业的重大转折》,《上海博物馆集刊》第7期,上海书画出版社。

里只就三个突出的问题提出探讨性的意见：

1. 关于康熙釉上蓝彩的问题

从过去大量接触到的传世品看，明代的五彩器有两种，一种是纯粹的釉上五彩，主要是红、绿、黄、黑、紫等，另一种是青花五彩，那是纯粹的釉上五彩外，还有釉下青花相配合，这就使彩色更为艳丽，典型的康熙五彩的特点是，用釉上蓝彩来代替釉下青花。因此，我们历来认为釉上蓝彩是康熙时期新创的工艺。然而，近年来在有些国外的出版物和某些博物馆的说明中，出现了明末天启和清初顺治都有釉上蓝彩的记载，对于这些器物我当然不敢贸然否定，但这确实值得引起注意的问题。

2. 关于康熙黄釉、黄彩的色泽问题

从大量的传世品看康熙的黄色应该是显得老而淡，很少有极鲜艳的黄色。一些仿康熙和仿雍正的五彩器中，黄色都比较鲜艳。然而，在欧洲的有些外销瓷中却见到极鲜艳的黄色，对这样的康熙风格的外销瓷如何作进一步的研究。

3. 关于康熙瓷人物脸部渲染问题

康熙人物脸部只以铁红勾框线，并不渲染。以前人们以此作为鉴定康熙瓷的主要标准之一。传世有一批"竹居"款的五彩器，一部分同样并无渲染，但有一些脸部却明显有铁红渲染，这是一个很值得重视的问题，"竹居"款的器物，应属康熙晚期，是否由此推断人物脸部以铁红渲染发生于康熙晚期民窑，特别是"竹居"瓷。当然，对这一部分"竹居"瓷也有一个慎重再鉴定的问题。至于国外某些出版物中把人物脸部铁红渲染的器物，列入明末清初转变期，那就必须作进一步的探讨了。

目前，康熙瓷研究的广度和深度都是不够的，本文希望能起到抛砖引玉的效果，特别是对于康熙瓷外销、海禁和对日本、欧洲瓷器生产影响的研究还处于尚待起步的阶段，在这方面恐怕需要国际学术界的广泛协作。

脱稿于1997年圣诞夜

（原载上海博物馆主编：《上海博物馆馆藏康熙瓷》，

香港两木出版社，1998年）

■ 老虎洞南宋修内司官窑粉
青菱花式盘

老

虎洞南宋修内司官窑遗址的
重要发现及其相关诸问题

一

　　杭州老虎洞南宋修内司官窑遗址的发现[①]，是我国陶瓷考古界近年来的又一重大成果。该窑的具体内涵和品种以及器形分类当待杭州市正式的发掘报告。我仅从发掘现场的位置所见的部分发掘品和收集到的某些采集品，并曾经过目的卷烟厂厂址出土的大量标本看，确信该处

―――――――――

① 杭州市文管所、杭州市文物考古所：《杭州老虎洞窑址考古获重要成果》，《中国文物报》，1999 年 1 月 6 日。

窑址和南宋人的记载完全相符,应属南宋修内司官窑无疑。

　　宋人叶寘《坦斋笔衡》①,及顾文荐《负暄杂录》②,均载有南宋修内司官窑的两大特点:一、"置窑于修内司,造青器,名内窑。"二、"澄泥为范,极其精致,油色莹澈,为世所珍",并谓"后郊坛下另立新窑③,亦名官窑,比旧窑大不侔矣"。

　　据宋《乾道临安志》的记载,修内司的地望在凤凰山的万松岭,老虎洞窑址正处该地。

　　老虎洞出土的标本的确是"极其精致,油色莹澈"。比起过去郊坛下官窑所出土的标本,确实要好(图一至图八)。

■　图一　杭州老虎洞出土标本一

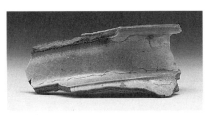

■　图二　杭州老虎洞出土标本二

■　图三　杭州老虎洞出土标本三

■　图四　杭州老虎洞出土标本四

■　图五　杭州老虎洞出土南宋窑具一

■　图六　杭州老虎洞出土南宋窑具二

① 元陶宗仪:《辍耕录》。
② 明《说郛》卷十《窑器》。
③ 明《说郛》卷十八,此处有"亦曰官窑"。

■ 图七　杭州老虎洞出土南宋窑具三

■ 图八　杭州老虎洞出土南宋窑具四

就我所见标本的胎色看,主要是深或浅灰白色、米黄色、紫色、铁黑色等。

釉色主要有深或浅湖水绿色、粉青色、青灰色、天蓝色等。

开片大、小均有,也有无开片的,但特别重要的是一种釉色晶莹,呈鱼鳞纹的开片。这种具重叠感的、晶莹的鱼鳞纹开片,应该说是修内司官窑精品的一大特点。它的发现,为我们判定一部分传世修内司官窑器物提供了重要依据。

■ 图九　老虎洞南宋修内司官窑青釉尊

这类典型的传世修内司官窑器,主要集中在台北故宫博物院,散见在日本各博物馆的也有数件,目前仍留存在北京故宫博物院的似乎只有2—3件。

从见到的标本看,修内司官窑的器形众多,有盘、碗、洗、杯、壶、鼎、鬲式炉及各式炉、碟、觚、琮式瓶、器座、盏托等等。

现藏台北故宫博物院的宋官窑器,据1989年台北故宫博物院出版的《宋官窑特展》图录,列出的修内司官窑器有75件,其中澈透的鱼鳞纹开片特点明显的有10件[1]:

1. 2号粉青尊(原名)(图九)

2. 9号粉青贯耳穿带弦纹壶(原名)

① 《宋官窑特展》,1989年,台北。

■ 图十 老虎洞南宋官窑瓶

■ 图十一 官窑三足香炉（日本静嘉堂文学美术馆藏）

■ 图十二 官窑壶（日本MOA美术馆藏）

①《宋磁》，朝日新闻社，1999年。

3. 21号粉青弦纹瓶（原名）

4. 35号粉青簋式炉（原名）

5. 44号粉青长方盆（原名）

6. 78号灰青划花蟠龙碟（原名）

7. 80号粉青圆洗（底"正庵"）（原名）

8. 92号粉青菱花式盘（原名）

9. 102号粉青葵花式盘（原名）

10. 103号天青葵花式碗（原名）

据北京故宫博物院已发表的《故宫博物院藏文物珍品全集·两宋瓷器》下，其澈透鱼鳞纹开片特别明显的有：

一、2号官窑大瓶（原名）（图十）

二、9号官窑圆洗（原名）

散见于日本各大博物馆的宋官窑，其澈透鱼鳞纹开片特别明显的有①：

一、静嘉堂文学美术馆藏"官窑青磁三足香炉"（图十一）

二、东京国立博物馆藏"官窑青磁轮花钵"

三、"官窑青磁贯耳瓶"

四、MOA美术馆藏"官窑青瓷壶"（图十二）

此外，大英博物馆亦藏有"官窑青磁下芜形瓶"。

在老虎洞出土的修内司官窑标本中，鬲式炉的标本很多，特别值得注意的现象是，这类鬲式炉的出筋非常锋利，其锋利程度，有的竟像刀刃一般。这和台北故宫博物院原定名为北宋官窑粉青鬲式炉[1]有很大的区别，此炉的三条出筋呈圆钝形，显然是捏成泥条后堆贴上去的。如果此器定为北宋时代能够成立的话，那么，从鬲式炉出筋的成形不同看，可以判别其时代属性。从目前我们所见到的南宋（包括晚期）龙泉窑的鬲式炉可知，其出筋虽然不如修内司官窑器那么锋利，但也是比较挺直的。最近，在浙江省临安的天目窑遗址出土的南宋鬲式炉，其出筋也是比较挺直。然而，浙江省德清市博物馆所藏南宋末咸淳四年（1268）吴奥墓出土的龙泉鬲式炉（图十三），其出筋却呈圆钝形，但炉的口沿则已不是自外向内倾斜，而呈平直的板沿状。至于乌龟山郊坛下官窑的小型鬲式炉的口沿也并非板沿状，而出筋已不锋利。

新安海底沉船发现的元代龙泉窑鬲式炉，其平直板沿口及出筋的圆钝状都和咸淳四年（1268）吴奥墓的相似。

■ 图十三　南宋龙泉窑鬲式炉　咸淳四年（1268）吴奥墓出土　（德清市博物馆藏）

鬲式炉不同时期的特征

时　代	出　　　处	口　　沿	出　　筋
北　宋	台北故宫博物院藏"官窑粉青鬲式炉"	由外向内倾斜	捏成圆钝状泥条堆贴成
南　宋	老虎洞修内司官窑遗址出土标本	由外向内倾斜	呈锋利刀刃状
	乌龟山郊坛下官窑遗址出土标本	由外向内倾斜	锋利出筋到底
	上海博物馆藏30年代朱鸿达在郊坛下官窑遗址采集标本	由外向内倾斜	锋利度减弱出筋不到底
南宋末	浙江省德清市咸淳四年（1268）墓出土龙泉窑炉	板沿平直	呈圆钝状
元　代	新安海底沉船发现龙泉窑炉	板沿平直	呈圆钝状

---

[1]《宋官窑特展》，1989年台北。

二

根据宋人叶寘《坦斋笔衡》和顾文荐《负暄杂录》的记载，两宋的官窑应该有北宋汴京官窑以及南宋修内司官窑和郊坛下官窑。

近半个多世纪以来，有一部分中外学者曾在不同程度上对宋人所提出的两宋官窑的三段论持怀疑和否定的态度。

第一位是国外收集和研究中国古代瓷器的裴西瓦尔·达维特（Percival David）。他在1930年代初就曾提出汝官窑和北宋官窑是一回事，因而否定了北宋官窑的存在。他推断说：北宋官窑和汝窑这"二种窑器实际上是一回事，北宋官窑是汝州的陶工在开封皇宫紫禁城区域内所烧造的"[1]。这是达维特在60年前的观点。那时由于北宋官窑窑址尚未发现，传世器物中也无法确证何者为北宋官窑器；而更重要的是，当时汝官窑的窑址也尚未发现。达维特把汝官窑直接视为北宋官窑，并推测传世的汝官窑器是汝州陶工在开封的皇城内所烧造的北宋官窑器。这种观点，由于宝丰清凉寺汝官窑址的发现和发掘，当然也就不再成为问题了。

第二位是我国近代陶瓷考古学的奠基者陈万里先生。他在距今六十多年前，曾在《参观上海伦敦艺术预展会以后》一文中说："此处所称之南宋官窑，当然是南渡后修内司官窑。我对于这个窑，向来抱着怀疑的态度，因为凤凰山官窑，吾们到现在还不能肯定，而在凤凰山附近所得的碎片，还不足解决这个困难问题。因此所谓南宋官窑，即南渡后修内司官窑之品，究竟作何种式样，实在是一件不易判断的事情。"1943年，他又重申这个观点，并说："同时南宋官窑，就文献上的记载，说是沿袭旧京的制作，为此究竟南渡后的官窑，跟汴京的官窑，有什么分别，恐怕谁都不容易有一个明白的判断。"[2]

在半个多世纪以前，修内司官窑没有发现，在凤凰山附近找到的碎片也不能说明问题。20年代末，日本人米内山庸夫任杭州总领事，他曾在凤凰山下报国寺、凤凰山下西溪南斜面及凤凰山下西溪北斜面地藏殿等四

---

① R.L.Hobson: *A Catalogue of Chinese Pottery and Porcelain in the Collection of Sir Percival David*, London, p.20.
② 陈万里：《陶瓷考古论文集》，紫禁城出版社、香港两木出版社，1990年，第27页。

处,采集了大量瓷器标本,发表在1952年至1954年的《日本美术工艺》杂志上。1984年,我在日本东京出光美术馆,承三上次男先生和弓场纪知先生出示这批标本,其中除少数郊坛下官窑的碎片,很多是青白瓷、龙泉和黑釉的标本,显然和修内司窑并无关系。现在发现,修内司窑址在凤凰山的山上,而过去人们都在山下找寻,必然就毫无所获。陈万里先生假使能健在到90年代,他能亲眼看到修内司官窑的发现,那该是多么高兴的事。

第三位是浙江省的沙孟海先生。他在15年前《南宋官窑修内司窑址问题的商榷》一文中认为:"南宋官窑窑址应该只有凤凰山南麓郊坛左右一个地带,别无所谓'修内司窑址'的存在。"①老虎洞窑址的发现,沙老所要争论问题的前提已经不存在了。当代研究陶瓷史的同行中,也有否定三段论和肯定三段论的两种不同观点,作者属于肯定有北宋官窑和南宋修内司官窑的行列,有些具体论点和对宋人文献论述的引载均见于拙作《官哥两窑若干问题的探索》②和《宋官窑研究中存在的问题》③。

老虎洞所处凤凰山万松岭的地点,它所出土的典型南宋官窑器,可以说是千真万确地证实了宋人记载的南宋修内司官窑。这段历史公案本来应该彻底了结了,然而目前也仍有个别学者,虽然承认老虎洞是南宋官窑,但却一定要否定它是修内司官窑,硬要把它划到郊坛下官窑去,这只能说是仁者见仁、智者见智了。

三

老虎洞南宋修内司官窑窑址的发现,确证了南宋两个官窑的窑址,但并不能解决两宋官窑三段论的全部问题。

北宋官窑是否存在,虽然由于河南宝丰清凉寺汝窑窑址的发现,否定了汝窑即北宋官窑的论点,但北宋官窑的窑址仍未发现,而在传世器中也无十分强有力的证据可以佐证确属北宋官窑的实物。台北故宫博物院在其宋官窑特展的图录中公布了25件北宋官窑器,由于依据的是

① 《考古与文物》,1985年,第6期。

② 《中国考古学会第三次年会论文集》,文物出版社,1984年。

③ 香港敏求精舍:《文物考古论丛》,两木出版社,1995年,第124页。

以前的定名,其中有的显然是清代仿品。在宋器中何者确属北宋官窑,除了本文前引的鬲式炉,其出筋的特殊,似与南宋修内司和郊坛下官窑均有明显的区别外,其他各件很难作出判断。事实上,北宋官窑除了宋人《坦斋笔衡》和《负暄杂录》的记载说明其存在外,明初洪武年间的《格古要论》官窑条的记载,只提"修内司官窑"。既无北宋、南宋之分,也无郊坛下窑的记述:"官窑器,宋修内司烧者,土脉细润,色青带粉红,浓淡不一,有蟹爪纹,紫口铁足,色好者,与汝窑相类。有黑土者,谓之乌泥窑。伪者,龙泉所烧者,无纹路。"①这里值得特别注意的一点是,在元末明初时期,谈官窑,似乎主要是指修内司官窑,那么,北宋时期的官窑也有可能误认为属修内司所造。传世有"皇宋大中祥符癸丑修内司银作坊监制"的银压袖说明北宋的修内司确是掌管制造宫廷器物的衙门。但《宋史·职官志》载徽宗宣和五年(1123)诏罢营缮所后,将作监管辖十个单位,其中有"窑务",并明确规定其职责是:"掌陶为砖瓦,以给缮营及瓶缶之属。"那显然是指北宋官窑。但我们也并不能说《格古要论》所指的官窑一定包括北宋官窑。北宋官窑的窑址既未发现,就无法确认其器物。然而,在1950年代初,上海大古玩商叶叔重自河南开封获得4块瓷片,现藏上海博物馆,其胎为典型的香灰色,釉为淡天青色,滋润细腻,釉泛粉红色,有细纹片,大小不一,系垫烧,底足平削,极为规整,釉内气泡呈鱼子状②。从其典型的香灰胎及乳浊淡天青釉看,绝不是长江以南的产物,北方地区除了已知的汝窑为香灰胎外,其他瓷窑均不见香灰胎,但淡天青的乳浊釉,则又非汝窑器。这4个标本来自开封,因此,有理由怀疑它属北宋官窑的可能性。

当然,有一点还是值得注意的,目前负有盛名的五代柴窑的窑址同样还没有发现。明初《格古要论》记载柴窑:"柴窑器出北地河南郑州,世传周世宗姓柴氏,时所烧者,故谓之柴窑,天青色,滋润细腻,有细纹,多是粗黄土足,近世少见。"把柴窑说成"青如天,明如镜,薄如纸,声如磬",那是后人的提法,倒像是景德镇影青瓷的特征。上述上海博物馆所藏的四片北宋标本和洪武人关于柴窑的记载,则似乎也有一定的相似之处。

---

① 明王佐:《新增格古要论》,徐氏善得堂天顺壬午新刊本。
② 香港敏求精舍:《文物考古论丛》,两木出版社,1995年,第125页。

四

老虎洞修内司官窑遗址发现后，必然要引申出一系列有待进一步探讨的问题。

首先，南宋修内司官窑(内窑)开创于何时。宋叶寘《坦斋笔衡》："中兴渡江，有邵成章提举后苑，号邵局，袭故京遗制，置窑于修内司，造青器，名内窑……"《坦斋笔衡》一书多记载孝宗时事，叶寘很可能是孝宗或稍后时人，但既属外廷文人，当然窥宫内事不能十分准确，这里所提南渡后邵成章主邵局，可能有误，但元人陆友《研北杂志》记述绍兴中有内侍邵谔主持"邵局"，叶寘完全有可能误邵谔为邵成章。

修内司官窑当然不可能在南渡初马上就创立。所谓"南渡"实际上是宋皇室逃难到江南。当时经费十分困难，绍兴元年(1131)葬隆裕太后的陪葬器"止用松锡"[1]。绍兴二年(1132)内廷裁撤机构，修内司也在被撤之列："内诸司可省，即令修政局条上，如修内司与牛羊司已见冗费。"[2]修内司何时被恢复，并无明确记载，但乾道(1165—1173)《临安志》所载"内诸司"条即有"修内司"。然而，在宋高宗朝，至少在绍兴二十年(1150)以前，宫廷所用陶瓷祭器，多派烧给越州及平江府，而并非由临安官窑烧造[3]。因此，推断修内司官窑的创立不可能早过绍兴二十年前，至于它的下限，则从老虎洞已发现的标本和窑具看，一直延续到元代。当然，南宋亡后，此处已不再是宋廷的官窑了。

第二个问题是元陶宗仪《辍耕录》录《坦斋笔衡》载："……后郊坛下别立新窑，比旧窑大不侔矣。"而《说郛》卷十八载顾文荐《负暄杂录》则在"后郊坛下别立新窑"后有"亦曰官窑"四字。《负暄杂录》记有"近彝斋赵子固以水仙、蕙兰得名"的内容，赵子固艺术生涯的全盛期当在1250年前后，因此，《负暄杂录》的成书当在南宋后期。两书内容相同，只能是《负暄杂录》转录《坦斋笔衡》的本子；但不能排除当时的《坦斋笔衡》原

---

① 宋熊克：《中兴小纪》卷十。
② 同上。
③ 李民举：《宋官窑论稿》，《文物》，1994年，第8期。

有此"亦曰官窑"四字,而陶宗仪收入《辍耕录》时漏了此四字。

关于郊坛下官窑创立的时间,同样没有确切的日期可考,但《坦斋笔衡》已有此窑的记载,那么在孝宗时已新建郊坛下窑,而在窑址中出有"己亥岁"年款的标本①。南宋己亥应是孝宗淳熙六年(1179)或理宗嘉熙三年(1239)。从各方面的情况推断,似属淳熙六年(1179)的可能性为大。那么宋人记载中"后郊坛下别立新窑"的"后"字,只是在1151年至1179年之间的事了。换句话说,修内司官窑创烧后,其产品不够宫廷当时的需求,不久即又另立新窑,且"亦曰官窑"。这20多年中究竟发生了什么事,必须别立新窑增加产品供宫廷的需求吗? 绍兴三十二年(1162)高宗禅位于孝宗,上尊号为太上皇帝,居德寿宫。孝宗执礼甚恭,月俸德寿宫钱十万,其起居用途,俨然有两处内宫之耗。由此推断,很有可能为应付新出现的局面而别立新窑以满足宫廷扩大的需要。从发掘报告看,郊坛下窑作为南宋官窑来说,入元以后当然就结束了,元代虽然仍在继续使用,但只在生产刻划花粗瓷,在陶瓷史上已不再有任何重要的地位了。

这里值得思索的问题是,与此相反,修内司官窑老虎洞遗址的上层却发现了不少元代的标本,以及带有八思巴文的支钉窑具,其详细内涵尚有待于杭州市考古工作者的正式报告。但长期以来对于传世哥窑器的产地一直未能解决,历来有龙泉说和杭州说两种不同的论点②。明高濂《遵生八笺》将哥窑的产地定在杭州:"官者,烧于宋修内司中,为官家造也。窑在杭之凤凰山下……哥窑烧私家,取土俱在此地。"③老虎洞窑址的进一步发掘,能不能为解决传世哥窑的产地提供令人欣喜的新资料,这也是人们所期待的。

(原载《上海博物馆集刊》,第8期[2000年])

① 中国社会科学院考古研究所、浙江省文物考古研究所、杭州市园林文物局:《南宋官窑》,中国大百科全书出版社,1996年,第64页。
② 汪庆正:《官、哥两窑若干问题的探索》,《中国考古学会第三次年会论文集》,文物出版社,1984年,第185页。
③ 明刻本卷十四。

 唐巩县窑白釉绿彩模印堆
塑龙纹盘（扬州博物馆藏）

中

国唐代陶瓷器对伊斯兰地区 9—10 世纪制陶业影响的若干问题

一

　　人类社会各个时期各个地区和各个民族间的文化，其总的趋向，必然是相互交融和相互影响的。

　　研究中国古代，特别是汉、唐以来的艺术，如果不和印度佛教艺术以及中东、伊斯兰艺术相结合，似乎总是不够全面的。事实上，传入中国的佛教和中东、伊斯兰的艺术，又在不同程度上包含着古代希腊、罗马的因素。

　　佛教传入中国的起始，远比习惯上认定的公元 1 世纪中的东汉明帝时为早。公元前2世纪汉武帝时,霍去病破匈奴,得到了休屠祭天的金人,所谓"金人"即是佛像①,东汉明帝又梦见"金人",由此更进一步提倡佛教。

中东(包括波斯)和稍后的伊斯兰艺术传入中国的时期也远在唐代以前,《隋书·何稠传》记载:"开皇初……波斯尝献金绵锦袍,组织殊丽,上命稠为之,稠锦既成,逾所献者,上甚悦。"②这说明,波斯锦的仿制,在6世纪末已经十分成功,这类波斯锦地纹的图案在唐代敦煌石窟中被普遍地运用③。

二

中国陶瓷器开始输入中东、伊斯兰地区的确切时间,目前还无法肯定,但是在9世纪开始,对于伊斯兰地区制陶业的影响是十分巨大的。

中国的白瓷至迟在9世纪已对伊斯兰地区的制陶业起到了一个根本性的推动作用,因为,当地在此之前并没有白色陶器,在中国白瓷的诱发下,当地的陶工开始试制白釉陶器。其办法是在铅釉中加入微量锡的氧化物,开始制造锡釉(Tin Glaze),其效果即是我们在美、英及欧洲各大博物馆所常见的那类仿唐式的不透明的白釉碗④。中东、伊斯兰地区并无锡矿,所用的锡是从南方的缅甸和马来西亚进口的,这就使得这类不透明的白釉陶器在当时是十分珍贵的。

在这类仿制中国白瓷的锡釉白陶器上,开始用钴蓝进行装饰,这就出现了伊斯兰地区的青花陶器。这恐怕是在中国唐代陶瓷器推动下,伊斯兰地区制陶业的第二个大成就。

与此同时,或稍迟一点,在伊斯兰地区出现了在锡釉白陶器上,用铜绿或铁黄装饰的彩(色)斑器(Splash ware),而铜绿彩斑又有和钴蓝青花同时并用的装饰。这是在中国唐代陶瓷器推动下,伊斯兰地区制陶业

① 《汉书·卫青霍去病传第二十五》,中华书局,1962年,第2479页。
② 《隋书·列传第三十三·何稠》,中华书局,1973年,第1596页。
③ 敦煌文物研究所:《敦煌石窟》第四册,361窟,文物出版社,1987年。
④ 此类白釉器在美国的大都会博物馆、华盛顿弗利尔、波士顿萨格拉及英国大英博物馆等都有展出。

的第三个大成就。

在锡釉白陶器上施以一种光泽彩绘釉，而成为一种崭新的伊斯兰陶新品种(Lustre)，这是当地制陶业的又一大成就。其制作过程大致是在不透明的白釉陶器上，施以一种硫磺、氧化银和氧化铜的混合物，加上红色或黄色的赭石，浸泡在醋中，于釉上描绘纹饰，然后再第二次以低温烧成。这种方法是借助于8世纪埃及和叙利亚的玻璃制作技术。这种光泽彩绘釉陶，在10世纪以后的伊斯兰地区影响巨大。

由于进口锡的昂贵，部分陶器也采用了施以白色化妆土的技术。

三

关于中国唐代陶瓷器在 9—10 世纪对伊斯兰制陶业影响的评价，在目前西方的学术界是并不一致的。

1. 对于 9—10 世纪，伊斯兰地区出现的锡釉白色陶器，是由于仿造中国白瓷而创制的，这一点是西方学者的一致看法。

2. 由于出现了白色的陶器，由此可以犹如在一张白色的油画布上，绘以各种色彩进行装饰。而对于这一现象，有少数的西方学者竟然认为，这是伊斯兰陶工的独创："中国陶工认为造型和釉，对于一件名贵陶瓷器已是足够的美化了，但伊斯兰当地的陶工，则像一个艺术家，选择不同层次的装饰，包括色彩、纹饰和图案……"[1]这显然是对于中国唐代长沙窑、巩县窑唐三彩以及输出中东的大量白釉绿彩瓷器的全然无知。

持上述同样观点的人也认为，"美沙布达维亚(Mesopotamian)的陶工用蓝、黄、绿或褐色色料来装饰陶器的技术很可能早于中国"[2]。

3. 伊斯兰青花陶器的出现，同样涉及一些需要进一步探讨的问题。

有的西方学者认为，伊斯兰白釉陶上用钴蓝装饰，创造了青花，使青花器在几个世纪后成为中国出口瓷的标志，同时还形成了欧洲的(青

---

[1] Jonathan Bloom and Sheila Blair: *Islamic Arts*, Phaidon Press Limited 1997, London, p.108.

[2] Roland Blaettler: *Ariana Museum Geneva*, Swiss Museums 1995, p.21.

花)风格[1]，他认为：没有伊斯兰制陶的传统，就不可能激发中国瓷器的装饰[2]。

这就是说，人类青花瓷的风行，似乎其源头不是中国元青花瓷器的出现和推动，而是由伊斯兰地区10世纪前后的青花陶器促成的。关于青花瓷器出现，自从扬州唐城遗址唐青花标本发现以后[3]，更促使了我们对于其起源的进一步探索。西方研究青花瓷器的专家John Carswell认为美沙布达维亚和远东同时使用钴蓝的偶然性几乎是不可能的，而这种钴蓝可能是由西亚的商人引进到中国的[4]。

印度尼西亚海底一艘9世纪的阿拉伯沉船，满载中国近6万件陶瓷器，其中有三件完整的唐青花瓷器[5]，应该说，这就找到了伊斯兰地区青花陶制作的渊源。这一重大发现当然有待全世界陶瓷学界作各方面的深入研究。而关于中国唐青花瓷所用的钴料，是否一定是从西亚商人引进的阿拉伯钴料，这也是需要作进一步探讨的。中国唐三彩和唐青花的蓝料，都是低锰的钴料，而现在知道的中国明、清时代本土的钴料都是高锰的钴土矿。从这一点似乎可以说，低锰的钴料好像的确是进口料，但问题是，公元前9世纪至公元前4世纪的中国西周至战国的琉璃珠上的钴蓝料也是低锰钴料，难道能说这时期已经有阿拉伯钴土矿料引进吗？更何况，目前尚未发现的东西，并不能就肯定它的不存在，我们不应该只凭现有的资料来断定中国肯定不存在低锰的钴土矿。过去我也曾怀疑过扬州唐城发现的唐青花标本，很可能是伊斯兰地区的订货[6]，但从国内发现标本的图案和9世纪印度尼西亚海底沉船中三件唐青花瓷的图案看，在伊斯兰青花中看不到一点相似之处。因此，伊斯兰地区的青花陶器显然是模仿中国唐青花而在白色陶器皿上用钴蓝装饰的品

① James W.Allan: *Islamic Ceramics*, Ashmolean Museum, Oxford 1991, p.3.

② Ibid., p.5.

③ 文化部文物局扬州培训中心：《扬州新发现的唐代青花瓷片概述》，顾风、徐良玉：《扬州新出土两件唐代青花瓷碗残片》，均见《文物》1985年第10期。

④ John Carswell: *Blue and White*, The University of Chicago 1985, p.58.

⑤ Michael Flecker: *A 9th Century Arab Ship wreck in Indonesia—First Evidence of Direct Trade with China*, World Archaeology, 2001, Vol 33, 和 *A 9th Century Arab or Indian Shipwreck in Indonesian Waters*, International Journal of Nautical Archaeology, volume 29(2), 2000。

⑥ 汪庆正：《青花釉里红》，上海博物馆，两木出版社，1987年，第1页。

种,但选择了伊斯兰市场需求的图案。

4. 关于在白釉器上用绿彩斑进行装饰,当然也包括黄、褐彩,在伊斯兰地区是从9—10世纪开始的,即所谓的 Splash ware。在伊斯兰地区从出土情况说,首先发现于萨马拉(Samarra)遗址,但白釉绿彩器同样发现于穆斯林的其他地区。这类品种是否受到来自中国的影响,在西方陶瓷学界是有争论的。其争论的焦点是,持否定态度的认为Samarra遗址出土的那类白釉绿彩器,是中国制造还是伊斯兰的制品尚存疑问,其次是现存伊斯兰地区的白釉绿彩不一定都比Samarra时代晚。持肯定态度的则认为这类白釉绿彩品种是接受唐三彩的影响,当然,在发展过程中其图案很多因素是受长沙窑的影响①。

事实上,中国唐代这类白釉绿彩器的制作是十分精致的,从印度尼西亚黑石海域沉船出土的即将近二百余件,有的器物和萨马拉遗址出土的完全一样。应该说伊斯兰地区的白釉绿彩器,其早期肯定是中国白釉绿彩器的仿制品。与其说受唐三彩的影响,不如说直接受中国唐代白釉绿彩瓷的影响而仿制的。

用氧化铜在氧化气氛中烧制成绿色,在中国公元前2世纪起的汉代已经成功,北朝的白釉绿斑瓷似已普遍(图一)②,隋代的绿瓷更是十分精致而可仿似琉璃:"时中国久绝琉璃之作,匠人无敢厝意,稠以绿瓷为之,与真不异。"③隋代的何稠既是一个在政治上颇有地位的官吏,又是一个很有成就的艺术大师,用绿瓷来仿琉璃,那无非是用制造绿釉瓷器的方法制作绿色琉璃器。由于我们对隋代绿瓷研究不够,至今也还没有纪年的出土器物可以佐证,因此,目前还无法肯定哪一些传世品

■ 图一　北朝白釉绿彩瓶

---

① Ernst J.Grube: *Cobalt and Lustre*, The Nour Foundation 1994, p.13.
② 河南省博物馆:《河南安阳北齐范粹墓发掘简报》,《文物》,1972年,第1期,第47页。
③《隋书·列传第三十三·何稠》,中华书局,1973年,第1596页。

是隋代什么窑口的绿瓷。同样，我们对唐代绿瓷包括白釉绿彩器的研究，注意力也是不够的，对于传世的一批白釉绿彩器的产地也值得进一步证实。1994年我在香港的荷里屋道古玩店，发现一件唐代的白釉绿彩执壶，比上海博物馆原有收藏的一件更为精致，由于对这类白釉绿彩瓷过去普遍不够重视，因此市场价格较低，仅以2200元港币即为上海博物馆购得。上海博物馆另藏有一件唐白釉绿彩瓷枕(图二)，从烧成方法上看，采用满釉支烧，而且是细芝麻钉。这类白釉绿彩器采用细支钉支烧的情况是过去我们所忽视的，而印度尼西亚黑石海域沉船的白釉绿彩器很多也是细支钉支烧。扬州唐城遗址也发现了不少这类白釉绿彩器。在这类器物中有几点情况值得注意，需要今后进一步探索的：(1)这类白釉绿彩器有上化妆土的，也有不上化妆土的。(2)有的器物器内底心满釉，只是外底部包釉细支钉支烧，有的器物在器内底心也有细支钉支烧痕，这说明此类器物也有用细支钉套填烧的。(3)这类器物中，凡烧成温度较低的，和唐三彩基本上一致，几乎没有什么区别，凡烧成温度较高，瓷化程度高的，就成为白釉绿彩瓷。(4)从扬州唐城出土情况看，这类白釉绿彩瓷是在出唐三彩的上层，而和唐青花的出土是在同一层次的。

■ 图二　唐巩县窑白釉绿彩瓷枕(上海博物馆藏)

当然，这些现象都有待于唐城遗址发掘报告的发表才可进一步证实。

综上所述，可以归纳成下列几点看法：

1. 从扬州唐城出土的大批白釉绿彩瓷以及上海博物馆所藏的绿彩瓷枕和执壶看，它们和Samarra出土的白釉绿彩器以及印度尼西亚海底沉船发现的是同一产地的器物。

2. 在唐代,用细芝麻钉支烧的器物,目前所知,是河南巩县窑唐三彩的特有支烧方法。从这一点看,这类白釉绿彩瓷似属巩县窑的产品。

3. 从自然科学的实验分析印度尼西亚海底沉船出土及扬州出土的这类白釉绿彩瓷胎的成分,几乎完全一致,而和巩县窑白瓷及三彩陶的元素有许多相同之处[①]。

4. 盛唐时期大规模实行官吏死亡后下葬,由政府按官阶颁赐陪葬品的制度,此事由政府机构"甄官署"经办[②],唐三彩陶俑及各类器皿正是在这种需求的推动下兴盛的。可能由于安史之乱,在8世纪后期起,政府财政状况的日趋恶化,这种颁赐殉葬品制度上规

■ 图三 唐巩县窑白釉绿彩模印堆塑龙纹盘（扬州博物馆藏）

定的削减,使唐三彩陶的需求减退,从而其产品也日益减少,而巩县窑在长期烧制三彩陶的基础上,大量烧造白釉绿彩,黄彩及黄、绿彩色釉瓷,和运用钴料烧制成功了釉下彩的唐青花瓷。扬州唐城出土(现陈列于扬州博物馆)的绿釉仿金银器龙纹盘,也正是这类制品中的特制精品(图三)。印度尼西亚沉船也发现这种绿釉仿金银纹饰的瓷盘,似乎可以说是为出口所特制的。

5. 中国瓷器在唐代大规模输入中东及非洲的确切时间,尚待进一步探索;若从出土的情况看,主要是出现在伊拉克的萨马拉遗址及埃及的福斯塔脱遗址,这两个遗址虽各有少量唐三彩陶出土,但只是极个别的现象。这一方面,固然由于中国唐三彩陶主要是陪葬品,不适应出口的需要。但另一方面,也不得不排除,中国唐代的长沙窑、越窑、邢窑及巩县窑的白釉绿彩和绿黄彩色釉瓷的大量出口,是在唐三彩已经衰落

① 附上海博物馆文物保护与考古科学实验室何文权、熊樱菲测试报告。

②《大唐六典》:"甄官署……掌供琢石陶土之事……凡丧葬,则供其明器之属……"

的8世纪后期至9世纪时期。

6. 伊斯兰地区仿中国白瓷的锡釉白色陶器，也正是在中国瓷器大量输入的9世纪后才出现的。

7. 紧跟着锡釉白色陶器出现后的绿、黄彩斑陶（Splash ware），应该是直接受中国的白釉绿彩及绿、黄色釉瓷的影响而制作。并不一定要在唐三彩陶上找线索。

8. 紧跟着锡釉白色陶器出现的用钴蓝装饰的青花陶器，很可能也是受中国唐青花瓷器的影响而生产的。

9. 紧跟着锡釉白色陶器出现的光泽彩绘陶（Lustre），虽然也是基于仿中国白瓷而派生出的一种新品种，但其技术和中国瓷器并无直接关系。

10. 中国唐代长沙窑的图案装饰，在9—10世纪一度对伊斯兰的陶器装饰起着重要的影响。

11. 由于伊斯兰地区和中国的文化背景有着很大的差异，在图案装饰方面的市场，本土文化艺术的需求更大。因此，中国装饰风格只是9—10世纪的短时期内起过一定的作用，11世纪以后，在伊斯兰陶器的装饰图案中已很难再看到中国风格的影响了。直到14世纪，中国元青花瓷的大量出口，以土耳其青花（Isnik）为典型的仿中国青花瓷的兴盛，而再度出现了强烈的中国影响[1]。

（原载《上海博物馆集刊》，第9期［2002年］）

① F.Sarre：*Die kepamik Von Samarra*, 1925, Berlin.

附：上海博物馆何文权、熊樱菲测试报告

编号	样品名称	位置	Na₂O	MgO	Al₂O₃	SiO₂	K₂O	CaO	TiO₂	MnO	Fe₂O₃	Rb (ppm)	Sr (ppm)	Zr (ppm)	Ag (ppm)	Sb (ppm)	Pb (ppm)	Cu (ppm)
残片—绿釉	海底打捞	化妆土	0.62	0.68	36.14	57.36	1.41	0.74	1.07	0.02	0.90	76	117	409	66	15	2 686	1 847
残片—绿釉	海底打捞	灰胎	0.57	0.50	30.44	60.74	2.21	2.17	1.20	0.06	1.58	82	113	393	38	15	572	155
15499	唐绿釉枕	胎（有釉干扰）	0.38	0.36	29.01	60.01	1.99	6.51	0.88	0.01	1.49	78	122	401	15	33	干扰	干扰
王仁波提供	扬州出土	黑胎	0.68	0.48	33.75	57.99	1.59	1.46	1.42	0.02	2.12	63	160	569	35	35	145	291
2002年5月	巩县窑2白瓷	白胎	0.57	0.60	30.00	62.79	1.67	1.13	1.44	0.00	1.24	93	224	367			17	10
2002年5月	巩县窑三彩1	红胎	0.49	0.59	29.28	64.49	2.33	0.41	1.15	0.00	0.79	83	143	471			47	20
2002年5月	巩县窑三彩2	红胎	0.53	0.56	28.56	63.85	2.23	1.54	1.03	0.00	1.18	87	161	471			38	33
2002年5月	巩县窑三彩3	白胎	0.62	0.68	32.02	61.20	2.00	0.66	1.23	0.00	0.97	85	138	456			127	18
1999年施绽近	巩县窑1白1	白胎	0.43	0.39	29.41	65.51	2.25	0.40	1.30	0.00	0.98	81	136	488			47	37
1999年施绽近	巩县窑1白2	白胎	0.48	0.46	27.20	67.46	1.96	0.41	1.25	0.00	0.57	76	131	424			38	32
1999年施绽近	巩县窑1白3	白胎	0.53	0.40	31.31	63.63	2.03	0.39	1.12	0.00	0.74	89	155	533			43	18
1999年施绽近	巩县窑1白4	白胎	0.82	0.49	28.40	65.90	1.78	0.49	1.18	0.00	1.07	78	130	503			43	20
1999年施绽近	邢窑白瓷1	白胎	0.68	0.63	31.70	64.13	0.77	0.75	0.45	0.01	0.46	46	65	306			37	16
1999年施绽近	邢窑白瓷2	白胎	0.73	0.78	32.76	60.83	0.78	2.79	0.48	0.03	0.52	42	81	331			29	10
2002年5月	邢窑2白瓷2	白胎	1.55	0.64	30.50	64.64	0.44	0.92	0.41	0.01	0.46	20	52	289			21	20
2002年5月	邢窑2白瓷4	白胎	0.74	0.79	30.55	64.41	0.69	1.02	0.43	0.02	0.58	50	73	344			42	31
2002年5月	邢窑2白瓷5	白胎	0.61	0.60	34.62	61.67	0.72	0.68	0.46	0.03	0.46	57	75	361			34	32
2002年5月	邢窑2白瓷1	灰胎	0.62	0.66	27.09	65.94	1.64	1.05	1.04	0.01	1.68	75	153	451			30	16
2002年5月	邢窑2白瓷3	灰胎	0.83	0.59	27.61	64.85	1.80	1.03	1.05	0.01	2.00	84	197	409			31	25

扬州出土的白釉绿彩的胎与海底打捞的胎的胎几乎完全一致，应属同一类，它们与巩县窑胎在许多元素方面有相同之处，但相对来说含有一些金属元素的杂质，如：Ag、Sb，与此相对应的是它们胎中的Pb、Cu含量也比较高。此外，邢窑粗胎瓷的胎与巩县窑胎的胎也比较接近。

托

普卡比所藏元青花瓷的比较研究

一

中国从距今三千多年前出现原始瓷器以来，一直以青瓷为主，景德镇青花瓷生产不久以后，从14世纪末至15世纪初，青花瓷才逐渐取代青瓷，在中国的瓷器生产中处于牛耳的地位。

人们对于元青花瓷的认识，以前是知之不多的，但在这半个世纪以来，国内外的专业工作者，在各个博物馆和收藏家的藏品以及世界各地遗址和中国国内窖藏、墓葬资料的出土品陆续发表后，对于元青花瓷的研究进入了一个高潮，这主要集中在元青花的起源、所用钴料的产地、元青花瓷的类别、是否承认唐青花瓷和宋青花瓷的存在、元青花瓷的不同销售市场、元青花瓷的器形和图案内容以及元青花瓷和伊斯兰文化的相互影响等等。

对于上述各方面课题研究的看法，有些是国内外学者有比较一致共识的，但也有的观点则还有待进一步探讨和商榷。本文当然不可能涉及这么多的问题，而只是就托普卡比博物馆所藏元青花瓷结合作者接触到的一些材料作一个比较研究。

二

完整的典型元青花瓷（亦即所谓的至正型元青花，应指纯净的透明釉和青花色泽鲜艳，图案花纹精细而不包括青白釉釉下青花及销售东南亚市场的那批青花色泽比较灰暗，图案较粗的小罐之类和国内市场的一批小型日用器）最主要的公、私收藏大约有以下各处：

1. 土耳其伊斯坦布尔托普卡比博物馆的收藏。目前已出版最完整的著作有Regina Krahl：*Chinese Ceramics in The Topkapi Saray Museum Istanbul*，Philip Wilson Publishers，1986，发表元青花瓷达40件。无论从数量上说或从质量上看都是全世界第一大收藏。

2. 原伊朗阿特别尔寺（现在德黑兰）的收藏。1956年John Alexander Pope：*Chinese Porcelains from The Ardebil Shrine*[1]，该书发表的元青花瓷计圆口大盘10件（口径为40.5厘米—46厘米）；葵口大盘9件（口径为40厘米—57.5厘米）；敛口大碗1件（口径37厘米）；敞口大碗1件（口径30厘米）；梅瓶4件（高39.5厘米—43厘米）；残口梅瓶1件；高颈罐2件（高45厘米、40厘米）；残高颈罐1件；圆口罐1件（口径33厘米）；扁瓶2件（高36.5厘米、38厘米）。合计达32件。这是目前所知全世界公、私单位中典型元青花瓷第二大收藏。

3. 中国内地收藏的情况：

（1）1980年江西省高安市元代窖藏出土元青花瓷19件，现藏高安市博物馆，这可以说是全世界典型元青花瓷的第三大收藏，其中高达47

---

① Sotheby Parke Bernet，1981年第2版，伦敦。

厘米的带盖龙纹高颈罐1件,2件带荷叶盖龙纹罐以及带盖梅瓶6件,都是在元青花瓷中不易多见的[①]。

（2）1964年河北省保定市发现了一批十分珍贵的元青花,青花釉里红瓷和蓝釉金彩器9件,现分别藏于河北省博物馆及北京故宫博物院[②]。

（3）从1960年代以来,北京元大都遗址陆续出土了一批青花器,当然,其中包括较多破残标本,但十分重要,现藏首都博物馆[③]。

（4）近四十年间,全国各地陆续发现了不少元代窖藏,也有元青花零星出土,其中不乏佳器,特别如1985年江苏省句容城东房家坝元代窖藏出土的一对龙纹梅瓶和一件龙纹纹饰特别大的带荷叶盖罐是比较难得的。

（5）此外,如北京故宫博物院、上海博物馆、南京市博物馆、辽宁省博物馆、镇江博物馆、山东省博物馆、内蒙古自治区博物馆、湖南省博物馆、安徽省博物馆、江西省博物馆、广东省博物馆、新疆维吾尔自治区博物馆、乌兰浩特市博物馆,以及安徽繁昌、江苏溧水等等文物单位也有少量的出土品和传世品收藏。

4. 香港葛氏天民楼收藏的全部元青花瓷达20件以上,既有典型的葵口、圆口大盘,最大直径达49厘米以上,也有带盖梅瓶、鱼藻罐、大碗、玉壶春瓶和高足杯、盖盒等等[④]。葛氏天民楼的元青花收藏,可以认为是目前全世界最大的私人收藏了。此外,在香港等各私家也有一些值得重视的收藏[⑤],其中分别如金氏"静乐轩"的藏品等等[⑥]。至于台湾地区,也有一些元青花瓷分散在各藏家,而鸿禧美术馆已发表的元青花瓷就有50.4厘米高的高颈罐等6件[⑦]。

---

① 江西省高安市博物馆,刘裕黑、熊琳:《江西高安市发现元青花、釉里红等瓷器》,《文物》,1982年,第4期。

② 河北省博物馆:《保定市发现一批元代瓷器》,《文物》,1965年,第2期。

③ 汪庆正:《中国陶瓷全集·元(下)》附表及图139、140、142,上海人民美术出版社,2000年。

④ 汪庆正、葛师科:《天民楼珍藏青花瓷器》,上海科学技术出版社,1996年。

⑤ The Oriental Ceramic Society of Hong Kong: *Jingdezhen Wares The Yuan Evolution*, 1984.

⑥ Wang Qingzheng: *An Introduction to The Ceramics in The Jinglexuan Collection*, Serene Pleasure: *The Jinglexuan Collection of Chinese Ceramics*, Seattle Art Museum, 2000.

⑦ 鸿禧美术馆:《中国历代陶瓷选集》,1990年。

5. 日本完整的收藏除了少数私人藏家外，主要在各公、私博物馆中，如大阪市立东洋陶瓷美术馆、出光美术馆、松冈美术馆、梅泽纪念馆、掬粹巧艺馆、MOA博物馆、户栗博物馆等等。1985年大阪市立东洋陶瓷美术馆为纪念该馆开馆三周年，举办了一个来自日本各馆收藏的元青花瓷展，其中包括八角葫芦瓶、双龙纹扁壶、带盖高颈罐、八角梅瓶、各类罐、梅瓶、玉壶春及大盘、大碗等典型元青花器36件，可以说是日本的主要收藏①。这里需要说明的是，日本的冲绳、福井、京都与和歌山等地虽也有元青花标本出土，但上述这些完整器，则主要是传世品以及日本收藏单位在世界市场上征集来的。包括进入国际市场的菲律宾、印度尼西亚发现的元青花瓷等。

6. 英国典型元青花瓷的收藏除了散见于一些私人收藏家和古玩商外，主要集中在伦敦大英博物馆、维多利亚和埃尔拔脱美术馆、伦敦大学达维特基金会和牛津大学阿希莫林博物馆、剑桥大学 Fitzwilliam 博物馆等单位。其中最著名的当然是达维特基金会一对至正十一年的龙纹瓶，目前习惯上所说的典型元青花瓷，即是按这对至正十一年瓶的胎、釉质量标准，图案绘画风格以及青料发色的鲜艳程度而言的，因此，也有人直接称典型元青花瓷为"至正型"元青花。从数量上说，大英博物馆发表的典型元青花有10件左右，几乎是英国的最大收藏，其中的带盖龙纹梅瓶、缠枝牡丹及杂宝灵兽高颈罐以及孔雀牡丹罐等都是十分出色的。维多利亚和埃尔拔脱美术馆的收藏虽然不及大英博物馆多，但它的龙纹壶以及蓝釉留白飞鸟则是举世闻名。至于牛津大学阿希莫林博物馆陈列的典型元青花瓷就有6件之多，其高颈罐和竹石麒麟圆口大盘也是十分重要的。而剑桥大学的Fitzwilliam博物馆，收藏虽不多，但它的龙纹带盖梅瓶、莲池鸳鸯大罐、缠枝莲大型器座及敞口高颈瓶，似乎件件都是精品。

7. 美国的元青花除一些私人藏家和某些博物馆有少数收藏如克利夫兰博物馆、哈佛大学萨格拉博物馆等等外，主要在波士顿美术馆、华盛顿弗利尔美术馆以及纽约大都会博物馆。早期以波士顿美术馆为最多，特别是戏曲故事图的大罐和梅瓶等，其中尤以《三国演义》三顾茅庐

---

① 大阪市立东洋陶瓷美术馆，1985年展览。

图的带盖梅瓶为著。至于大都会博物馆，则由于Stanley Herzman的捐赠，更丰富了它的元青花藏品。（Suzanne G.Valenstein "The Herzman Collection of Chinese Ceramics", 1992, Hong Kong.）

8. 欧洲其他国家元青花收藏的总量并不太多。如荷兰Napoli陶瓷博物馆的凤凰梅瓶十分著名。1987年11月5日至1988年2月15日在法国巴黎吉美博物馆举办了一次瓷器展，展出了国家陶瓷博物馆等单位收藏的四件元青花大盘，其中一件最大的直径达60厘米。（从图案看，也应该是出口中东的器物，"Le Jardin des Porcelains", 1987。）其他如荷兰Princessehof博物馆等也都只是少量的几件，（*Asian Ceramic*, Princessehof Museum Leeuwardeu, 1986。）而且很少有典型元青花。此外，目前欧洲最大的中国陶瓷私人收藏《玫茵堂》（*Meiyintang Colletion*）发表的元青花器有9件之多。（Regina Krahl: *Chinese Ceramics from The Meiyintang Collection*, 1994。）

9. 菲律宾的收藏

（1）需要说明的是，菲律宾多年来不断有元青花发现，但有一部分元青花已进入国际市场，因此目前仍留在菲律宾的已并不是当地出土和传世的全部器物。

（2）在14世纪运至菲律宾的元青花瓷，似乎应该是菲律宾市场所需要的东西。因为从地理上讲，菲律宾不同于印度尼西亚，当时的苏门塔拉正是海上陶瓷之路的转口港，运到印度尼西亚的元青花瓷很可能有相当大的部分要运到印度、斯里兰卡，通过印度洋运至中东和非洲。而菲律宾并没有这种转口的地理位置。

（3）菲律宾庄良女士（Rita.Tan）和Larry Gotuaco、Allisoni Diem三位合编的《菲律宾发现的中国和越南青花瓷》（*Chinese and Vietnamese Blue and White Wares*、*Bookmark*, 1997）一书，发表了菲律宾发现的主要元青花瓷，其中有多棱梅瓶、庭院莲池鸳鸯大盘（48.7厘米）、荷叶盖鱼藻大罐，以及多件大盘、碗、玉壶春瓶、执壶、军持、高足碗、多穆壶、瓢形壶及执壶各类小罐等。但从整体发现的情况看，不见蓝地白花装饰的技法；不见印花与青花并用的技法；器物不见满绘和图案形的装饰；大盘中不见用如意头的开光装饰。所见的图案花纹，主要是鱼藻、花卉、飞凤、走兽，但值得特别注意的是有庭院莲池的图案。

10. 印度尼西亚的发现和收藏

上面已经叙述过，印度尼西亚不同于菲律宾，印度尼西亚是海上陶瓷之路的主要转口港，除了供当地使用的部分，主要是转运到中东和非洲。在东爪哇（East Java）、沙捞越南部（South Salawesi）、中部和Maluku的Halmahera岛等各地多有元青花瓷出土，其中除了大量的非典型元青花的香料罐等小件器外，有极为精致的典型元青花瓷，如发现于Maluku、Halmahera岛，现收藏于雅加达国家博物馆的，口径达46.5厘米的杂宝，如意头开光大盘[1]，以及发现于沙捞越南部，现为Adam Malik藏品的莲池盘和军持等等[2]。由于印度尼西亚发现的元青花瓷除了部分为国家博物馆收藏外，大部分归私人藏家，因此也必然有相当数量流入国际市场，其中如现藏日本东京出光美术馆的双龙纹扁瓶即是从印度尼西亚流入市场的。此外，特别值得一提的是在东爪哇曾发现一片满绘莲花及典型葫芦形莲叶（仅获残片）的大盘残片，带有阿拉伯字母，它和原伊朗阿特别尔寺以及美国哈佛大学萨格拉博物馆藏品中带有阿拉伯字的大盘相似[3]。这说明，都是为波斯所定制的，而上述日本出光美术馆所藏，发现于印度尼西亚的元青花扁瓶，同样发现于伊朗的阿特别尔寺及土耳其伊斯坦布尔，更证实了印度尼西亚的转口地位。

此外，亚洲的泰国、越南、马来西亚、印度等都有少量的收藏。

三

元青花瓷标本的几处重要发现：

在世界范围内，元青花瓷标本的出土除了中国江西省景德镇市生产元青花瓷的古窑址和北京元大都遗址外，在埃及老开罗的Fustar遗址、叙利亚哈马（Hama）和大片贫民窟以及红海沉船的发现和非洲的肯尼亚、坦桑尼亚等亚、非各地都有零星出土，其中值得特别重视的是印度老德里Tughlaq宫殿遗址、黑水城废墟遗址、埃及福斯坦脱遗址和印度

---

[1] Sumarah Adhyatman: *Antique Ceramics Found in Indonesia*, 257 Jakarta, 1990.

[2] Sumarah Adhyatman: *The Adam Malik Ceramic Collection*, The Ceramic Society of Indonesia, 1980.

[3] Sumarah Adhyatman: *Antique Ceramics Found in Indonesia*, 257 Jakarta, 1990. p.65.

尼西亚爪哇王都遗址等几处。为了有助于对伊斯坦布尔元青花的进一步对比研究,本文将简略地转述上述几处出土标本的概况:

1. 印度老德里(Delhi)位于印度德里直辖区,1912—1931年为英属印度首府。工商业中心,多寺院与古代建筑,Tughlaq宫殿遗址是1970年代以来元青花瓷标本的一次重要发现[1]。这次发现共有72件标本,其中44件青花盘、23件青花碗、5件青瓷。没有瓶、壶、罐之类的琢器,看来都是宫廷的食用器。

在装饰方法上有白地青花、蓝地留白、印花与青花相结合,极为特殊的发现是有一件盘外壁蓝釉、盘内壁青花莲瓣和菊花纹(41.2厘米),一般碗的底足属枢府瓷的制作。最小盘为24.2厘米,最大52厘米。最大碗40.6厘米,多数在26—30厘米间。

图案多样:最多是莲池鸳鸯,此外鱼藻、束莲、多层次满绘花卉纹、多层次满绘杂宝纹、瓜果竹石芭蕉胖头鱼、莲花双凤、莲池、瓜果竹石芭蕉麒麟、如意头开光花卉、庭院孔雀、如意头开光飞凤、菊花飞凤、莲花菱形开光菊及边饰杂宝纹和中东器物基本一致。

2. 黑水城(Khara-Khoto,地处中国甘肃东部与蒙古国接境处)是元朝统治下的一个边陲要塞。1368年明洪武后即为元朝的最后国都。一直到1380年以后才废弃。科兹洛夫于1908年发现此遗址。1909年、1926年又两次前往。所获书籍、钱币、佛画、雕塑外有瓷片2 000片左右。其中有500片青花瓷,现存冬宫博物馆。斯坦因、史文海汀等都先后至此探险,所获资料、文物现分藏于印度新德里中亚遗迹博物馆和瑞典斯德哥尔摩等处。有些国外学者把该地说成是西夏遗址,事实上应该属元代[2]。黑水城发现的元青花有五百多碎片,现存俄罗斯冬宫博物馆,据该馆东方部主任Evgeny Lubo-Lesuichenko的报告[3],这批标本中,大量是碗的碎片,有的胎较薄。以直径15—20厘米为多,盘极少,只有8个标本,其中一件大盘残片直径达42厘米。此外有105片属于罐、瓶的碎片,也有极少量

① Ellen s. Smart: *Fourteenth Century Chinese Porcelain Form a Tughlaq Palace in Delhi*, *Transactions of the Oriental Ceramic Society*, 1975—1977, London, 1977.

② John Carswell: *Blue and White Chinese Porcelain around the World*, The British Museum, 2000.

③《黑水城发现之元代青花瓷》,台北历史博物馆,1994年。

的盏托和小瓶、小罐。从发表的图版看,在这批标本中以装饰方法论,只有白地青花,而没有蓝地留白的装饰,其中虽也有一小片印花和青花相结合的标本,但那恐怕是小碗类暗花与青花相结合,它不同于那类输出中东地区大盘的凸起阳纹印花。图案主要有莲池鸳鸯、莲池图、十字杵、折枝花卉、如意头开光花卉、松竹梅、三爪龙纹、飞凤等,总体看,与中东的器物有差异,而整个风貌接近元大都的器类,这和当时蒙古王朝居住在边陲地区的上层人士用器相适应。也有学者认为黑水城大量元青花瓷标本的发现,是否可以推断,元代青花瓷运销中东除了海上陶瓷之路外, 可能还有一条由北京出发经过辽宁至黑水城至撒马尔罕至大马士革到叙利亚的陆路通道。

3. 关于埃及除了出土一些完整器外, 福斯坦脱遗址出土的元青花标本是大量的,由于手头没有详细的资料,只是从日本东京出光美术馆发表的图版看[①],在装饰上有白地青花,蓝地留白和压印印花和青花并用的手法,图案基本上就是中东常见的。

4. 在1970年代前后,叙利亚的哈马(Hama)和很多地方都发现了元青花和标本,同时在红海打捞的沉船上也有元青花标本发现。

5. 关于印度尼西亚元青花瓷标本的出土是大量的, 特别是爪哇岛东部和沙捞越南部为更甚,但该地区发表的资料比较少,从已发表的少数资料看,有蓝地白花龙纹标本,有蓝地留白,印花与青花并用的手法。器形方面,既有中东多见的大盘等器物,也有中东不见的小瓶、小碗、小罐和玉壶春等。在图案方面,以莲池、莲池鸳鸯、如意头开光花卉、杂宝、龙纹并有四爪龙、束莲等为多见[②]。

四

前二节叙述的全世界元青花瓷完整器收藏及主要标本出土的概况,我们大致可以得出如下的几点看法:

---

① 《陶瓷的东西交流》,出光美术馆,1984年。
② 《王都遗址出土的元代青花磁片》,日本大阪市立东洋陶瓷美术馆,1985年。

1. 景德镇元青花的生产存在着为国外市场和国内市场两类不同的品种。总的来说,可能为国外市场生产的优质品早于国内市场,特别是那类中东常见而少见于国内的大盘、大碗之类的器物。玉壶春、小盘、小碗、高足杯、出戟觚、执壶、盖盒、盏托等等,可能是主要为国内市场所需要,而另一类胎质粗糙、图案简单、青花色泽灰暗的小件香料罐,则又是专为东南亚菲律宾等地所特制。梅瓶、多棱瓶、扁壶、高颈罐、鱼藻罐等这类琢器则是国外、国内市场都曾发现的。

2. 在图案方面看,国外、国内市场的产品也有所不同,主要区别是中东所见大盘的多层次满绘杂宝纹,不见于国内的出土器,而国内市场多见戏曲人物故事图则不见于中东及东南亚的外销品。至于花卉、瓜果竹石及莲池、莲池鸳鸯、鱼藻及走兽和龙、凤纹等则又是国内外市场都见的。但这里也值得特别注意,比较精致绘制的瓜果竹石走兽图及精细的庭院莲池鸳鸯和禽鸟图也不见于国内的出土器物。

3. 在装饰手法上,中东多见的大盘的大面积蓝地留白和白地青花并用技法,在国内器物上比较少见。同样印度及中东器物上多见的阳纹印花与青花并用的技法,也是国内市场器物所少见的。

4. 综合上述各点,事实上,元代青花瓷的高质量的器物是外销瓷,而国内市场的器物的总体质量不如外销中东的器物。

这里有一个先外、后内的过程,我们过去以现存英国伦敦达维特基金会的一对至正十一年瓶作为元青花的典型器,也即所谓的至正型典型元青花。我过去也从至正十一年瓶,新安海底沉船不见元青花瓷和上海至正年间任氏墓群不见元青花为理由,推断景德镇元青花瓷的出现不应该早于14世纪30年代①。现在看来有必要加以进一步的探索,即运销中东的那批高质量元青花有否可能更早。至于新安海底沉船不见元青花,那是当时高丽、日本市场还没有青花瓷的需求,在日本福井、京都、冲绳与和歌山等地出土的标本也不见中东型的实物,而国内市场则可能在至正年间才开始盛行青花瓷。

托普卡比所藏的元青花共40件,在器形方面主要是大盘、大碗、葫芦瓶、八棱梅瓶、高颈瓶、扁壶、鱼藻罐等大件器,不见玉壶春瓶、僧帽

---

① 汪庆正:《中国陶瓷史研究中若干问题的探索》,《上海博物馆集刊》,1982年。

壶、带座梅瓶、觚、炉、小盘、小碗、高足碗、盏托、执壶等小件器。

在装饰手法上，除了白地青花外，有蓝地留白和青花相结合、阳纹印花和青花相结合。

在图案方面，既有国内出土器中少见的通体满绘，以如意云肩纹结合杂宝的精致纹饰，也有竹石瓜果结合走兽的图案和国内少见的庭院莲池鸳鸯和庭院孔雀、庭院双雄等图，同样有国内多见的莲池图、莲池鸳鸯图、龙纹、凤纹和鱼藻图等。但不见国内多见的戏曲人物故事图[①]。

托普卡比元青花从总体上讲，其图案纹饰和青花色泽的鲜艳程度是可称世界之最。其中特别值得一提的有以下各件：

1. 蓝地白花麒麟飞雉双凤图菱口大盘（径41.5厘米）。

这是传世最大的一件蓝地留白盘，其麒麟飞雉双凤的图案也是仅见的。

北京故宫博物院、英国大英博物馆、英国大维特基金会、日本大阪市立东洋陶瓷美术馆均有圆口蓝地留白盘，但口径都在16厘米以下，而且图案都是龙纹。印度尼西亚爪哇岛东部也有这种蓝地留白盘的标本出土，同样是龙纹图案，但只是很小的碎片。

2. 牡丹纹葫芦瓶，高达70厘米。如此大型葫芦瓶是世界仅有的一件。此次在伊斯坦布尔所见实物，其青花色泽之鲜艳，堪称绝品。

3. 多棱葫芦瓶二件，其高度均为60.5厘米，是传世最高的。日本掬粹巧艺馆有一件同类器形，高为58.1厘米[②]。在制作上与其不同处，是伊斯坦布尔二件的图案都是整体的，而日本掬粹巧艺馆的一件则是在棱线处断开，因此画面是拼绘的。此外，伊朗阿特别尔寺原藏有一件是残破的，仅存瓶的下半部。

4. 龙纹高颈瓶，其高度为44.5厘米。此类高颈瓶在国内并无发现，目前所能见到与此类似的器物，只有英国剑桥大学博物馆莲池鸳鸯等开光图案的一件。

5. 多棱梅瓶，高40.5厘米。以仰覆开光如意头云纹及菱形开光莲池鸳鸯和竹石瓜果装饰，青花色泽极为鲜艳，此类多棱梅瓶，以国内河北

---

① 坂井陆夫：《贸易古陶瓷史概要》，日本京都，1989年，第86页。
② 大阪市立东洋陶瓷美术馆，1985年展览。

省保定市窖藏出土的一对带盖龙纹梅瓶为最佳。日本松冈美术馆所藏高44.5厘米,图案布局与伊斯坦布尔藏品基本相似,菲律宾发现的一件则底部的纹饰已改变为类似仰莲瓣纹,显然有一种从简的趋向[1],此外,香港佳士德拍卖行于1994年5月曾拍卖一件,目前新加坡私人亦有收藏。

6. 牡丹杂宝(高40厘米)及牡丹龙纹(高39.5厘米)高颈罐两件。

此类高颈罐,中东地区及中国国内均有发现。江西省高安窖藏出土有牡丹杂宝云龙纹带盖兽耳高颈罐(高47厘米)[2],泰国亦发现带盖莲池及瓜果图高颈罐[3]。叙利亚也发现了一件口部断残的牡丹飞凤高颈罐[4]。高颈罐的传世品较多见,如英国大英博物馆、牛津大学博物馆、伊朗阿特别尔寺原藏(两件),日本东京出光美术馆(两件)、大阪东洋陶瓷美术馆、松冈美术馆及中国辽宁省博物馆等均有收藏。其中,辽宁省博物馆和泰国发现的均为八棱形,比较特殊,而香港苏富比1994年5月拍卖的一件花卉图兽形双耳高颈罐则与大英博物馆及伊朗所藏的双耳属同一种类型。

7. 大盘12件。是仅次于伊朗阿特别尔寺原藏19件,属全世界大盘的第二大收藏。其中口径达45厘米以上的有10件之多。最大口径48厘米的2件,最小口径41.5厘米一件。在12件盘中,菱口盘为8件,圆口盘4件。在装饰手法上,有纯粹的白地青花,也有蓝地留白和阳纹印花与青花并用。

在这12件大盘中,我们若进一步分析其不同的图案内容,从而可以看到这些元青花图案基本上是中国固有传统文化的画面,而并非如过去认为元青花大盘的图案较多地具有伊斯兰风格。

1. 大盘中有一件是庭院双雉图,一件是庭院孔雀图。以栏杆勾勒出庭院小景,是中国画的突出风格,它应用于瓷器的画面上,在金代的定

① Larry Gotuaco. Rita. C.Tan.Allison I.Diem: *Chinese and Vietnamese Blue and White Wares Found in the Philippines*, 1997, p.33.

② 汪庆正:《中国陶瓷全集·元(下)》附表及图140,上海人民美术出版社,2000年。

③ *Chinese Ceramics from archaeological sites in Thailand*, Natthaparta Chandaviy, 1986.

④ John Carswell: *Blue and White Chinese Porcelain around the World*, The British Museum, 2000, p.69.

窑中已经出现[①]，元代的剔红漆器上也时有所见[②]，元青花的庭院栏杆画面并不多见，已发现的除了这两件大盘外，有一件庭院双雉图大盘现藏于贝鲁特[③]；菲律宾则发现有一件口径48.7厘米的庭院莲池鸳鸯大盘[④]。此外，在印度老德里发现的碎片标本中也有一件庭院孔雀图大盘[⑤]，再就是伊斯坦布尔所藏的一件庭院莲池鸳鸯大碗。在黑水城和中国国内现存的元青花中均没有发现这类庭院栏杆图的画面。

2. 大盘中一件印花与青花相结合的芭蕉竹石瓜果图，这是中国画中十分多见的画面，这一题材在出口中东的瓷器中也较普遍，但除了大英博物馆所藏一件外，大多是白地青花而非与印花相结合，如印度尼西亚沙捞越南部发现的45.5厘米口径大盘、日本大阪东洋陶瓷美术馆、MOA美术馆以及中国香港葛氏天民楼等处都有收藏。

3. 大盘中有瓜果竹石配以飞凤和麒麟的图案各一，当然也是典型的中国画风。有趣的是芭蕉竹石瓜果飞凤图中的凤尾画成了牡丹叶形，这是在所见到的画面中仅有的孤例，它反映了当时画工们的浪漫想像力，至于麒麟更是元青花中充分体现中国特色的画面了。在菲律宾、印度老德里和印度尼西亚等地多有发现。

4. 大盘中的莲池鸳鸯图，是元青花瓷中最多见的题材，在大碗、执壶、八棱高颈罐、玉壶春瓶、带座梅瓶等各类器物上都属常见。鸳鸯是中国画家历来多用的题材，象征着夫妇和谐，在敦煌壁画中，隋代已有鸳鸯戏水的画面。唐代郑谷的莲叶诗："多谢浣溪人不折，雨中留得盖鸳鸯。"更是勾勒出一幅莲池鸳鸯的画面。宋代定窑已经运用。元代更是画家普遍使用的题材。

5. 伊斯坦布尔一件口径达36厘米的大碗，内绘庭院莲池鸳鸯，外壁绘松竹梅。元青花大碗在国内并无发现，伊朗阿特别尔寺旧藏有37厘米

---

① Jan Wirgin: *Sung Ceremic Desings*, London, 1979, 图99及图102。

②《中国漆器全集》，福建美术出版社，1998年，图152—154。

③ John Carswell: *Blue and White Chinese Porcelain around the World*, The British Museum, 2000, p.40.

④ Larry Gotuaco.Rita. C.Tan.Allison I.Diem, *Chinese and Vietnamese Blue and White Wares found in the Philippines*, 1997, p.37.

⑤ Ellen s. Smart: *Fourteenth Century Chinese Porcelain Form a Tughlaq Palace in Delhi*, *Transactions of the Oriental Ceramic Society*, 1975—1977, London, 1977, 图版83.b。

的大碗,菲律宾发现多件,日本大阪市立东洋陶瓷美术馆有一件内绘莲池鸳鸯,外壁绘缠枝莲的大碗,口径为29.7厘米,老德里遗址也有出土标本。显然,这类大碗是为出口所制作的。值得特别注意的是,伊斯坦堡这件大碗外壁所绘松竹梅,是中国绘画中的"三友图",而这种"三友图"的题材是中国文人画的主要内容之一,特别在元代更是文人们最钟爱的画题。由此,可以认为像这种专为出口中东制作的大碗,其装饰图案是纯粹的中国传统题材。

此外,无论运销中东市场或国内市场都常见的龙、凤以及莲、菊、牡丹等各种花卉纹饰和各式莲瓣纹和开光图案,那更是中国元代以前久已使用的传统纹饰和图案。

6. 在专为中东出口制作的大盘中,有一部分多层次满绘以各种花纹组成图案画面,过去我们认为这是中东伊斯兰式的特有图案,但如果进一步分析这种多层次满绘组合形的图案,似乎很难肯定这是同时代伊斯兰的特有图案形式。

（1）首先从多层次满绘图案来看,中国战国、秦、汉的铜镜已经普遍采用。北魏以来敦煌壁画中藻井的图案更是趋向几何图形化,汉以后至隋唐中国文化即开始了融入印度、伊斯兰的多种因素。相反,在14世纪以前的伊斯兰陶器中虽也能找到满绘的图案,但却如此多层次反而并不多见。

（2）从多层次的图案分布层次来看,一般是:

a. 水波纹或缠枝花纹作为边饰。

b. 盘心有两大处理方法:一是以卷草纹或水波纹或锦纹作地纹。然后以如意头云肩纹开光作主纹,并配以莲瓣纹开光的图案。二是除边饰外,盘心以多层次圆圈组成,往往以牡丹、莲花为第一层圈,以莲瓣纹开光为第二层圈,以如意云肩纹开光为第三层圈,更有以小莲瓣纹开光为中心。这里也找不到这些图案有哪些属于伊斯兰因素。当然,从更早的9世纪、10世纪的伊斯兰玻璃器皿上反映出的满绘图案形式,是可以追溯其部分渊源的[①]。

元青花图案中,特别需要叙述的是如意头云肩纹和杂宝纹。

---

① 韩舍科:《法门寺》,陕西旅游出版社,1994年,第84页。

如意形如灵芝。灵芝被人视为长生不老的药材,如意也是一种佛教法物,陕西扶风法门寺唐代塔基地宫即有出土,而且在如意云头上还有图案纹饰①。在唐代越窑瓷器上即有用如意头云纹作为装饰②,而且还有如意头云纹的开光③。辽陈国公主墓鎏金银冠饰即有如意头内绘人物、禽鸟的图案④。如意头云纹装饰在衣肩部,亦即我们常见的云肩纹,这种云肩纹在元代比较普遍,敦煌第3窟的元代吉祥天女图即有云肩纹⑤,而敦煌第491窟,供养天女像更说明了在西夏时期,这种如意头云肩纹已经应用在服饰上⑥。在这里就可以看到,元青花的如意头云肩纹,在中国是有其渊源的了。

其次是杂宝的问题。我们过去常常认为元青花的杂宝纹来自西藏的藏传佛教,其实我们常见的藏佛前的佛供是轮、螺、伞、盖、花、罐、鱼、肠的八宝,而这八种形态,是明代才固定下来。元代并非这八种固定的宝物,而是并不固定的杂宝。在敦煌壁画第3窟的散财观音像,其所散的宝物是珊瑚、玛瑙、象牙、玉佩、钱币、宝珠等七宝⑦。而在佛经故事中亦有的指金、银、琉璃、珠、玛瑙、琥珀、珊瑚为七宝,更有各种不同说法。

事实上,佛教自汉代传入中国以后,佛教的教义很快就和中国的传统文化相结合,即使就元青花瓷上的杂宝来说,也绝不是元代才出现的。例如华盖,在中国古代就是天子和王公大臣使用的缴,也就是伞,在汉画像石中就有这种仪仗出现。敦煌西魏第285窟藻井即画有这种大型的汉式华盖⑧。到了唐初,敦煌石窟大部分藻井都成华盖式,象征着"圆盖象天"。这是佛教石窟装饰中国化的主要特征。

元青花图案常见的火珠,似属佛教教义中代表光芒四射之意,敦煌第154窟,报恩经变有善友太子供宝珠,是指太子供宝珠,显灵而变化无

---

① 韩舍科:《法门寺》,陕西旅游出版社,1994年,第153页。
② 朱伯谦:《中国陶瓷·越窑》,上海人民美术出版社,1983年,图版137。
③ 韩舍科:《法门寺》,陕西旅游出版社,1994年,图版150。
④ 内蒙古自治区文物考古研究所、哲里木盟博物馆:《辽陈国公主墓》,文物出版社,1993年,第69页。
⑤ 《敦煌莫高窟·五》,文物出版社,1987年,第172图。
⑥ 段文杰:《莫高窟晚期的艺术》,《敦煌莫高窟·五》,文物出版社,1987年,第171图。
⑦ 《敦煌莫高窟·五》,文物出版社,1987年,第174图。
⑧ 《敦煌莫高窟·一》,文物出版社,1987年。

数财物,普施众生之意①。

至于法轮,那应该是指转轮圣王所持之法物,印度神话中的"圣王"就是因手持宝轮而得名。敦煌莫高窟第61窟有炽盛光佛手执金轮的画面②。

法螺同样是佛教中的法器,敦煌中唐第112窟及其他多窟就已经屡屡出现吹法螺像③。

敦煌初唐以来多窟的菩萨像手执宝瓶及宝珠的图像较多④,说明这类法器、法物在佛教的教义中由来已久。

当然,我们可以设想,元代八思巴成为国师后,佛教更为广泛地被宣扬,而元青花图案中普遍反映这些题材,正是在这种情况下出现的。这就为我们提供了一个论断的依据,即元代景德镇应中东伊斯兰地区的需要制作了大批出口元青花,最明显的器物是大盘和大碗,其他也有大型葫芦瓶、扁壶等等。但其图案花纹并非为中东地区特定的,而是有着中国的传统文化因素。

中国的传统文化也是在长时期的兼收并蓄中逐步不断丰富的,从汉以来,印度佛教文化即与中国传统文化结合,隋唐以后中东伊斯兰文化又不断地融入中国的传统文化中,而到了元代,更由于蒙古帝国的军事出征而进一步增强了这一过程。

(原载北京市文物局编:《托普卡比宫的中国瑰宝》,

北京燕山出版社,2003年)

---

① 《敦煌莫高窟·四》,文物出版社,1987年,第96图。
② 《敦煌莫高窟·五》,文物出版社,1987年,第159图。
③ 《敦煌莫高窟·四》,文物出版社,1987年,第57图。
④ 同上书,第2图。

 北朝白釉绿彩瓶

中
国白瓷研究中若干问题的讨论

  2002年10月30—31日在上海博物馆举行了一次关于中国古代白瓷的国际学术研讨会，收到论文五十余篇，观摩了来自中国各地区及德国、英国、法国各单位收藏的器物和标本，甚至包括了近几年在印度尼西亚海域9世纪沉船"黑石号"发现的器物和标本。会议对中国古代白瓷的某些领域进行了探讨，现归纳为下列几个主要方面。

一 中国古代白瓷的性质

  以高岭土为胎土的白陶，在罗家角、大汶口及马家窑等新石器时代遗址均已经出现，但高温烧成的白瓷则要晚得多。白瓷当然是在青瓷烧造的基础上发展而来的，中国何时出现白瓷，目前还没有一个定论，这要取决于对"白瓷"定义的界定。王昌燧、凌雪等《色度学在古白瓷研究中的应用初探》一文对白瓷定义的判定作了探索，但目前在陶瓷界对"白瓷"仍只是一个约定俗成的用词，我们还没有一个十分现代科学的命名。也就是说，要白到什么程度才算"白瓷"。例如北齐范粹墓出土的7件白瓷①，按理说，应该看作是中国目前发现的最早的白瓷，但由于其釉色略略泛黄，因此也有人认为并不能算作真正的白瓷。

在普遍意义上说，白瓷应该是在白胎上施以透明釉后高温烧成的瓷器。白瓷的白色，是胎土的颜色，而并不是施以白色釉。在白色胎土上施的透明釉，如果并不太纯净，或含的氧化铁略微多了一点，釉的颜色就会稍稍偏青或偏黄。我们说只是稍稍的偏青、偏黄，那仍然应该属于白瓷。景德镇宋、元时代的青白瓷，其胎土是洁白的，但釉色已并不只是稍稍的偏青，而是明显的泛青。我们似乎已不视其为白瓷，而称其为青白瓷。但新安海底沉船发现的元代青白瓷碗上却有当时人的墨书，称其为"上色白瓯"②，说明元代人视青白瓷为白瓷。这就带出了至少两个问题，其一，宋张择端《清明上河图》及宋吴自牧《梦粱录》所涉及的"青白瓷铺"，应该理解为"青白瓷"的专卖店呢，还是出售"青瓷"和"白瓷"的瓷器店？其二，景德镇北宋时期创烧的青白瓷，似乎应该看作是为仿烧定窑白瓷而制作的，只是在烧造过程中出现了这种类似碧玉的青白色瓷，并普遍受人青睐而作为固定的瓷色。周丽丽《关于南方青白瓷即白瓷的探讨》明确肯定青白瓷就是白瓷，毕宗陶《宋代定窑白瓷和青白瓷的比较研究》一文也将青白瓷归属白瓷范畴，李辉柄《白瓷的出现及其发展》则提出了从科学定义上看青白瓷应属白瓷品种。

当然，除了上述正宗的白瓷外，也有一类，在并非白净的胎土上施一层白色泥浆（俗称"化妆土"），再施透明釉，烧成后也视为白瓷。这是以低质量的原料，来替代高质量的洁白料，从而可以降低成本。从晚唐

---

① 河南省博物馆：《河南安阳北齐范粹墓发掘简报》，《文物》，1972年，第1期，第47—57页。
② 韩国文化公报部、文化财管理局：《新安海底遗物》，1981年，图版294。

起河北、河南很多瓷窑以及宋代的山西介休窑等等,都有无化妆土的细白瓷和施化妆土的粗白瓷同时出土。秦大树《早期白瓷的发展轨迹》对此作了较详尽的叙述。

白瓷除了上述的白胎施透明釉和化妆土施透明釉以外,在隋代也出现了釉呈乳浊状的白色瓷。这类呈乳浊状的釉的形成,可能主要是因为烧成温度偏低,釉内存在小颗粒而出现的现象。上海博物馆文物保护与考古科学实验室的何文权和熊樱菲曾对这类釉呈乳浊状的隋代白瓷进行科学测试,并未找到如中东9世纪仿中国白瓷而出现的白釉中所含的氧化锡呈色剂。秦大树《早期白瓷的发展轨迹》一文中提到定窑有"略施失透的白色釉的精细白瓷"。所谓的白色釉现象尚待进一步探索。

二　隋唐以前的早期白瓷

周世荣《浅谈湖南出土的白瓷》介绍了长沙东汉墓葬出土的"白瓷",对这批釉色稍稍偏黄而胎色偏灰白的东汉瓷器是否应算白瓷,到会的学者也有不同看法。但就我个人观点,这类瓷器至少可算作原始白瓷。上海博物馆在1976年改建历代陶瓷陈列时,就曾向湖南省博物馆商借东汉瓷豆,作为"原始白瓷"陈列展出。

从何文权、熊樱菲测定的湖南省博物馆的几件东汉原始白瓷数据看,器物胎中所含氧化铝的量比北方瓷器低,而氧化铁含量同样也并不太高(表1、表2)。

表1　东汉原始白瓷胎成分分析表　　　　　　　　（%）

名　称	Na$_2$O	MgO	Al$_2$O$_3$	SiO$_2$	K$_2$O	CaO	TiO$_2$	MnO	Fe$_2$O$_3$
东汉罐	0.42	0.43	24.51	69.57	1.50	0.27	1.14	0.08	1.81
东汉碗	1.43	0.46	16.15	75.80	3.70	0.25	1.32	0.00	1.04
东汉碗	1.19	0.45	15.05	76.34	4.16	0.28	1.43	0.00	1.16
东汉豆	0.91	0.92	22.27	71.71	1.65	0.23	1.61	0.00	0.96

表 2　东汉原始白瓷釉成分分析表　　　　　　　　（%）

名　　称	Na₂O	MgO	Al₂O₃	SiO₂	K₂O	CaO	TiO₂	MnO	Fe₂O₃	P₂O₅	PbO
东汉罐	1.10	0.80	7.69	37.45	0.59	0.47	0.33	0.02	0.82	0.02	50.70
东汉豆（釉薄处）	6.14	1.72	14.71	68.06	4.49	2.71	0.89	0.10	1.18	0.00	0.00
东汉豆（釉厚处）	6.80	2.52	15.16	62.81	4.37	5.67	0.98	0.26	1.40	0.03	0.00
东汉碗	2.62	0.61	12.01	72.98	9.25	0.39	0.96	0.01	1.15	0.01	0.00
东汉碗	2.73	0.57	11.81	73.57	9.04	0.36	0.82	0.01	1.07	0.01	0.00

这类东汉原始白瓷,产地究竟在何处? 在这个时期,湖南湘阴窑是否有这类产品,需待进一步发掘证实。其次,为什么东汉以后,在南朝的墓葬中未再发现这类胎土较白的制品,还是我们并没有注意到这类器物呢?

在中国南方地区,公元2世纪以后一直到公元10世纪,将近八百年间不见有白瓷的轨迹。但在北方,北齐武平六年(575)范粹墓出土的白瓷,可以被看成目前公认最早的白瓷。当然,它的出现也有一个发展过程。李纪贤《我国白瓷首先诞生于北方的一些思考》一文,提醒大家早于范粹墓的河北吴桥东魏武定二年（544）墓及河北平山北齐天统二年(566)崔昂墓,均出土有胎质极细且偏白的瓷器。

范粹墓出土白瓷的产地,是多少年来为陶瓷界关心的问题。杨爱玲《关于安阳隋张盛墓和北齐范粹墓出土白瓷产地问题的研究》一文,力图证实范粹墓白瓷应为安阳相州窑所烧。王莉英、冯小琦、陈润民《从故宫博物院藏品谈早期白瓷》一文,则提出了内丘窑当是北朝早期白瓷的重要产地之一的观点。当然这都还有待作进一步的证实。

三　隋唐五代的白瓷

李辉柄《白瓷的出现及其发展》、李知宴《隋唐五代白瓷的分期研究》和蓑丰《白瓷的产生和发展》等文,都对隋唐五代以及宋金的白瓷生产作了比较条理化的叙述。

如果说,北朝的白瓷,从其透明釉的洁净程度和胎色的白度讲还处于早期白瓷的阶段,那么隋代白瓷则可以说完全达到了成熟。

值得探索的是,隋代生产白瓷的窑址,除了相州窑、邢窑有可能性之外,巩义窑是否也是值得我们注意的地点?王保仁《巩县窑白瓷》一文即作了提示。

前文已经提到,隋代墓葬中出土过釉呈乳浊状的白瓷,何文权、熊樱菲分析了上海博物馆所藏隋乳浊釉白瓷小扁壶,其胎质中所含CaO达75.43%,这是超出常规的,一般最高不超过10%。这类釉呈乳浊状的隋白瓷,在河南省的墓葬中亦屡有发现,如果能进行更多的测试,拥有较多的数据,或许可以促使我们对隋白瓷的进一步研究。

唐、五代白瓷,特别是邢窑、定窑和巩县窑,在王会民、马冬青、张志中《邢窑装饰初探》,吕成龙《唐代邢窑"翰林"、"盈"字款白瓷罐刍议》,孙新民《巩义窑唐代白瓷的初步探讨》等文都作了比较详细的阐述。唐代白瓷生产的地域已经扩大,而历史上著名的四川大邑窑至今未能发现。陆明华《白瓷相关问题探讨》一文明确提出了大邑窑是否存在还是一个疑点,因此他认为不必刻意渲染。唐代南方地区有否白瓷生产?长期来陶瓷界着眼于长沙地区唐墓中出土的白瓷,究竟是南方地区所产还是仍属北方的制品。这次会议期间,由何文权、熊樱菲作的科学测定,说明这类白瓷胎中含有的氧化铝都在25%以上,应该仍属北方地区的产品。此外,我们一直因为日本仁和寺原藏"唐本草"有"白瓷屑、平无毒……广州良,余皆不如"的记载,探索唐代广州产白瓷的可能性。然而,由于日本仁和寺原藏的是什么版本,我们并没有见到,而目前国内所存"本草"类书籍最早的本子是宋代唐慎微《经史证类备急本草》一书。此书于北宋大观二年(1108)经医官艾晟等重修,改名为《经史证类大观本草》。政和六年(1116)又经医官曹孝忠重加校订,更名为《政和新修证类备用本草》。后,平阳张存惠将寇宗奭的《本草衍义》增订入书,改名为《重修政和证类备用本草》。张氏于金泰和四年(1204)刻于晦明轩,世称"金刻本",是传世此书的最佳刻本。人民卫生出版社于1957年据北京图书馆所藏张氏晦明轩原本出版了影印本。其"白瓷瓦屑"条的原文如下:"白瓷瓦屑,平无毒,主妇人带下白崩……定州者良,余皆不如……经验后方（治鼻衄久不止，定州白瓷细捣研为末，每抄一剜耳许，入鼻立止）。"①《四库全书》本的《证类本草》卷五关于"白瓷瓦屑"条的内容，同样提"定州"而不见"广州"。《证类本草》一书元明清以来历代都有翻刻本，很可能误"定"为"广"，并以讹传讹，引出了陶瓷界不必要的推测。至此，我们只能根据目前已有的出土和传世资料，推断南方地区还没有发现过唐代白瓷的产地。

这次会议论文，对于五代时期北方、南方白瓷的生产都作了有益的探讨。张东《白瓷若干问题的工艺学思考》一文着重提出了从陶瓷学的角度，中国南、北的分界线不应以长江为界，而是应以秦岭—淮河为界的观点。从已有关于五代白瓷的科学测试报告看，凡在秦岭—淮河以北的窑址，白瓷胎土所含的氧化铝都在25%以上。而在此以南的安徽泾县繁昌、江西景德镇的制品，其胎土氧化铝的含量都在25%以下，多数更在20%以下。张浦生、霍华《五代十国的杨吴与南唐白瓷刍议》，杜劲甫《晚唐、五代南方白瓷研究初步报告》，王丹丹、袁南征《安徽省博物馆藏出土五代北宋白瓷器探讨》等文，都从各个角度来探索在景德镇以外地区，特别是安徽地区的五代白瓷。当然，对于宣州窑的五代白瓷生产也还有待今后的科学发掘来证实。

北方地区的五代白瓷，学者们更多的注意力集中在定窑。申献友、李建丽《谈晚唐五代定窑白瓷》以及前引有关的论文，都强调了晚唐五代定窑制品的高质量。当然，我们过去特别看重北宋定窑的地位是完全正确的，但的确也在一定程度上忽视了晚唐五代定窑的重要性。由于晚唐五代定窑是以还原焰气氛烧成，比起宋、金氧化焰气氛烧成的制品，釉面显得更白纯，而没有宋、金时代所特有的泛黄色的泪痕，而且在造型方面更富于素净雅致的格调。

学者们在探索五代定窑时，还着重讨论了金、银、铜扣和"官"、"新官"款的问题。

关于金、银、铜扣，原来认为是为弥补定窑覆烧所产生芒口缺陷的说法，因早于覆烧工艺的五代金、银扣定器的出现，而被否定了。上引申献友、李建丽文和江松《关于水邱氏墓金银扣白瓷的一些看法》以及其

① 宋唐慎微：《重修政和经史证类备用本草》卷五玉石部下品，人民卫生出版社，1957年。

他一些学者的文章,都阐述了这方面的看法。

"官"字款的讨论,已经是多年的学术问题了。此次会议,蓝春秀《浅谈临安水邱氏墓出土的晚唐白瓷器》以及前引多位学者的文章,均涉及"官"、"新官"款的问题。

《旧五代史·食货志》:"晋天福二年,诏:禁一切铜器,其铜镜今后官铸造,于东京置场货卖,许人收买,于诸处兴贩去。"[1]说明五代晋铜镜的铸造为官府所垄断。江苏连云港五代墓出土的铜镜,有"官"、"都省铜坊匠人倪成"的镜铭[2]。"都省"是五代晋尚书省所辖的丞司,铜坊是其所属的制铜手工业作坊。安徽合肥保大十一年(953)墓出土的铜镜有"官"、"都省铜坊匠人房宗"的镜铭[3]。由于"官"字款在定窑、越窑、耀州窑等多种窑口的标本上出现,瓷器上的"官"字款和铜镜上的"官"字不一样,并不代表特定的"官窑"似乎在学术界已成为共识。但如何解释"官"和"新官",恐怕仍是一个值得继续探讨的问题。

我在1990年《上海博物馆集刊》第五期中曾提出"官"字款的瓷器,当是政府甄官署定烧的器物,以备供应宫廷所用,也是负责供应凡有臣下丧葬时所赐的陪葬明器[4]。至于"新官"所指为何,尚有待进一步探索。

四 宋金的白瓷

这次研讨会总的趋向似乎以早期和隋唐白瓷的讨论为重点,但对宋、辽、金、元的南、北方白瓷也有很多学者涉及。如孟耀虎《介休窑白瓷品质》,胡志刚《对北京出土邢、定、龙泉务窑白瓷的几点认识》,李仲谋《上海博物馆藏宋金定窑白瓷及相关问题》,赵冰《五代宋元时期吉州窑仿定窑白瓷生产管窥》等等。而胡云法、金志伟《定窑白瓷铭文与南宋宫廷用瓷之我见》一文,首次展示了一批我们过去所未曾寓目的定窑刻铭。

---

① 《旧五代史·食货志》,中华书局,第1949页。

② 南京博物院、连云港市博物馆:《江苏连云港市清理四座五代、北宋墓葬》,《考古》,1987年,第1期,第55页。

③ 葛介屏:《安徽合肥发现南唐墓》,《考古通讯》,1958年,第7期,第56页。

④ 汪庆正:《记上海博物馆所藏带铭定瓷》,《上海博物馆集刊》,第5期,上海古籍出版社,1990年,第122页。

其中给我们印象最深的是一批有关后妃刻铭的标本，有"婉仪位"、"才人位"、"乔位"等等。过去由于上海博物馆收集到的定瓷标本中有一片仅存"位"字，"位"上有残字一半，我曾推断是"高位"的吉祥语[①]，而"乔位"标本的出现，纠正了我过去的误释。

南宋朝廷的建立，形成了长期南北对峙的局面，南方地区宫廷和民间高层士人所用的白瓷，除了通过榷场贸易所获得的以外，必然也有南方所产的瓷器。宋周辉《清波杂志》："辉出疆时，见虏中所用定器，色莹净可爱。近用乃宿、泗近处所出，非真也。"[②]南宋人说有宿、泗窑的仿定器，那当然是事实，但目前我们还无法判别现存的传世品。宿、泗窑的问题，仍是我们今后值得进一步研究的课题。

五 关于白瓷输出及其对中东制陶业的影响

中国白瓷的输出，也是这次会议涉及较多的议题，弓场纪知《埃及福斯塔特遗迹出土的晚唐至宋代白瓷》，佐佐木达夫、佐佐木花江《对亚巴斯王朝白浊釉陶器产生影响的中国白瓷碗》，龟井明德《北宋早期景德镇窑白瓷的外销》以及何翠媚、班臣《泰国发现的9世纪中国北方白瓷》，延斯·克勒格尔《1911—1913年萨马拉出土的中国白瓷》等文，都探讨了中国白瓷输出各个方面的问题。而何、班的文章则更是使国内学术界首次比较详细地得知9世纪定窑和巩县窑白瓷在泰国出土的情况，文中提出了一些值得探讨的问题，其中某些疑问在本次讨论的有关文章中已可以得到答案。结合陈克伦《唐代"黑石号"沉船出土白瓷初步研究》一文，以及开会期间观摩的"黑石号"沉船和萨马拉遗址出土的白瓷标本，完全可以证实唐代巩县窑白瓷和邢、定窑白瓷一样，也是远销中东的出口瓷。

唐代邢、定和巩县窑白瓷远销中东，对伊斯兰地区的制陶业产生了不可估量的影响，首先是促使中东的陶工模仿中国白瓷而生产白色陶

---

① 汪庆正：《记上海博物馆所藏带铭定瓷》，《上海博物馆集刊》第5期，上海古籍出版社，1990年，第124页。

② 宋周辉：《清波杂志》卷中，明稗海本。

器。由于在中东没有高质量的白色胎土,因而出现了以氧化锡作为呈色剂的白色锡釉陶。在这种不透明的白色锡釉陶上,仿照中国长沙窑、巩县窑的彩绘装饰,出现了黄、绿彩的彩绘陶和蓝彩的青花器。9世纪"黑石号"沉船唐青花的出现和河南巩义黄冶窑址最近发现的唐青花标本[①],完全可以推断是巩县窑的唐青花促使了中东青花陶器的发展。上引日本弓场纪知一文提出了福斯塔特遗迹发现的拉斯特彩标本,可能是在中国加彩烧制而成的观点,这是一个国内学者们过去从未接触到的问题。

霍华、蒋素华、赵伟《南京博物院五代白瓷资料三则》,柯玫瑰《英国维多利亚和阿伯特博物院藏中国早期白瓷》,苏玫瑰《福尔克藏品中的中国早期白瓷》,雅尔·万斯维克《瑞典乌尔里瑟港远东博物馆所藏中国北方早期白瓷》,马熙乐《牛津大学阿什莫林博物馆藏北宋白瓷》,埃娃·施特勒伯《德累斯顿奥古斯都大帝藏品中的德化瓷器和宜兴紫砂器》,成耆仁《朝鲜白瓷与官窑陶政》,杭侃《河北定州两塔基出土净瓶的几个问题》等文,分别就重要的收藏作专题的介绍,有的还从海外带来标本展示,为与会学者提供了难得的观摩机会,有的学者则就某一专题展开了探讨。

这次会议,朱清时、张福康、范黛华等以及上引的各位国内外科学家,从科学测定入手来探索白瓷的化学、物理基理,并就不同地域的产品元素成分进行比较研究,改变了上海博物馆过去组织的哥窑、越窑秘色瓷讨论会只就人文科学进行探讨的局面,促使了古陶瓷研究领域中人文科学与自然科学的进一步融合。

(原载上海博物馆编《中国古代白瓷国际学术研讨会论文集》、上海书画出版社,2005年)

---

① 《巩义黄冶窑发现唐代青花瓷产地,找到烧制唐三彩窑炉》,《中国文物报》2003年2月26日,第1版,有关巩义窑发现唐青花的报道。

图书在版编目（CIP）数据

中国陶瓷研究/ 汪庆正著. —2 版. —上海：上
海人民出版社,2016
（文博大家）
ISBN 978 - 7 - 208 - 13595 - 6

Ⅰ. ①中… Ⅱ. ①汪… Ⅲ. ①古代陶瓷—研究—中国
—文集 Ⅳ. ①K876.34 - 53

中国版本图书馆 CIP 数据核字（2016）第 023216 号

责任编辑　刘华鱼
封面设计　王小阳

文博大家

中国陶瓷研究

（第二版）

汪庆正　著

出　　版　上海人民出版社
　　　　　（200001　上海福建中路193 号）
发　　行　上海人民出版社发行中心
印　　刷　浙江新华数码印务有限公司
开　　本　635 ×965　1/16
印　　张　23.5
插　　页　2
字　　数　328,000
版　　次　2016 年 4 月第 2 版
印　　次　2020 年 4 月第 2 次印刷
ISBN 978 - 7 - 208 - 13595 - 6/K·2482
定　　价　98.00 元